교회여 땅이 되라

지은이 **남성수**

총신 대학교(B.A.)와 총신 대학교 신학 대학원(M.Div.)을 졸업하고 Gorden-Conwell Theological Seminary에서 World Mission and Evangelism으로 석사 과정(M.A.)을 마치고, 현재는 Fuller Theological Seminary에서 선교 목회학 박사 과정(D.Min. GM)중에 있다. 미국 코네티컷에 있는 하트포드 제일 장로교회와 달라스 충현 장로교회에서 청년 사역자, 셀전문 사역자, 제자 훈련 사역자로 섬겼다. 2007년부터 현재까지는 오렌지카운티 한인 교회의 담임 목사로 개혁주의에 입각한 설교에 힘을 쓰고 있으며, 소그룹을 통한 영혼 구원과 제자 훈련을 통한 준비된 일꾼을 세워가는 일에 헌신하고 있다.

특별히 북한 선교에 관심을 가지고 19년째 북한 회복을 위해 기도하며 협력하는 일에 매진하고 있으며, 현재 남가주 밀알선교단 이사장으로 장애인들을 세우는 일에, GP(글로벌파트너스) 선교회의 미주 이사로 열방을 향하여 복음을 전하는 일을 섬기고 있다.

에베소서 강해 교회여 땅이 되라

발행일 2014년 9월 19일

지은이 남성수
발행인 이용훈

발행처 북스톤
출판등록 제 2014-000083호
주소 서울시 송파구 오금로44나길 5, 401호
전화 02-6204-4066
이메일 bookstone@nate.com
공급처 비전북

ISBN 979-11-953519-0-9 03230

• 에베소서 강해

교회여
땅이 되라

|남성수 지음|

북스톤

창세기에 따르면, 땅이란 흙이고, 그 흙이야말로 인간의 태생이 어디서부터 왔는가를 말해줍니다. 저자는 에베소서의 핵심인 교회론에서 현대 교회의 모습을 발견하고 땅이 되라고 일침하고 있습니다. 예수님께서 인간이 되셨던 것은 바로 흙이 되셨다는 것을 의미합니다. 땅은 낮아짐이며 희생이며 섬김의 상징입니다. 그리고 생명이 시작되는 장소입니다. 교회가 낮아짐과 희생과 섬김을 실천하려면 예수님처럼 성육신, 즉 땅이 되어야 합니다. 교회는 말씀 위에 기도로 세워지며, 목회의 본질은 예배와 섬김으로 회복될 수 있습니다. 당연한 성경의 가르침이지만, 현대 교회에서는 새롭게 받아들여져야 할 귀중한 통찰이기도 합니다. 신학에서 성육신이라 부르는 말은 말씀이 육신이 되었다는 뜻입니다. 어려운 신학용어 대신 성경이 쉽게 예수님의 속성을 말하고 있는 것처럼 이 책의 모든 메시지도 그러해서 공감이 큽니다. 기쁜 마음으로 일독을 권합니다.

－정필도 목사(부산 수영로교회 원로목사)

저자 남성수 목사는 총신대 신학과와 신학대학원, 미국 동부의 명문 Gor-don-Conwell 신학교에서 신학을 깊이 연구하고 한국과 미국에서 목회의 경험을 풍부하게 쌓으면서 정립한 목회적 비전을 실제 목회 현장에서 구현하고 있는 매우 진지하고 야심찬 목회자입니다. 저자는 성경에서 가르쳐주는 교회를 세우기 위해 진지하게 고민하고 뜨겁게 기도하면서 목회 현장에서 몸부림치는 장래가 매우 촉망되는 유능한 목회자입니다.

　저자는 그동안 성경 연구를 통해 습득한 올바른 교회관을 이 책에서 개진하면서 성도들이 그 교회에 푸근하게 안겨 위로와 용기와 삶의 지혜와 능력을 얻게 하고, 이러한 성도들의 삶을 통해 하나님이 원하시고 사회에서 신뢰받을 수 있는 교회를 이룰 수 있는 길을 제시하고 있습니다. 아울러 깊이 있는 신학적 사고와 지식을 쉽고도 재미있게, 실제적 삶의 환경과 그 삶에 적용하면서 기술하고 있습니다.

　성도라면 누구든지 이 책을 읽을 때 영적 정신적 큰 위안과 하나님께 축복받는 삶의 지혜를 얻을 수 있음을 확신하기에, 이 책을 읽을 것을 자신 있게 추천합니다.

－김인환 교수(전 총신대학교 총장, 현 대신대학교 총장)

신앙 생활은 곧 교회 생활이라고 이야기할 수 있을 만큼 성도의 삶과 교회는 뗄래야 뗄 수 없는 불가분의 관계에 있습니다. 그래서 교회가 무엇이고 어떤 모습이어야 하는지를 가지고 성도들의 바른 삶을 이야기하는 것은 정말 중요합니다. 남성수 목사님의 이 책은 그런 면에서 가장 실제적인 신앙지침서라고 생각합니다. 성도로서 이 세상을 살아가기 위해 반드시 알아야 하고, 또 생각해야 할 귀한 통찰들이 가득할 뿐만 아니라 감동적인 격려가 담겨 있기 때문입니다. 그러므로 그리스도인이라면 누구든지 읽으면서 새로운 깨달음도 얻겠지만, 이 세상을 신앙인으로 바르고 아름답게 살 수 있는 힘을 또한 얻을 것입니다. 삶이 메시지가 되고 그 메시지가 또한 책이 된 아름다운 모습을 볼 수 있어서 정말 기쁩니다. 그래서 이 책을 모두에게 적극 추천합니다.

- 유진소 목사(캘리포니아, ANC 온누리교회 담임목사)

겸손한 리더는 따르는 자들을 언제나 하나님께로 안내하는 자라고 믿습니다. 햇살같이 환한 40대 초반의 남성수 목사님께서 처음 교회에 부임하셨을 때, 새 목사님에 대한 온갖 기대들로 가득 차 있었던 성도들은, 먼저 그리고 언제나 무릎 꿇고 하나님께 간절히 기도하시는 목사님을 감동과 감사함으로 만나게 되었습니다. 그리고 다니엘 기도를 시작으로 연쇄중보기도와 전교인 새벽 기도, 금식기도 등 여러 기도운동으로 목사님은 우리 교인들을 기도의 자리로 이끌어주셨습니다. 어떤 일보다 기도가 우선임을 실천하시는 삶을 통해 보여주셨습니다.

이 책은 목사님께서 언제나 기도하시는 가운데 하나님과 친밀한 교제 속에 주일마다 전해주시는 하늘의 메시지를 정갈하게 모아주신 보배로운 말씀집입니다. 새로운 생명의 역사가 일어나는 교회를 꿈꾸시며 그 놀라운 비밀들을 에베소서의 말씀들로 명료하게 정리해주셨습니다. 엄청난 독서의 열매로 풍부하고 적절한 예화들이 진리의 메시지들을 더욱 쉽고 감동적으로 받아들이게 됩니다. 겸손이 왜 능력인지 다시 한번 깊이 배우며, 삶 속에서 어떻게 해야 낮아지는 삶을 살아갈 수 있을지 주님 앞에 다시 마음을 꿇고 기도하게 됩니다. 이 책은 교회의 몸으로 부르심을 받은 우리들이 어떻게 하면 더욱 겸손하게 빚된 삶을 살아서 주님의 교회를 더욱 건강히 세워갈 수 있는지 알려주는 보고입니다. 교회의 머리 되신 주님께 더한 기쁨을 올려 드리는, 참으로 거룩을 실천하는 성도가 될 수 있는 길을 친절하게 안내해주는 고마운 길잡이 입니다. 남 목사님을 통해 이 복된 선물을 주신 하나님께 감사드리며, 아름답고 건강한 교회를 꿈꾸시는 모든 분들께 이 책을 기쁨으로 추천합니다.

-백은실(글로벌 커피 브레이크 대표)

2010년 미국에서는 도요타자동차의 결함으로 온 나라 안이 시끄러운 적이 있었습니다. 이미 사고가 일어난 일에 대하여 무감각하게 대처하고 그냥 덮어 버리려 했던 책임자들의 자세에 대하여 수많은 비난이 쏟아졌습니다. 그러나 전문가들은 이보다 더 근본적인 문제가 있다고 지적하기 시작했습니다. 도요 타자동차가 기업이 잘될 때, 소비자의 수요에 부응하기 위해 무리하게 기업을 확장하다 보니 원가 절감을 위해 값싼 부품들을 사용할 수밖에 없었다는 것 입니다. 어떤 일이든지 욕심이 과해질 때 문제가 일어납니다. 도요타자동차는 거침없는 돌진을 하면서, 그에 부응해야 할 수고와 희생보다는 더 많은 이윤 과 기업의 규모만을 유지하는 일에 집중하다 보니 가장 중요하게 여겨야 할 기 업의 목적과 그 목적 속에 담고 가야 할 인간의 소중함을 놓치고 만 것입니다. 이것은 비단 기업의 문제만이 아닙니다.

언제부터인가 우리의 교회들도 점점 거침없는 돌진만 했지, 진정 그 속에 담 고 가야 할 교회의 진정한 본질과 한 영혼의 소중함에 대한 생각들을 놓치고 있음을 우리는 여러 곳에서 감지하고 있습니다. 교회의 본질은 무엇입니까? 구 원받은 백성들이 모여 하나님을 예배하며, 그 예배자들이 훈련받고 준비되어 세상에 나아가 다시금 영혼을 구원하는 일을 위해 사는 것입니다. 이 본질을 제대로 붙들고 갈 때, 우리의 관심은 한 사람의 영혼을 구원하시는 하나님의 마음에 다가갈 수 있습니다. 그러나 언제부터인가 우리는 하나님의 마음이 아니라 우리의 탐욕과 이기심, 교회의 외적인 규모와 시스템을 추구하기 위해 거침없이 달려가는 기업화된 교회에 관심을 가지게 되었습니다. 이것이 중세의 교회들, 유럽의 교회들이 과거에 보여준 아픔들이었으며, 현재 우리 한국 교회들이 당면하고 있는 문제이기도 합니다.

거침없이 달려갈 때, 우리는 늘 조심해야 합니다. 한 영혼에 대한 사랑이 결여되기 시작하는 순간부터 그것은 신앙도 교회도 아닙니다. 교회는 거침없이 달려가는 곳이 아니라 하나님의 마음을 이루어 드리는 곳이어야 합니다. 이런 의미에서 2010년에 일어났던 도요타자동차의 실수와 아픔은 우리 신앙인들의 중요한 '타산지석'이 아닐 수 없습니다. 이러한 실수를 하지 않기 위해서는 우리의 교회가 어떤 자리로 가야 할지를 다시금 생각해야 합니다. 교회는 그 교회를 인도하고 있는 지도자들이 먼저 겸손과 섬김의 길로 가야 합니다.

최근 경영학계는 기업 경영의 가장 중요한 것이 리더십의 문제라는 것에 동의하고 있습니다. 그 동안은 효율성 증대라든지 경영 시스템 혁신 같은, 즉각적으로 기업의 이윤과 관계된 문제에 집중을 했다면, 최근 들어 경영학은 사람에 집중하고 있습니다. 특히 기업 경영의 책임자의 자세가 어떠하느냐에 따라 기업의 미래가 달라짐을 알게 되었습니다. 그 중에서 가장 중요시 되고 있는 분야가 섬김의 리더십입니다. 실은 섬김의 리더십은 1977년 AT&T사의 경영 교육 담당 부사장이었던 로버트 그린리프(Robert Greenleaf)가 자신의 책에서 처음으로 이야기 한 개념입니다.

그는 책에서 섬김의 리더십을 이렇게 소개하고 있습니다. "타인을 위한 봉사에 초점을 맞추며, 종업원, 고객 및 커뮤니티를 우선으로 여기고 그들의 욕구를 만족시키기 위해 헌신하는 리더십이다." 로버트 그린리프는 이 개념을 헤르만 헤세의《동방순례》에서 힌트를 얻었다고 했습니다. 이 소설은 동방을 향하여 순례의 길을 떠나는 한 단체에서 허드렛일을 도맡아 하는 레오라는 인물에 초점이 맞춰져 있습니다. 충직한 심부름꾼 레오가 갑자기 사라지게 되자, 허드렛일을 서로에게 미루다 큰 혼돈 속에 빠지게 되어 더 이상 여행을 할 수 없게 된다는 이야기입니다. 사람들은 레오가 없어진 뒤에야 그의 섬김 없이는 아무 것도 할 수 없다는 사실을 뒤늦게 깨닫습니다. 일행 중 한 명이 몇 년을 찾아 헤맨 끝에 레오를 다시 만나게 되고, 그 레오가 저들의 동방순례를 지원했던 교단의 책임자인 동시에 정신적인 지도자였던 것을 알게 됩니다. 이 이야기를 통해 로버트 그린리프는 미국이 세계의 지도자가 되기 위해서는 설번트 리더십을 갖추어야 한다고 주장합니다. 로버트 그린리프의 설번트 리더십은 지도자의 자세에 대하여 주목하고 있습니다. 한 국가나 기업이 살아 움직이려면 지도자가 섬김의 자세를 가질 수 있어야 한다는 것입니다.

그렇다면 이 리더십의 원조는 그린리프가 아니라 이미 2000년 전 팔레스타인 지역에서 3년 동안 제자들을 데리고 다니시며 인간의 삶 속에서 진정한 섬김이 무엇인지 보여주셨던 예수 그리스도라 해도 과언이 아닙니다. 우리 주님은 제자들에게 이렇게 말씀하셨습니다.

"인자가 온 것은 섬김을 받으려 함이 아니라 도리어 섬기려 하고 자기 목숨을 많은 사람의 대속물로 주려 함이니라"(마20:28; 막10:45)

예수님의 섬김은 형식적인 것이 아니었습니다. 목숨까지 내어주시는 섬김이셨습니다. 이 섬김으로 절망과 탄식 속에 있었던 인간의 삶을 기쁨과 희망의 삶으로 바꾸셨습니다. 이 땅에서의 한계를 뛰어 넘어 영원한 세계를 바라보는 생명의 삶으로 바꾸셨습니다. 한 두사람이 혜택을 본 것이 아니라 주 앞에 돌아오는 모든 사람에게 이 혜택을 넓혀 주셨습니다. 예수님의 이 섬김은 인류 역사에 그 어느 누구도 이룰 수 없었던 참된 행복과 삶의 가치를 깨닫게 해주셨습니다. 인류 역사에 한 획을 그은 이 섬김의 리더십은 인간 조직에 가장 확실한 혁명이며 새로움이었습니다. 그렇기 때문에 섬김의 리더십의 원조는 우리 주 예수 그리스도이십니다.

그리스도께서 보여주신 이 섬김의 리더십을 교회의 지도자들이 보여줄 수 있다면 그 교회는 분명 생명의 역사를 이루어갈 수 있습니다. 그리고 그 지도자들을 통하여 인도함을 받는 교회의 성도들은 이 땅을 하나님의 나라 되게 하는 일에 분명히 쓰임 받을 수 있다고 믿습니다. 그러기 위해서는 교회가 먼저 낮아져야 합니다. 겸손해야 합니다. 겸손을 뜻하는 영어 단어 humility는 라틴어 'humus'에서 나왔습니다. 후무스는 바로 땅, 흙이란 뜻입니다. 겸손이란 땅이 되는 것을 말합니다. 사람들이 발로 밟는 곳이 땅이며, 땅은 사람들에게 쉼을 주고 생명을 줍니다. 모든 생명과 만물의 뿌리가 바로 땅속에 품어져 있습니다. 이 땅은 모든 것을 흡수하며 이 땅에서 물이 나오고 양식이 나옵니다. 그런데 이 보다 더 놀라운 것이 있습니다. 인간이 바로 이 땅의 흙에서 만들어졌습니다. 인간을 뜻하는 human이라는 단어 역시 라틴어 humus에서 나왔습니다. 즉, 겸손이란 바로 땅이 되는 것입니다. 남들이 밟은 때 밟히는 것입니다. 그러면서도 겸손한 그 사람 때문에 생명이 일어나고 그 사람에게 사람들은 쉼을 얻습니다. 그 사람에게만 다가가면 모든 것이 품어집니다. 분열과 아픔과 갈등이 있다가도 그 겸손한 사람 하나 때문에 상황이 화해되고 평화가 시작됩니다. 이것이 바로 겸손의 능력입니다. 이 시대의 교회가 회복해야 할 능력이 바로 이 '땅'의 능력입니다. 교회가 구원받은 성도들의 모임이기에 겸손한 성도 한 사람 한 사람이 바로 이 땅의 역할을 감당할 때 교회는 이 시대를 품을 수 있고, 회복시킬 수 있습니다. 교회가 땅이 되기 시작할 때, 교회에서부터 새로운 생명의 역사가 시작될 수 있습니다.

이 책은 바로 그런 회복을 꿈꾸며 강해했던 설교를 책으로 만든 것입니다. 이민 교회라는 척박한 현실에서, 모두가 다 자신의 이익만을 추구하기 쉬운 삶의 현장에서 참된 교회와 성도의 모습을 회복하는 길은 바로 땅이 되는 것에 있다고 생각했습니다. 이 책이 나오기까지 함께 이 꿈을 꾸며 교회가 땅이 되기 위해 함께 달려와 주신 우리 오렌지카운티 한인 교회 성도님들에게 진심으로 감사를 드립니다. 그리고 이 귀한 회복을 위해 주말마다 목양실에서 나오지 못하는 남편과 아빠를 이해하며 기다려 주었던 사랑하는 나의 아내와 세 아이들에게 감사를 전합니다. 이 책이 나오기까지 여러 분들이 수고해 주셨습니다. 교정을 위해 수고하신 안성희 간사님, 내용을 좀 더 세련되게 만들어주시고 섬세하게 조언해 주신 김수정 전도사님, 책을 처음부터 기획하고 출판될 수 있도록 기도하며 도와주신 노경주 전도사님, 김봉식 집사님, 박광원 집사님, 무엇보다도 이 귀한 책이 나올 수 있도록 기도하며 섬겨 주셨던 모든 새가족부원들에게 감사 드립니다.

그러나 이 모든 것보다, 가장 먼저 매 주일마다 선포되는 설교 속에 기름 부으심의 역사를 통하여 은혜와 감격의 시간들을 허락하셨을 뿐만 아니라, 날마다 우리의 삶을 땅이 되게 하신 존귀하신 하나님께 이 모든 감사와 영광을 올리지 않을 수 없습니다. 이 모든 책의 내용은 우리 주님이 허락하신 것입니다. 그러기에 이 책의 모든 소유권은 우리 주님께 있습니다.

2014년 9월
오렌지카운티에서
남성수

차례

01

| 에베소서 1:1-2 |

1 하나님의 뜻으로 말미암아 그리스도 예수의 사도 된 바울은 에베소에 있는 성도들과 그리스도 예수 안의 신실한 자들에게 편지하노니 2 하나님 우리 아버지와 주 예수 그리스도로 좇아 은혜와 평강이 너희에게 있을찌어다

평화, 평화로다!

찰리 채플린과 사도 바울

1930년대, 전 세계는 암울의 장막에 덮여 있었습니다. 유럽에서는 산업 문명의 발달로 점점 인간의 존엄성이 무시되고, 빈부의 격차는 더욱 심해져 가고 있었습니다. 이 틈을 이용해 독일과 이탈리아, 일본은 주변 국가들을 침범하기 위해 전쟁 준비에 혈안이 되어 있었습니다. 1929년에 시작된 미국의 경제 대공황은 수많은 사람들로 하여금 일자리를 잃게 하여 거리를 방황하게 만들었고, 행복을 기대했던 미국의 가정들은 배고픔과 절망에 맞서 힘겹게 싸워야만 했습니다.

이 시점에 시대를 고발하고 인간의 본질적인 의미를 제시하기 위해 도전했던 한 사람이 있었습니다. 바로 영국 출신의 희극 배우 찰리 채플린입니다. 그는 사회가 점점 잃어가고 있는 인간의 존엄성과 가치를 회복하기 위해 직접 영화를 만들어 사람들에게 알리기 시작합니다. 그 대표적인 영화가 1936년에 개봉된 〈모던타임즈〉입니다. 자신이 직접 제작하고, 감독, 주연을 겸했던 이 흑백의 무성영화 〈모던 타임즈〉에서 찰리 채플린은 컨베이어 시스템 공장에서 나사못을 조이는 일을 하는 공장 노동자로 나옵니다. 쉬지 않고 단순노동을 반복하던 찰리는 다른 사람의 코와 귀를 비롯해 눈에 보이는 모든 것을 조여 버립니다. 찰리는 아마 자신을 기계라고 생각했을지도 모릅니다. 결국 찰리는 기계 속으로 빨려 들어가게 됩니다. 커다란 톱니바퀴로 된 태엽 사이에 끼어 기계 속을 이리저리 왔다 갔다 하는 찰리는, 그야말로 기계의 한 부품으로 보이기까지 합니다.

찰리 채플린은 특유의 표정과 우스꽝스런 행동으로 관객들에게 웃음을 선사했지만, 그가 진정으로 전달하고자 했던 것은 인간에 대한 본질적인 질문이었습니다. '인간은 영화 속의 찰리처럼 목적도, 의미도 없이 사는 그런 기계화된 존재인가? 아니면 인간은 그 어떤 것에도 빼앗길 수 없는 의미와 가치를 지닌 존재인가……' 이 질문은 인간의 정체성에 관한 질문입니다. 나는 누구인가 하는 것입니다. 내가 누구인지를 알고 사는 자는 삶의 의미와 가치를 알게 됩니다. 그리고 내가 누구인지를 제대로 알 때, 무엇을 위해 살아야 하는지를 알게 됩니다.

찰리 채플린은 직접적인 답을 영화 속에서 제시하지는 않습니다. 대신, 마지막 여운을 통해 그 대답을 간접적으로 남깁니다. 상황이 아무리 어려워도 사랑하는 자와 함께 살아갈 수만 있다면 행복할 수 있다고 여기며, 그는 어두워 가는 저녁 하늘을 배경으로 사랑하는 여인과 함께 유유히 걸어갑니다. 즉, 누구와 함께 사느냐가 인간의 행복을 결정한다는 것입니다. 그리고 그 행복의 길을 가는 자만이 삶의 가치와 의미와 목적을 깨달을 수 있다는 것입니다. 참으로 귀중한 교훈이 아닐 수 없습니다. 그런 의미에서 찰리 채플린은 시대의 선각자였습니다.

이와 같이, 한평생 자신이 사랑하는 대상과 함께 동행하며, 삶의 가치와 의미와 목적을 깨닫고 살았던 또 한 사람이 있습니다. 바로 사도 바울입니다. 사도 바울은 한평생 독신으로 살았지만, 이 땅에서 결혼을 통해 가정을 이루며 살았던 그 누구보다도 뜨거운 사랑을 하며 한평생을 살았습니다. 그가 사랑했던 대상은 바로 주 예수 그리스도였습니다. 그는 하나님 아버지와 예수 그리스도에 대한 사랑에서 자신의 가치와 의미와 목적을 발견했습니다. 주님과 동행하는 그 자체가 그에게는 최고의 행복이었으며, 주님의 뜻을 받들어 하루하루를 살아가는 것, 그것이 최고의 기쁨이었습니다. 이 행복과 기쁨 때문에 사도 바울은 그 어떤 어려움 가운데에서도 자신의 정체성을 지키며 살았던 사람입니다. 그래서 그는 에베소서 1:1에서 이렇게 고백하고 있습니다.

"하나님의 뜻으로 말미암아 그리스도 예수의 사도 된 바울은……"

이 고백은 자신이 누구인가에 대한 강한 자의식을 가진 사람에게서만 나올 수 있는 고백입니다. 바울은 자신이 수행하고 있는 사도직이 하나님의 뜻에 의하여 이루어진 것임을 확신하고 있습니다. 바울은 지금 로마의 감옥에 갇혀 있는 상황에서 에베소서를 쓰고 있습니다. 비록 고난과 아픔 가운데 있는 그였지만, 에베소서에 나타난 바울의 자세는 힘들다거나 고난 때문에 지쳐 있는 모습이 아니었습니다. 오히려 바울에게는 그 어려운 상황 속에서도 계속해서 하나님에 대한 사랑과 열정, 그리고 자신을 부르신 하나님의 뜻에 대한 절대적인 순종의 마음이 일어나고 있었습니다. 어떻게 감옥 속에서도 사도 바울은 그렇게 불일듯 일어나는 열정과 사랑을 간직할 수 있었던 것일까요?

하나님의 대사, 그 부르심을 입은 자들

바울에게는 하나님의 뜻으로 사는 자에게는 하나님의 특별한 간섭과 보호가 있다는 확신이 있었기 때문이었습니다. 고린도전서 9:13-14에서 고백한 사도 바울의 외침이 그 확신을 잘 보여주고 있습니다.

"성전의 일을 하는 이들은 성전에서 나는 것을 먹으며 제단을 모시는 이들은 제단과 함께 나누는 것을 너희가 알지 못하였느냐 이와 같이 주께서도 복음 전하는 자들이 복음으로 말미암아 살리라 명하셨느니라"

이것이 신앙의 출발입니다. 지금 내가 하는 일, 내가 섬기는 현장, 내게 주어진 인생의 사명들, 이것이 진정 하나님의 뜻으로 주어진 것이 맞다면, 그 일과 현장과 사명은 하나님께서 나를 통하여 이루어 내고자 하시는 하나님의 일이며, 하나님의 현장이며, 하나님의 사명입니다. 그렇기 때문에 그 일과 현장에서 사명을 이룰 수 있도록 하나님은 책임지시고, 인도하실 수밖에 없습니다. 이것을 확신하고 붙드는 것이 믿음입니다. 그래서 믿음은 우리에게서 시작되는 것이 아니라 하나님으로부터 오는 것입니다. 우리 그리스도인들이 하나님의 뜻 위에 서 있기만 한다면, 우리는 틀림없이 하나님께서 이루시고자 하는 그 일을 보게 될 것입니다. 우리는 하나님의 대사들입니다. 하나님의 거룩하신 뜻과 경륜을 이 세상에 선포하고 전달하는 대리자들입니다.

미국의 대통령이 자신의 뜻과 의도를 다른 나라에 전하기 위해서는 대사를 보냅니다. 대사는 대통령이 아니지만 대통령과 동일한 특권과 권위를 가지고 있습니다. 만일 보냄을 받은 대사가 그 나라에서 목숨의 위협을 받거나 모욕을 당한다면 미국의 대통령은 즉시 항공모함을 보낼 것입니다. 왜 그렇게 하는지 아십니까? 대사를 위협하고 모욕하는 것은 대통령을 모욕하고 위협하는 것이기 때문입니다. 이것은 전쟁 선포와 같은 것입니다. 우리는 하나님의 대사입니다. 마태복음 28:18-19에서 주님은 우리에게 이렇게 말씀하셨습니다.

"예수께서 나아와 일러 가라사대 하늘과 땅의 모든 권세를 내게 주셨으니 그러므로 너희는 가서 모든 족속으로 제자를 삼아……"

예수님은 하나님께서 부여해 주신 권세를 가지고 우리를 세상에 보내셨습니다. 이것은 하나님의 뜻을 전달하기 위해 우리가 보냄을 받은 대사라는 뜻입니다. 하나님의 뜻은 바로 구원의 복된 소식 곧 복음을 전하는 것입니다. 이 때문에 사도 베드로도 베드로전서 2:9에서 우리가 하나님의 대사임을 밝히고 있습니다.

"오직 너희는 택하신 족속이요 왕 같은 제사장들이요 거룩한 나라요 그의 소유된 백성이니 이는 너희를 어두운데서 불러내어 그의 기이한 빛에 들어가게 하신 자의 아름다운 덕을 선전하게 하려 하심이라"

아름다운 덕이란, 바로 하나님의 구원의 역사를 통해 우리를 하나님의 자녀로 삼으시는 사랑의 행위를 말합니다. 이것이 복음입니다. 이 복음을 세상에 전달하고 알려주는 일, 즉 대사직을 위해 우리를 보내셨습니다. 하나님은 우리를 이 땅에 대사로 보내실 때 분명히 한 가지를 약속하셨습니다. 마태복음 28:20입니다.

"볼찌어다 내가 세상 끝날까지 너희와 항상 함께 있으리라 하시니라"

만일 하나님의 대사인 우리가 이 세상에서 위험을 당하고 모욕을 당한다면, 그것은 하나님을 위협하는 일이며 모욕하는 일이 됩니다. 하나님은 이런 상황을 그대로 두지 않으십니다. 하나님은 하나님의 대사들을 보호하시고 지키시기 위해 특별히 간섭하실 것입니다. 하나님은 하나님의 거룩한 뜻을 위해 사는 자, 복음의 역사를 위해 그 대사직을 감당하는 자에게 끝까지 함께 하십니다. 하나님은 하나님의 뜻을 위해 사는 자를 분명 지키시고, 보호하시며, 세상을 이기게 하십니다.

1973년 한국 대학생 선교회 총재로 계셨던 김준곤 목사님께서 당시 한국 기독교 인구가 300만 명밖에 되지 않았을 때, 민족의 복음화를 위해 그리스도인으로 해야 할 일이 무엇인가 고민하기 시작하였습니다. 그리고 민족 복음화를 위해 헌신할 전도인을 훈련시켜야겠다고 생각하고, 당시 기독교 인구의 10분의 1인 30만명을 합숙시키며 훈련하는 계획을 가지고 기도를 시작하셨습니다. 기도를 하면 할수록, 민족 복음화와 이 일에 헌신할 대학생들을 훈련하는 일을 하나님께서 가장 기뻐하실 것이라는 확신이 들기 시작했습니다. 이것보다 더 귀중한 하나님의 뜻은 없다고 생각하고 1973년 8월 말, 70명의 대학생 선교회 간사들과 함께 3일 동안 기도원에 올라가 기도하며 계획을 세우기 시작했습니다. 그러나 막상 하나씩 현실적인 문제들을 점검하다 보니, 현실 앞에 닥친 난관들과 문제점들이 너무 많다는 것을 깨닫게 되었습니다. 마치 이스라엘 앞에 선 골리앗처럼 재정, 인원, 교육, 숙식, 수송 등 해결해야 할 난관이 74 가지나 되었습니다. 사단은 그 계획을 포기하도록 강요했습니다. 그 때, 김준곤 목사님의 머리 속에 스치는 한 구절의 말씀이 있었다고 합니다.

"볼찌어다 내가 세상 끝날까지 너희와 항상 함께 있으리라"

"그렇지! 우리 주님은 보내시고 그냥 지켜보시는 분이 아니시지!"

이 확신이 들자 간사들에게 이렇게 물으셨다고 합니다.

"여러분, 30만명의 전도인을 합숙시켜 훈련하는 것이 주의 뜻입니까? 아닙니까?"

이때 함께 모인 70명의 간사들이 모두 한결같이 울면서 이렇게 대답했다고 합니다.

"그것은 하나님의 뜻입니다"

그 자리에서 즉시 하나님의 뜻을 이루게 해 달라고 금식하며 기도하기를 시작했습니다. 이것이 바로 '엑스플로74 민족복음화대성회'의 시작이었습니다. 이 '엑스플로74 민족복음화대성회'로 인하여 당시에 300만명에 지나지 않던 한국교회의 성도가 1000만명이 넘는, 세계에서 그 유래를 찾아볼 수 없는 놀라운 복음의 역사를 이루어 낼 수 있었습니다.

저는 이 시간 사랑하는 우리 성도님들에게 묻고 싶습니다. "영혼을 구원하여 제자 삼는 것이 하나님의 뜻입니까? 아닙니까?" 이것이 하나님의 뜻이라면, 하나님은 그 일을 이루실 것입니다. 하나님의 뜻을 위해 사는 자를 하나님은 분명 지키시고 인도하십니다. 여러분의 삶의 현장이, 여러분이 땀

흘려 일하는 그 일터가 하나님의 뜻으로 말미암은 현장이라고 확신하십니까? 그렇다면 분명 하나님은 그 현장에서 하나님의 임재를 보게 하실 것입니다. 여러분이 계획하고 가고자 하는 인생의 길이 하나님의 뜻으로 말미암은 것이라고 확신하십니까? 그렇다면 하나님은 분명 여러분의 길들을 인도하실 것입니다. 여러분이 그렇게도 간절히 소망하고 기도하고 있는 자녀들과 가족들의 삶이 하나님의 뜻으로 말미암은 삶이 되도록 기도하고 소망하며 헌신하신다면, 하나님은 여러분의 자녀와 가족들을 지키시고 보호해 주실 것입니다.

하나님의 마음에 닿은 자들의 평강

또한 사도 바울에게는 하나님의 뜻으로 사는 자에게는 하늘의 은혜와 평강이 주어진다는 확신이 있었습니다.

"하나님 우리 아버지와 주 예수 그리스도를 좇아 은혜와 평강이 너희에게 있을 찌어다"(에베소서 2:2)

사도 바울이 예수를 만나기 전에는 자신의 뜻대로 사는 자였습니다. 그는 자신의 혈기과 의협심을 가지고 당대 권력자들의 신임 속에 자신의 야망과 꿈을 펼치는 일에 거침없이 살았던 자입니다. 최고의 학벌과 가문을 배경으로 권력의 핵심에서 승승장구하던 자였습니다. 그러나 그에게는 평강이 없었습니다. 일을 성취하고자 하는 열심은 있었으나, 그 일을 이루어가는 일이 늘 피곤했습니다. 자신의 앞길에 방해가 되는 그 어떤 세력도 용납하지 않는 삶에 남겨진 것은 외로움뿐이었습니다.

그러던 그가 다메섹 도상에서 예수를 만나면서부터 인생의 기준이 달라졌습니다. 자신의 뜻과 의욕대로 살던 지난 날과는 전혀 다른 감흥과 기쁨이 시작된 것입니다. 하나님의 뜻대로 살기 시작하면서부터 말로 표현할 수 없는 평안이 시작되었습니다. 그러자, 로마의 감옥에 갇혀 있으면서 빌립보 교회 성도들을 향하여 편지를 쓸 때도 이렇게 고백합니다.

"주 안에서 항상 기뻐하라 내가 다시 말하노니 기뻐하라 아무 것도 염려하지 말고 오직 모든 일에 기도와 간구로 너희 구할 것을 감사함으로 하나님께 아뢰라 그리하면 모든 지각에 뛰어난 하나님의 평강이 너희 마음과 생각을 지켜 주시리라"(빌4:4, 6-7)

어떻게 사도 바울이 이런 기쁨과 평강의 능력을 소유할 수 있었습니까? 바로 기쁨과 평강의 근원이신 하나님의 마음에 닿아 있었기 때문입니다. 하나님의 마음에 닿는 것이 과연 무엇입니까? 이것을 조이스 마이너는 그의 책《단순함이 주는 기쁨》에서 이렇게 말합니다.

"감당할 수 없는 문제에 부딪혔을 때, 당신에게 필요한 것은 머리로 재고 생각하는 것이 아니라 하나님의 충만한 은혜를 받는 것입니다…… 이제 긴장을 풀고 하나님께서 일하도록 하십시오. 하나님의 마음에 닿도록 하십시오. 이때 하나님께서 자신의 뜻을 부어주십니다."

하나님의 마음에 닿는 것은 하나님께서 일하시도록 내 영혼을 내어드리는 것입니다. 이때 하나님은 그 뜻을 우리의 영혼 속에 부어주십니다. 바울은 하나님께서 부어주시는 뜻을 늘 자신의 영혼에 새기며 살았습니다. 그래서 바울은 빌립보서 2:13에서 다시금 이렇게 고백합니다.

"너희 안에서 행하시는 이는 하나님이시니 자기의 기쁘신 뜻을 위하여 너희로 소원을 두고 행하게 하시나니"

하나님의 기쁘신 뜻이 영혼에 심긴 순간부터 우리는 하나님의 위로와 은총과 평안을 소유하며 살 수 있게 됩니다. 그런데, 이를 위해서 우리가 통과해야 할 것이 한 가지 있습니다. 바로 하나님의 생명의 은총, 평강의 기쁨을 부어 주시는 일에 방해가 되는 죄의 담을 헐어야 하는 것입니다. 이것은 예수 그리스도의 십자가의 보혈을 의지할 때만 가능합니다. 나의 삶에 가로막혀 있는 죄의 담을 예수 그리스도의 보혈의 공로로 허물어 달라고 요청해야 합니다. 이때 비로소 하나님께서는 우리에게 은혜를 베풀어 주실 것입니다. 그리고 그 은혜에 힘입어 주의 보좌 앞에 나아가는 자마다 하나님의 뜻으로 사는 자가 될 것이며, 하나님의 뜻으로 사는 자에게 참된 평강과 기쁨이 보장될 것입니다.

인도네시아 선교지에서 베데스타 병원을 방문했을 때의 일입니다. 그곳에서 병실을 방문하며 입원해 있던 환자들을 위해 기도하는 사역을 하고 있을 때, 저는 모슬렘 여성 환자와 그 아내를 간호하는 남편을 보았습니다. 여자분에게 얼마나 아프신지를 묻고 이런 저런 이야기를 하는데, 여자분이 자꾸 말을 하지 않고 머뭇거리는 것을 보았습니다. 그래서 제가 예수 그리스도에 대하여 들어본 적이 있느냐고 물었습니다. 그 여자분이 그제서야 말문을 여는데, 결혼 전에는 자기가 크리스천이었는데, 남편을 만나 결혼하면서 모슬렘이 되었다는 것입니다. 그러면서 자기 침대를 찾아온 저와 두 명의 의사 선생님들을 보면서도 현재 자신의 모습이 너무 부끄러워 이야기를 못했다는 것입니다.

그래서 옆에 있는 남편에게 "당신의 아내가 전에는 크리스천이었다가 당신 때문에 모슬렘 된 것을 이렇게 부끄러워하는데, 마음이 어떠십니까?" 하고 물었더니, 이분 역시 마음이 편하지 않다는 것이었습니다. 이분은 자기의 아내를 무척 사랑하고 있었습니다. 그럼에도 불구하고 자신의 집안이 모슬렘이기 때문에 자기도 어쩔 수 없다는 것입니다.

그래서 다시 물었습니다. "지금 당신의 마음에는 기쁨과 평안이 있습니까?" 그랬더니, 마음에 기쁨과 평안이 없다고 대답을 했습니다. 그래서 다시, "기쁨과 평안을 얻는 방법을 알고 싶습니까?"라고 물었더니 남편은 그러고 싶다고 했습니다. "그 방법을 가르쳐 주면 받아들이겠습니까?"라고 물었고, 그분이 그러겠다고 대답을 했습니다.

그 즉시 복음을 제시했습니다. "평강은 당신이 스스로 얻을 수 있는 것이 아닙니다. 이 평강은 외부로부터 주어지는 것입니다. 그 외부로부터 주어지는 평강을 얻기 위해서는 한 가지를 해야 합니다. 죄를 회개하고 평강을 주시는 예수 그리스도를 영접해야 합니다."

"예수를 영접하겠습니까?" 하고 다시 물었습니다. 남편이 그러겠다고 하자, 누워있던 그의 아내도 영접하겠다고 하였습니다. 저는 남편에게 기도를 따라하게 하면서 죄를 고백하게 했습니다. 그런데 그 순간에 침대에 누워있던 부인이 막 울기를 시작합니다. 그러면서 시키지도 않았는데, 부인도 죄를 고백하는 것입니다. 그 순간 성령님께서 일하고 계시는 것을 깨달았습니다. 한참 기다린 후에, 마지막으로 마무리 하면서 예수를 영접하는 기도를 따라하게 했습니다. 기도가 끝난 후 그 부부는 너무 좋아서 환하게 웃기 시작했는데, 이제는 옆에서 통역하던 두 명의 여자 의사들이 울기 시작합니다. 자신들이 태어나서 모슬렘들이 예수를 영접하고 돌아오는 것을 처음 보았다는 것입니다. 그리고 이 광경이 너무도 감격스러워 운다는 것이었습니다. 죄의 문제가 해결되면, 그 현장에는 기쁨과 평강, 감격과 감사의 눈물이 일어납니다.

혹시 여러분 가운데 하나님이 부어주시는 그 평강과 기쁨의 은총을 잃어버리신 분이 계십니까? 하나님과 여러분 사이에 막혀 있는 담, 그것이 원인입니다. 하나님과 여러분의 사이를 자꾸 가로막는 담이 무엇입니까? 해결되지 않은 미움과 분노가 있으십니까? 순간마다 불법과 타협하고 싶은 유혹이 드십니까? 아직도 나의 욕망과 이기심의 노예가 되어 살고 계십니까? 이것을 무너뜨려야 합니다.

주 예수 그리스도만이 이 담을 허무실 수 있습니다. 주님만이 여러분의 아픔을 아십니다. 주님만이 여러분의 고통의 이유를 아십니다. 왜 여러분이 인생의 길목에서 홀로 목놓아 울고 있는지 우리 주님은 아십니다. 주님께 요청하십시오. "주여 이 담을 헐어 주옵소서……." 그때 비로소 우리 주님께서 여러분의 영혼에 생명의 능력을, 평강의 은총을 부어 주실 것입니다. 이것이 하나님의 뜻대로 사는 자가 누릴 축복입니다.

삶 속으로

• 오늘 하루, 당신은 누구의 생각과 누구의 말을 가장 많이 전했나요?
  나는 오늘 '_____의 대사'로 살았습니다.

• 주님과 나를 가로막고 있는 죄로 인해 몸부림치며 괴로워했던 적이 있으십니까? 별빛이 쏟아지듯, 하늘에서 오는 평화를 누리신 적이 있으십니까? 찬송가 〈내 영혼이 은총 입어〉를 부르며 하나님과의 교제의 자리로 나오시겠습니까?

02

1 하나님의 뜻으로 말미암아 그리스도 예수의 사도 된 바울은 에베소에 있는 성도들과 그리스도 예수 안의 신실한 자들에게 편지하노니 2 하나님 우리 아버지와 주 예수 그리스도로 좇아 은혜와 평강이 너희에게 있을찌어다

자녀의 권세를 누리라

나의 자랑, 나의 왕

2011년 4월 29일, 세계 20억 명에 달하는 사람들의 눈과 귀는 영국 웨스트민스터 대성당에서 거행된 영국 황실의 결혼식에 집중되어 있었습니다. 350년 만에 이루어진 평민 출신의 케이트 미들턴이 윌리엄 왕자의 아내가 된다는 사실에 수많은 사람들은 기대와 흥분으로 아름다운 신부가 입장하는 모습을 지켜 보았습니다. 어릴 적 동화 속에서나 한번쯤 꿈꾸어 볼수 있었던 신데렐라의 이야기가 현실로 실현된 현장인 웨스트민스터 사원과 버킹엄 궁전 앞에 모인 100만 명의 인파는 열광적으로 두 사람의 결혼을 축하하며 환호해 주었습니다. 그 상황을 지켜보던 제게 한 가지 궁금증이 일었습니다. '왜 저들은 자기들과 전혀 상관없는 황실의 결혼식을 자신들의 결혼식인 것처럼 그토록 환호하며 기뻐하고 있는 것일까?' 그 이유를 저는 한 방송국 기자가 영국 국기를 들고 나온 중년의 남자와 나눈 현장 인터뷰를 통해 짐작해 볼 수 있었습니다. 영국 국기를 들고 조금은 우스꽝스런 복장을 하고 있던 그 남자는 이렇게 말했습니다.

"왕은 영국의 상징입니다. 저는 왕과 그 가족들을 자랑스럽게 생각합니다. 그리고 제가 영국의 국민이라는 것이 자랑스럽습니다."

기대하지 않았던 참으로 의미심장한 말이었습니다. 지금 영국은 왕이 통치하는 나라가 아닙니다. 모든 통치권은 내각과 의회에 있습니다. 내각의 수장인 총리에 의해 모든 것이 최종적으로 결정되는 나라입니다. 그럼에도 불구하고 '입헌군주제' 곧 왕이 모든 것의 최고 통치권자임을 표방하는 이유가 있습니다. 그것은 영국 국민들에게 있어서 왕과 황실은 곧 자신들이기 때문입니다.

왕이 잘 되는 것이 곧 자신들이 잘 되는 것이고, 왕이 기뻐하는 것이 곧 자신들의 기쁨이었습니다. 물론 모든 영국 사람들이 다 그렇게 생각하는 것은 아닐 것입니다만, 많은 영국인들의 가슴 속에는 그 찬란했던 대영제국에 대한 자긍심이 있습니다. 군사와 경제 분야에서 '해가 지지 않는 나라'라는 영광을 미국에 빼앗기기 전까지, 저들은 세계 그 어느 나라도 감히 넘볼 수 없는 강력한 국가였습니다. 그 강력함과 영광의 배후에 영국의 황실이 있었습니다. 여왕 엘리자베스 1세의 강력한 통치는 영국 국민들로 하여금 세계1등국민이라는 자부심을 안겨 주었습니다. 비록 지금은 그 강력한 통치와 세계를 다스리는 영향력이 줄어 들었을지라도, 영국의 왕이 존재하는 한, 그 자부심과 긍지만큼은 계속 간직할 수 있는 것입니다.

그런 의미에서 버킹엄 광장 앞에서 한 남자가 말했던 '왕이 영국의 상징'이라는 말은 결코 과장되거나 꾸며낸 말이 아니라, 그야말로 국민들의 가슴 속에서 우러나오는 진실된 고백이요, 충성심의 표현이었던 것입니다. 아무리 군사와 경제가 강대해져도 백성들이 그 나라를 자랑스러워 하지 않으면 그 나라는 곧 쇠퇴의 길을 갑니다. 반면, 백성들이 그 나라를 자랑스러워 하고 그 나라의 수장을 자랑스럽게 여기며 그 나라의 백성된 것을 영광스럽게 여기는 한, 그 나라는 결코 약화되지 않습니다.

1세기 초엽, 예루살렘을 중심으로 시작되었던 교회 공동체는 불과 30년이 못되어 유대땅을 넘어 서아시아와 로마제국의 중심부까지 계속 확장되어 나갔습니다. 초대교회 성도들이 '땅끝까지 이르러 내 증인이 되라' 하신 주님의 명령 한 마디를 붙들고 유대 땅의 핍박을 피해 사마리아를 거쳐 서아시아까지 교회를 확장할 수 있었던 이유는 바로 하나님의 나라를 자랑스러워 하는 그 충성심 때문이었습니다. 저들의 발걸음은 여기서 멈추지 않았습니다. 로마가 닦아 놓은 도로를 이용해 서쪽으로 서쪽으로 계속 전진하며 로마제국 안에 하나님의 나라와 교회 공동체를 세워 나갈 수 있었던 것 또한, 자신들이 바로 하나님 나라의 백성이라는 신념 때문이었습니다. 초대교회 성도들에게 하나님 나라는 저들의 모든 것이었습니다. 하나님의 나라가 잘 되는 것을 최고의 기쁨으로 여겼고, 하나님 나라의 영광을 자신들의 영광으로 여겼습니다. 이렇게 세워진 교회 중의 하나가 바로 에베소 교회였습니다.

사도 바울은 이 에베소 교회 성도들에게 하나님 나라의 모형인 교회의 진정한 모습이 무엇인지를 알려주고 싶었습니다. 하나님 나라의 백성이 가져야 할 진정한 자긍심을 놓치지 말도록 용기와 힘을 주고 싶어 했습니다. 하나님 나라의 백성들이 자긍심을 가지고 그 안에 사는 것을 영광으로 여기는 한, 하나님 나라는 분명 로마를 정복하며 세상 끝까지 확장될 것이라는 진리를 가르쳐 주고 싶었습니다. 그래서 하나님 나라의 백성됨을 자랑스러워 하는 에베소 교인들을 향하여 로마의 감옥에서부터 마음의 편지를 띄웁니다. 이것이 바로 에베소서입니다. 오늘 우리가 읽은 에베소서의 첫 문장은 하나님 나라의 백성인 우리 성도가 하나님 나라의 자녀로서 어떻게 자긍심을 가지고 살아야 할 것인지를 가르쳐 주고 있습니다.

영향력이 능력, 구별됨이 영향력

무엇보다 하나님 나라의 자녀는 구별됨의 능력을 가지고 살아야 한다는 것입니다. 1:1의 말씀을 다시 한 번 읽겠습니다.

"하나님의 뜻으로 말미암아 그리스도 예수의 사도 된 바울은 에베소에 있는 성도들과 그리스도 예수 안의 신실한 자들에게 편지하노니"

여기서 사도 바울은 에베소에 있는 그리스도인들을 거룩한 무리라는 뜻의 '성도'라 부르고 있습니다. 거룩이라는 말은 구약에서 사용될 때 히브리어로 '카도시'라는 단어를 사용하였는데, 이는 하나님께서 구약시대 이스라엘 백성들을 세상의 이방 민족들과 구별해내셨다는 의미에서 사용된 단어였습니다. 그런데 신약에서 사도 바울은 이 단어를 보다 더 적극적인 의미로 사용하기 위해 '하기오스'라는 헬라어로 사용합니다. 즉, 하나님께서 우리를 세상으로부터 구별해 내셨다는 신분상의 의미뿐만 아니라, 이제는 구별된 성도로 이 세상과는 다름을 보여 주어야 한다는 적극적인 의미로 나아갑니다. '카도시'는 신분상의 구별이지만, '하기오스'는 남들이 볼 때에도 분명히 다름을 느낄 수밖에 없는 구별입니다. 예를 들어 이런 것입니다. 제가 교회에서 목사인 것은 누구나 다 압니다. 직분상 목사의 역할을 하기 때문입니다. 그러나 교회 밖, 가든 그로브 거리만 나가도 사람들은 제가 목사인지 알지 못합니다. 언젠가 제가 낯선 식당에 들어가 밥을 먹는데, 식당 종업원이 저를 처음 보면서도 목사님이라고 불렀습니다. 어떻게 내가 목사인지를 알았느냐고 물었더니, 기도하는 것, 대화하는 것을 들으면서 목사인지 첫눈에 알아보았다는 것입니다. 제가 교회 내에서 직분 때문에 목사로 구별된 것이 바로 '카도시'라면, 교회 밖에서 말과 행동 때문에 식당의 여느 사람들과는 좀 구별된 사람, 곧 '목사'로 여겨진 것이 바로 '하기오스'입니다. 사도 바울에게 있어서 에베소 교인들은 '하기오스'였습니다. 에베소 교회 성도들이 세상 앞에 분명히 그리스도인다운 구별된 모습이 있었기 때문이었습니다. 성도가 세상 앞에 진정으로 이 '하기오스', 곧 구별됨의 능력을 보여준다면, 그 영향력은 엄청난 능력으로 나타나게 될 것입니다.

1세기 로마제국 하에서 모든 백성은 황제에게 복종을 요구받았습니다. 특히 나라의 공직에서 일을 하기 위해서는 한 가지 조건을 반드시 통과해야 했습니다. 황제에 대한 순종 서약입니다. 그래서 로마의 백성들은 황제의 동상 앞에서 "시저는 나의 주인이십니다(Ceasar is my lord)"라고 서약을 해야 했습니다. 그러나 로마제국 하에 살고 있는 그리스도인들은 이 서약을 할 수 없었습니다. 저들에게 있어서 주인은 오직 한 분, 예수 그리스도뿐이시기 때문이었습니다. 그래서 저들은 'Ceasar is my lord'라는 말을 거부하고, 당당하게 "예수님이 나의 주인이십니다(Jesus is my Lord)"를 외치며 기꺼이 로마제국 하에서 누릴 수 있는 혜택을 포기했습니다.

초대교회의 성도들은 철저하게 자신들을 구별하며 살았습니다. 순간의 이익과 편리 때문에 자신들의 믿는 바를 타협하려 하지 않았습니다. 설사 자신들의 앞날에 불이익이 올지라도 저들은 거룩한 자로서의 품위와 자세를 잃지 않기 위해 노력하고 또 노력했습니다. 그 결과가 어떻게 되었습니까? 이 철저한 구별됨을 유지하기 위해 외로운 싸움을 했던 소수의 크리스천들이 로마제국 하에 흔적도 없이 사라진 것이 아니라, 오히려 이들에 의해 로마가 정복되었습니다. 할렐루야!

영향력이 능력입니다. 유명한 기독교 리더십의 선구자 존 맥스웰은, 그래서 "리더십은 영향력이다"라고 했습니다. 이 시대에 우리 그리스도인들이 진정한 영향력을 발휘하며 이 시대와 사조 앞에 끌려가지 않고 주도해 가기 위해서는 구별됨의 능력이 있어야 합니다. 우리가 그리스도인으로 세상과 구별된다는 것은 주일에 예배당에 나와 예배드리는 것만으로 되는 것이 아닙니다. 진정한 구별됨은 예배를 드리고 난 후 예배당 문 밖에서 이루어져야 합니다. 그래서 우리는 늘 스스로 물어보아야 합니다. 일터의 현장에서 내가 과연 구별된 성도로 살고 있는가? 가정에서 내가 구별된 성도로 아버지의 역할을 감당하고 있는가?

오래전에 1세와 2세가 함께 하는 연합 집회에 참석한 적이 있었습니다. 집회 중에 한 대학생이 자신의 꿈과 미래에 대한 계획을 이야기하면서 자신의 인생에 있어서 가장 존경하는 분을 들라면, 자신은 주저없이 자신의 아버지를 들겠노라고 고백했습니다. 왜 그런가 했더니, 자신의 아버지는 아무리 바쁘고 힘들어도 토요일만큼은 꼭 집에 오셔서 자신들과 함께 저녁 만찬을 함께 하셨다고 합니다. 저녁마다 손수 음식을 만드신 아버지의 모습을 보면서 어느 순간부터 '이번 토요일에는 아버지께서 어떤 음식을 만드실까'하며 기대했다고 합니다. 그리고 그 만찬 후에는 꼭 가족들이 함께 모여 예배를 드리고 하나님 앞에 일주일의 삶 가운데 있었던 일들을 감사하는 시간을 나누었는데, 자신의 꿈과 미래가 바로 그때 형성되었다고 했습니다. 그 청년이 이런 고백을 했습니다.

"제 아버지로부터 배운 토요일 저녁의 귀중함을 저도 나중에 가정을 이루었을 때 꼭 실천하려고 합니다."

이보다 더 멋진 영향력이 있을까요? 아주 평범한 것에서 다름을 실천했던 그 아버지의 구별됨이 아들의 마음 속에 꿈을 주고 미래에 대한 계획을 세울 수 있게 한 것입니다. 사랑하는 성도 여러분, 여러분들은 자녀들에게 어떤 영향력을 끼치고 계십니까? 구별됨은 거창한 것에서부터 시작되는 것이 아닙니다. 구별됨은 내 삶의 아주 작은 것에서부터 시작됩니다. 여러분의 가정에서 아이들에게, 사랑하는 남편에게, 혹은 아내에게 그 작은 구별됨을 보여주시기 바랍니다. 여러분의 영향력은 거기에서부터 시작될 것입니다.

믿을 만한 사람, 그리스도인

또한, 하나님 나라의 자녀는 신실한 자로 살아야 합니다.

1절에서 사도 바울은 성도를 가리켜 신실한 자들이라고 지칭하고 있습니다. '신실한'이라는 말에는 '믿음을 행하는'이라는 의미가 있습니다. 사도 바울이 에베소 교회의 성도들을 지칭하면서 신실한 자들이라고 한 것은 바로 믿는 바를 틀림없이 행하는 사람들이라는 뜻입니다. 즉, 다시 말해서 "저들은 믿을 만한 사람들이야……"라는 뜻입니다. 사도 바울에게 있어서 에베소 교회 성도들은 당대 로마사회에서 만연되고 있는 우상숭배와 거짓된 가르침과 이교사상 앞에 흔들리지 않고 믿음을 그대로 지켜 나가는 믿을 만한 사람들이었습니다. 어떤 유혹과 공격 앞에서도 타협하지 않고 믿음의 지조를 지키고 세상에 대하여 믿고 확신하는 바를 분명히 붙들고 나가는 그런 자들이었습니다.

2-3세기의 로마제국은 가장 강력한 번영의 시대를 이루고 있었습니다. 로마를 대적할 나라가 없었고, 로마의 영토는 당대 유럽뿐 아니라 아프리카와 아시아에까지 확장되어 있었습니다. 로마제국의 힘을 입어 수많은 도시에서 무역이 활발히 이루어지는 덕에 로마는 가장 풍요로운 시대를 살고 있었습니다. 사람들이 풍요로워질 때 나타나는 현상이 도덕적 타락입니다. 술과 파티와 신전제사로 얼룩진 로마 귀족들의 삶은 성적 타락의 극치를 이루고 있었습니다. 로마의 귀족 가운데는 순결을 지킨 여인을 찾아볼 수 없을 정도였습니다. 로마인 이야기를 쓴 시오노 나나미는 "그 시대에 오직 순결을 지킨 여인들은 기독교인들뿐이었다"라고 기록하고 있습니다. 이 때문에 로마의 귀족들이 며느리를 맞이할 때 정숙하고 순결한 기독교 여인들을 찾기 시작했습니다. 왜냐하면 크리스천들은 순결한 부분에 있어서 믿을 만했기 때문이었습니다. 결국 이것이 로마로 하여금 기독교 제국이 되게 한 것입니다. 수많은 기독교 여인들은 상류 사회에 들어가 저들의 자녀들

을 신앙으로 양육시켰고, 가정을 기독교화 시켰습니다. 이렇게 신실한 믿음의 사람들이 로마 사회의 곳곳에 들어감으로써 결국 로마는 기독교의 나라가 된 것입니다.

성도란 믿을 만한 사람입니다. 믿을 만한 성도들이 계속 일어날 때, 이 땅은 분명 소망이 있습니다. 프랑스의 유명한 사상가 폴 발레리의 "그대가 용기를 내어 생각하는 대로 살지 않으면, 머지 않아 그대는 사는 대로 생각하게 될 것이다"라는 말처럼 우리 그리스도인들은 믿고 확신하는 바를 실천해 나가지 않으면, 곧 세상의 환경과 여건에 함몰되어 우리의 믿음까지도 타협해 버리게 됩니다. 그 순간부터 우리 그리스도인들은 세상에 대하여 영향력을 발휘할 수 없습니다. 그렇기 때문에 폴 발레리의 말처럼 우리는 믿는 바, 우리의 삶과 인생을 붙들고 계시는 주 예수 그리스도에 대한 마음을 실천하기 위해 용기를 내어 나아가야 합니다. 그리고 그 용기의 결단을 통해 이런 외침들이 곳곳에서 들려 와야 합니다.

"저 사람과 계약하면 틀림없어……", "저 사람은 믿을 만해", "저 사람은 분명 이번 고난도 이겨낼 거야……", "저 사람 가게는 저울과 추를 속이지 않을거야……" 이런 소리가 주위 사람들의 마음에서 외쳐질 때, 그 한 사람의 크리스천 때문에 세상은 변하게 되어 있습니다. "우리 남편은 이 상황에서도 분명 하나님 앞에서 마음의 중심을 지킬 수 있을 거야……", "우리 부모들은 이 순간에도 나를 위해 기도하고 계실 거야……" 이 외침이 울릴 때, 그 가정은 분명 회복될 수 있습니다.

저는 지금도 확신합니다. 우리의 예배를 위해서 중보 기도자들의 뜨거운 간구와 기도가 지금도 기도실에서 외쳐지고 있음을 확신합니다. 우리의 중보 기도자들이 부르짖고 외칠 때, 틀림 없습니다. 이 예배를 방해하는 사탄의 세력은 물러가고 전능하신 하나님의 은혜와 기름 부으심의 역사만이 넘쳐나게 될 것을 저는 믿습니다. 분명히 확신합니다. 매일 새벽과 저녁마다 이 전을 깨우며 주님 앞에 교회를 위하여, 교회의 지도자를 위하여, 연약한 우리의 지체들을 위하여 부르짖고 간구하는 기도의 용사들 때문에 우리의 문제가 해결되고 하나님의 보호와 간섭이 지금도 이루어지고 있음을 저는 믿습니다. 이것이 믿음을 실천하는 신실한 성도들의 능력입니다.

연합, 그 신비한 생명력

하나님 나라의 자녀는 그리스도와 연합된 삶을 살아야 합니다.

사도 바울은 1절 마지막에서 성도를 그리스도 안에 있는 자들이라고 표현하고 있습니다. 그리스도 안에 있다는 말은 우리 성도가 그리스도와 연합되어 있다는 것을 의미합니다. 그리스도 안에 있게 되는 순간부터 나타나는 현상이 하나 있습니다. 그것을 주님은 요한복음 15:5에서 이렇게 말씀하십니다.

"나는 포도나무요 너희는 가지니 저가 내 안에, 내가 저 안에 있으면 이 사람은 과실을 많이 맺나니 나를 떠나서는 너희가 아무것도 할 수 없음이라"

즉, 우리가 그리스도와 연합하는 순간부터 일어나는 것이 바로 생명의 열매를 맺는 것입니다. 이 생명의 열매가 맺게 되는 순간부터 우리들은 하나님 나라의 백성답게 삽니다. 육체의 한계를 넘어서고, 환경의 한계를 넘어서고, 인생의 한계를 넘어서는 능력이 시작됩니다. 그전에는 전혀 알지 못했던 기쁨과 감격을 얻게 됩니다. 이 생명의 열매를 맺게 되는 순간부터 새로운 인생의 의미와 목적을 발견하게 됩니다. 그래서 주님은 요한복음 15:11에서 이렇게 말씀하십니다.

"내가 이것을 너희에게 이름은 내 기쁨이 너희 안에 있어 너희 기쁨을 충만하게 하려 함이니라"

얼마 전, 저는 가슴 뭉클한 영화 한 편을 보게되었습니다. 〈히말라야의 슈바이처〉라는 제목의 다큐멘터리 영화입니다. 세브란스 의대를 나와서 외과 의사로 성공의 길을 걷던 중에 병원을 내려 놓고 의료 선교사의 길을 가기 위해 1982년 49세의 나이에 히말라야 네팔의 작은 마을을 향해 떠나야 했던 강원희 선생님을 이해해 주는 사람은 아무도 없었습니다. 그러나 그가 그렇게 결정할 수밖에 없었던 것은 젊어서부터 계속 타오르는 영혼에 대한 사랑과 주님으로부터 받은 확신에 찬 소명 때문이었습니다. 거기서 그는 세브란스 출신 1호 선교사로서 30년 동안 네팔의 영혼들을 위해 온몸으로 치료하며 저들의 가족이 되었습니다. 저들은 강원희 선생님을 성자로 여기며 존경하며 사랑하며 진정으로 감사하고 있습니다. 강원희 선생님의 30년간의 삶은 그곳에 살고 있는 사람들의 삶의 질을 완전히 바꿨습니다. 드디어 저들도 하나님의 형상대로 지음 받은 존귀한 인격자라는 것을 알게 되었습니다.

어떻게 이런 일이 일어날 수 있었을까요? 그것은 30년 동안 강원희 선생님이 보여 주신 생명의 능력 때문이었습니다. 그리스도와 연합한 인생이 되고 나니까 그의 삶은 외과 의사로 병원을 개업하며 살던 때와는 또 다른 기쁨과 감격이 있었습니다. 예수 그리스도 안에 거하게 되는 순간부터 새로운 생명의 능력이 그를 계속 붙들고 있었기 때문이었습니다. 이 때문에 강원희 선생님은 아무도 돌아보지 않은 오지에서 고령의 나이에도 저들을 변함없이 사랑으로 돌보는 따뜻한 마음을 보여 줄 수 있었습니다. 그 어느 누구도 함께 하지 않는 저들의 아픔과 절망의 현장에서 저들을 위해 함께 울 수 있었습니다. 이 모습은 히말라야의 영혼들에게 새로운 꿈과 소망을 주었고, 저들로 하여금 주 예수 그리스도를 만나고 싶은 마음을 열게 하였습니다. 이 능력이 어디서 온 것이라고요? 예수와 연합하는 순간부터 예수로부터 얻게 된 생명의 능력에서 온 것입니다.

이 영화의 끝에 신현오 감독은 유능했던 외과 의사 강원희 선생님이 왜

30년간 히말라야의 슈바이처로 살아야 했는지 그것을 가늠케 하는 배경 음악을 들려주고 있습니다. 바로 꿈이 있는 자유가 부른 〈소원〉이라는 복음송입니다.

'삶의 작은 일에도 그 맘을 알기 원하네 / 그 길 그 좁은 길로 가기 원해 / 나의 작음을 알고 그분의 크심을 알며 / 소망 그 깊은 길로 가기 원하네 / 저 높이 솟은 산이 되기 보다 / 여기 오름직한 동산이 되길 / 내 가는 길만 비추기 보다는 / 누군가의 길을 비춰 준다면 / 내가 노래하듯이 / 또 내가 얘기하듯이 살길 / 난 그렇게 죽기 원하네 / 삶의 한 절이라도 그분을 닮기 원하네 / 사랑 그 높은 길로 가기 원하네'

예수와 연합하여 생명의 능력을 얻은 자는 그곳이 아무리 좁은 길일지라도, 그 상황이 죽음을 위협하는 절박한 순간일지라도 기쁨과 환희와 감격이 있습니다. 비록 나는 한 미물에 지나지 않은 존재일지라도 주님의 높고 크심을 진정 바라보는 자에게는 피곤에 지친 얼굴에서도 진정한 감사의 미소가 나올 수 있으며, 육체적으로 점점 힘이 빠져 가는 상황에서도 결코 죽음을 두려워하지 않고 하나님을 향한 소망의 노래를 부를 수 있는 것입니다. 주 예수 그리스도와 날마다 연합하는 삶을 사십시오. 그분 안에 거할 때 그분이 주시는 생명의 능력을 얻게 될 것입니다.

삶 속으로

- 어떻게 우리 하나님을 자랑할까요? 하나님은 친절하십니까? 하나님은 당신이 피곤에 쓰러져 있을 때, 안타깝게 다가와 일으켜 주십니까? 하나님은 _____게 좋으십니다.
- 당신의 자녀들이 당신을 자랑스러워 한다면 어떤 기분이 들까요? 당신이 하나님 아버지를 자랑스러워 한다면, 하나님은 어떤 기분이실까요?

| 에베소서 1:3-6 |

3 찬송하리로다 하나님 곧 우리 주 예수 그리스도의 아버지께서 그리스도 안에서 하늘에 속한 모든 신령한 복으로 우리에게 복 주시되 4 곧 창세 전에 그리스도 안에서 우리를 택하사 우리로 사랑 안에서 그 앞에 거룩하고 흠이 없게 하시려고 5 그 기쁘신 뜻대로 우리를 예정하사 예수 그리스도로 말미암아 자기의 아들들이 되게 하셨으니 6 이는 그의 사랑하시는 자 안에서 우리에게 거저 주시는바 그의 은혜의 영광을 찬미하게 하려는 것이라

하늘에 속한 신령한 복(1)
-구원

오복(五福) 대(對) 팔복(八福)?

중국의 사서삼경 중 하나인 《서경》의 〈홍범편〉은 인간이 누릴 수 있는 복을 수(壽), 부(富), 강녕(康寧), 유호덕(攸好德), 고종명(考終命) 이렇게 5가지로 나누고 있습니다. 이것을 소위 5복이라고 합니다. 수(壽)는 오래사는 것이며, 부(富)는 많은 재산을 소유해 넉넉하게 사는 것입니다. 강녕(康寧)이라는 것이 몸과 마음이 편안하고 건강한 것이라면, 유호덕(攸好德)은 남에게 덕을 베풀어 선을 쌓는 것입니다. 그리고 마지막으로 고종명(考終命)은 질병없이 살다가 천수를 다하는 것입니다. 이 복에 대한 염원 때문인지, 한국 사람들에게 있어서 복에 대한 애착이나 소유욕은 그 어느 민족보다 남다른 것 같습니다. 한 해를 시작하는 첫날부터 우리는 복을 빌고 복을 전하는 것을 미풍양속으로 여겼습니다. 일상생활 가운데에서도 한국 민족은 복을 얻을 수 있는 길이라면 무엇이든지 했습니다. 머리맡에 베고 자는 베개의 끝자락에도, 매일 덮는 이불의 중앙에도, 입고 다니는 옷고름에도 복(福)자를 새겨 넣으며 복을 구하는 자신들의 간절함을 표현했습니다. 이것은 우리 민족으로 하여금 복을 구하는 기복신앙의 발달을 이루게 하는 아주 중요한 요인이 되었습니다.

유교의 전통 속에 명맥을 잇고 있는 제사제도 역시 복을 구하기 위한 인간의 염원에서 계속 이어지는 것은 매한가지입니다. 조상의 음덕을 기리며 제삿날에 풍성한 제사상을 차려놓고 후손들이 모여 절을 하는 것도, 조상들이 후손인 자신들을 재앙으로부터 보호해 주며 복을 내려 만사형통한 삶을 살게 해 주었으면 하는 마음에 있음은 두말할 나위가 없습니다.

미신과 구습을 타파한 채 가장 이성적이고 합리적으로 생각하고 살아간다는 현대인들조차도 기업체나 관공서 혹은 개인의 사업현장에서 새로운 매장을 개설하거나 건물에 입주할 때면 으레 제삿상에 돼지머리를 놓고 지폐를 꽂아 놓고 절하는 일을 당연시 여기고 있습니다. 이 또한 복을 구하는 기복 신앙이 한국인의 마음속 깊숙한 곳에 깔려있기 때문입니다.

인간의 심성에는 자신들의 현재 삶에 필요한 것을 얻기 위해 신(神)이라고 생각하는 그 대상에게 정성을 다하고 복을 구하는 기복(祈福)을 할 때, 자신들의 원하는 복을 얻을 수 있다는 생각이 잠재되어 있습니다.

그러나, 이 시점에서 한 가지 질문이 일어나지 않을 수 없습니다. 과연 복이란 것이 이렇게 해서 얻을 수 있는 것일까요? 만일 복이 신을 향한 인간의 노력이나 정성에 의해서 얻을 수 있고 보장될 수 있는 것이라면, 이 땅에 사는 수많은 사람들이 신이라고 생각하는 대상을 향해 그렇게 간절히 절을 하고 정성을 다했음에도 불구하고 왜 여전히 그 수한을 다하지 못하고 있으며, 여전히 가난하고 곤핍한 삶을 살고 있는 것일까요? 왜 사람들이 그렇게 복을 구하고 있음에도 불구하고 밤마다 몸과 마음의 괴로움으로 잠을 이루지 못하고 있으며, 남에게 아픔과 상처를 주는 삶을 반복한 채, 여전히 질병의 고통 속에서 이 세상을 떠나는 것일까요? 우리 삶의 현실이 이렇다면, 과연 소위 말하는 오복에 대한 기복 신앙의 삶이 진정 인간의 삶을 복되게 하는 유일한 복의 기준이라고 말할 수 있을까요?

이 문제에 답을 하기 위해서는 성경이 말씀하는 복이 무엇인지를 알아야 합니다. 성경에서는 복을 오복(伍福)이라 하지 않고 팔복(八福)이라 말합니다. 마태복음 5장에서 우리 주님은 심령이 가난한 자와 애통하는 자가 복이 있다 하셨고, 온유한 자와 의에 주리고 목마른 자가 복이 있다고 하셨습니다. 긍휼히 여기는 자와 마음이 청결한 자가 복이 있다 하셨고, 화평케 하는 자와 의를 위해 핍박을 받는 자가 복이 있다고 하셨습니다.

천수를 누리고 재산을 모으며 건강하고 좋은 관계를 유지하고 질병 없이 죽는 것을 복으로 생각하는 세상 앞에, 주님은 전혀 다른 복이 있음을 말씀하고 계십니다. 이 복은 어떻게 오는 것입니까? 마태복음 5장에서 주님이 말씀하신 복이란, 바로 하늘 백성들이 누리는 하늘의 신령한 것들을 말합니다. 이것은 세상의 복과는 다른 차원의 복입니다. 이 복의 가치와 능력과 의미는 하늘 백성들만이 깨달을 수 있습니다. 오늘 사도 바울 식의 표현대로 한다면, '하늘에 속한 신령한 복'입니다.

하늘의 복은 영원한 복입니다. 일시적으로 한 번 있다가 사라지는 그런 물리적이고 한시적인 복이 아닙니다. 소유했어도 여전히 기쁨과 평안을 누리지 못하는 세상의 복, 물질의 복이 아니라, 한 번 소유하면 영원토록 즐거워하며 그 복으로 인하여 이전에 알지 못했던 놀라운 가치와 의미와 소망을 누리게 되는 그런 복입니다. 이 복을 누리는 자들은 물질의 많고 적음에 상관없이 늘 행복해 합니다. 이 복을 얻은 자는 육체의 약함과 강함에 요동하지 않고 늘 평강과 기쁨을 소유합니다. 이 복을 소유한 자들은 그 처한 곳이 어디든지 하늘의 행복을 전하며, 당장 이 자리에서 그 생명이 끝나도 그것이 영원으로 닿아 있기에 가장 영광스럽게 여깁니다. 이것이 하늘에 속한 신령한 복입니다.

이 하늘의 복은 오직 한 가지 방법에 의해서만 얻어집니다. 바로 예수 그리스도를 믿어 구원에 이르는 것입니다. 이 구원은 하나님께서 우리에게 일방적으로 마련해 주신 선물입니다. 이 선물은 그냥 받아들이는 것입니다. 이 복은 오직 '예수 그리스도를 받아들이겠습니다'라고 하는 믿음의 고백과 결단에 의해서만 이루어집니다. 그래서 사도 바울은 에베소서 1:3에서 이렇게 외치고 있습니다.

"찬송하리로다. 하나님 곧 우리 주 예수 그리스도의 아버지께서 그리스도 안에서 하늘에 속한 모든 신령한 복으로 우리에게 복 주시되……"

하늘의 신령한 복을 하나님이 일방적으로 주셨다고 했습니다. 왜 하나님은 우리가 구하지도 않았는데 이 복을 주셨을까요?

깨진 항아리와 은총의 바다

그것은 우리를 거룩하고 흠이 없는자가 되게 하시기 위해서입니다.

"곧 창세 전에 그리스도 안에서 우리를 택하사 우리로 사랑 안에서 그 앞에 거룩하고 흠이 없게 하시려고……"(에베소서 1:4)

사도 바울은 하나님께서 하늘의 신령한 복 곧 구원의 선물을 주시기 위해서 우리에게 제일 먼저 하신 일이 그리스도 안에서 우리를 선택하신 것이라고 말씀합니다. 이 선택은 하나님께서 우리에게 이루실 구원의 첫 번째 은총이셨습니다. 이 선택의 은총은 하나님의 일방적인 의지에 근거해서 이루어진 것입니다. 이 선택은 우리가 하나님을 알지도 못했을 때, 하나님께서 무조건적으로 사랑하시기로 결정하신 그 선택입니다. 이것이 우리가 얻은 구원의 신비요, 놀라움입니다.

이 구원의 신비와 놀라움이 언제 이해될까요? 바로 예수를 받아들이는 순간입니다. 그 전에는 이것이 잘 이해되지 않습니다. 그러나 예수 그리스도 안에서 나와 그리스도가 연합되고 하나가 되는 순간, 나의 인격과 예수 그리스도의 인격이 만나 내 가슴이 뛰기 시작합니다. 이전에는 알 수 없었던 놀라운 감격과 희열이 시작됩니다. 예수를 만나고 나니까 내 과거의 모든 일들이 비로소 해석되기 시작합니다. 내가 왜 그렇게 아파했으며, 내가 왜 그렇게 고민하고 힘들어 했는지를 깨닫게 됩니다. 과거의 순간 순간을 되돌아보니, 나의 삶의 흔적 그 어느것 하나 하나님의 손길이 닿지 않은 부분이 없었다는 것을 알게 됩니다. 내가 얼마나 연약하고 보잘것없는 존재였는지 깨닫게 되고, 예수를 만난 순간부터 내가 얼마나 새로운 존재가 되었는지를 알게 됩니다.

하나님께서 내가 알지도 못했을 때 일방적으로 찾아오셔서 아무런 조건 없이 나를 구원하기로 하신 것은, 흠 많고 더럽고 추한 '나'라는 존재를 다시금 거룩하고 흠 없는 자 되게 하시기 위함입니다.

유대 지방에 전해 내려오는 이야기 가운데 이런 것이 있습니다. 당대에 존경받던 아키바라는 랍비가 제자들에게 한 가르침을 주고자 깨진 항아리 하나를 가져다 놓고 여기에 물을 채워 보라고 했습니다. 제자들이 지혜를 모아 물을 채우기에 분주해졌습니다. 어떤 이는 깨진 쪽을 손으로 막고 물을 부었습니다. 그러나 곧 그 틈새로 물이 다 새어 나가고 맙니다. 또 다른 제자는 흙을 가져다가 막고서 물을 부었습니다. 그러나 얼마 안 있어 그 흙은 곧 무너져 모든 물이 다 새고 말았습니다. 어느 누구도 물을 담을 수 없게 되자, 아키바는 그 깨진 항아리를 들고 연못으로 가 던졌습니다. 곧 그 항아리는 연못에 가라앉게 되었고, 얼마 있지 않아 그 깨어진 항아리 안에 물이 가득 차게 되었습니다. 그리고는 아키바가 이런 말을 합니다.

"그대들이 깨어진 항아리와 같은 존재라고 생각하는가, 그렇다면 그대
의 모습을 하나님의 은총의 연못에 던지라. 그때 비로소 그대는 깨어진
그 모습으로 인생의 역할을 제대로 하게 될 것이다."

그렇습니다. 우리는 모두 깨진 항아리와 같은 존재들입니다. 죄에 깨어지고, 탐욕에 부서지고, 관계 때문에 상처 받아 이 모습 이대로는 도저히 원

래 정해진 역할을 감당할 능력이 없는 자들입니다. 깨진 항아리와 같은 우리가 제대로 역할을 감당하려면 예수의 은총의 바다에 들어가 있어야 합니다. 우리가 예수 안에 들어갈 때, 우리의 깨어진 모습은 흠 없게 되고, 다시금 우리는 하나님이 원하시는 새로운 존재로 변화하게 됩니다. 그래서 사도 바울은 고린도후서 5:17에서 이렇게 외칩니다.

"그런즉 누구든지 그리스도 안에 있으면 새로운 피조물이라 이전 것은 지나갔으니 보라 새것이 되었도다"

그리스도의 은총 안에 거할 때만이 깨어진 우리의 존재는 새로운 능력의 소유자로 거듭날 수 있습니다. 이때 비로소 우리의 존재는 주의 인자하심과 선하심으로 날마다 그 생명의 잔이 넘쳐나게 됩니다. 우리가 예수 안에 거할 때만이 내 삶의 고통과 아픔과 위기 속에서도 흔들리지 않는 놀라운 생명의 역사가 흘러 넘쳐나게 되어 있습니다. 이것이 하늘의 신령한 복을 소유한 자의 모습입니다.

"너는 하나님의 아들이야"

하나님께서 우리에게 하늘의 신령한 복을 주신 또 다른 이유는 바로 우리를 하나님의 양자 삼으시기 위함입니다. 5절을 함께 보겠습니다.

"그 기쁘신 뜻대로 우리를 예정하사 예수 그리스도로 말미암아 자기의 아들들이 되게 하셨으니"

여기서 "자기의 아들들이 되게 하셨다"는 말은 하나님이 성도들을 양자로 삼으셨다는 뜻입니다. '양자'라는 말은 당시 로마 사회에서 흔히 사용되었던 단어입니다. 로마법에 의하면 양자가 된 사람은 양자를 삼은 아버지의 이름을 사용할 수 있게 되며, 그 재산까지도 상속받을 수 있게 됩니다. 양자가 되는 순간부터 그는 아버지가 가지고 있는 모든 법적 권한과 특권을 그대로 가질 수 있게 된다는 것을 당시 바울의 편지를 읽었던 사람들은 잘 알고 있었을 것입니다.

사도 바울은 지금 이것이 성도들에게 그대로 이루어졌다고 감격해서 말하고 있습니다. 하나님께서 우리를 하나님의 양자로 삼으셨습니다. 왜 양자로 삼으셨습니까? 하나님의 이름을 사용하게 하시고, 하나님이 가지고 계시는 권한과 특권을 우리에게 그대로 상속하시기 위함입니다. 그래서 하나님의 자녀가 된 자들은 하나님을 아버지라 부를 수 있습니다. 그리고 세상에서 하나님을 나의 아버지로 소개하며 그 하나님 아버지가 가지고 계시는 권한과 특권을 사용할 수 있게 됩니다.

아버지의 이름을 사용하는 것이 우리에게 어떻게 복이 되는 것일까요? 아버지 하나님의 이름을 사용할 때마다 우리는 세상의 권세를 사로잡고 있는 악한 마귀의 세력을 물리칠 수 있기 때문입니다. 마귀는 지금도 우리의 삶을 어떻게든 힘들게 만들고, 우리를 피곤케 하기 위해 애를 씁니다. 아무것도 아닌 일을 가지고 오해를 일으킵니다. 아무렇지도 않은 일로 상처를 받게 하고, 불편한 감정과 분노를 일으키게 합니다. 마귀는 우리의 마음속에 우리를 자꾸 낙심시키는 소리를 들려줍니다. '너는 이런 일을 감당할 능력이 없어……', '너같은 배경을 가지고는 절대 사회에서 성공 못해……', '그냥 분수에 맞게 살아……' 이것이 바로 마귀가 우리에게 들려주는 소리입니다. 이때 우리 성도들이 해야 할 일은 바로 전능하신 하나님 아버지의 이름을 가지고 사단의 세력을 제압하는 것입니다. 그리고 외치는 것입니다. "마귀야 웃기지 마라. 나는 하나님의 아들이다! 나는 하나님의 딸이다!" 하나님의 이름을 가지고 양자된 자답게 이 세상을 호령하며 사는 것입니다.

테네시주의 한 도시에, 태어날 때부터 아버지를 모르고 태어난 아이가 있었습니다. 동네 사람들은 자신들의 자녀가 이 아이와 교제하는 것을 금지시켰습니다. 아이는 늘 외로웠습니다. 출신에 대한 부끄러움과 울분, 아버지와 세상에 대한 원망에 지배당하며 아이는 그 유년기를 보냈습니다. 그러던 어느 날, 그 도시에 젊은 목사님이 부임하셔서 말씀으로 성도들을 감동시키기 시작했습니다. 소문에 소문이 퍼져 온 도시 안에 이 목사님의 이야기가 퍼집니다. 사람들이 목사님의 설교를 듣기 위해 교회로 몰려들기 시작했습니다. 이때 그 아이도 우연히 예배에 참석했다가 목사님의 설교에 은혜를 받았습니다.

예배가 끝나고 목사님이 12살짜리 이 소년과 악수하면서 이렇게 묻습니다. "너는 누구집 아들이니?" 이 질문에 옆에 있던 모든 성도들이 이 소년을 쳐다 보았습니다. 소년은 그 순간이 너무도 당황스럽고 창피하기까지 했습니다. 답변을 하지 못하고 쩔쩔매고 있는 이 소년을 향해 목사님이 이렇게 말씀하셨습니다. "나는 네가 누구 아들인지 안다. 너는 하나님의 아들이야."

얼굴이 하얗게 되어 버려 교회 문을 뛰쳐 나가는 소년을 향해 목사님은 아이의 등 뒤에다 이렇게 다시 외쳤습니다. "이제부터 하나님의 아들답게 살아야 한다……." 목사님의 그 말 한 마디는 이후 아이의 삶에서 메아리처럼 계속해서 울려 퍼지며 그의 인격과 삶의 태도를 결정짓는 아주 중요한 가르침이 되었습니다. 이 말을 들었던 12살짜리 소년이 바로 테네시 주의 주지사를 두 번이나 지낸 벤 후버입니다. 주지사를 지낸 후 그는 자신의 삶을 회고하면서 이런 말을 했습니다. "'이제부터 하나님의 자녀답게 살아야 한다'는 말을 듣는 순간이 바로 내가 테네시의 주지사로의 여정이 시작되는 순간이었습니다."

우리는 하나님의 자녀입니다. 하나님의 자녀라는 인식은 이 세상을 살아가는 자세를 바꾸어 줍니다. 내가 하나님의 자녀라고 확신하는 순간, 우리는 하나님의 자녀답게 살 수 있습니다. 하나님의 자녀답게 사는 순간 우리는 이 세상을 이기며, 주도하며, 이 세상에 영향력을 미치며 살 수 있습니다.

사도 바울의 찬송

또한, 하나님께서 우리에게 하늘의 신령한 복을 주신 이유는 우리로 은혜의 영광을 찬미하는자가 되게 하시기 위함입니다. 6절을 함께 보겠습니다.

"이는 그의 사랑하시는 자 안에서 우리에게 거저 주시는 바 그의 은혜의 영광을 찬미하게 하려는 것이라"

사도 바울은 어떤 삶을 살았습니까? 그는 당대 최고의 학문을 마친 사람입니다. 좋은 배경과 남들이 부러워할 만한 권세와 정치적인 역량을 갖추고 끊임없이 성공을 위해 달려갔던 사람이었습니다. 그는 이것이 영광의 길이라 생각했습니다. 그런데 이상하게 그의 내면은 더욱 피폐해져 갔습니다. 그가 생각했던 영광과 성공을 얻기 위해서는 끊임없이 누군가를 밟고 올라가야 하는 냉혈인간이 되어야 했습니다. 사람들을 만날 때마다 살기에 가득찬 눈빛으로 목적하는 바를 이루어가는 피곤한 인생이었습니다.

그런데 어느 순간, 주 예수 그리스도를 만나고 나서 인생이 완전히 달라졌습니다. 예수님 때문에 인생의 기준과 가치관이 달라졌습니다. 그동안 살아왔던 길은 영광의 길도, 성공의 길도 아니었다는 것을 깨달은 것입니다. 진정한 성공과 영광은 그런 것이 아니었습니다. 한번도 누군가를 위해 희생하거나 섬겨본 적이 없던 사도 바울이 그리스도의 희생의 원리를 배워 따라가다 보니 이전에는 느낄 수 없었던 참된 희열과 감격을 경험하게 되었습니다. 성공지향적으로 살며 남을 누르고 자신의 목적하는 바를 이루기 위해 달려왔을 때는 마음이 불안하고 초조하고 피곤했는데, 이제는 새로운 감격과 기쁨이 그를 사로잡고 있습니다.

주님을 만나고 나서 보니 자신이 얼마나 더럽고 추한 자인지 부끄러워 얼굴을 들 수 없을 정도인데, 그런 자신을 하나님은 받아주시고 품어주셔서 참된 영광의 길, 진정한 성공의 길로 인도하시는 은혜를 베푸시니 감사하지 않을 수 없고, 찬송하지 않을 수 없습니다. 이것이 사도 바울이 에베소서 첫 문장부터 구구절절 '찬송하리로다'를 외치고 있는 이유입니다.

3절에서 "찬송하리로다", 6절에서도 "그의 은혜의 영광을 찬미하게 하려는 것이라", 12절에서도 "그의 영광의 찬송이 되게 하려 하심이라", 14절에서도 "그의 영광을 찬미하게 하려 하심이라……"

우리의 선조들은 살아 생전 부모에게 조석으로 문안 인사를 드리며 부모가 하루의 삶 속에서 육체의 건강과 마음의 편안함을 누리시도록 보살펴 드렸으며, 남은 생애를 질병없이 천수를 누릴 수 있도록 할 수 있는 정성을 다했습니다. 혹여, 이런 것을 다 해 드리지 못한 채 부모가 먼저 떠나시기라도 했다면, 자식들은 상복을 풀지 않고 3년 동안 부모의 산소에서 곡을 하며 슬퍼하기까지 하는 것이 우리 조상들의 마음이었습니다.

그러나 이 시점에서 다시 생각해 볼 것은, 과연 수(壽), 부(富), 강녕(康寧), 유호덕(攸好德), 고종명(考終命)의 오복을 마련해 드리는 자식의 이런 정성이 과연 살아생전 부모를 진정으로 기쁘게 해 드릴 수 있는가 하는 점입니다. 우리도 언젠가는 자식들의 돌봄을 받아야 할 시간이 곧 오게 됩니다. 그때에 우리는 과연 무엇 때문에 기뻐하고 즐거워하게 될까요? 무병장수하는 매일의 삶이 우리의 삶을 진정으로 기쁘게 해 줄 수 있을까요? 언젠가는 이렇게 왔다가 가는 인생의 끝에 아무런 소망도 없고 인생 끝에 무엇이 있을지 볼 수 없는 삶이라면, 오복이 아니라 오천복이 있어도 기쁨과 즐거움이 있을 수 없을 것입니다. 그렇기 때문에 성경은 오복이 아니라 하늘의 신령한 복이 있음을 말씀합니다. 이 복은 영적인 복이며, 영원한 복입니다. 일시적으로 한 번 있다가 사라지는 물리적이고 한시적인 복이 아닙니다. 소유했어도 여전히 기쁨과 평안을 누리지 못하는 세상의 복, 물질의 복이 아니라 한 번 소유하면 영원토록 즐거워하며, 그 복으로 인하여 이전에 알지 못했던 놀라운 가치와 의미와 소망을 누리게 되는 그런 복입니다. 이 복을 누리는 자들은 물질의 많고 적음에 상관없이 늘 행복할 수 있습니다. 이 복을 얻은 자는 육체의 약함과 강함에 요동하지 않고 늘 평강과 기쁨을 소유할 수 있습니다. 이 복을 소유한 자들은 그 처한 곳이 어디든지 하늘의 행복을 전하며 당장 이 자리에서 생명이 끝나도 그것을 가장 영광스러워합니다. 이것이 하늘에 속한 신령한 복입니다. 하늘의 신령한 복, 곧 영원한 기쁨과 평강이라는 선물을 바라보는 우리 모두가 되시기를 축원합니다.

삶 속으로

- 깨진 항아리를 예수 그리스도의 은총의 바다 속으로 던진다는 것은 구체적으로 무엇을 의미할까요? 당신은 당신 삶의 운전대를 주님께 맡길 수 있습니까?
- 산상수훈에서 말하는 '팔복'과 서경에서 말하는 '오복'이 한 사람의 인생에 함께 있을 수는 없는 것일까요? 하나를 얻기 위해서 다른 하나를 포기해야 하는 것일까요? 종종 이 두 가지를 다 얻기 바라는 사람들도 보고, 또 이 두가지를 다 누리는 사람도 있는데, 과연 이 둘의 관계는 무엇일까요?
- 당신의 자녀가 사도 바울과 같은 체험을 하고 변화된다면 당신은 어떻게 반응하시겠습니까? 이 놀라운 변화 앞에서 걱정스러운 눈빛을 띠게 되는 이유는 무엇일까요? 아직도 오복이 우리의 일상을 강하게 사로잡고 있기 때문일까요?

| 에베소서 1:7-12 |

7 우리가 그리스도 안에서 그의 은혜의 풍성함을 따라 그의 피로 말미암아 구속 곧 죄 사함을 받았으니 8 이는 그가 모든 지혜와 총명으로 우리에게 넘치게 하사 9 그 뜻의 비밀을 우리에게 알리셨으니 곧 그 기쁘심을 따라 그리스도 안에서 때가 찬 경륜을 위하여 예정하신 것이니 10 하늘에 있는 것이나 땅에 있는 것이 다 그리스도 안에서 통일되게 하려 하심이라 11 모든 일을 그 마음의 원대로 역사하시는 자의 뜻을 따라 우리가 예정을 입어 그 안에서 기업이 되었으니 12 이는 그리스도 안에서 전부터 바라던 우리로 그의 영광의 찬송이 되게 하려 하심이라

하늘에 속한 신령한 복(2)
―구속의 축복

자리 바꿈의 복

예수님께서 십자가에 달리신 후 돌아가시기까지 우리에게 남겨주신 7가지의 말씀을 우리는 '가상칠언(架上七言)'이라 부릅니다. 예수님은 십자가 위에서 사랑하는 어머니를 부르셨으며, 십자가 밑의 수많은 무리들의 죄를 용서해 달라고 하셨습니다. 또한 물과 피를 쏟아내신 육체의 한계 때문에 목마름을 호소하시기도 하셨고, 옆에 있는 강도를 구원하시는 선포도 하셨습니다. 십자가의 고통을 견뎌내시기 위한 절규의 말씀도 하셨으며, 하나님 앞에 마지막으로 자신의 영혼을 부탁하시는 말씀도 하셨습니다. 이런 말씀들 하나하나가 십자가와 그 고난의 의미를 되새기는 우리에게는 놓칠 수 없는 참된 교훈과 생명이 됩니다. 이런 말씀 가운데 어느 것 하나 중요하지 않은 것이 없지만, 오늘 우리의 미래와 관련해서 의미 있게 새겨야 할 말씀을 굳이 든다면 마지막에서 7번째 말씀이라 할 수 있습니다. "다 이루었다"는 이 말씀을 하시고 주님은 십자가 위에서 우리를 위해 돌아가셨습니다. '다 이루었다'는 말의 헬라어는 '값을 다 지불했다'는 뜻의 '테텔레스타이(tetelestai)'입니다. 왜 주님은 온 인류의 죄를 대신 지고 십자가에 달려 돌아가시는 그 마지막 순간에 "값을 다 지불했다"는 말을 하신 것일까요?

죄인은 반드시 그 죄에 대한 값을 치루어야만 합니다. 그 죄에 대한 값이 바로 죽음입니다. 죄를 지은 인간은 반드시 죽게 되어 있습니다. 그런데 하나님은 공의의 하나님이시면서, 동시에 사랑의 하나님이십니다. 하나님의 공의의 입장에서 보면 정해 놓으신 법대로 인간을 죽이셔야 했지만, 또한 하나님의 사랑의 입장에서 보면 인간을 용서하고 사랑하셔야만 했습니다. 이 문제를 해결하시기 위해, 하나님은 인간을 용서하시는 대신 독생자 아들 예수 그리스도를 죽이기로 하셨습니다. 이것만이 하나님의 공의와 사랑을 충족시키는 길입니다. 그래서 죄를 알지도 못하신 예수 그리스도를 십자가 위에 세우시고 그 자리에서 우리가 받아야 할 죄를 아들에게 지우셨습니다. 그리고 예수 그리스도의 의를 우리 인간에게 지워 주셨습니다. 즉, 다시 말해서 우리 인간이 입고 있던 죄의 옷을 그리스도에게 입히시고, 그리스도께서 입고 계시던 의의 옷을 우리 인간에 입혀 주신 것입니다. 자리 바꿈을 하신 것입니다. 고린도후서 5:21은 이 부분을 이렇게 말씀합니다.

　　"하나님이 죄를 알지도 못하신 자로 우리를 대신하여 죄를 삼으신 것은 우리로 하여금 저의 안에서 하나님의 의가 되게 하려 하심이라"

　　이것이 얼마나 놀라운 일입니까? 우리가 마땅히 지불해야 할 죄의 댓가를 우리 주 예수 그리스도께서 십자가 위에서 대신 지불하셨습니다. 이것이 바로 하나님의 공의와 사랑을 동시에 충족시키는 완전한 해법이었습니다. 하나님의 이 뜻에 순종하는 것이 바로 주님의 공생애의 목적이었고 그 하나님의 뜻을 완전하게 이루어 드리는 순간 주님은 "값을 다 지불했다……"하시며 십자가에 달려 돌아가신 것입니다. 이 십자가의 죄에 대한 값을 지불하신 주님의 순종과 그 역사를 우리는 '구속'이라 말합니다. '구원'이 우리 인간을 죽음에서 생명의 자리로 옮기시는 하나님의 전체적인 계획과 의지라면, '구속'이라는 것은 그 하나님의 구원의 역사를 실행에 옮기신 예수 그리스도의 희생에의 순종을 의미합니다. 사도 바울은 오늘 본문에서 그것을 구별하고 있습니다.

에베소서 1:3-6은 하늘의 신령한 복 중에서 하나님의 구원의 역사 가운데 허락하신 복을 설명하고 있습니다. 하나님 아버지께서 구원의 역사를 통하여 우리에게 거룩하고 흠이 없는 자가 되게 하시는 복을 주셨고, 양자 삼으시는 복을 주셨습니다. 그리고 마지막으로 은혜의 영광을 찬미하는 복을 주셨습니다. 이제 우리는 본문 7-12절을 통하여 예수 그리스도께서 하나님의 구원의 역사를 이루시기 위해 치르신 희생의 댓가 곧 구속의 역사를 통해 우리 가운데 허락하신 신령한 복이 무엇인지를 살펴볼 차례입니다.

영적 전회(轉回)

그것은 먼저, 지혜와 총명을 통해 하나님의 비밀을 알게 하신 것입니다.

"이는 그가 모든 지혜와 총명으로 우리에게 넘치게 하사 그 뜻의 비밀을 우리에게 알리셨으니……"(1:8-9)

여기서 '지혜(σοφία, sophia)'라는 것은 인간의 지적 능력을 가리키는 말이 아니라, 하나님을 바라보는 능력을 말합니다. 그래서 영문본 성경은 이 지혜를 'insight'라고 번역했습니다. '총명(φρόνησις, phronēsis)'이라는 것은 하나님의 역사와 그 뜻을 이해하는 능력입니다. 영어의 'understanding'에 해당되는 말입니다.

하나님의 풍성한 은혜를 따라 구원받은 자에게는 능력이 하나 시작되는데 그것이 바로 하나님께서 우리에게 베푸신 구원의 역사를 이해하는 능력입니다. 그리스도의 구속의 역사를 받아들인 자들마다 지혜 즉, 하나님을 바라보는 능력(insight)이 생겨나고, 그 능력을 가지고 하나님의 구원의 역사를 이해하는 총명이 일어나게 됩니다. 이 지혜와 총명을 통해 비밀처럼 가리워져 있었던 하나님의 구원의 역사가 바로 지금 나를 위한 것으로 이해되고 믿을 수 있게 되는 것입니다.

세상의 원리는 먼저 이해되고 나서 그 다음에 받아들이는 것이 순리입니다. 어떤 일의 원인과 결과가 정확하게 설명되고 이해되면 그 일을 받아들이게 됩니다. 그러나 십자가를 통한 구원의 비밀은 그런 순서로 되는 것이 아닙니다. 십자가는 영적인 일입니다. 그러므로 십자가의 일을 먼저 받아들이고 나면, 하나님께서 그것을 이해할 수 있는 지혜와 총명을 주시고, 그동안 그렇게도 알 수 없었던 십자가와 구원의 비밀을 알게 해 주시는 것입니다.

고대 과학자 중에 코페르니쿠스라는 사람이 있습니다. 그가 살던 중세 시대에는 모두 천동설을 절대불변의 진리로 믿고 있었습니다. 지구를 중심으로 태양계의 모든 별들이 돌아간다는 것입니다. 그런데 코페르니쿠스라는 천재 과학자가 나타나 지구를 중심으로 태양계의 모든 별들이 움직이는 것이 아니라, 태양을 중심으로 지구를 비롯한 모든 별들이 움직인다는 혁명적인 선언을 합니다. 결국 당시에는 이 하늘의 비밀을 아는 사람이 없었기에 코페르니쿠스 같은 천재 과학자는 사형에 처해지게 됩니다. 그러나 시간이 흘러 많은 과학적인 증명에 의하여 코페르니쿠스의 주장이 참으로 맞았다는 것이 인정되고 받아들여지게 됩니다. 이것을 나중에 철학자 임마누엘 칸트는 인간의 천체에 대한 이해가 천동설에서 지동설로 바뀐 것을 '코페르니쿠스적인 전회(轉回)'라고 불렀습니다. 그 이후 사람들은 이전에는 전혀 생각지도 못했던 새로운 세계관의 발견을 말할 때, 코페르니쿠스적인 전회라는 표현을 사용하게 되었습니다. 이 코페르니쿠스적인 전회가 시작되고 나니, 왜 지구에 4계절의 변화가 있는지, 왜 달의 모습이 날마다 바뀌는지 그 비밀을 알게 되었습니다.

이것이 실은 우리가 구원의 문제를 이해하는데 동일하게 적용됩니다. 하나님을 만나기 전에는 영적인 세계를 받아들일 수 없었고, 인생의 모든 것이 나를 중심으로 돌아가고 있다고 생각했는데, 예수 그리스도의 구속의 은총을 받아들이고 나서 보니까 육적인 세계를 넘어서 영원한 세계가 나의 삶을 기다리고 있고, 인생의 모든 것이 나를 중심으로 돌아가는 것이 아니라 하나님을 중심으로 돌아가고 있다는 놀라운 비밀을 발견하게 됩니다. 이 비밀을 발견하게 되는 것, 이것을 저는 '영적인 전회'라고 부르고 싶습니다.

이 영적인 전회가 시작되면 그렇게도 이해되지 않던 성경의 말씀들이 이해되기 시작합니다. 바닷물이 둘로 갈라지는 것을 도저히 받아들일 수 없었던 내가 어느 순간부터 바닷물을 가르신 하나님을 찬양하게 되고, 내 인생의 절망과 아픔 가운데 피할 길을 내실 하나님을 기다리며 찬미하게 됩니다. 2천년 전에 예수 그리스도께서 십자가에 달려 돌아가신 것이 그렇게도 이해가 되지 않았는데, 먼저 그 사실을 받아들이고 나니까 그 십자가의 감격과 은혜가 나를 흔들고 감격케 하는 역사를 경험하게 됩니다.

우리 교회 집사님 가운데 불과 3년 전만 해도 예수의 '예'자 앞에도 가려고 하지 않았던 분이 계십니다. 사랑하는 부인 집사님이 그분을 위해 이십여 년을 기도했습니다. 수많은 분들이 그분을 전도하기 위해 애를 썼습니다. 그럴 때마다 그분에게 면박과 모욕을 당하지 않은 분이 없을 정도로 마음의 문이 닫혀 있었습니다. 그렇게 할 수밖에 없었던 결정적인 이유가 아무리 옆에서 전도를 하고 예수를 믿으라 해도 믿어지지 않는데 어떻게 믿느냐는 것이었습니다. 솔직한 대답이라고 생각합니다. 그러던 그분이 예수를 믿게 되었습니다. 나중에 "어떻게 그렇게도 믿어지지 않던 예수를 믿게 되셨습니까?" 하고 물었더니 이렇게 대답을 하셨습니다. "어느 순간 예수가 그냥 받아들여지게 되었고, 그 예수를 받아들이고 나니까 그렇게도 이해 안되고 안 믿기던 성경의 내용들이 믿어지기 시작했습니다." 저는 이것이 바로 예수의 구속의 역사를 받아들이는 자에게 일어나는 영적인 전회라 믿습니다. 이 영적인 전회가 시작된 자가 바로 신령한 하늘의 복을 받은 자입니다.

파밀리아 성당보다 아름다운 당신

또한, 그리스도의 구속의 역사를 받아들인 자는 하나님의 경륜을 경험하게 됩니다. 9-10절을 함께 보겠습니다.

"그 뜻의 비밀을 우리에게 알리셨으니 곧 그 기쁘심을 따라 그리스도 안에서 때가 찬 경륜을 위하여 예정하신 것이니 하늘에 있는 것이나 땅에 있는 것이 다 그리스도 안에서 통일되게 하려 하심이라"

경륜이라는 말은 하나님의 계획이라는 말입니다. 10절에 나오는 '통일되게 하신다'는 헬라어 단어 'πλήρωμα(plērōma)'는 '우리를 하나님의 뜻 가운데 완성시키신다'는 의미를 가지고 있습니다. 하나님께서 나 한 사람을 위해서 친히 인류가 생기기도 전에 내 인생에 대한 계획을 가지고 계셨다는 뜻입니다. 마치 건축가가 집을 짓기 위해서 그 집의 설계도를 그려야 하는 것처럼, 하나님께서는 우리를 지으시기 전에 이미 우리에 대한 계획을 가지고 계셨습니다. 그리고 그 하나님의 설계도 위에서 우리의 삶이 진행되도록 정확하게 인도하셨고 지금도 인도하고 계시다는 뜻입니다. 그리고 하나님은 이 경륜의 계획 속에서 하나님의 원하시는 그 뜻이 우리 안에서 완성될 때까지 우리를 인도하신다는 것입니다.

이보다 더 놀라운 사랑의 표현이 있을까요? 어느 누가 어떤 사람의 인생을 계획하고 그 계획대로 진행시킬 수 있을까요? 부모도 자기 자녀들의 인생의 계획을 세우지만, 계획대로 자녀들을 인도할 수는 없습니다. 그러나 하나님은 한 치의 오차도 없이 완벽하게 우리 인생의 설계자가 되셔서 그 계획대로 모든 것을 진행시키시는 분이십니다.

스페인의 바르셀로나에 가면 1866년부터 시작되어 아직까지 건축 중인 건물이 하나 있습니다. 사그라다파밀리아라는 성당입니다. 참 아름다운 건물입니다. 낮에는 호숫가에 아름답게 건물이 비쳐지고 밤에는 멋진 조명으로 건물을 밝히고 있는 이 웅장한 건물의 위용을 보기 위해서 지금도 일 년에 백만 명이 넘는 관광객들이 그곳을 찾는다고 합니다. 이 건물의 설계도를 완성하고 모형물을 만들어 계획을 세우는데만 약 40년이 걸렸습니다. 1866년에 건축 계획이 시작되어 실제 건축은 1906년에서야 이루어질 수 있었습니다. 지금도 그 건물은 건축 중에 있습니다.

성당 하나를 짓기 위해서도 40년을 계획하고 100년이 넘도록 그 일을 진행하고 있습니다. 놀라운 사실은 그 건물이 한 치의 오차도 없이 정확하게 설계대로 지어져 가고 있다는 사실입니다.

그러나 이보다 더 놀라운 일이 있습니다. 그것은 우리 창조주 하나님께서 여러분 한 사람을 짓기 위해서 2000년을 기다리시고 한 치의 오차도 없이 지금도 여러분의 인생을 진행시키고 계시다는 사실입니다. 하나님은 천지창조를 위해서는 단 6일의 시간을 들이셨습니다. 그것도 너무나 간단하게 말씀 한 마디로 지으셨습니다. 그러나 여러분 한 사람의 인생을 완성하시기 위해서는 예수 그리스도를 보내신 후 2000년의 시간을 준비하셔서 바로 지금 여러분을 이 땅 위에 살게 하시며 하나님의 계획대로 지어가고 계십니다. 하나님이 지금 여러분을 위해 매일매일 인생의 설계도를 펼치시고 한순간 한순간을 정확하게 인도하고 계시다는 이 사실을 믿으시기 바랍니다.

그렇기에 여러분의 지금 이 자리는 함부로 하찮게 여길 수 있는 자리가 아닙니다. 지금 이 순간 여기에 있는 것이 하나님의 인도하심 가운데 그 설계도의 도면을 완성해 가시는 과정 속에 있기 때문입니다. 지금 여러분이 처절하게 몸부림치며 살아가고 있는 그 삶의 현실이 그냥 아무렇지도 않게 우연히 맞이하게 된 것이 아니라, 하나님의 정확하신 경륜 속에서 그 놀라운 인생의 역사를 이루시기 위해 허락하신 하나님의 은총의 현장임을 잊지 마시기 바랍니다. 조금 어려워도 한 번 인내하면서 하나님의 뜻이 어떻게 이루어지는지 기대해 보시기 바랍니다. 조금 힘들고 고난이 와도 이 순간을 통하여 나를 어떻게 빚어 가실지……. 그 전능하신 하나님을 인정하시기 바랍니다. 하나님의 그 놀라우신 경륜과 내 삶의 통일을 경험하는 자, 즉, 하나님의 뜻의 성취를 인정하고 받아들이는 자에게는, 그 삶의 순간순간이 놀라운 은총의 역사로, 하늘의 신령한 복으로 충만하게 될 것입니다.

하나님의 소유가 되는 복

마지막으로, 주어진 구속의 은총은 우리 성도가 하나님의 소유가 되는 것입니다.

"모든 일을 그 마음의 원대로 역사하시는 자의 뜻을 따라 우리가 예정을 입어 그 안에서 기업이 되었으니……"(에베소서 1:11)

여기서 우리가 주목할 표현이 "그 안에서 기업이 되었다"는 부분입니다. 기업이 되었다는 것은 바로 우리가 하나님의 적극적인 의지와 선택에 의해 하나님의 소유가 되었다는 뜻입니다. 이 부분에 대하여 이사야 선지자는 이사야 43:1에서 이렇게 말씀합니다.

"야곱아 너를 창조하신 여호와께서 이제 말씀하시느니라 이스라엘아 너를 조성하신 자가 이제 말씀하시느니라 너는 두려워 말라 내가 너를 구속하였고 내가 너를 지명하여 불렀나니 너는 내 것이라"

우리가 하나님의 소유가 되는 순간부터 보장되는 것이 있습니다. 바로 이사야 43:2에 나오는 내용입니다.

"네가 물 가운데로 지날 때에 내가 함께할 것이라 강을 건널 때에 물이 너를 침몰치 못할 것이며 네가 불 가운데로 행할 때에 타지도 아니할 것이요 불꽃이 너를 사르지도 못하리니……"

이 말씀은 저에게 참으로 익숙한 본문이고 어려움과 절망 가운데 있는 성도들을 만나면 이 말씀으로 위로하고 권면했던 구절이었습니다. 그런데 얼마 전에 이 말씀을 다른 각도에서 한번 생각해 볼 수 있는 기회가 있었습니다. 과연 하나님께서는 언제 이 말씀을 완벽하게 우리 가운데 성취해 주시는가 하는 것입니다. 여전히 물 가운데로 지날 때 하나님의 소유 된 우리가 물에 빠지는 경험을 합니다. 인생의 고통과 아픔 속에서 그 불꽃 때문에 힘들어 하고, 아픔 가운데 신음할 때도 있습니다. 그런데 왜 하나님께서는 이 약속을 하신 것일까요?

이 말씀은 하나님의 종말론적인 약속의 관점에서 이해해야 그 완전한 의미를 깨달을 수 있습니다. 하나님께서는 우리가 이 세상을 사는 동안 위험한 강을 건너는 일이 없게 해주시겠다 하지 않으셨습니다. 하나님께서는 우리가 한평생 사는 동안 불 가운데로 지나는 일이 없게 해주시겠다 하지 않으셨습니다. 하나님께서는 우리가 강을 건널 때 강이 우리를 침몰시키지 못하게 해주시겠다고 약속하셨습니다. 하나님께서는 우리가 불꽃 가운데 지나갈 때에 불꽃이 우리를 사르지 못하게 하시겠다고 약속하셨습니다.

우리는 이 세상을 살면서 어차피 위험한 강을 건너는 일들을 수없이 반복해야 하며, 우리의 살갗을 태우고 우리의 옷과 머리가 타는 위험한 불꽃을 맞이하며 살게 되어 있습니다. 그러나 그런 두렵고 위험한 상황에서 결코 우리가 무너지지 않을 것은, 전능하신 하나님의 손이 있기 때문입니다. 그리하여 하나님은 장차 우리가 하나님 앞에 서는 날, 하나님의 소유된 백성들을 가장 완전한 상태로 지키시고 보호해 주실 것입니다. 그래서 이 땅에서 여전히 육체의 연약함과 질병의 고통을 안고 불꽃 가운데 지나는 것 같은 삶이 반복될지라도, 우리가 장차 하나님 앞에 서는 날, 우리는 완전한 치유를 경험하게 될 것입니다. 하나님 앞에 서는 날, 완전한 보호하심이 완성됩니다.

이 땅에서 우리의 육체의 질병과 인생의 고난 때문에 하나님이 나를 인도하지 않으신다고 오해하거나 포기하지 마십시오. 어차피 이 땅에서 이루어지는 치유와 해결은 일시적인 것입니다. 완전한 치유와 해결은 하나님 앞에 설 때 이루어집니다. 그래서 우리 그리스도인들에게 죽음은 바로 하나님의 완전하신 보호와 치유하심을 경험하는 시간입니다.

그렇기 때문에 우리가 할 일은 그 하나님의 전능하신 손에 우리의 인생을 맡기는 것입니다. 그럴 때에 하나님은 연약하고 보잘것없던 우리의 인생을 놀라운 하나님의 영광의 도구가 되게 변화시켜 주십니다.

이재철 목사님께서 《요한과 더불어》라는 책에서 에드워드 엠벌리 (Edward Emberley) 라는 어린이 창작 미술 전문가의 'A Circle of Drawing' 이라는 미술책에 소개된 한 가지 신비한 그림을 다음과 같이 설명한 적이 있습니다.

"흰 종이 위에 원을 그리면 그것은 단순히 선으로 구성된 평면적인 원일 뿐입니다. 그 이상도 그 이하도 아닙니다. 그런데 그 원 아래에 사람의 손을 그려 넣으니, 손이 완성되는 순간 손 위에 놓은 원은 더 이상 원이 아니라 공이 됩니다. 참으로 신비한 그림입니다. 홀로 있을 때 단순한 원이었을 뿐인데, 사람의 손이 닿자마자 공으로 살아나는 것입니다. 이처럼 사람 손의 그림만 닿아도 원이 공으로 살아나는데, 하물며 천지를 창조하신 하나님께서 전능하신 손으로 우리를 붙드실 때 우리의 삶과 생명이 새롭게 만들어지지 않겠습니까?"

하나님께서 지금 이 약속을 우리에게 하고 계십니다. "그 모든 일을 그마음의 원대로 역사하시는 자의 뜻을 따라 우리가 예정을 입어 그 안에서 기업이 되었으니······" 하나님의 기업이 된 성도, 하나님의 소유된 성도에게 지금 하나님은 이렇게 말씀하십니다. "내가 너를 지명하여 불렀나니 너는 내 것이라" 전능하신 하나님의 손에 있는 자마다 하나님은 놀라운 은총의 역사로, 날마다 새로운 생명의 역사로 여러분의 삶을 인도하실 것입니다. 하나님의 소유가 된 것이 그래서 복입니다. 우리의 인생을 보장받는 확실한 길입니다.

삶 속으로

- 내 삶의 '영적 전회'가 일어난 때는 언제일까요? 나는 그때 어떤 상황에 처해 있었습니까?
- 혹시, 아직 '영적 전회'를 경험하지 못했습니까? 내가 받아들이지 못하는 기독교의 원리들을 생각나는 대로 적어봅시다. 그리고 용감하게 "No." 대신 "아멘."이라고 써 봅시다.
- 유다 왕 히스기야는 앗시리아라는 적국이 쳐들어온다는 소식을 듣자, 선전포고와도 같은 편지를 들고 하나님 앞에 나아가 통곡하며 기도 드렸습니다(이사야 37장). 우리도, 내가 받아들이지 못하는 말씀들, 내게 다가오지 않는 말씀들을 적어 들고, 주님께 나아가 통곡하며 몸부림쳐 보지 않으시겠습니까! 과연 우리는 의심으로 괴로워 할때······ 정말로 진지했을까요?

05

| 에베소서 1:13-14 |

13 그 안에서 너희도 진리의 말씀 곧 너희의 구원의 복음을 듣고 그 안에서 또한 믿어 약속의 성령으로 인치심을 받았으니 14 이는 우리의 기업에 보증이 되사 그 얻으신 것을 구속하시고 그의 영광을 찬미하게 하려 하심이라

하늘에 속한 신령한 복(3)
-성령으로 인치심

삼위일체 교리는 나를 향한 구원의 역사

성경에는 수많은 원리와 가르침 그리고 교훈들이 있습니다. 그 수많은 원리와 가르침, 교훈들을 이론적으로 정리해 놓은 것을 교리라고 합니다. 교리 가운데 가장 이해하기 어려운 원리를 하나 들라면 단연 삼위일체에 대한 원리일 것입니다. '삼위일체'라는 단어 자체가 성경에 나오지는 않지만, 후대에 많은 학자들이 성경을 연구하고 연구해 본 결과, 하나님은 삼위로 계시는 '한분 하나님'이시라는 결론에 이르게 됩니다. 삼위로 계시는 한 분, 하나님을 우리 인간의 수준에서 이해하기는 참으로 어렵습니다. 그래서 수많은 교의학자들이 삼위일체 하나님을 설명해보려 했지만, 그 어느 누구도 확실한 설명에 이른 자는 없습니다. 오히려 삼위일체 되신 하나님을 설명해 보려다 하나님의 삼위일체 되심을 흠집 내고 이단에 빠지는 경우가 많았습니다.

교회 역사를 훑어 보면, 삼위일체이신 하나님을 태양에 비유하여 설명하려 했던 사람들이 있었습니다. 태양은 하나지만 그 존재의 특성상 본체와 빛과 반사되는 열, 이렇게 세 개로 구성되어 있듯이, 그들은 하나님도 한 분이시지만 성부와 성자, 성령으로 구분될 수 있다고 설명했습니다. 이것을 양태론적 설명이라 부릅니다. 그럴듯한 설명입니다. 그러나 이런 양태론적 설명이 초대교회 안에서 이단으로 정죄된 대표적인 예가 되어 버렸습니다. 인간은 하나님의 존재하심의 풍성함과 신비함에 대하여 그 높이와 깊이와 넓이와 길이를 측량할 수 없는데도 불구하고, 하나님의 존재하심을 자꾸 설명하려 하다 보니까 삼위일체 되심에 흠집을 내고 만 것입니다. 이 일은 인간적인 비유와 설명이 하나님의 존재하심의 그 풍성하심과 무궁하심을 제한해 버릴 수 있다는 중요한 교훈을 남기고 있습니다.

삼위일체 교리는 하나님의 존재하심을 설명하는데 사용되는 교리가 아닙니다. 삼위일체 교리는 하나님의 인간을 향하신 구원의 역사를 설명하기 위한 교리입니다. 즉, 성부 하나님께서 창세 전에 인간을 향한 구원의 역사를 미리 계획하시고 설계하셨다면, 성자 하나님은 그 구원의 역사를 십자가 위에서 직접 실행하셨고, 성령 하나님께서는 그 구원의 역사와 은총을 지금 나에게 적용시키시는 분이십니다. 구원의 역사를 이루어 가는데 있어서 성부 하나님과 성자 하나님, 그리고 성령 하나님의 역할이 분명히 구별됩니다.

사도 바울은 에베소서 1:3-14에서 삼위일체 하나님의 구원의 역사를 명확하게 구별하며 설명합니다. 하늘에 속한 신령한 복이란 한 마디로 하나님께서 우리 인간을 위해 이루어 놓으신 구원의 복을 말합니다. 오늘 본문 3-6절까지가 성부 하나님께서 이 구원의 계획을 통해 우리에게 주신 복이 무엇인지를 설명하고 있다면, 7-12절까지는 성자 하나님께서 하나님의 구원의 계획을 실행하시어 우리에게 어떤 복을 주셨는지를 설명하고 있습니다. 앞의 설교에서 우리는 구원과 구속이 다르다는 것을 알았습니다. 구원이 성부 하나님의 관점에서 사용된 단어라면, 구속이란 성자 하나님 곧 예수님의 관점에서 사용된 단어입니다. 13-14절은 성령 하나님의 관점에서 그 구원이 어떻게 우리의 것이 되게 하시는지를 설명하고 있습니다. 사도 바울은 이것을 아주 명확하게 한 단어로 설명합니다. 바로 '성령의 인치심'이라는 단어입니다.

성령님이 내게 인(印)을 치시다

'성령의 인침'이란 바로 2천년 전에 일어난 그리스도의 구속의 은총을 지금 나의 것이 되게 하시는 성령 하나님의 특별한 은혜의 행위를 말합니다. 여기서 우리는 한 가지 질문을 해야 합니다. '도대체 2천년 전에 오신 예수 그리스도의 십자가의 구속이 어떻게 지금 나에게 이루어질 수 있는 것입니까?'라는. 이것에 대하여 사도 바울이 13-14절에서 설명하고 있습니다. 2천년 전의 그리스도의 십자가의 구속을 지금 이 순간에 나의 것이 되게 하시기 위해 하나님께서는 성령을 보내주셨노라고. 그 성령님은 나의 마음속에 믿음을 심어 그리스도와 나를 관계 맺어 주신다는 것입니다. 에베소서 1:13을 보겠습니다.

"그 안에서 너희도 진리의 말씀 곧 너희의 구원의 복음을 듣고 그 안에서 또한 믿어 약속의 성령으로 인치심을 받았으니"

우리가 구원의 복음, 곧 진리의 말씀을 들을 때, 성령님께서 이 말씀 가운데 역사하셔서 우리로 하여금 2천년 전 십자가에 달려 돌아가신 주 예수 그리스도의 구속의 은총이 나를 위한 것이었음을 믿게 해 주시는 것입니다. 즉, 성령님의 역사로 예수님의 십자가의 구속이 구체적으로 내게 적용되는 것입니다. 이것이 바로 성령의 인치심입니다. 그렇기 때문에 성령의 역사가 없이는 우리에게 구원이 이루어지지 않습니다. 고린도전서 12:3을 보겠습니다.

"그러므로 내가 너희에게 알게 하노니 하나님의 영으로 말하는 자는 누구든지 예수를 저주할 자라 하지 않고 또 성령으로 아니하고는 누구든지 예수를 주시라 할 수 없느니라"

구원은 성령의 역사를 통해서 이루어집니다. 이것이 성령의 인치심입니다. 성령의 인치심이 시작되는 순간부터 우리는 영원토록 하나님의 사람으로 살아가게 됩니다. 이 성령의 인침을 받은 자에게는 다음과 같은 복이 시작됩니다.

성령님이 내 안에 영원히 계시다

먼저, 한 번 임하신 성령님이 나에게 영원토록 내주하시는 복을 받습니다. 요한복음 14:16-17을 함께 보겠습니다.

"내가 아버지께 구하겠으니 그가 또 다른 보혜사를 너희에게 주사 영원토록 너희와 함께 있게 하시리니 저는 진리의 영이라 세상은 능히 저를 받지 못하나니 이는 저를 보지도 못하고 알지도 못함이라 그러나 너희는 저를 아나니 저는 너희와 함께 거하심이요 또 너희 속에 계시겠음이라"

한 번 임하신 성령님은 나에게서 떠나지 않으십니다. "너희속에 계시겠음이라"라고 하실 때의 '계신다'는 단어 '메노(μένω)'는 그 문법적인 형태가 현재형입니다. 현재형은 일시적이거나 단회적인 일에 사용되는 단어가 아니라 늘 반복되고 영원토록 지속되는 일에 사용되는 단어입니다. 즉, 성령이 한 번 거하시면 영원토록 우리 가운데 임하여 계신다는 뜻을 담고 있습니다. 이것이 얼마나 놀라운 축복인지 모릅니다. 이 축복으로 인해 우리가 성령님이 주시는 참된 위로와 평강을 얻습니다. 매일매일의 삶 가운데 사랑과 희락과 화평과 오래참음과 자비와 양선과 충성과 온유와 절제의 열매들이 맺힙니다. 내 안에 계시는 성령님께서는 내가 어려울 때 환란과 고난을 이기게 하시고, 사탄과의 영적인 싸움에서 늘 이김을 주십니다. 그래서 거칠고 황무한 이 땅에서 성령의 사람으로 능히 살아가게 하십니다. 성령님은 내 안에서 내가 빌 바를 알지 못할 때도 말할 수 없는 탄식으로 우리를 위해 간구해 주십니다. 이 때문에 성령님이 우리 안에 내주하시는 한, 그 어떤 세상의 환란이나 기근이나 적신이나 칼도 우리를 그리스도의 사랑으로부터 끊어 내지 못합니다. 사도 바울은 그 감격과 놀라움을 로마서 8:35에서 이렇게 선언합니다

"누가 우리를 그리스도의 사랑에서 끊으리요 환난이나 곤고나 핍박이나 기근이나 적신이나 위험이나 칼이랴"

성령의 내주하심의 축복을 입은 사람은 그리스도 안에 있는 것을 최고의 기쁨으로 여깁니다. 그리스도만 있으면 그 무엇이든지 감내할 수 있습니다.

후안 카를로스 오르티즈 목사님께서 《더 받을 것이 없습니다. 그리스도만으로도 충분합니다》라는 책에서 이런 이야기를 소개한 적이 있습니다. 아르헨티나에 한 여인이 살고 있었는데, 그녀는 자신이 가지지 못한 것을 다른 사람이 가지고 있으면, 그것을 가지고 싶어 견디지 못하는 사람이었습니다. 이웃 사람들이 좋은 것을 살 때마다 그것보다 더 좋은 것을 사야 직성이 풀렸기 때문에, 결국 그 여인은 자기가 살던 집까지 저당 잡혀야 하는 신세가 되었습니다. 어느 날, 이웃집에서 텔레비전을 구입하고 지붕 위에 안테나를 설치하였습니다. 그녀는 이웃집 사람에게 지붕 위에 있는 저 나무 같은 것이 무엇이냐고 물었습니다. 그리고 그것이 무엇인지 알게 된 그녀는 충격을 받았습니다. 당장 텔레비전을 사고 싶은 욕구가 솟구치기 시작했습니다. 그녀의 남편은 "빚이 산더미 같으니 그 빚을 갚기 전에는 아무것도 살 수 없다" 하고 딱 잘라 말했습니다. 그러나 그녀는 자기의 욕망을 억제할 수 없었습니다. 다음 주가 되자 또 다른 이웃이 안테나를 지붕 위에 설치했습니다. 이제 주위에 텔레비전이 없는 집은 그녀의 집뿐이었습니다. 그래서 그녀가 선택한 방법은 대리점으로 가서 안테나만 사서 지붕 위에 설치하는 것이었습니다. 돈이 없어서 수상기는 사지 못했지만, 안테나

만 꽂아도 그녀의 마음은 좀 가라앉았습니다. 왜냐하면 다른 사람들은 그녀가 텔레비전을 가지고 있는 것으로 생각할 것이기 때문입니다.

가끔 우리는 주위에서 수상기는 없고 안테나만 달린 인생에 만족하며 사시는 분들을 봅니다. 체면이나 겉치레 때문에 내 안에 진정한 평안과 생명의 능력도 없으면서 겉으로 드러난 것에 행복의 조건을 걸며 사는 이들이 있습니다. 그러나 이보다 더 어리석은 모습은 없을 것입니다. 나의 속 사람은 점점 더 후패해져 가는데, 속세의 사치와 화려함의 노예가 되어 탐욕의 나락으로 떨어져가는 것보다 더 불행한 모습이 어디 있을까요? 일확천금을 꿈꾸게 하는 수많은 유혹 앞에 불나비처럼 그것을 향해 날아가는 인생들보다 더 불쌍한 삶은 없습니다. 우리는 그런 것에 만족하는 존재가 아닙니다. 우리는 영적인 존재이기 때문입니다. 영적인 존재는 그리스도의 영이 내 안에 계셔서 진정한 평안과 기쁨과 감사와 소망을 샘솟게 해주셔야만 만족할 수 있습니다. 그 예수 그리스도를 나에게 관계시키시고 적용시키시는 분이 성령님이십니다. 이 성령님, 곧 아들의 영이 있는 자가 진정으로 살아 있는 자입니다.

성령님이 나를 가르치시다

다음으로, 성령의 인치심의 축복을 받은 자에게는 영적 분별력이 시작됩니다. 요한복음 14:26을 함께 보겠습니다.

"보혜사 곧 아버지께서 내 이름으로 보내실 성령 그가 너희에게 모든 것을 가르치시고 내가 너희에게 말한 모든 것을 생각나게 하시리라"

성령님은 우리의 눈을 열어 주십니다. 그래서 무엇이 참되고 무엇이 바른지를 알게 하십니다. 이 땅에 사는 동안 우리가 어떤 인생의 길을 가야 할지 그 방향을 알려 주십니다. 혼돈스럽고 방황할 때 무엇을 붙들고 살아야 할지를 가르쳐 주십니다. 성령이 우리 안에 계실 때 우리에게는 놀라운 지혜와 총명이 시작되고, 영적 분별력이 생겨납니다. 참된 가치와 의미 있는 일이 무엇인지를 알게 해 주시는 분, 그분이 성령 하나님이십니다.

다산 정약용의 일대기에 유명한 일화가 있습니다. 정약용이 모함에 의해서 그의 형 약종과 함께 유배를 가게 됩니다. 형 약종은 약용보다 훨씬 머리가 좋고 뛰어난 학자이나 그의 시대는 당시 약종이 원하는 학문을 인정해 주지 않던 때였습니다. 유배지에서 십여 년을 보내면서 약종은 어물들의 생태에 대한 연구를 하여 책을 여러 권 집필했습니다. 그런데 이 책을 보관하고 있던 몸종이 그 책의 귀중함을 보지 못한 채, 그만 그것을 집의 도배지로 사용해 버렸습니다. 이것을 나중에 안 정약용이 형의 일생의 저작이 물거품이 된 것을 보고 안타까워하면서 벽의 도배지로 사용된 것을 손으로 베끼기 시작해 겨우 책 한 권을 건집니다. 그 책이 바로 《자산어보》입니다. 후대에 이 책의 가치를 아는 자들은 그 몸종의 실수를 매우 안타까워했습니다. 만약 정약종의 책이 그대로 보전되기만 했어도 우리 나라의 어류 생태계에 일대 획을 그을 수 있는 중요한 자료가 되었을 것이라고 합니다.

《자산어보》라는 책은 어류 생태계를 연구하는데 가장 중요한 책임에 틀림없지만, 하루하루 그저 몸을 움직여야 살 수 있는 몸종에게는 한낱 집을 도배하는 종이 조각밖에 되지 않았습니다. 이유가 무엇일까요? 그 가치를 모르기 때문입니다. 그 가치를 알아볼 수 있는 눈이 없었기 때문입니다.

사도 바울이 주님을 만나기 전에 그는 참으로 가치 있는 것이 무엇인지 모르고 살았습니다. 율법의 의에 사로잡혀서 자신의 능력과 힘만 믿고 살던 그가 다메섹에서 예수의 음성을 듣습니다. 예수의 영이신 성령의 임재를 체험한 것입니다. 이때에 그에게 가장 먼저 이루어졌던 것이 눈의 비늘이 벗겨지는 것이었습니다. 옛날의 그 눈으로는 절대로 예수님을 볼 수 없기에, 그 눈으로는 절대로 영적인 세계를 분별할 수 없기에, 성령께서 그의 눈에서 육신의 기준, 인간적인 혈기, 잘못된 신념의 비늘을 벗겨내 주셨습니다. 이때 비로소 바울은 무엇이 옳은 길인지, 무엇이 참된 가치와 의미가 있는 것인지를 알게 되었습니다.

성령의 인치심을 받은 자에게는 이 영적 분별력이 생기기 시작됩니다. 영적 분별력이 작동하기 시작하면, 제일 먼저 우리에게 나타나는 현상이 하나 있습니다. 바로 하나님의 음성을 듣게 되는 것입니다. 내 안에 계시는 성령과 끊임없이 교제, 소통하며 순종할 때, 우리는 성령충만을 경험하게 되고, 하나님의 음성을 듣는 영적 분별력의 축복이 임하는 것입니다. 사도 요한은 요한복음 16:13에서 이렇게 말씀하십니다.

"그러하나 진리의 성령이 오시면 그가 너희를 모든 진리 가운데로 인도하시리니 그가 자의로 말하지 않고 오직 듣는 것을 말하시며 장래 일을 너희에게 알리시리라"

영국 웨일즈 지방에서 태어나 어려서부터 기도의 사람으로 철저하게 훈련받았던 리즈 하월즈는 2차 세계대전의 공격 앞에 영국을 중보기도하면서 지킨 인물로 유명합니다. 2차 대전이 끝난 후에 사람들이 리즈 하월즈에게 이렇게 물었습니다. "당신은 하나님의 음성을 어떻게 알아 듣습니까?" 이때 리즈 하월즈는 다음과 같이 되물었습니다. "당신은 많은 사람들 속에서 당신의 어머니의 음성을 알아 들을 수 있습니까?" 사람들이 "그렇다"고 대답하자 다음과 같이 이야기 했습니다. "나는 하나님께서 내게 말씀하실 때, 내가 내 어머니의 음성을 정확하게 알아듣는 것처럼 하나님의 음성을 알아듣습니다"

리즈 하월즈가 하나님의 음성을 정확하게 알아 들을 수 있었던 것은 그에게 성령께서 허락하신 영적 분별력이 있었기 때문이라고 믿습니다. 성령의 인치심을 받은자는 하나님의 음성을 들을 수 있습니다. 내 안에 계시는 그 성령님과 끊임 없이 교제하고 그 성령 앞에 계속 순종하며 나아갈 때,

우리는 성령의 충만을 경험하게 될 것입니다. 그 성령의 충만함을 경험하는 자에게는 하나님의 음성을 듣는 영적 분별력의 축복이 임할 줄 믿습니다.

성령님이 나에게 '기업'을 약속하시다

마지막으로, 성령의 인치심을 받은 자에게는 영원한 하늘나라의 기업을 보증받습니다.

에베소서 1:14을 함께 보겠습니다.

"이는 우리의 기업에 보증이 되사 그 얻으신 것을 구속하시고 그의 영광을 찬미하게 하려 하심이라"

여기의 '기업'은 11절의 '기업'과는 의미가 약간 다릅니다. 11절의 '기업'이 하나님의 소유가 되었다는 뜻이라면, 14절에서의 '기업'은 장차 하늘에서 누리게 될 영원한 복락을 의미합니다. 복락이란 하나님 나라에 들어가서 자동적으로 우리가 영원히 누리게 되는 모든 행복을 가리킵니다.

어거스틴의 표현을 빌리면 다음과 같습니다. "천국에 들어가면 우리는 쉬고, 쉬면서 보고, 보면서 사랑하고, 사랑하면서 찬송할 것이다." 얼마나 매력적인 말인지 모릅니다.

이 땅에 사는 수많은 사람들은 육체와 마음의 피곤을 달래기 위해 그렇게도 쉬어보려고 하지만 그것이 쉽지 않다는 것을 알고 있습니다. 예를 들어, 쉬기 위해 가족들과 휴가를 갔다 오면, 그 피곤함 때문에 다시 쉬어야 하는 것과 마찬가집니다. 왜 그렇습니까? 이 땅에서는 참된 쉼이 없기 때문입니다. 진정한 쉼은 저 하늘에서 주어지기 때문입니다. 주님은 요한계시록 14:13에서 이렇게 말씀하고 계십니다

"또 내가 들으니 하늘에서 음성이 나서 가로되 기록하라 지금 이후로 주 안에서 죽는 자들은 복이 있도다 하시매 성령이 가라사대 그러하다 저희 수

고를 그치고 쉬리니 이는 저희의 행한 일이 따름이라 하시더라"

　소천하신 옥한흠 목사님께서 전에 이런 간증을 하신 적이 있습니다. 젊은 시절 교회를 섬기실 때 모시던 교회의 목사님이 40대 후반에 세상을 떠나셨습니다. 그 목사님이 떠나시자 사모님이 견디지 못해 잠도 제대로 자지 못하고 고통스러워 하셨답니다. 그런데 꿈에 목사님이 나타나서 "여보, 슬퍼하지 마. 너무 너무 좋아. 너무 너무 좋아." 하고 말하는 것을 듣고는 그 다음날부터 기운을 차리고 일어나셨다고 합니다.

　이 땅에서 우리가 좋다고 생각하는 것들은 하늘나라에 준비되어 있는 복락에 비하면 맛보기에 불과합니다. 하나님께서 우리에게 예비해 놓고 계시는 복락은 이루 다 말할 수 없을 정도로 '너무나' 좋습니다. 지금 성령님께서 우리와 함께 하셔서 그 행복을 바라보고 소망케 하고 계십니다.

　혹시 인생의 고뇌와 절망 가운데 이 상황으로부터 벗어나고자 하시는 분이 계십니까? 육체의 아픔 때문에 병이 낫기를 소망하며 하나님의 은혜를 구하고 계시는 분이 계십니까? 이 땅에 사는 동안 하나님은 여러분에게 천국의 위로와 복락을 잊지 않도록 삶의 회복과 육체의 치유를 허락하십니다. 이 회복과 치유를 통해 하늘의 영원한 복락을 맛보게 하시기 위함입니다. 그러나 혹, 하나님께서 여러분의 삶의 문제를 회복시키지 않으시고 육체의 치유를 허락하지 않으셔도 낙망하거나 좌절하지 마시기 바랍니다. 우리에게는 완전한 삶의 회복, 완전한 육체의 치유를 받는 날이 기다리고 있습니다. 바로 저 하늘에서입니다. 그래서 죽음은 끝이 아니라 완전한 회복과 치유를 위한 시작입니다. 이 하늘의 기업이 우리에게 보장되어 있습니다. 이 하늘의 기업을 보장받은 자답게 이 세상에 승리하며 사시기를 축원합니다.

　2차 세계대전 당시 독일 기독교의 양심이라 불리운 본 훼퍼 목사님에게는 살아 생전에 사랑했던 마리아라는 이름의 여인이 있었습니다. 그 마리아의 아버지와 오빠가 2차 대전 중에 징집되어 전쟁 중에 그만 목숨을 잃어버립니다. 마리아는 하나님을 믿는 그리스도인으로서 자기 앞에 벌어진 현실을 도저히 받아들일 수 없었습니다. 그래서 본 훼퍼 목사님에게 "하나 님께서 어떻게 우리가 사랑하는 사람들을 이처럼 무자비하게 빼앗아 갈 수 있는 것인가요?" 하고 울면서 질문했습니다. 이때 본 훼퍼 목사님이 이 렇게 대답했습니다.

"사람을 죽이는 것은 하나님이 아니라, 세상과 인간의 증오와 악입니다. 하나님께서는 언제나 세상과 인간이 죽인 사람을 살리시는 분이십니다. 하나님께서 당신의 아버지와 오빠의 삶을 마치게 하신 것이 아니라 그분 들로 하여금 새로운 삶을 시작하게 하셨습니다."

하나님의 사랑과 보호하심에 대하여 이보다 더 감격적으로 표현할 수 있을까요? 하나님은 하나님이 사랑하시는 백성, 하나님의 소유된 백성을 위해 이 세상에서는 감히 상상도 할 수 없는 완벽한 상황과 조건을 준비하 고 계십니다. 이것이 하늘의 기업입니다. 이 하늘의 기업을 보장받은 자답 게 이 세상에 승리하며 사시기를 축원합니다.

삶 속으로

- '텔레비전 수상기는 없고 안테나만 지붕 위에 매달린 인생'을 생각하며 시편 1편을 읽 읍시다. 시편 1편 4절은 이런 인생을 어떻게 묘사하고 있습니까? 1편 2절에서는 하늘 에 속한 신령한 복을 받은 자를 어떻게 묘사하고 있습니까? 오늘, 성령님께서 당신의 모습을 이미지로 화폭에 담는다면, 어떤 그림을 당신에게 보여주실까요? 바람에 휘어 진 안테나일까요? 시냇가에 심겨진 나무일까요?
- 하나님의 기업을 약속으로 받은 자들은 지상의 행, 불행에 연연해 하지 않는다는 것 을 알았습니다. 이제, 우리의 기도를 돌아보며 점검해 봅시다. 우리의 기도 중, "그렇게 하시니 감사합니다. 그렇게 해 주시면 이렇게 하겠습니다(창세기 28:20-22)"에서 "그리 아니 하실지라도……(다니엘 3:1절)"로 나아가는 순간은 과연 얼마나 됩니까? 무엇이 두려워 창조주를 마음에 품고서도 우리는 주저하고 있는 것일까요?

| 에베소서 1:15-19 |

15 이를 인하여 주 예수 안에서 너희 믿음과 모든 성도를 향한 사랑을 나도 듣고 16 너희를 인하여 감사하기를 마지아니하고 내가 기도할 때에 너희를 말하노라 17 우리 주 예수 그리스도의 하나님, 영광의 아버지께서 지혜와 계시의 정신을 너희에게 주사 하나님을 알게 하시고 18 너희 마음눈을 밝히사 그의 부르심의 소망이 무엇이며 성도 안에서 그 기업의 영광의 풍성이 무엇이며 19 그의 힘의 강력으로 역사하심을 따라 믿는 우리에게 베푸신 능력의 지극히 크심이 어떤 것을 너희로 알게 하시기를 구하노라

하나님을 아는 자의 축복

머리에서 가슴으로

흔히 우리가 누군가를 '안다'고 말할 때는 그 사람의 외적인 것에 대해서만 아는 것이 아니라 그의 인격 전체를 아는 것을 의미합니다. 인격 전체를 안다는 것은 그와 오랜 시간을 두고 사귀며 교제하는 가운데 그의 성격과 기질과 특성까지 두루 알게 되는 것을 말합니다.

우리가 오바마 대통령에 대하여 말할 때, 그는 미국의 대통령이고 백악관에 거주하고, 세계의 정책과 미국의 여러 일들을 위해 수고하는 분이라고 설명할 수 있습니다. 그러나 이런 설명을 한다고 해서 우리가 오바마 대통령을 '안다'고 말할 수는 없습니다. 이렇게 아는 것은 '대통령에 대하여' 아는 것일 뿐입니다. 오바마 대통령을 '인격적으로 아는 것'은 그와의 개인적인 교제와 사귐을 통해 그의 인격과 성품과 그의 삶의 가치가 무엇인지를 체험하고 경험할 때만 가능한 일입니다.

하나님을 아는 것도 마찬가지입니다. 하나님에 대하여 많이 듣고 어렴풋이나마 하나님이 누구신지 이해하는 것으로는 '하나님을 안다'고 할 수 없습니다. 이것을 캐나다 Regent College의 영성 신학자 J.I. 패커는 그의 책

《하나님을 아는 지식》에서 '하나님에 대하여 아는 것(Knowing about God)'
과 '하나님을 아는 것(Knowing God)'으로 구별하고 있습니다. 하나님에 대
하여 아는 것은 지식적인 앎입니다. 머리로만 아는 것입니다. 하나님이 누
구이신지, 하나님의 이름은 어떤 의미를 가지고 있는지, 구약에서 하나님
은 어떤 역사를 이루셨는지 그 객관적인 정보를 아는 일에만 관심을 갖는
것입니다. 따라서 이 앎은 가슴으로 내려오지 못합니다. 하나님에 대해서만
아는 자들은 하나님에 대하여 기록된 성경을 읽어도 지식적인 것을 얻기
위해서만 읽습니다. 성경을 하나의 좋은 교훈 정도로 여깁니다. 성경 속에
있는 구원의 진리가 바로 자기 자신을 위한 것이라는 대목에서 그들은 주
저하게 됩니다. 왜냐하면 하나님을 지식적으로만 알기 때문입니다. 이런 것
으로는 생명의 역사가 일어나지 않습니다.

그러나 하나님을 아는 것은 체험과 삶을 통해 인격적으로 그분을 아는
것입니다. 많은 시간을 통해 하나님과 교제하며 하나님의 뜻을 헤아리며,
자신의 삶속에 이루어주신 하나님의 사랑과 은총을 통하여 얻어낸 하나님
에 대한 인격적인 체험을 말합니다. 하나님을 이렇게 알 때만이 생명이 살
아나는 역사가 일어나게 됩니다. 하나님이 누구이신지를 아는 정도가 아니
라 하나님이 무엇을 원하시며 무엇에 기뻐하시는지를 알게 됩니다. 아침마
다 하나님이 나에게 들려주시고자 하는 그 뜻과 음성이 무엇인지를 알게
됩니다. 이때 비로소 하나님을 아는 자는 매일매일 살면서 삶에서 샘솟듯
용솟음 치는 생명의 역사를 경험하게 됩니다.

사도 바울은 에베소 교회의 성도들에게 보내는 편지에서 하나님을 인격
적으로 만나 그분과 사귀며 교제하여 하나님을 아는 지식에 이르기 위해
서는 한 가지가 필요하다고 말씀합니다. 바로 17절에서 그것을 언급하고 있
습니다.

"우리 주 예수 그리스도의 하나님, 영광의 아버지께서 지혜와 계시의 정

신을 너희에게 주사 하나님을 알게 하시고"

　사도 바울은 우리가 하나님을 알기 위해서는 하나님을 만나 인격적으로 사귀고 교제하는 삶을 살아야 하는데, 이 일에 반드시 선행되어야 할 조건이 바로 지혜와 계시의 정신이 하나님으로부터 주어지는 것이라고 말씀합니다. 지혜와 계시의 정신이란, 지혜를 주시고 감추인 것을 드러나게 하시는 성령의 역사를 말합니다. 이 성령의 인도하심을 받은 자들이 마음의 눈이 밝아져 하나님을 제대로 알게 된다는 것입니다.

　여기서 우리는 '성령 세례'와 '성령 충만'을 구별해야 합니다. 성령 세례란 바로 성령의 인치심입니다. 성령의 역할은 바로 하나님께서 2천년 전에 예수 그리스도를 통하여 이루신 구원의 역사를 지금 나의 것이 되게 하시는 것입니다. 성령이 임하셔서 우리에게 2천년 전의 십자가의 구속을 믿게 하시는 믿음의 씨앗을 뿌리셨습니다. 이때 우리는 그 믿음을 가지고 그때의 구원이 바로 나를 위한 것으로 믿게 됩니다. 이것이 성령의 인치심이며, 다른 말로 하면 성령세례입니다. 성령이 한 번 임하시면 그 성령은 우리 안에 영원히 거하십니다. 그런데 사도 바울은 지금 지혜와 계시의 정신, 곧 다른 말로 성령의 역사를 다시금 허락해 달라고 합니다. 이게 과연 무슨 말입니까? 이미 성령이 오셨는데 또 성령을 구하고 있는 것입니까? 그렇지 않습니다. 이것은 다른 성령을 구하는 것이 아니라, 이미 우리 안에 오신 성령의 역사가 우리의 마음과 생각을 강력하게 붙드셔서 우리로 하여금 하나님을 더욱더 알아갈 수 있는 깨달음의 은혜를 허락해 달라는 것입니다. 이것이 바로 성령충만입니다.

　성령충만이라는 것은 내 안에 계신 성령과 깊은 교제를 할 때 일어나는 생명의 역사, 능력의 역사를 말합니다. 성령과 교제하는 것이 곧 하나님과 교제하는 것입니다. 이것이 하나님을 알아가는 유일한 방법입니다. 성령은 인격자이시기에 성령에게 관심을 갖지 않고 귀를 기울이지 않으면 역사하지 않으십니다. 그렇기 때문에 끊임없이 성령에게로 내 관심과 생각을 집중해야 합니다. 이때 성령은 내 안에서 놀라운 역사를 일으키십니다. 전혀 알지 못했던 말씀의 비밀들을 깨닫게 해주십니다. 세상 사람들은 전혀 이해할 수 없는 놀라운 기쁨과 감격을 내 안에서 시작하게 하십니다. 이전에는 전혀 보지 못했던 새로운 가치와 의미들을 발견하게 하십니다. 그렇게도 안되던 인내가 생기고, 겸손이 시작되고, 비로소 불쌍한 자들을 위해 내 마음을 쏟게 됩니다. 이것이 성령충만의 역사로 이루어지는 열매들입니다. 이 성령의 충만함을 통해 하나님을 더욱더 깊이 있게 알아가는 자에게 주어지는 놀라운 축복을 오늘 바울사도는 우리에게 소개하고 있습니다.

윌리엄 허스트가 놓친 것

우선, 성령충만의 놀라운 축복은 우리로 하여금 하나님께서 우리를 부르신 목적이 무엇인지를 알게 하는 것입니다. 18절 전반부를 함께 보겠습니다.

"너희 마음눈을 밝히사 그의 부르심의 소망이 무엇이며……"

성령 충만의 역사를 통해 내 안에 계신 성령의 역사를 체험하기 시작하는 순간부터 우리에게 나타나는 현상이 있는데 바로 마음의 눈이 밝아지는 것입니다. 이 마음의 눈이 밝아진 자는 하나님께서 자신을 부르신 뜻, 그 목적이 무엇인지를 알게 됩니다. 이것을 우리는 부름을 받았다는 의미에서 '소명(召命)'이라고 부르며, 이것을 앞으로 나의 삶의 방향으로 잡았다는 의미에서 '사명(使命)'이라고 부르기도 합니다.

성도가 세상을 살아가면서 하나님이 내 인생을 부르신 목적을 제대로 찾아 그 목적대로 살아가기만 하면 절대로 시간을 낭비하지 않습니다. 시행착오를 겪지 않습니다. 한평생을 불꽃같이 살다가 갈 수 있습니다.

이를 위해서는 두 가지를 결단해야 합니다.

하나는 지금 내가 가지고 있는 것이 얼마나 귀중한 것인지를 알아야 합니다. 하나님께서 내게 주신 가정과 일터와 교회가 그냥 주어진 것이 아니라, 하나님의 놀라운 경륜 속에 내 인생을 부르시고 그 목적을 이루게 하시기 위해 허락하신 가정이요 일터이며 교회임을 깨달을 수 있을 때, 그는 분명 그 현장에서 하나님의 거룩한 뜻을 구하며 나아갈 수 있습니다.

언론사 소유주요, 신문 발행인으로서 미국 사회에 많은 영향력을 행사하던 윌리엄 허스트라는 사람이 있었습니다. 그에게는 고미술품을 수집하는 독특한 취미가 있었습니다. 그러던 중에 유럽의 왕가에서만 사용되었다는 신기한 도자기 하나가 그의 눈에 들어왔습니다. 얼마의 돈을 내고서라고 그 도자기를 꼭 소유하고 싶었던 그는 여러 해 동안 유럽의 여기저기를 돌아다니면서 그 도자기의 자취를 추적하기 시작했습니다. 그러던 어느 날, 그 도자기는 벌써 미국의 한 언론 재벌이 오래전에 사갔다는 정보를 입수했습니다. 그래서 그는 그 사람이 누구인가 다시 찾아다니기 시작합니다. 후에 알고 보니 그 도자기를 산 사람은 바로 자신이었습니다. 오래전에 이미 사서 보관하고 있었던 것입니다.

어마어마한 값어치가 나가는 그 귀한 보배를 사서 자기 집의 창고 속에 두고는 그것이 자기에게 있다는 사실조차 까마득하게 잊어버리고 그것을 찾아서 헤매는 윌리엄 허스트 같은 사람들이 우리 가운데 얼마나 많이 있는지 모릅니다. 내게 주어진 놀라운 삶의 목적과 그 목적을 이루기 위해 허락하신 내 삶의 여건과 환경이 얼마나 소중한 것인지, 우리는 다 잊어버린 채, 자꾸 다른 것에 신경을 쓰고 있는 것입니다. 하나님은 그 부르심의 목적을 지금 있는 여러분의 가정을 통해 이루어가기를 원하십니다. 하나님은 그 부르심의 목적을 지금 여러분이 땀 흘려 일하는 일터에서 이루어 가기를 원하십니다. 우리 교회가 그 부르심의 목적을 이루어가는 영적 실천의 장이 되기를 원하십니다.

또 다른 결단은 바로 그 부르심의 목적 앞에 기꺼이 순종하며 내 자신을 드리는 결단입니다. 우리는 마치 하나님께서 "내가 누구를 보내며 누가 우리를 위하여 갈꼬" 하고 말씀하셨을 때, "주여 내가 여기 있나이다 나를 보내소서"라고 고백했던 이사야처럼 순종할 수 있어야 합니다.

〈스파르타쿠스(Spartakus)〉라는 영화를 기억하십니까? 노예 출신의 검투사 스파르타쿠스라는 전설적인 인물에 대한 영화입니다. 그는 로마제국 내의 검투사과 노예들을 규합해서 로마제국과 싸우는 영웅이 되지만 끝내 꿈을 이루지 못하고 잡히게 됩니다. 반란이 실패한 후, 그들은 모두 무장해제 당하여 넓은 언덕 위에 쇠사슬로 묶인 채 처형을 기다리게 됩니다. 이때 말을 탄 로마의 한 장군이 나타나 주동자를 색출하기 위해 그들에게 묻습니다. "스파르타쿠스가 누구냐?" 주인공 스파르타쿠스가 선뜻 나서지 못하고 머뭇거리고 있었을 때, 저쪽에서 누군가가 "내가 스파르타쿠스다(I am Spartakus)"라고 외치며 일어섭니다. 그러자 다른 쪽에서도 "내가 스파르타쿠스다" 하면서 일어납니다. 언덕 위에 잡혀 온 모든 노예들이 서로가 스파르타쿠스라고 외칩니다. 결국 모든 노예들은 언덕 위 십자가에 매달려 처형을 당합니다. 이 영화는 주인공 스파르타쿠스의 눈에 맺혀 떨어지는 눈물을 클로즈업 하면서 끝이 납니다. 이 영화를 통해 우리 주님의 눈물의 모습을 잠시 생각해 봅니다. 주님은 언제 눈물을 흘리실까요? "주님을 위해 내가 대신 가겠습니다!" 그 말 한 마디에 주님은 눈물을 흘리실 것 같습니다.

사랑하는 성도 여러분! 누가 우리 주님을 위해서 일어나시겠습니까? 주님을 위해 일어나는 한 사람만 있어도 우리 주님은 감격해 하시며 눈에서 눈물을 흘리실 것입니다. 누가 우리의 교회를 위해서 일어나시겠습니까?

"하나님! 나는 능력이 없지만, 주님의 이름으로 주님의 몸된 교회를 위해 일어서겠습니다" 하고 외치며 일어나는 한 사람만 있어도 우리 주님은 우리의 교회에 허락하신 사명의 촛대를 계속해서 붙들어 주실 것입니다. 누가 여러분의 가정과 자녀를 위해 일어나시겠습니까? "주님! 나는 재능이 없지만 하나님의 능력을 붙들고 다시 한 번 일으켜 보겠습니다……"하는 외침이 있을 때 우리 주님은 이전에 보지 못했던 놀라운 회복의 역사를 여러분의 가정 속에 시작하실 것입니다.

영광의 기업이 준비되다

다음으로, 성령 충만의 역사를 통해 하나님을 알아가는 자에게는 풍성한 영광의 기업이 준비되어 있습니다. 18절 후반부를 함께 보겠습니다.

"……성도 안에서 그 기업의 영광의 풍성이 무엇이며"

하나님은 우리가 이 세상을 사는 동안 그 부르심의 목적을 위해 뿌린 눈물과 희생의 댓가를 반드시 하늘의 기업으로 갚아 주시는 분이십니다. 이 기업은 돈으로 환산될 수 없는 놀라운 영광의 기업이며 우리의 생각으로는 도저히 가능할 수 없는 풍성한 것입니다. 베드로의 고백처럼 '썩지 않고, 더럽지 않고, 쇠하지 아니하며 하늘에 간직된' 기업입니다. 이 때문에 우리 성도는 이 세상에서 살고 있지만 이곳에서 그 상급을 기다리지 않습니다. 우리의 상급은 저 하늘에 있습니다. 이것을 영광의 기업이라 합니다. 성도는 이 영광의 기업을 위해 묵묵히 눈물로 한 알의 씨앗을 뿌리며, 내 인생의 자리를 지키며 나가는 사람들인 것입니다.

2002년 2월 3일, 뉴올리언스에서는 미국 사람들이 가장 많이 본다는 수퍼볼 게임이 있었습니다. 뉴잉글랜드 패트리어트 팀이 경기를 잘 이기며 앞서 가다가 마지막 몇 초를 남겨두고 상대팀인 세인트루이스램즈 팀에게 실수로 동점골을 허용하고 말았습니다. 이때 뉴잉글랜드의 빌 벨루치 감독은 아무도 생각하지 못했을 작전 하나를 지시합니다. 선수들로 하여금 최대한 골문 앞까지 다가가게 한 것입니다. 워낙 두 팀의 전력이 백중세여서 상대팀도 쉽게 밀리지 않고 있었습니다. 드디어 경기 종료를 3초 남겨 놓았을 때, 벨루치 감독은 한 사람을 등장시킵니다. 그는 화려한 쿼터백도, 가장 돈을 많이 번다는 와이드 리시버도 아니었습니다. 그 자리에 등장한 사람은 매해 경기에서 한 번 출장할 기회도 얻기 힘든 키커 애덤 비네트리였습니다. 그가 볼을 차서 골문에 넣어야 할 거리는 45야드였습니다. 이 거리는 골문에서 경기장 하프 라인을 조금 지나 있는 거리입니다. 이것을 수많은 사람들이 과연 키커가 성공할 수 있을까 숨을 죽인 채 지켜보고 있었습니다. 이런 부담을 안고 애덤 선수는 힘껏 발로 볼을 차 올립니다. 드디어 골은 골문을 통과하고 경기는 그 순간 종료되었습니다. 뉴잉글랜드 패트리어트의 드라마 같은 멋진 승리였습니다.

애덤 비네테리라는 키커는 이 한 순간을 위해서만 땀을 흘려 왔던 선수입니다. 키커라는 위치는 다른 사람들보다 그리 화려하게 경기장에서 뛰는 위치가 아닙니다. 어찌 보면 늘 벤치에서 자신의 때만을 기다리는 시간이 더 많았을 것입니다. 남들은 열심히 터치다운의 화려한 플레이를 할 때, 벤치에 앉아서 발로 볼만 차올리는 일을 수없이 반복해야 했을 것입니다. 그러나 그는 자신에게 기회가 주어질 때까지 인내하면서 성실하게 자신의 역할을 위해 땀을 흘리며 준비했습니다. 이런 인내와 준비 때문에 그는 2002년도 수퍼볼에서 가장 영광스러운 역할을 해낼 수 있었던 것입니다.

사랑하는 여러분! 성도는 이런 영광의 순간을 바라보고 주어진 풍성한 기업을 기다리는 자입니다. 때로는 화려함이 없을 때도 있습니다. 때로는 박수를 못 받을 때도 있습니다. 필드에서 화려하게 수많은 동료들이 잘 나가고 있을 때, 외롭게 자신을 추수리며 동일한 일을 반복해야 할 때도 있습니다. 그러나 우리 성도에게는 영광스러운 기업의 풍성함이 기다리고 있습니다. 풋볼에서 키커와 우리가 다른 아주 중요한 차이점이 바로 여기에 있습니다. 키커에게 영광의 승리가 늘 보장되어 있는 것은 아닙니다. 그 키커 때문에 중요한 승리를 놓칠 수도 있습니다. 그러나 우리 성도에게는 영광의 승리가 저 하늘의 기업 속에 확실히 준비되어 있습니다. 그 영광의 기업을 받는 일에 실패란 절대로 있을 수 없습니다. 왜냐하면 하나님이 이것을 보증하셨기 때문입니다. 그래서 우리는 이 땅에서 두렵거나 조바심을 가지고 사는 자들이 아니라, 확실한 영광의 기업을 보장받고 풍성함을 바라보며 살아가는 능력의 성도들입니다. 실망하지 마십시오. 포기하지 마십시오. 하나님이 영광의 기업, 우리의 승리를 보장하셨습니다.

네 가지의 눈

마지막으로, 성령충만을 통해 하나님을 알아가는 자에게는 하나님의 능력이 임하십니다. 19절을 보겠습니다.

"그의 힘의 강력으로 역사하심을 따라 믿는 우리에게 베푸신 능력의 지극히 크심이 어떤 것을 너희로 알게 하시기를 구하노라"

인간은 참으로 약한 존재입니다. 곰은 6개월을 먹지 않아도 충분히 살 수 있고, 두더지는 6백일을 먹지 않아도 살 수 있으며, 북극에서 사는 개들은 그 추운 얼음 위에서 아무것도 먹지 않고 60일 이상을 버틸 수 있다고 합니다. 그러나 사람은 산소 공급이 없이는 6분 이상을 버틸 수 없는 참으로 약한 존재입니다. 성경은 우리 인간이 흙으로 창조되었다고 말하고 있습니다. 깨어지기 쉬운 그릇입니다. 그런데 어떻게 이런 질그릇 같은 인간이 온 세상의 만물을 다스리며 이 땅을 정복하며 살 수 있는 것일까요? 그것은 창조자 하나님께서 다스리셔야 할 이 세상의 만물을 우리로 하여금 대신 맡아 다스리도록 권세를 주셨기 때문입니다. 이 권세는 하나님의 보호와 인도하심 아래 있을 때에만 능력을 발휘할 수 있습니다. 질그릇 같은 인간은 능력이 없습니다. 질그릇을 창조하신 하나님께서 함께 하실 때, 인간은 놀라운 능력을 발휘할 수 있습니다.

현재 세계 밀협회회장이며, 총신대학교 사회복지학과 교수로 재직 중이신 이재서 박사는 그의 나이 15살 때 원인을 알지 못한 채 두 눈을 실명한 시각 장애인입니다. 이 시련은 어린 그에게 절망을 안겨 주었고, 그 아픔과 시련은 어린 그로서는 좀처럼 견디어 내기 힘든 것이었습니다. 자살까지 생각하던 그에게 어느 날, 맹아 학교에 한 목사님이 찾아오셔서 설교 가운데 이런 말씀을 들려 주셨습니다. "사람에게는 네 가지 눈이 있습니다. 사물을 보는 육안, 지혜를 터득하여 가지는 지안, 마음으로 보는 심안, 그리고 하나님을 믿고 영원한 세상을 보는 영안이 바로 그것입니다. 세상 어떤 사람도 이 네 가지 눈을 모두 가진 사람은 없습니다. 대부분 한 가지의 눈이 부족한 시각 장애인인 셈입니다."

이 목사님의 설교는 어린 이재서 학생에게 인생을 다시 생각할 수 있는 기회를 주었습니다. 4가지의 눈 중에 한 가지가 부족한 자신의 인생은 그래서 가능성이 있다고 생각하게 되고, 이 생각은 하나님의 인도하심과 자비하심을 구하는 인생이 되겠다는 결심을 하게 합니다. 그는 질그릇같이 연약한 자신에게 하나님이 긍휼과 자비로 능력을 부여해 주신다면 절망과 고난을 능히 이기고 나갈 수 있다는 용기를 얻게 됩니다. 이런 마음으로 새로운 인생을 위해 하나님을 붙잡고자 한 그를 하나님은 결코 외면하지 않으시고 그에게 능력을 베푸셨습니다. 결국 그는 시각장애라는 절망을 딛고 미국 유학 10년 만에 학위를 취득한 후, 총신대학교의 교수로 돌아와 장애인을 섬기며 그들을 위해 수많은 사역을 하는 하나님의 사역자가 됩니다. 후에 자신의 이런 인생의 여정을 한 권의 책으로 출판하게 되는데, 그 제목이 《아름다움은 마음의 눈으로 보인다》입니다. 저는 이 책을 읽으면서 남들이 못 보는 것을 보고, 깨닫지 못하는 것을 깨달은 이재서 박사는 장애인이 아니라 능력인이라는 생각이 들었습니다. 장애는 보아야 할 것을 보지 못하고, 깨달아야 할 것을 깨닫지 못하는 것이기 때문입니다.

하나님은 기적을 통해 시각 장애인에게 빛을 보게 하시는 경우가 있습니다. 그러나 이보다 더 크고 놀라운 기적은 하나님께서 앞을 못 보는 자에게 세상 사람이 보지 못하는 것을 보게 하시는 것입니다. 하나님의 기적은 우리의 삶의 조건과 환경을 바꾸어 주시는 물리적인 것으로 나타날 수도 있습니다. 그러나 이보다 더 귀한 기적은 우리의 삶의 조건과 환경을 통하여 더 큰일을 하도록 우리를 바꾸시는 것입니다. 그 하나님의 능력을 붙드는 인생을 하나님은 결코 외면하지 않으십니다. 하나님은 하나님의 능력을 붙들고 자기에게 주어진 것을 하나님의 능력의 시각으로 바라보는 자에게 그 인생의 지경을 넓혀 주십니다. 비록 육신의 눈은 보이지 않지만 마음의 눈으로 하나님의 은총의 세계, 영원한 생명의 나라를 바라볼 수 있게 된 것이야말로 우리의 인생이 누릴 수 있는 최고의 능력일 것입니다.

하나님의 능력과 그 보호하심이 있는 한, 우리의 인생은 사방으로 우겨쌈을 당하여도 싸이지 아니하며, 답답한 일을 당하여도 낙심하지 아니하며, 핍박을 받아도 버린 바 되지 아니하며, 거꾸러뜨림을 당하여도 망하지 않습니다. 이것이 사도 바울이 오늘 19절에서 한 고백입니다.

"그의 힘의 강력으로 역사하심을 따라 믿는 우리에게 베푸신 능력의 지극히 크심이 어떤 것을 너희로 알게 하시기를 구하노라"

벗어 놓은 장갑은 힘이 없습니다. 아무것도 할 수 없습니다. 그러나 그 장갑을 누군가가 끼면 그 장갑은 자동차를 운전합니다. 병자를 수술합니다. 하늘을 나는 비행기를 조정합니다. 우리는 벗어 놓은 장갑입니다. 그러나 하나님이 이 장갑을 쓰신다면 우리는 놀라운 역사를 창조할 수 있습니다. 이 하나님의 능력을 붙드십시오.

삶 속으로

• 윌리엄 허스트처럼 귀중한 것을 지니고 있었음에도 잊어버린 채, 그것을 찾아 다닌 경험이 있으십니까? 우리는 '무지개'를 찾아, 온 세상을 헤매는 사람들이 아니라고 확언할 수 있습니까?

• 기독교인은 다른 사람들이 보지 못하는 것을 보는 사람들이라고도 할 수 있습니다. 파도가 요동치는 상황에서도 당신을 견고하게 유지시키는, 눈에 보이지 않는 힘은 무엇입니까?

• 복음 성가 〈내가 주인 삼은〉을 찬양하며, 오늘의 말씀을 묵상해 봅시다. '주의 사랑'은 우리들에게 진정 실체입니까?

07

1 너희의 허물과 죄로 죽었던 너희를 살리셨도다 2 그 때에 너희가 그 가운데서 행하여 이 세상 풍속을 좇고 공중의 권세 잡은 자를 따랐으니 곧 지금 불순종의 아들들 가운데서 역사하는 영이라 3 전에는 우리도 다 그 가운데서 우리 육체의 욕심을 따라 지내며 육체와 마음의 원하는 것을 하여 다른이들과 같이 본질상 진노의 자녀이었더니 4 긍휼에 풍성하신 하나님이 우리를 사랑하신 그 큰 사랑을 인하여 5 허물로 죽은 우리를 그리스도와 함께 살리셨고 (너희가 은혜로 구원을 얻은 것이라) 6 또 함께 일으키사 그리스도 예수 안에서 함께 하늘에 앉히시니 7 이는 그리스도 예수 안에서 우리에게 자비하심으로써 그 은혜의 지극히 풍성함을 오는 여러 세대에 나타내려 하심이니라 8 너희가 그 은혜를 인하여 믿음으로 말미암아 구원을 얻었나니 이것이 너희에게서 난 것이 아니요 하나님의 선물이라 9 행위에서 난 것이 아니니 이는 누구든지 자랑치 못하게 함이니라
10 우리는 그의 만드신바라 그리스도 예수 안에서 선한 일을 위하여 지으심을 받은 자니 이 일은 하나님이 전에 예비하사 우리로 그 가운데서 행하게 하려 하심이니라

나는 누구인가

히딩크 감독의 전략

1971년에 시작된 한국 최초의 국제 축구 대회인 박 대통령배 아시안 축구 대회를 기점으로 1983년 프로 축구가 시작되기까지, 한국 축구는 그야말로 대한민국 국민 모두로 하여금 할 수 있다는 자신감을 불어넣어 준 국민 운동이었으며, 애국심을 드러내는 유일한 현장이었습니다. 동네마다, 학교 운동장마다 축구를 안 하는 곳이 없었고, 새벽만 되면 조기 축구회로 모든 사람들이 축구에 열심을 품던 시절이 있었습니다. 이런 열기 속에서 한국 축구는 2002년 월드컵 경기 이전까지 4회 연속 월드컵 대회에 참여하는 결과를 얻어내는 성과를 거두었지만, 세계 무대에서는 4무 10패라는 성적으로 영락없이 무너지는 모습을 보였습니다. 2002년 한일 월드컵을 앞두고 한국 축구가 왜 국제 무대에만 서면 그렇게 약하게 무너지고 마는지 그 이유를 분명하게 제시할 수 있는 사람이 아무도 없었습니다. 이 부분에 대하여 유일하게 이유와 대안을 제시한 사람이 2002년 월드컵 한국 국가 대표팀을 맡은 네덜란드의 출신의 히딩크 감독이었습니다.

히딩크 감독이 한국 국가 대표팀를 맡으면서 제일 먼저 시작한 것은 외국의 강팀들과의 친선 경기였습니다. 그동안 한국 축구는 국내 선수들끼리의 경쟁에만 몰두했었습니다. 한국 선수들의 역량은 늘 국내 축구에서만 인정 받았을뿐이었습니다. 저들의 눈을 국내가 아닌 국외로 돌리게 한 것이 히딩크 감독의 전략이었습니다. 이 때문에 한국의 축구 관계자와 선수들은 당시 한국 축구가 어느 위치에 있는지, 그 적나라한 현실을 보기 시작했습니다. 선수들의 체력은 국제 무대에서 뛰기에는 너무도 약했습니다. 경기를 위한 선수들의 조직력과 팀 운영은 국제무대의 팀을 따라가기에 역부족이었습니다. 그래서 선수들의 기본 체력 훈련에서 정신 무장에 이르기까지 히딩크 감독은 저들을 처음부터 다시 훈련시켜야 했습니다. 기본 체력 훈련부터 전략에 이르기까지 한 번도 경험해 보지 못한 혹독한 훈련들을 선수들은 견뎌내야 했습니다. 그러나 이것을 통해 한국 축구는 2002년 월드컵에서 4강 진출이라는 놀라운 성적을 거두게 된 것입니다.

한국 축구가 어떻게 이렇게 짧은 시간에 4강까지 진출할 수 있었던 것일까요? 그것은 자신들에게만 고정되어 있던 눈을 자신들이 아닌 다른 것으로 돌렸기 때문입니다. 한국 축구가 자기 자신에 갇혀서 국내 축구로만 만족하였다면, 결코 그런 놀라운 결과를 이루어내지 못했을 것입니다. 그러나 자기 밖에 있는, 자기보다 더 나은 기준으로 그 눈을 돌려 무엇이 부족한지, 어느 기준을 가지고 나아가야 할지를 제대로 파악했을 때, 한국축구는 당당히 세계의 강팀들과 어깨를 나란히 할 수 있었던 것입니다.

인간의 모습도 마찬가지입니다. 인간이 자기 자신을 제대로 보기 위해서는 자기에게 고정되어 있던 눈을 돌려 자기보다 더 나은 기준의 대상을 볼 수 있어야 합니다. 그 자신에 갇혀 자신만을 보며 자기 안에 있는 것만이 최고의 것인 양 생각하고 살 때, 인간은 자기 자신이 어떤 모습을 가지고 있는지 제대로 알 수 없습니다. 그런 고정된 시각으로는 도저히 자신의 형편과 한계를 극복해 나갈 수 없습니다. 인간이 스스로 누구인지를 알기 위해서는 자신의 밖에 있는 자신보다 더 나은 다른 대상을 통해 자신을 비추어 볼 수 있어야 합니다.

이 부분에 대하여 오랫동안 기독교 신앙과 철학을 접목하며 한국 교회와 지성인들에게 참된 각성을 권하셨던 손봉호 교수님은 《나는 누구인가》라는 책에서 이렇게 언급하고 있습니다.

"달리는 기차의 마룻바닥을 내려다 보면 기차가 달리는지 정지해 있는지를 알 수 없고 기차의 속도가 어느 정도 되는지도 알 수 없다. 그와 비슷하게 우리가 우리 자신만 들여다본다해서 우리 자신을 정확하게 알 수는 없고 다만 세계와의 관계에서만 알 수 있다."

달리는 기차 안에서 마룻바닥을 쳐다 보아서는 자신이 달리는 기차 위에 앉아 있다는 것을 알 수 없지만, 눈을 들어 창 밖에 확실하게 존재하고 있는 세상의 만물이 지나가는 광경을 볼 때, 비로소 자신이 달리는 기차 위에 앉아 있음을 알 수 있다는 것입니다. 정확하게 우리 인식의 문제를 설명한 것이라고 생각합니다.

나라는 존재는 내 밖에 있는 확실한 진리의 기준 위에서 살펴볼 때만 그 의미가 분명해집니다. 이 때문에 사도 바울은 고린도전서 15:10에서 "그러나 나의 나 된 것은 하나님의 은혜로 된 것이니"라고 했습니다. 내가 '나' 될 수밖에 없는 것은 하나님의 진리 되심 앞에 비추어 볼 때만이 제대로 알 수 있고, 하나님과의 관계를 통해서만 비로소 나라는 존재가 의미를 가지게 된다는 것입니다. 이 때문에 사도 바울은 자신의 존재의 의미를 밝혀 주신 하나님의 인도하심 자체가 은혜라는 것입니다. 이것을 사도 바울은 에베소 교회 성도들에게도 다시금 가르쳐 주고 있습니다. 1장에서 우리가 받은 놀라운 구원의 축복, 곧 하늘의 신령한 복이 무엇인지를 가르쳐 주고 있다면, 2장에서는 그 신령한 복을 받은 내가 과연 누구인지를 가르쳐 주고 있습니다. 구원 얻은 나를 제대로 알기 위해서는 우리가 하나님 앞에서 어떤 존재인지를 알아야 합니다.

나인성 과부를 감동시킨 것

먼저, 사도바울은 우리를 하나님 앞에서 허물과 죄로 죽었던 존재라고 말씀합니다. 1절을 함께 보겠습니다.

"너희의 허물과 죄로 죽었던 너희를 살리셨도다"

죽음이란 무엇입니까? 단절입니다. 하나님으로부터의 단절이 영적 죽음이며, 육체가 영혼으로부터 단절되는 것이 육적 죽음입니다. 천국으로부터 단절되어 지옥에 떨어지는 것은 영원한 죽음입니다. 이 죽음이 왜 우리에게 왔습니까? 죄 때문입니다.

죄를 뜻하는 헬라어 '하마르티아(ἁμαρτία)'는 과녁에서 벗어났다는 의미를 가지고 있습니다. 우리는 원래 지음 받을 때부터 하나님과 교제하며 살도록 되어 있었습니다. 하나님과 교제할 때만 생명되신 하나님의 능력이 우리에게 공급될 수 있기 때문입니다. 그러나 최초의 인간인 아담이 하나님 앞에 범죄함으로써 이 죄는 하나님과 우리의 관계를 단절시켰습니다. 이 단절로 생명의 공급이 중단 되었으며, 원래 하나님이 원하시는 삶의 목표와 기준으로부터 벗어나게 만들었습니다. 이후에 인간은 육체의 욕심을 따라 제멋대로 사는 인생이 되어 버렸습니다. 2절의 말씀처럼 '세상 풍속을 좇고 공중의 권세 잡은 자를 따라가는 인생'이 되어 버린 것입니다. 이 모습을 사도 바울은 허물과 죄로 죽은 것이라 했습니다. 아무리 육체를 가지고 살아도, 그가 하나님과 단절되어 있다면 그는 영적으로 죽은 것입니다.

죽은 자의 특징이 무엇입니까? 바늘로 찔러도 아무 반응이 없다는 것입니다. 마찬가지로 영혼이 죽은 자는 하늘의 바늘로 아무리 찔러도 반응하지 않습니다. 하늘의 것들을 알려 주어도 깨닫지 못합니다. 생명의 통로가 단절되어 있기 때문입니다. 그런데 하나님은 이런 인간을 그대로 내버려 두지 않으시고 살리시기로 하셨습니다. 그 방법은 바로 단절되었던 생명의 통로를 다시금 연결시키는 것입니다. 예수 그리스도의 십자가가 그것이었습니다. 예수의 십자가만이 막혔던 생명의 관을 연결시킬 수 있습니다. 예수의 십자가가 있는 곳에 새로운 생명의 역사가 시작됩니다.

경북대 수학과를 졸업하고 고등학교에서 교사를 하던 김성하라는 분이 있었습니다. 매일 반복되는 삶에 무료함을 이기지 못한 이분은 마침내 인생의 허무를 느끼게 됩니다. 그래서 인생의 무상함을 달래기 위해 산에 들어가 스님이 되기로 결심합니다. 불교에 심취하던 중, 불교계를 한번 개혁해 보리라 마음 먹고 불교 대학을 설립하기로 여러 사람과 힘을 합쳤습니다. 그러나 대학을 설립하는 중에 동업자들로부터 사기를 당하고 그 책임 때문에 감옥에 들어가는 고초를 겪게 됩니다.

감옥에 있는데 하루는 경비원이 신청하지도 않은 성경책을 넣어 주더랍니다. 처음에는 거들떠 보지도 않던 이 분에게 "지피지기면 백전백승"이라는 말이 생각났습니다. 불교계를 바로 세우려면 다른 종교에 대하여 아는 것도 나쁘지 않겠다는 마음에 성경을 읽기 시작했습니다. 성경을 읽는 중에 김성하 스님은 머리에 감전되는 듯한 느낌을 받는 대목을 만납니다. 바로 누가복음 7장에 나오는 나인성 과부에 대한 이야기였습니다. 이 과부의 유일한 소망은 하나뿐인 아들이었는데 이 아들이 그만 죽고 맙니다. 억장이 무너지는 심정으로 통곡하며 장례를 치르러 가는 길에 예수님을 만납니다. 이때 예수님이 죽은 아들을 향하여 "청년아 내가 네게 말하노니 일어나라"라고 하셨고, 죽었던 그 아들이 다시 살아나는 대목이었습니다.

이 비슷한 내용이 불경에도 나오기는 하지만 그 결과가 전혀 달랐습니다. 인도 구시라 성에 있는 시다림이란 숲 속을 석가모니가 그 제자들과 지나가고 있었을 때, 한 젊은 과부가 나타나 자신의 외아들이 죽은 것으로 인하여 심히 통곡하며 이렇게 애원을 했습니다. "부처님 내 아들을 살려 주세요." 이때 석가모니는 "마을에 내려가서 아직 한 번도 죽은 일이 없는 집의 쌀을 한 줌 얻어다가 죽을 끓여 먹이면 너의 아들이 살아날 것이다" 하고 말했습니다.

젊은 과부는 한 가닥 소망을 가지고 한 번도 상을 당한 일이 없는 집을 찾아다니기를 시작합니다. 그러나 아무리 찾아다녀도 그런 집을 찾을 수 없게 되자 다시금 석가모니에게 찾아와 애원합니다. "부처님, 하루 종일 돌아다녀도 한 번도 죽은 일이 없는 집이 없습니다." 이때 석가모니가 이렇게 말합니다. "인생은 생사필멸이라. 사람이 나면 반드시 한 번 죽는 법, 인연 따라 일어나서 인연따라 없어지는 것이니 너무 슬퍼할 것이 없느니라."

이처럼 불교에 그렇게 심취해서도 생명을 다시 살리는 길이 없다고 생각했던 김성하 스님이 생명을 살리는 길을 성경에서 만나자, 그는 변하지 않고는 견딜 수 없었습니다. 이후로 그는 생명을 살리는 일을 위해 자신의 모든 것을 던집니다. 감옥에서 예수를 믿은 이후, 지금까지 복음을 전하는 자의 삶을 살고 있습니다. 자신의 그런 이야기를 간증으로 쓴 책이 《극락의 불나비》라는 제목으로 오래전에 출간이 되었습니다.

세상의 많은 종교들이 인생이 왔다가 가는 것을 설명할 수 있는지는 몰라도, 그 어떤 종교도 그 인생이 육체의 한계를 넘어 다시금 살아나는 길에 대하여 설명할 수는 없습니다. 왜냐하면 생명의 문제는 오직 한 분, 하나님에게만 속한 것이기 때문입니다. 하나님만이 생명의 근원이십니다. 그래서 하나님만이 죽음의 문제를 해결하실 수 있습니다. 생명의 근원이신 하나님에게로 돌아가는 것, 하나님과 단절되었던 관계를 회복하는 것만이 죄와 허물로 죽었던 존재에서 우리가 다시금 살 수 있는 길입니다.

묻지 않으시는 은혜

다음으로, 우리는 하나님의 은혜로 구원을 받은 존재입니다. 8절을 함께 보겠습니다.

"너희가 그 은혜를 인하여 믿음으로 말미암아 구원을 얻었나니 이것이 너희에게서 난 것이 아니요 하나님의 선물이라"

사도 바울은 지금 우리가 하나님으로부터 생명의 능력을 다시금 공급받게 된 것, 즉 구원이 바로 하나님의 일방적인 은혜로 이루어진 것이라고 말씀하고 있습니다. 그냥 내버려 두면 생명의 공급이 끊겨 죽을 수밖에 없었던 자들인데, 하나님께서 당신의 아들 예수 그리스도를 십자가에 달려 돌아가게 하심으로써 우리에게 생명의 통로를 열어 주셨다는 것입니다.

호흡이 멈춰 온 몸에 산소 공급이 중단된 환자처럼, 죽을 수밖에 없는 나에게 지금 하나님이 영적 산소 호흡기를 갖다 대시고 살려 내셨다는 것입니다. 이렇게 해서 환자가 살아났다면 환자 입장에서 보면 자신을 살려 준 사람의 모든 배려와 희생은 오직 은혜일 뿐입니다. 그런데 문제는 이 은혜가 이해가 잘 안된다는 데 있지요. 무엇 때문에 그 은혜를 베풀었는가, 여기에서 의문이 생깁니다. 아무 상관도 없는 나를 위해 하나님이 왜 그렇게 하셨나 이것입니다. 그것을 바울은 4절에서 이렇게 설명합니다.

"긍휼에 풍성하신 하나님이 우리를 사랑하신 그 큰 사랑을 인하여"

하나님이 우리를 구원하신 이유가 바로 이 긍휼과 사랑 때문입니다. 우리의 죄와 허물을 보면 전혀 가망이 없는 자이지만, 하나님께서 긍휼의 은혜를 베푸셔서 우리로 하여금 생명의 능력을 공급받는 하나님의 자녀가 되게 하셨습니다. 불쌍히 보셨다는 뜻입니다. 그냥 내버려 두면 나 같은 인생, 가망이 없으니까 불쌍히 보시고 은혜를 베풀어 주셨습니다. 이것이 축복입니다. 이것이 기적입니다. 우리로서는 전혀 바랄 수 없었던 그 일을 하나님이 이루셨기 때문입니다.

몇년 전에 멕시코 선교를 하시는 정명남 선교사님이 미국을 방문하셨을 때 경험한 이야기를 하신 적이 있었습니다. 선교사님 부부는 미국 시민권을 가지고 계신 분들입니다. 그때만 해도 선교사 초기 시절이기에 척박한 멕시코 땅에서 선교하다가 미국에 돌아올 때면 고향에 오는 것처럼 늘 흥분이 되고 신 나셨다고 합니다. 그래서인지 멕시코 국경을 넘자마자 시원히 뚫린 고속도로 위에서 너나 할 것 없이 모두가 신 나게 달리는 모습 앞에 자신도 모르게 자동차의 엑셀레이터를 밟으며 속도를 내기 시작했습니다. 멕시코에서는 느낄 수 없는 시원스러움에, 한참을 달리고서야 선교사님은 자신이 규정 속도 이상으로 달리고 있다는 것을 깨닫게 되었습니다. 그런데 경찰차는 항상 어디서 기다리고 있습니까? 사람들이 과속할 말한 그 지점에 기다리고 있지 않습니까? 아니나 다를까, 갑자기 경찰차가 뒤에서 번쩍번쩍 하면서 쫓아오기 시작합니다. 속도계를 보니까 거의 90마일 가까이 밟고 있었던 것입니다. 등에서 식은땀이 나더랍니다. '이거 큰일났구나…… 내가 너무 오버했구나…… 잘못했으니 벌을 받아야지' 하면서 차를 옆으로 대는데, 그 경찰자가 자신을 추월(pass over)해서 앞차를 계속 쫓아 가더랍니다. 이때 선교사님이 떨렸던 마음을 추스른 후에 한 가지를 깨달았습니다. '이것이 바로 하나님이 우리에게 주시는 유월절(Passover)의 은혜구나……'

아무리 생각해 보아도 그 앞차보다도 자신이 잘한 것이 하나도 없는데, 벌을 받아야 할 자기를 그냥 'pass over' 하고 앞차를 따라가는 경찰차를 보면서, 죄를 보지 않으시고 어린양의 피가 묻어 있는 곳마다 그냥 넘어가셨던 하나님의 은혜를 생각한 것입니다. 우리가 하나님 앞에 생명의 구원함을 받은 것은 우리가 남들보다 무언가를 더 잘해서가 아닙니다. 어쩌면 남들보다 더 추하고 더러운 죄를 저지른 사람인지도 모릅니다. 그런데 하나님은 그냥 우리를 긍휼히 여기셔서 용서하셨습니다. 그리고 우리에게 한없는 사랑을 쏟으셨습니다. 당신의 아들을 대신 죽이시면서 그 피를 인생의 문설주에 바르는 자들마다 죄를 묻지 않으시고…… 그냥 넘어가기로 하셨습니다. 그것은 나에게 끊겨버린 영혼의 호흡을 다시금 공급해주기 위해서였습니다. 이것이 하나님의 은혜입니다.

"긍휼에 풍성하신 하나님이 우리를 사랑하신 그큰 사랑을 인하여 허물로 죽은 우리를 그리스도와함께 살리셨고(너희가 은혜로 구원을 얻은것이라)"

할렐루야! 이 은혜를 깨닫고 나면 절망과 죽음의 자리에서 다시금 생명과 소망의 자리로 옮겨진 것 자체가 기적임을 고백하지 않을 수 없습니다.

그를 위해 금식하는 자로

그러기에, 우리는 하나님의 선하신 뜻을 위해 살아야 하는 존재입니다. 10절을 함께 보겠습니다.

"우리는 그의 만드신바라 그리스도 예수 안에서 선한 일을 위하여 지으심을 받은 자니 이 일은 하나님이 전에 예비하사 우리로 그 가운데서 행하게 하려 하심이니라"

사도 바울은 여기서 중요한 단어를 하나 사용하고 있습니다. '만드신바'라는 단어입니다. '만드신바'란 단어의 헬라어 '포이에마(ποίημα)'에서 시를 뜻하는 포엠(poem)이 나왔습니다. 구원받은 우리는 이제 진노의 자녀도, 세상의 풍속을 좇는 존재도 아닙니다. 우리는 하나님의 시, 하나님의 작품입니다. 시를 지어 보신 분은 아실 것입니다. 시 한 편을 짓기 위해 얼마나 많은 생각과 노력과 정성을 쏟습니까? 성도는 하나님이 시를 하나 짓듯이 정성과 땀과 수고를 들여 만드신 하나님의 분신입니다.

보통 아버지가 아들을 위해 희생하는 경우는 있습니다. 아들을 살리기 위해 아버지가 목숨을 버리는 경우를 우리는 종종 볼 수 있습니다. 그러나 다른 이를 살려내기 위해서 자기의 아들을 희생시키는 아버지는 없습니다. 바로 하나님이 그런 일을 하셨습니다. 여기에 서 있는 저와 여러분을 살리시기 위해 하나님은 하나뿐인 독생자 아들을 희생시키셨습니다. 우리가 바로 그 하나님의 아들과 바꾼 사람들입니다. 이런 성도가 해야 할 일이 하나 있습니다. 그리스도 예수 안에서 선한 일을 하는 것입니다. 선한 일이란 바로 이 하나님이 나를 위해 치르신 그 사랑의 댓가와 희생을 알리는 것입니다. 그래서 우리에게 얼마나 놀라운 축복, 기쁨, 평강, 위로가 시작되었는지를 소개하는 것입니다.

지난 주에 한 성도님과 대화하는 중에 우리 교회에 처음 나오시게 된 경위를 듣게 되었습니다. 평소에 가족처럼 지내는 우리 교회 성도님으로부터 예수를 믿고 교회에 나가자는 권유에 그렇게도 거부하며 냉담하게 대하자, 그분이 최후의 수단으로 자기 자신을 위해 금식을 시작했다는 것입니다. 하루, 이틀도 아니고 매일같이 금식하는 이분의 얼굴은 수척해질 수밖에 없었고, 우연히 그 얼굴을 보게 된 이분은 마음 속에 이런 생각을 하게 되었다고 합니다. '내가 무엇인데 저렇게까지 나를 위해 간절히 금식을 하는가?' 이 생각은 그렇게도 닫혀 있던 자신의 마음을 여는 중요한 계기가 되었고, 결국 예배하는 자리에까지 나오게 되었다는 것입니다.

이 간증을 듣는 순간 이런 생각이 들었습니다. '이것이 우리 하나님께서 가장 기뻐하시는 금식이 아니겠는가' 이사야 선지자의 선포처럼 말입니다.

"나의 기뻐하는 금식은 흉악의 결박을 풀어 주며 멍에의 줄을 끌러주며 압제 당하는 자를 자유하게 하며 모든 멍에를 꺾는 것이 아니겠느냐"(이사야 58:6)

무엇이 흉악의 결박이며 멍에의 줄입니까? 어떻게 하는 것이 압제 당하는 자를 자유케 하는 것입니까? 자기 안에 갇혀서 참된 자유와 기쁨도 모른 채 절망하며 어떤 삶의 돌파구도 찾아볼 여력도 없는 자에게 진정한 기뿜과 평안의 능력이 있음을 소개하는 것이 아니겠습니까? 이것을 소개하기 위해 애타는 심정으로 금식하며 그 사람에게 새로운 대안을 가르쳐 주기 위해 간구하는 것이야말로 하나님이 가장 기뻐하시는 금식이며, 이것이야말로 우리 성도가 하나님 앞에 구원받은 후 해야 할 가장 선한 일이 아니겠느습니까? 한 영혼을 위해 사생결단하며 금식하는 그 간구 앞에 열리지 않을 마음이 없으며, 무너지지 않을 인생의 장벽이 없습니다. 여러분의 자녀를 위해 금식하십시오. 여러분의 남편을 위해 금식하십시오. 여러분의 사랑하는 친구와 일터의 현장이 하나님 앞에 돌아오기를 위해 금식하십시오. 영혼을 향한 불타는 마음, 이것이 곧 하나님을 향한 선한 마음입니다. 주님이 가장 소중히 여기는 그 영혼을 위해 내 육체의 한계 상황을 드리고 사생결단하는 금식……. 이것이야말로 인생의 진정한 의미와 목적을 깨달은 자만이 할 수 있는 참된 헌신일 것입니다.

삶 속으로

• 예수님은 제자들에게 사람들이 인자를 누구라고 하느냐고 물으신 적이 있습니다. 그리고 이어서 그들은 예수님을 누구라고 생각하는지도 물으셨습니다. 오늘 예수님은 동일하게 우리에게 물으십니다. 오늘 사도 바울을 통해 하나님께서는 우리를 누구라고 하십니까?

• 우리의 과거와 현재, 그리고 미래에 대해 오늘 성경 말씀이 가르쳐 주고 있는 바를 적어봅시다. 김성하 선교사님의 간증을 읽고 그의 과거, 현재, 미래를 이야기 해 봅시다. 그 간증을 통해 깨달은 것은 무엇입니까?

• 이제 우리의 삶으로 적용해 봅니다. "나는 누구입니까?"

08

| 에베소서 2:11-18 |

11 그러므로 생각하라 너희는 그 때에 육체로 이방인이요 손으로 육체에 행한 할례
당이라 칭하는 자들에게 무할례당이라 칭함을 받는 자들이라 12 그 때에 너희는 그
리스도 밖에 있었고 이스라엘 나라 밖의 사람이라 약속의 언약들에 대하여 외인이
요 세상에서 소망이 없고 하나님도 없는 자이더니 13 이제는 전에 멀리 있던 너희가
그리스도 예수 안에서 그리스도의 피로 가까와졌느니라 14 그는 우리의 화평이신
지라 둘로 하나를 만드사 중간에 막힌 담을 허시고 15 원수 된 것 곧 의문에 속한 계
명의 율법을 자기 육체로 폐하셨으니 이는 이 둘로 자기의 안에서 한 새 사람을 지어
화평하게 하시고 16 또 십자가로 이 둘을 한 몸으로 하나님과 화목하게 하려 하심이
라 원수 된것을 십자가로 소멸하시고 17 또 오셔서 먼데 있는 너희에게 평안을 전하
고 가까운데 있는 자들에게 평안을 전하셨으니 18 이는 저로 말미암아 우리 둘이 한
성령 안에서 아버지께 나아감을 얻게 하려 하심이라

구원, 그 이후

"그래도 네가 참아야지"

예전에 이재철 목사님께서 《요한과 더불어》라는 책에서 이런 이야기를 하신 적이 있습니다.

지극히 자기중심적이며 비가정적인 남편으로 인해 절망과 고통에 짓눌려 사는 여인이 있다고 가정해 보겠습니다. 견디다 못한 여인이 어느 날 친정을 찾아가, 하나님을 믿지 않는 친정 어머니에게 자신의 사정을 다 털어 놓았습니다. 눈물을 흘리며 딸의 이야기를 다 듣고 난 어머니가 딸의 손을 꼭 쥐며 이렇게 말했습니다. "그래도 네가 참아야지 어떡하겠니?" 그 후, 많은 세월이 흘렀습니다. 문제는 여전히 문제인 채로 남아 있습니다. 개선될 기미란 추호도 보이지 않습니다. 마침내 그 여인이 목사님을 찾아왔습니다. 그분의 가슴 아픈 사연을 듣고 난 뒤 목사님 역시 그분의 친정 어머니와 똑같은 이야기를 할 것입니다. "그래도 성도님께서 참으셔야 하지 않겠습니까?"

이 경우 누군가가 이런 질문을 제기할 수 있습니다. 동일한 문제에 대해 믿지 않는 사람과 목사가 제시하는 해답이 똑같다면 구태여 하나님을 믿어야 할 까닭이 무엇이냐고 말입니다. 얼핏 보면, 타당해 보이는 질문 같지만, 이 질문은 두 해답의 외적 유사성만 보고 근본적인 내적 차이를 간과한 데서 비롯한 오해에 불과합니다. 하나님을 알지 못하는 사람이 "그래도 네가 참아야지" 하는 것은 체념입니다. 그 이외에는 달리 뾰족한 방도가 없는 탓입니다. 반면, 하나님을 믿는 자가 "그래도 네가 참아야지"라고 했다면, 그것은 결코 체념의 의미가 아닙니다. 전능하신 하나님께서 당신을 구원하셨다면 분명 하나님은 당신이 구원받은 이후에도 역사하실 것이기에 그 하나님의 능력을 믿고 인내하라는 뜻입니다. 다시 말하면 지금 당신이 당하는 고통과 절망의 아픔이 아무리 크고 깊을지언정, 당신이 진정 구원 받은 것이 확실하다면, 하나님께서 당신을 통해 당신의 남편과 가정에 이루실 역사가 있으심을 믿고 아픔과 어려움을 극복하라는 말입니다. 그러므로 그것은 체념이나 자포자기가 아니라 확신에 찬 소망과 격려의 메세지입니다.

참으로 귀한 통찰력이 아닐 수 없습니다. 사도 바울에게도 이런 확신이 있었습니다. 그래서 이 확신을 가지고 로마 교회의 성도들에게 선포하고 있습니다.

"우리가 알거니와 하나님을 사랑하는 자 곧 그 뜻대로 부르심을 입은 자들에게는 모든 것이 합력하여 선을 이루느니라"(로마서 8:28)

또한 고린도의 성도들에게는 이렇게 말씀합니다.

"사람이 감당할 시험밖에는 너희에게 당한 것이 없나니 오직 하나님은 미쁘사 너희가 감당치 못할 시험 당함을 허락지 아니하시고 시험 당할 즈음에 또한 피할 길을 내사 너희로 능히 감당하게 하시느니라"

하나님은 하나님께서 구원하신 성도를 구원한 후에도 여전히 간섭하시며 섭리하십니다. 성도에게 구원은 끝이 아니라 새로운 시작입니다. 그렇기 때문에 성도는 구원 자체도 중요하게 여겨야 하지만, 구원받은 이후에 하나님께서 보장하신 놀라운 삶을 감당하며 누릴 수 있도록 분명히 능력을 주시고 인도하신다는 것을 믿는 것도 중요합니다.

하나님께서는 이 확신을 주시기 위해 구원받은 우리 백성들에게 한 가지 증표를 주셨습니다. 바로 평화의 능력입니다. 이것은 세상 사람들에게서는 찾아볼 수 없는, 구원받은 성도만이 누릴 수 있는 능력입니다. 어떤 삶, 어떤 환경에서도 구원받은 성도는 평화의 능력을 소유하며 그 평화의 능력을 전하게 되어 있습니다. 이것을 사도 바울은 세 가지의 차원에서 설명을 합니다.

휘장을 제치고

먼저, 구원 얻은 성도에게는 하나님과의 평화가 시작됩니다. 본문 18절을 함께 보겠습니다.

"이는 저로 말미암아 우리 둘이 한 성령 안에서 아버지께 나아감을 얻게 하려 하심이라"

평화 중에서 가장 먼저 이루어지는 평화이면서 가장 중요한 평화가 바로 하나님께서 나와 당신 사이에 이루어 주신 평화입니다. 사도 바울은 이것을 16절에서 '화목'이라는 단어로 표현하고 있습니다. 이 화목의 장소로 하나님은 십자가를 사용하셨습니다. 이 십자가 위에 예수 그리스도께서 화목 제물이 되심으로써 우리는 하나님께 직접 나아갈 수 있게 되었습니다. 이 부분에 대하여 히브리서 기자는 이렇게 말씀합니다.

"그러므로 형제들아 우리가 예수의 피를 힘입어 성소에 들어갈 담력을 얻었나니 그 길은 우리를 위하여 휘장 가운데로 열어 놓으신 새롭고 산 길이요 휘장은 곧 저의 육체나라 또 하나님의 집 다스리는 큰 제사장이 계시매 우리가 마음에 뿌림을 받아 양심의 악을 깨닫고 몸을 맑은 물로 씻었으

니 참 마음과 온전한 믿음으로 하나님께 나아가자"(히브리서 10:19-22)

구약 시대의 성전에는 지성소와 성소 사이에 두꺼운 휘장이 쳐져 있었습니다. 요세프스에 의하면 이 휘장은 사람의 네 손가락 두께 정도의 실로 짠 카펫과 같은 것이었다고 합니다. 하나님께서 휘장을 만드신 것은, 죄인 된 인간은 거룩하신 하나님 앞에 어느 누구도 직접 나아올 수 없다는 것을 가르쳐 주기 위함이었습니다. 그러나 예수 그리스도께서 십자가 위에서 어린 양처럼 피흘려 돌아가시는 그 순간, 휘장은 위에서 아래로 찢어졌습니다. 이것은 예수 그리스도께서 십자가를 통해 하나님과 우리 인간 사이에 막혔던 담을 직접 허시고 새로운 화목과 평화를 시작하셨다는 것입니다. 그러므로 우리는 이제 하나님 앞에 직접 나아가 기도할 수 있고, 찬양할 수 있으며, 우리의 마음과 뜻을 다하여 하나님을 예배할 수 있게 되었습니다. 하나님과의 평화가 시작된 이후에 가장 먼저 찾아온 은혜가 바로 우리가 스스로 하나님 앞에 예배자로 제사를 드리는 제사장이 되었다는 것입니다.

개신교와 천주교의 가장 근본적인 차이가 바로 이 부분에 있습니다. 천주교에 의하면, 죄사함은 반드시 사제들을 통해서만 가능합니다. 즉 사제만이 제사장의 역할을 할 수 있다는 것입니다. 그래서 천주교에서는 고해성사를 사제에게 합니다. 사제는 신도들의 죄의 고백을 듣고 일주일을 금식하라든지, 하루 근신하며 기도하라든지, 구제 활동으로 다른 이를 섬기라든지, 헌금을 내라든지 하는 식의 구체적인 죄사함을 받기 위한 행위들을 명령합니다. 그러나 성경은 그렇게 말하지 않습니다. 우리 성도가 하나님께 직접 나아가 죄를 고백하면 하나님은 용서해주시겠다고 하셨습니다. 우리가 우리의 입을 벌려 찬양하고 경배하면 하나님은 받아주시겠다 하셨습니다. 십자가의 화목의 은총을 받은 자들에게는, 따라서 하나님께 나아가 예배하는 것이 특권이며, 축복이 되었습니다. 이 예배는 회복과 은총의 시간이며, 하나님의 임재를 경험하는 만남의 시간입니다. 예배가 회복되는 곳에 그래서 하나님의 복이 임합니다.

사랑하는 성도 여러분! 일주일의 성공은 주일 예배에 있고, 인생의 성공은 삶의 예배에 있습니다. 예배가 무엇입니까? 나를 드리는 것이며, 하나님의 영광과 능력을 찬양하는 것입니다. 삶에서 하나님을 모시고 사는 신전(神前) 의식, 곧 코람데오의 신앙을 고백하며 사는 것입니다. 이것이 예배입니다. 이 예배가 이루어지면 회복과 은총이 시작됩니다.

제가 아는 목사님께서 한 가정에 심방을 가셨습니다. 그 집에는 딸 둘이 있는데 얼마나 다정하게 대화를 하는지, 부러워서 그 아이들과 심방 전에 이런 저런 이야기를 하는 중에 그 작은 딸이 이런 이야기를 하더랍니다.

"목사님! 우리는 원래 큰 집에서 살았어요. 큰 집에서 살 때는요, 엄마 아빠가 서로 얼굴 보기도 힘들었고, 우리들과 함께 있는 시간도 거의 없었어요……. 그때는 정말 재미도 없었고 꼭 지옥같았어요. 그런데요 ,우리집이 쫄딱 망했거든요……. 그랬더니 엄마, 아빠가 교회에 다시 열심히 다니시며 가정 예배를 드리기 시작했어요. 그 이후에 엄마, 아빠가 얼마나 가까워졌는지 몰라요. 우리들과 보내는 시간도 많아져서 너무 좋아요."

이 말을 옆에서 듣고 있던 큰 딸이 마지막에 한 마디 더 붙이더랍니다. "집이 좁아지니까 가족들이 가까워졌어요……."

어린 딸의 이야기이지만, 어른들인 우리가 귀담아 들어야 할 중요한 메세지가 있다고 생각합니다. 지옥 같았던 가정이 다시금 기쁨과 감사의 가정으로 바뀔 수 있었던 것은 바로 하나님의 임재를 경험하는 예배가 회복되었기 때문입니다. 아무리 삶의 환경이 넉넉하고 여유가 있어도 하나님과의 관계가 회복되지 않으면 그곳은 절망의 현장이며 고통의 현장일 뿐입니다. 그러나 하나님과 나 사이에 평화가 이루어지고 그 평화로 인하여 하나님께 직접 나아가는 일이 내 가정과 내 삶에서 시작될 때, 그것이 바로 삶의 예배가 이루어지는 것이요, 예배가 이루어지는 현장에 새로운 회복의 은혜가 시작되는 것입니다. 우리에게 진정으로 필요한 것은 물질의 회복이 아니라 하나님과의 관계 회복입니다.

예수 그리스도, 나의 신앙 지대(faith zone)

다음으로, 구원 얻은 성도에게는 내적인 평화가 시작됩니다. 사도 바울은 이 내적인 평화를 많은 곳에서 '평강'이라는 말로 사용하고 있습니다. 평강은 주 예수 그리스도로부터 구원의 문제를 해결한 사람이 결과적으로 얻게 되는 축복입니다. 그래서 사도 바울은 에베소서를 시작하는 첫머리의 인사말에서 교회 성도들에게 은혜와 평강이 있기를 간절히 소망하고 있습니다. 에베소서 1:2을 보겠습니다.

"하나님 우리 아버지와 주 예수 그리스도로 좇아 은혜와 평강이 너희에게 있을찌어다"

은혜가 구원의 시작이라면, 평강은 구원의 결과라 할 수 있습니다. 우리의 구원이 바로 하나님의 은혜로 시작되었고, 그 구원을 얻은 자에게는 결과적으로 평강, 곧 내적인 평화가 이루어지게 됩니다. 그런데 왜 우리 성도들이 구원받은 이후에 평강이 흔들리고 내적인 평화가 깨어지는 것일까요? 왜 예수를 믿는 가운데도 불안이 찾아오고 두려움이 일어나는 것일까요? 그것은 우리의 내적 평화의 주체이신 예수님이 계셔야 할 공간에 우리 스스로가 걱정과 근심의 보따리를 자꾸 풀어놓고 있기 때문입니다. 이 문제를 해결하는 방법은 한 가지밖에 없습니다. 우리의 근심의 보따리를 던져 버리고 예수 그리스도의 평강이 나를 주관하시도록 자리를 내어 드리는 것입니다. 주님만이 우리 마음의 평화를 보장하실 수 있습니다.

1903년 샌프란시스코에서 금문교를 건설할 때의 일입니다. 다리가 너무 높아서 위험했기 때문에 기술자들의 마음이 늘 불안했습니다. 일을 하다가 밑을 보기라도 하면 현기증이 일어나 불안과 공포심 때문에 일의 능률도 오르지 않았습니다. 결국 공사 도중 다섯 명이나 다리 아래 바다로 추락하는 사고가 발생하고 말았습니다. 샌프란시스코 시 당국은 기술자들의 안전을 지켜주기 위해서 여러 가지 방법들을 강구하기 시작했습니다. 그 방법 중 하나가 공사가 진행되는 아래쪽에 안전 그물망을 치는 것이었습니다. 그런데 놀라운 것은 이렇게 공사장 아래쪽에 그물을 치고 나니까 신기하게도 그물 위에조차 떨어지는 사람이 아무도 없었다는 것입니다. 그물이 쳐 있으므로 일하는 사람들이 마음놓고 일했기 때문입니다. 위에서 떨어져도 바다에 빠지지 않는다는 자신이 생긴 것입니다. 이것은 모든 기술자들로 하여금 부들부들 떨던 불안과 공포를 사라지게 만들었습니다.

우리의 인생에도 이런 안전망이 있다면 우리는 절대로 추락하지 않습니다. 불안과 두려움의 상황으로부터 나를 보호하고 진정한 평화와 안전을 보장해 줄 인생의 그물망만 있으면 됩니다. 여러분에게는 이런 안전망이 있으십니까? 이 안전망이 바로 예수 그리스도이십니다. 예수 그리스도가 내 안에 계실 때만이 두려움과 불안으로부터 내가 평안을 누릴 수 있습니다. 예수만이 내 인생을 지배하시고 나를 인도하시며 나와 함께 동행하시기에 나를 보호하실 수 있습니다.

이것을 일찍이 깨달았던 다윗은 시편 4:8에서 이렇게 선포합니다.

"내가 평안히 눕고 자기도하리니 나를 안전히 거하게 하시는 이는 오직 여호와시라"

세상의 그 어떤 것도 우리에게 진정한 평화와 안전을 보장해 주지 못합니다. 물질도 명예도 우리를 안심시키지 못합니다. 세계에서 가장 안전하다고 하는 대통령 전용차도 안전하지 못합니다. 댈러스 다운타운을 지나다가 캐네디 대통령은 그 안전한 차에서 총에 맞아 서거했습니다. 한국에서 가장 안전하다고 하는 그 안가에서 대통령이 목숨을 잃었습니다. 세계에서 가장 안전하다는 영국 중앙 은행도 하루 아침에 금고에 있던 모든 금과 돈을 잃어버렸습니다.

유일하게 안전한 곳은 예수 안에 거하는 것입니다. 우리는 더 이상 '안전지대(safe zone)'를 찾지 말고 '신앙지대(faith zone)'를 찾아야 합니다. 이것만이 우리에게 진정한 평화를 보장할 수있습니다.

영적 스폰지

마지막으로, 구원 얻은 성도에게는 다른 이와의 평화가 시작됩니다. 15-16절을 함께 읽겠습니다.

"원수 된 것 곧 의문에 속한 계명의 율법을 자기 육체로 폐하셨으니 이는 이 둘로 자기의 안에서 한 새 사람을 지어 화평하게 하시고 또 십자가로 이 둘을 한 몸으로 하나님과 화목하게 하려 하심이라 원수 된 것을 십자가로 소멸하시고"

여기서 둘이라는 것은 이방인과 유대인을 의미합니다. 당시 유대인들은 이방인과 물과 기름같은 존재였습니다. 서로가 상종하지 않았습니다. 이들에게는 담이 있었습니다. 이 담을 허신 분이 바로 주님이셨습니다. 주님이 십자가 위에서 자신의 몸을 희생시키심으로써 둘을 새로운 한 사람으로 만드셨습니다. 바로 그리스도를 머리로 하는 한 몸 한 지체로서의 '그리스도인'이라는 새로운 사람입니다. 그래서 사도 바울은 이렇게 선포합니다.

"그런즉 누구든지 그리스도 안에 있으면 새로운 피조물이라 이전 것은 지나갔으니 보라 새것이 되었도다"(고린도후서 5:17)

이제 우리는 유대인도 이방인도 아닌 그리스도인일 뿐입니다. 이것이 주님이 우리와 다른 이에게 허락하신 화해요 평화입니다.

우리는 이 화해의 역사를 먼저 교회 안에서도 '일으켜야 합니다. 교회 안에는 어떤 파벌도, 어떤 당파도, 어떤 계급도 있어서는 안됩니다. 새로운 분들이 오시면 초등학교 어디 나왔는지까지만 물어야 합니다. 고향이 어디인지, 어느 학교를 나왔는지를 묻기 시작하는 순간부터 보이지 않는 파벌이 시작됩니다. 묻고 싶다면 초등학교 어디 나왔는지만 물으십시오. 왜냐하면 그리스도가 계신 곳에서는 화해와 화목의 역사가 제일 중요한 표적이기 때문입니다. 우리가 많은 것을 성취했다 하더라도 형제끼리 사랑할 수 없다면, 형제끼리 반목하고 질시하는 영이 들어 온다면, 우리는 다 실패한 자들에 불과합니다. 이것을 해결하는 것은 우리 모두가 화목의 직분을 감당하는 것입니다. 그래서 사도 바울은 고린도후서 5:18에서 다시금 이렇게 말씀합니다.

"모든 것이 하나님께로 났나니 저가 그리스도로 말미암아 우리를 자기와 화목하게 하시고 또 우리에게 화목하게 하는 직책을 주셨으니"

이 화목의 직책을 위해 우리가 해야 할 가장 중요한 일이 무엇일까요? 영적 스폰지의 역할이라고 생각합니다. 스폰지는 무엇이든지 튕겨내지 않고 그대로 받아들이며 흡수합니다. 누군가가 대적하고 고통을 줄 때, 그에게 분노하고 응징하는 사람이 아니라 그런 사람을 조용히 흡수하고 받아들임으로 그 관계를 멈추게 하는 사람입니다.

분노란 테니스 경기의 공과 같습니다. 양쪽의 경기자가 그 공을 계속 받아치기 시작하면 공의 속도는 증가하고 마침내 한 쪽이 패해야 끝이 납니다. 한 가지, 분노가 테니스의 경기와 다른 점은 분노의 상황에서는 승자가 없다는 것입니다. 다른 사람이 욕을 하고 고통을 줄 때 그리스도인도 동일하게 욕과 고통으로 반응을 한다면, 그는 또 다른 실패자가 될 뿐입니다. 그러나 다른 사람에게서 나오는 그 흉한 것들을 그대로 흡수하여 받아들인다면, 모든 문제들이 진행을 멈추고 승리자로 끝나게 됩니다.

바로 우리 주 예수 그리스도께서 그렇게 사셨습니다. 주님은 세상 사람들 앞에서 철저히 스폰지와 같은 모습으로 사셨습니다. 십자가에 못 박히셨을 때, 그는 완전히 무방비 상태로 계셨습니다. 욕하는 자 앞에서 그 욕을 다 흡수하셨습니다. 고통의 채찍 앞에서 그대로 다 흡수하셨습니다. 십자가 밑에서 온갖 모욕과 조롱을 던지는 자들을 향하여 모든 자존심마저 다 버리시고 그 소리들을 흡수해 버리셨습니다. 이 주님의 스폰지와 같은 영적 흡수력 때문에 우리에게는 새로운 평화가 시작된 것입니다. 그래서 주님은 실패하신 분이 아닙니다. 그는 승리자셨습니다.

여러분의 가정에서, 여러분이 맺는 인간관계 속에서, 갈등 가운데 있는 문제들을 빨리 해결하고 싶으십니까? 그 상황 속에 새로운 화목과 화해와 평화가 시작되기를 원하십니까? 그렇다면 그것을 위한 가장 완벽한 길은 영적인 스폰지가 되는 것입니다. 그러면 주님이 주시는 참 평안을 맛보게 될 것입니다.

얼마 전, 텍사스의 한 지역에서 이 시대의 원리를 보란 듯이 거부한, 한 신선한 소식이 들려 왔습니다. 프로 야구팀 텍사스 레인저스가 경기 도중 불의의 사고로 하반신 마비가 되어버린 조나단 테일러라는 대학생을 메이저리그 신인 드래프트에서 33라운드에 지명한 것입니다. 철저히 돈의 원리로만 이루어지는 프로의 세계에서 텍사스 레인저스의 결정은 누구도 이해할 수 없는 것이었습니다. 그러나 그 어려운 결단이 어떻게 이루어지게 되었는지가 나중에 스카우트 담당자인 킵 패그의 말 한마디로 간단히 이해될 수 있었습니다. 그는 이렇게 말했습니다. "끔찍한 사고만 없었다면 그는 분명히 프로야구에서 뛸 수 있는 유망주였다. …… 이번 지명이 그의 삶을 다시 일으켜 세우는 계기가 됐으면 한다."

조나단 테일러는 2011년 초만 해도 조지아 대학의 촉망받는 선수였습니다. 그러나 2011년 3월 6일 경기에서 외야수 수비 도중에 타구를 잡으려다 같은 팀 동료와 충돌해 목뼈가 부러지는 사고를 당하고 맙니다. 이 때문에 그 사고를 일으킨 팀 동료 잭 콘은 늘 부상 당한 조나단 테일러에게 미안한 마음을 가지고 있었습니다. 그러던 중에 텍사스 레인저스로부터 잭 콘이 전체 37순위로 지명을 받게 되자, 그는 자신의 실수로 프로 선수 생활을 못하게 된 조나단 테일러에 대한 이야기를 우연히 전하게 되었습니다. 결국 텍사스 레인저스는 스카우트 담당자가 말한 대로 잭 콘과 함께 조나단 테일러를 영입하게 된 것입니다. 프로팀의 입장에서 하반신에 마비가 온 선수를 경기에 투입하기 위해 스카웃 했을 리는 없습니다. 그를 스카우트 한 것은 전적으로 불운의 인생을 살수 밖에 없는 조나단 테일러에게 용기와 꿈을 주기 위해서였을 것입니다.

이 이야기는 우리가 이 땅에 살면서 어떻게 화목의 직책을 수행해야 할지를 가르쳐주고 있습니다. 하나님께서 일방적으로 베풀어 주신 은혜의 행위, 곧 구원으로 내게 시작된 진정한 화평과 평강의 능력을 내가 진정 체험하였다면, 이제 내가 할 일은 아직도 이 은혜의 혜택, 곧 평강의 능력을 알지 못하는 자에게 이것을 소개하는 것입니다. 이런 놀라운 은혜의 혜택이 있음을 소개하여 그도 또한 하나님과의 이 놀라운 화목의 자리, 평강의 자리로 나아오게 하는 것입니다. 그렇게 될 때 우리는 삶에서 영적인 '잭 콘'이 되어 또 다른 '조나단 테일러'를 주님께 소개할 수 있게 됩니다. 이것이 우리가 해야 할 화목의 직책입니다.

삶 속으로

- 분노란 테니스 경기의 공과 같습니다. 테니스 경기장에서 상대편의 공이 엄청난 속도로 내게 달려올 때, 오늘 말씀은 어떤 반응을 권면하고 있습니까?
- 스폰지 같은 마음이 되는 비결은 무엇일까요? 누가복음 23:34의 예수님의 말씀을 깊이 묵상하십시오. 예수님은 하나님을 누구라고 부르고 계십니까?
- 우리 예수님처럼 _____과 화평의 관계에 있는 사람은 자기를 비방하는 사람들에게 테니스 공이 아니라 _____처럼 반응할 수 있다.

09

| 에베소서 2:19-22 |

19 그러므로 이제부터 너희가 외인도 아니요 손도 아니요 오직 성도들과 동일한 시
민이요 하나님의 권속이라 20 너희는 사도들과 선지자들의 터 위에 세우심을 입은
자라 그리스도 예수께서 친히 모퉁이 돌이 되셨느니라 21 그의 안에서 건물마다 서
로 연결하여 주 안에서 성전이 되어가고 22 너희도 성령 안에서 하나님의 거하실 처
소가 되기 위하여 예수 안에서 함께 지어져 가느니라

천국 백성의 의식

디딤돌과 걸림돌

이재철 목사님의 책《요한과 더불어》에서 경제학자 신영복 선생의 이야기를 소개한 적이 있었습니다. 신영복 선생께서 서예를 배우면서 '서예는 조화'라는 것을 깨달았다고 합니다. 글자를 쓰다가 잘못되면 서예의 특성상 고칠 수 없기 때문에 서예가는 다음 글자를 통해서 그 실수를 보완하려 한다는 것입니다. 한 획을 쓰다가 좀 뉘어지면 다른 획을 세워서 그 획에 잘못된 것을 고칩니다. 이렇게 잘못된 한 획 한 획이 모여 온전한 한 글자가 됩니다. 글을 쓰다가 한 행이 잘못되면 다음 행으로 보충하고, 한 연이 잘못되면 다음 연에서 바로 잡습니다. 그래서 한 편의 아름다운 글이 만들어집니다. 부분 부분이 모두 정확하게 이루어진 것보다 이렇게 실수와 실수, 거기에 대한 보상과 보충의 과정을 통해서 만들어진 글은 훨씬 정감이 있다는 것입니다.

이 부분에 대하여 이재철 목사님은 다음과 같은 소감을 말씀하셨습니다.

"저는 서예의 조화가 꼭 우리의 신앙의 모습과 같다고 생각합니다. 그리스도인으로 이 땅에 산다는 것은 천국의 백성으로 사는 것입니다. 우리가 영원히 거할 본향은 저 천국이지만, 우리는 하나님께서 허락하신 목적을 위해 이 땅에 사명자로 살고 있습니다. 그렇기 때문에 이 땅에서 우리는 완성시켜야 할 인생의 사명들이 있습니다. 이 사명은 마치 종이 위에 한자 한자 정성된 글씨를 내려가는 서예의 과정과 비슷합니다. 이 때 일어난 실수는 결코 우리의 인생의 작품을 망치거나 중단해야 할 걸림돌이 아니라, 다시금 보상되고 보충되어 아름다운 사명의 역사를 이루어가는 디딤돌, 곧 조화의 한 부분일 뿐입니다. 그 실수를 보상하기 위해 노력하는 동안 사명의 현장이 생각만큼 진전되지 않을 때도 있습니다. 때로는 그 실수를 보충하기 위해 인생의 깊은 고뇌 가운데 홀로 그 문제와 씨름해야 할 때도 있습니다. 그러나 그 순간을 보상하며 보충하기 위해 애를 쓰고 노력하다 보면 어느새 지나온 인생의 순간순간들이 아름답게 조화를 이루게 되었음을 알게 됩니다. 어느덧 굴곡진 내 인생의 구비구비가 하나님의 거룩한 나라를 위한 아름다운 작품이 되어 있음을 보게 됩니다."

참으로 귀한 깨달음이라 생각합니다. 이것을 사도 바울은 이미 2천년 전에 로마에 있는 초대교회 성도들을 향하여 이렇게 선포했습니다.

"우리가 알거니와 하나님을 사랑하는 자 곧 그 뜻대로 부르심을 입은 자들에게는 모든 것이 합력하여 선을 이루느니라"(로마서 8:28)

이 말씀을 통해, 사도 바울은 로마제국의 그 처절한 고난과 박해 속에서도 하나님의 뜻을 위해 사는 자에게는 아름다운 결과가 있음을 잊지 말라고 외치고 있습니다.

인생의 구비구비마다 일어났던 실수와 아픔들이 하나님의 뜻을 위해 사는 우리 성도의 삶에 결코 올무가 되지 못하는 이유는, 결국 하나님은 우리의 삶을 통해 하나님의 아름다운 선을 이루어 내고야 마시기 때문입니다. 우리 성도는 이 땅에 발을 딛고 살지만, 우리는 이 땅에 속한 자가 아니요, 하나님 나라에 속한 천국의 백성입니다. 천국 백성으로서 이 땅에서 하나님 나라의 사명을 위해 달려가는 한, 우리의 눈물과 희생은 결코 무의미하게 사라지지 않습니다. 하나님은 우리의 눈물과 희생을 하나님 나라를 위한 디딤돌이 되게 하십니다. 이것이 천국 백성이 이 땅에 사는 동안 놓치지 말고 살아야 할 천국 백성의 의식입니다. 이를 위해서는 다음의 3가지 의식이 필요합니다.

천국 시민권 대(對) 로마 시민권

우선, 성도는 하늘의 시민으로 살아야 합니다. 19절을 함께 보겠습니다.

"그러므로 이제는 너희가 외인도 아니요 손도 아니요 오직 성도들과 동일한 시민이요 하나님의 권속이라"

에베소 교회 성도들은 유대인의 관점에서 보면 모두 하나님 나라의 외국인일 뿐입니다. 그러나 예수 그리스도의 십자가는 저들을 더는 외국인으로 남겨두지 않으시고 하나님 나라에서 동일한 시민이 되게 하셨습니다. 천국을 소유하고 천국의 좋은 것을 마음껏 누리는 것이 유대인들만의 권리가 아니요, 그리스도 안에 있는 모든 자에게 열렸다는 말입니다. 에베소 교회 성도들을 포함한 모든 초대교회 성도들은 이제 동일한 하늘의 시민이 되었습니다.

초대교회 당시, 로마 시민권은 참으로 굉장한 힘을 가지고 있었습니다. 로마 시민권을 가진 사람은 로마 영토 어디서든지 보호받을 수 있었습니다. 범죄가 분명하게 드러나지 않는 한, 어떤 구금도 면죄받았습니다. 로마 시민권자를 조금이라도 억울하게 다루면 그 지방 공무원은 혹독한 벌을 받아야 했습니다. 로마 시민권자가 억울하다고 생각되는 일이 있으면 로마 황제 가이사에게 직접 호소하고 재판받을 수 있었습니다.

그런데 이런 로마의 시민권이 천국 백성의 시민권에 비하면 아무것도 아니라고 성경은 말합니다. 이 로마의 시민권은 왔다가 사라지는 지상 제국의 일시적인 것일 뿐입니다. 그러나 천국 백성의 시민권은 영원한 것입니다. 로마 시민권자는 로마 제국 내에서만 보호받을 수 있지만, 천국 시민권자인 성도는 영혼과 육신을 이 땅에서와 영원한 천국에서까지 보호받을 수 있습니다. 로마 시민권자는 치안 공무원들이 있는 곳에서만 보호받을 수 있지만, 천국 시민권자는 주야로 지켜주시는 성령의 보호를 받고 삽니다. 로마 시민권자는 억울한 일이 있을 때 로마 황제 가이사에게 호소하여 기다리고 기다려야 재판을 받을 수 있지만, 천국 시민권자는 언제든지 만왕의 왕되신 하나님께 다 아뢰어 해답을 받을 수 있습니다.

이 믿음과 확신 때문에 천국 시민인 우리 성도는 로마제국 때보다 더 혹독할 수 있는 이 시대의 환란과 근심의 상황 속에서도 함몰되지 않고, 무너지지 않을 수 있습니다. 오히려 천국 시민에게 환란과 근심은 이 땅에 허락 된 사명을 감당하게 하는 디딤돌이 될 뿐입니다.

얼마 전, 〈생명의 삶〉 묵상 칼럼에 이런 글귀가 적혀 있었습니다. "하나님의 절대적인 인자하심과 현명하신 의도들에 비춰볼 때, 우리는 문제들을 걸림돌이 아니라 디딤돌로 보게 되며, 장애물이 아니라 기회로 보게 된다." 그렇습니다. 천국 시민에게 이 땅에서 도전해 오는 모든 문제는 결코 문제가 아니라 합력하여 선을 이루게 하시는 하나님의 은총의 일부분일 뿐입니다. "천국 백성에게 인생의 문제는 걸림돌이 아니라 디딤돌일 뿐입니다."

역대상 4:10에 보면 야베스라는 인물이 하나님께 간구한 기도의 내용이 나옵니다. 이 본문을 가지고 《야베스의 기도》라는 책이 미국과 한국에서 한동안 베스트 셀러가 된 적이 있었습니다. 야베스의 기도 내용은 이런 것입니다.

"주께서 내게 복에 복을 더하사 나의 지경을 넓히시고 주의 손으로 나를 도우사 나로 환란을 벗어나 근심이 없게 하옵소서 하였더니 하나님이 그 구하는 것을 허락하셨더라."

하나님께서는 야베스의 이 순박한 기도를 그냥 들어주셨습니다. 그는 태어날 때부터 힘들게 태어난 인물이었습니다. 어떤 일인지 성경은 그 정확한 이유를 기록하고 있지 않지만, 출생부터 그의 삶은 평탄하지 않았습니다. 그렇기에 그에게는 한 가지 소원이 있었습니다. "이대로의 인생으로는 나는 도저히 살 수 없다……. 하나님께서 나의 인생을 지키시고 복을 허락하셔야 나는 살 수 있는 자이다……"라는 것을 깨닫게 된 것입니다.

우리에게 이런 기도는 늘 있어야 합니다. 복의 근원이 하나님께 있음을 알고 구하는 것이 중요합니다. 저는 잠자는 아이들 방에 들러서 기도해줄 때 이 기도를 해줍니다. 그러나 이 기도 끝에 잊지 않고 덧붙이는 기도가 있습니다. "하나님! 우리 아이들이 인생을 사는 동안 꼭 지켜 주셔서 환란과 근심에서 벗어나게 해주옵소서. 그러나 하나님! 하나님께서 필요하셔서 이 아이들에게 고난을 허락하신다면, 그 속에서 믿음을 잃지 않고 하나님을 섬기며 살아가는 아이들 되게 하옵소서!"

하늘의 시민으로 이 땅을 살아가는 성도에게 이 땅은 여전히 처절한 싸움의 현장입니다. 마치 에베소 교회 성도들이 천국의 시민으로서 여전히 고난과 아픔의 현장인 로마제국 하에서 살아가야 하는 것처럼, 우리 믿는 자들도 비록 천국의 시민이지만, 이 땅을 사는 동안 아픔과 고통의 현장을 살아갈 수밖에 없습니다. 그럴 때마다 우리가 잊지 말아야 할 것은 하나님께서는 그 싸움과 고통의 현장을 우리를 넘어뜨리는 걸림돌로 주신 것이 아니라 하늘의 시민들로 하여금 거룩한 나라를 이루어 가게 하는 디딤돌로 주셨다는 사실입니다. 그러기에 우리의 기도에는 고난을 통해 하나님의 백성, 천국의 시민답게 살아갈 수 있는 은혜와 능력을 달라는 간구가 늘 병행되어야 할 것입니다. 이때 하나님께서는 우리로 하여금 넉넉히 이기게 해 주십니다.

오이케이오스, 하나님 가문에 속한 자들

다음으로, 우리 성도는 하나님의 가족으로 살아야 합니다. 19절 마지막 부분에서 사도 바울은 에베소 교회 성도들이 하나님의 권속이라고 말씀합니다.

"그러므로 이제부터는 너희가 외인도 아니요 손도 아니요 오직 성도들과 동일한 시민이요 하나님의 권속이라"

여기서 권속이라는 말의 헬라어 '오이케이오스(οἰκεῖοςoikeios)'는 '가족, 식구'라는 뜻으로 단순히 동거하는 식구가 아니라, 피를 나눈 하나님의 친자녀라는 뜻입니다. 성도는 그리스도의 보혈의 은총 때문에 하나님을 한 아버지로 여기는 한가족이 되었습니다. 우리가 하나님을 한 아버지로부른다면 우리 성도는 무엇입니까? 한 형제요, 한 자매일 수밖에 없습니다. 이것이 우리 모두를 한 공동체 되게 하는 유일한 근거입니다.

가족이 되었다는 것은 마치 이런 것과 같습니다. 아마도 한국에서 가장 바쁜 분을 들라 하면 대통령이 뽑힐 것입니다. 분초 단위로 스케줄을 정해 놓고 일정을 소화해야 하는 위치가 대통령의 위치입니다. 그러나 이런 대통령도 손자 앞에서는 어쩔 수가 없습니다. 손자의 재롱 앞에 시간을 빼앗겨야 하고, 장난감을 고쳐 달라는 부탁을 외면할 수 없습니다. 왜 그런지 아십니까? 손자 앞에 대통령은 대통령이기 이전에 할아버지이기 때문입니다.

하나님 앞에 우리가 가족이 되었다는 것은 바로, 천지 우주 만물을 창조하시고, 한 치의 오차도 없이 이 땅을 주관하시는 통치자이시며, 왕이신 하나님께서 창조주 하나님이시기 이전에 바로 우리의 아버지가 되신다는 것입니다. 이 하나님을 아버지로 모신 성도는 그래서 더 이상 세상의 권력을, 명예를, 물질을 주인으로 삼고 사는 자들 앞에서 굽실거릴 필요가 없습니다. 우리는 창조주 하나님, 만물의 통치자, 전능하신 하나님을 아버지로 모시고 사는 하늘 귀족의 사람들입니다.

오래 전, 군대에서 군종병으로 섬길 때의 일입니다. 부대에서 대대장님이 부탁하셔서 간부 자녀들을 위해 여름 성경 학교를 하게 되었습니다. 오전 행사가 끝나고 오후 행사를 준비하는 중에 자유 시간을 맞이한 아이들이 교회 앞 마당에서 재미있게 놀고 있었습니다. 무엇을 하고 노는지 유심히 보았더니, 아이들이 병정 놀이를 하고 있었습니다. 늘 보는 것이 군대요, 군인들이니…… 당연할 수밖에 없었습니다. 그런데 한 가지 저를 놀라게 한 것은 병정 놀이를 하는 아이들 세계에서도 대대장님의 아들은 대대장 행세를 하였고, 중대장님의 아이들은 중대장 행세를 하고 있다는 것이었습니다. 대대장 아이의 명령 한 마디에 많은 아이들이 꼼짝 못하고 일사불란하게 복종하고 있었습니다. 그러던 중 시간이 좀 지났을 때, 이상한 상황이 하나 발생되었습니다. 그렇게 자신 있게 명령하던 대대장 아이가 쭈뼛거리며 무척 당황하면서 주눅이 들기 시작한 것입니다. 바로 뜻하지 않게 연대장님의 아이가 나타났기 때문입니다.

비록 아이들의 병정 놀이였지만, 그 모습을 통해 저는 이 세상 원리의 한 축소판을 본 듯했습니다. 세상 사람들은 자신의 가문과 집안 배경을 가지고 그 능력을 보여주려 합니다. 그러나 세상사람들이 보여주려 하는 가문과 집안의 배경이라는 것은 과연 어떤 것입니까? 힘 없는 자 앞에서는 어깨에 힘을 주고, 힘 있는 자 앞에서 기가 죽을 수밖에 없는 상대적인 것이 아닙니까? 이것은 결국 세상을 사는 동안 진정한 능력이 되지 못하는 일시적인 것일 뿐입니다.

그러나 하나님을 아버지로 모시고 사는 우리 성도의 능력은 그런 능력이 아닙니다. 우리의 능력은 세상 그 어느 누구에게도 주눅 들지 않고 하나님의 자녀답게 사는 자신감과 당당함의 능력입니다. 이것을 사도 요한은 요한복음 1:12에서 하나님의 자녀가 갖는 권세라 했습니다. 자녀의 권세를 누리기 위해서는 세상 앞에 뽐내고 자랑하고 싶어하는 권력과 힘과 능력을 내려 놓아야 합니다.

예전에 줄넘기를 허리에 묶고 상대방을 넘어뜨리는 경기를 해 보신적이 있으십니까? 그 경기를 이기는 방법은 두 가지입니다. 줄을 당기는 방법과 줄을 놓는 방법입니다. 상대가 줄을 당길 때 줄을 놓으면 언제든지 이겼던 것을 기억합니다. 이것이 우리 성도가 하나님의 자녀의 권세를 누리며 세상을 이기는 방법입니다. 내 안에 가득찬 탐욕과 이기심의 덩어리들을 털어내는 '자기 부인'의 역사가 시작되어야 합니다. 이때 비워진 내 속에 생명의 주인이신 예수 그리스도께서 임하십니다. 성령의 역사가 시작됩니다. 천국의 백성들은 내 힘으로 세상을 이기는 자들이 아닙니다. 천국 백성은 내 안에 계신 하나님의 영, 곧 성령께서 부어 주시는 그 권세를 가지고 세상을 이기는 자들입니다.

울더라도 걸어가십시오

마지막으로, 성도는 지어져가는 존재임을 알아야합니다. 22절을 함께 보겠습니다.

"너희도 성령 안에서 하나님의 거하실 처소가 되기 위하여 예수 안에서 함께 지어져 가느니라"

하나님 앞에 구원을 받았다는 것은 하나님 앞에 완성된 존재가 되었다는 것을 의미하는 것이 아닙니다. 우리가 구원받아 하나님의 백성이 되었으나, 여전히 우리의 모습은 미약합니다. 아직도 다듬어져야 할 부분이 많이 있습니다. 우리는 되어 진 존재가 아니라 되어 가는 존재입니다.

가끔 건물을 짓고 있는 곳을 가 볼 기회가 있습니다. 그곳에 가보면 그렇게도 흉하고 먼지가 나고 심지어 냄새도 납니다. 너무 복잡해서 어떻게 이곳이 건물이 될 것인가 의문까지 들게 됩니다. 그러나 깨끗이 마감을 하고, 거기에 소파를 들여 놓고, 카펫을 깔고, 페인트 칠을 하고 나면 참으로 아름다운 건물이 됩니다. 문제는 짓다가 그만두는 것입니다. 제일 흉한 것이 짓다 만 건물입니다. 제일 볼품없는 것이 타다 남은 나무입니다. 제일 불쌍한 것인 예수 믿다가 중간에 그만 둔 모습입니다.

하나님은 우리가 이런 추하고 부족한 모습으로 멈춰 서 있을 때마다 하나님의 거룩한 백성으로 아름답게 자라게 하시기 위해 개입하십니다. 그것이 바로 고난과 시험입니다. 고난과 시험은 우리의 더럽고 추한 모습을 깨끗케 하시어 하나님의 거룩한 백성으로 자라게 하시는 은혜의 시간입니다.

작가 정광호씨의 '우화경영'에 보면, 조류 중에서 70년을 사는 솔개의 장수 비결이 소개되어 있습니다. 솔개는 약 40세가 되면 발톱이 노화하여 사냥감을 그다지 효과적으로 잡아챌 수 없게 된다고 합니다. 부리도 길게 자라고 구부러져 가슴에 닿을 정도가 되고, 깃털이 짙고 두껍게 자라 날개가 매우 무겁게 되어 하늘로 날아 오르기가 갈수록 힘들게 됩니다. 이 즈음이 되면, 솔개에게는 두 가지 선택이 있을뿐입니다. 그대로 죽을 날을 기다리든가 아니면 약 반 년에 걸친 매우 고통스러운 갱생의 과정을 수행하든가 하는 것입니다.

갱생의 길을 선택한 솔개는 산 정상 부근으로 높이 날아올라 그 곳에 둥지를 틀고 머물며 고통스런 수행을 시작합니다. 먼저 부리로 바위를 쪼아 자신의 부리가 깨지고 빠지게 만듭니다. 그러면 서서히 새로운 부리가 돋아나는 것입니다. 그런 후 새로 돋은 부리로 발톱을 하나하나 뽑아냅니다. 길고 새로운 발톱이 돋아나면 이번에는 날개의 깃털을 하나하나 뽑아냅니다. 이리하여 약 반 년이 지나 깃털이 돋아난 솔개는 완전히 새로운 모습으로 변하게 됩니다. 그리고 다시 힘차게 하늘로 날아올라 30년의 수명을 더 누리게 된다는 것입니다.

솔개의 장수의 비결은 바로 갱생에 있습니다. 갱생이란 죽어가는 모든 것을 버리는, 고통을 통과하는 것입니다. 죽어가는 부리를 버려야 하고, 죽어가는 발톱과 깃털을 버려야 합니다. 이것은 솔개에게만 해당되는 것이 아닙니다. 끊임없이 자라야 하는 성도에게도 동일하게 해당됩니다. 우리를 자라지 못하게 만드는 모든 것을 기꺼이 버릴 수 있어야 합니다. 게으름을 버려야 하고, 탐욕과 이기심을 버려야 합니다. 자신의 마음속 깊은 곳에 남아 있는 상처와 열등감을 버려야 합니다. 내 자신도 어쩔 수 없는 분노와 미움, 편견과 고집을 버려야 합니다.

일찍이 이것을 깨달았던 다윗은 시편 66:10-12에서 이렇게 고백합니다.

"하나님이여 주께서 우리를 시험하시되 우리를 단련하시기를 은을 단련함 같이 하셨으며 우리를 끌어 그물에 들게 하시며 어려운 짐을 우리 허리에 두셨으며 사람들로 우리 머리 위로 타고 가게 하셨나이다 우리가 불과 물을 통행하였더니 주께서 우리를 끌어내사 풍부한 곳에 들이셨나이다"

순수한 은을 얻기 위해서는 풀무불에 은이 녹아야 하듯이, 걸린 그물망에서 물고기가 빠져나오기 위해서는 그물망보다 작은 몸이 되어야 하듯이, 하나님께서는 나로 하여금 자라게 하시기 위해서 내 인생에 불순물을 제거하고 필요 없는 것을 버리는 연단과 시련의 과정을 주십니다. 이때 탐욕과 이기심의 불순물을 제거하는 자는 고통의 풀무불, 시련의 그물에서 비로소 빠져나올 수 있게 됩니다. 불순물을 제거하고 필요없는 것을 버릴 때만이 하나님의 자녀로서 생명을 유지하며 자라갈 수 있게 됩니다.

그 옛날 이 풀무불의 과정을 통과했던 욥은 이렇게 외치고 있습니다.

"나의 가는 길을 오직 그가 아시나니 그가 나를 단련하신 후에는 내가 정금 같이 나오리라"(욥기 23:10)

사랑하는 성도 여러분, 시련 속에 있더라도 좌절하지 마십시오. 여러분의 탐욕과 이기심을 제거하는 과정일 뿐입니다. 아직 완성되지 않은 모습 때문에 힘들어 하지 마시고 다듬어질 여러분의 모습을 보면서 견디어 내십시오. 울더라도 걸어가십시오. 뛰어가십시오. 그리고 승리하십시오. 그렇게 해서 주님이 원하시는 날까지, 내 인생의 완전한 청사진이 이루어지는 날까지 계속해서 지어져 가시기 바랍니다.

삶 속으로

• 디딤돌과 걸림돌은 같은 돌일 수 있지만, 그 돌과 접촉하는 사람에 따라 그 용도가 판이하게 달라집니다. 같은 인물, 같은 사건을 걸림돌에서 디딤돌로 보는 능력은 어떻게 생길 수 있습니까?

• 솔개의 갱생 이야기를 통해 깨달은 바를 나누어 봅시다. 솔개의 갱생과 우리의 성화 (聖化)는 무엇이 같고, 무엇이 다를까요? 우리가 솔개처럼 훈련의 과정을 선택한다면 그 동기가 어디에 있을까요? 누가 우리 성화의 주최가 될까요?

| 에베소서 3:1-13 |

1 이러하므로 그리스도 예수의 일로 너희 이방을 위하여 갇힌 자 된 나 바울은……
2 너희를 위하여 내게 주신 하나님의 그 은혜의 경륜을 너희가 들었을 터이라 3 곧
계시로 내게 비밀을 알게 하신 것은 내가 이미 대강 기록함과 같으니 4 이것을 읽으
면 그리스도의 비밀을 내가 깨달은 것을 너희가 알 수 있으리라 5 이제 그의 거룩한
사도들과 선지자들에게 성령으로 나타내신것 같이 다른 세대에서는 사람의 아들들
에게 알게 하지 아니하셨으니 6 이는 이방인들이 복음으로 말미암아 그리스도 예수
안에서 함께 후사가 되고 함께 지체가 되고 함께 약속에 참예하는 자가 됨이라 7 이
복음을 위하여 그의 능력이 역사하시는대로 내게 주신 하나님의 은혜의 선물을 따라
내가 일군이 되었노라 8 모든 성도 중에 지극히 작은 자보다 더 작은 나에게 이 은
혜를 주신 것은 측량할 수 없는 그리스도의 풍성을 이방인에게 전하게 하시고 9 영
원부터 만물을 창조하신 하나님 속에 감취었던 비밀의 경륜이 어떠한 것을 드러내게
하려 하심이라 10 이는 이제 교회로 말미암아 하늘에서 정사와 권세들에게 하나님
의 각종 지혜를 알게 하려 하심이니 11 곧 영원부터 우리 주 그리스도 예수 안에서
예정하신 뜻대로 하신 것이라 12 우리가 그 안에서 그를 믿음으로 말미암아 담대함
과 하나님께 당당히 나아감을 얻느니라 13 그러므로 너희에게 구하노니 너희를 위
한 나의 여러 환난에 대하여 낙심치 말라 이는 너희의 영광이니라

그리스도의 비밀을 맡은 자

집중

제가 미국에 처음 도착하자마자 주일 예배를 참석했던 곳은 동부 보스턴에서 자동차로 한 시간 정도 떨어져 있는 합킨톤이라는 마을에 위치한 보스턴 장로교회였습니다. 이 보스턴 장로교회는 원래 보스턴 중심가에 있다가 제가 미국으로 오기 약 1년여 전에 한 미국 교회 건물을 구입해서 교인 전체가 그곳으로 이사를 와 예배를 드리고 있었습니다. 보스턴 장로교회가 구입한 그 미국 교회 건물은 200여 석의 예배당과 체육관을 구비한 아름다운 건물이었습니다. 주일마다 예배를 참석하면서 담임 목사님과 교제하며 여러 이야기를 나누는 가운데 그 교회 건물이 얼마나 유서가 깊은 건물인지를 알게 되었습니다.

바로 115여 년의 역사를 자랑하는 보스턴 마라톤 대회가 시작되는 곳이 바로 그 교회 앞 거리이며, 그 교회의 체육관은 보스턴 마라톤 대회에 참여하는 일류급 선수들이 몸을 풀며 대기하는 곳으로 유명하다는 것입니다. 대대로 이 교회의 담임 목사님이 보스턴 마라톤 대회가 열리는 그 날에 선수들을 위해 기도해 주며 격려하는 멋진 행사가 매년 이어져 오고 있었습니다. 이런 이유로 그 교회 건물은 합킨톤 지역뿐만 아니라, 보스턴 마라톤 대회의 상징과 같은 역할을 하고 있었습니다. 이 보스턴 마라톤 대회에 지난 2001년도에 한국의 국가대표 이봉주 선수가 참여해서 우승을 했습니다.

이봉주 선수가 이 대회에 참여하기 위해 체육관에서 몸을 풀며 대기하고 있었을 때, 보스턴 장로 교회의 담임 목사님이 이 선수를 따로 특별히 불러서 담임 목사실에서 자유롭게 몸을 풀 수 있도록 배려해 주었다고 합니다. 그런데 정작 코치와 함께 이봉주 선수가 들어와서는 아무것도 하지 않은 채 계속 앉아서 묵상만을 하더랍니다. 무엇을 하고 있는지 궁금했던 목사님은 나중에야 코치를 통해 아주 중요한 한 가지 사실을 알게 되었습니다. 이봉주 선수는 늘 마라톤에 임하기 전에 아무말도 하지 않은 채, 자신이 달려야 할 마라톤의 코스를 완전히 머리속에 그려 넣는다고 합니다. 어느 지점이 힘들고, 어느 지점에서 속력을 내야 하며, 어디쯤 가서 물을 먹고……. 마지막 승부를 걸고 전력 질주를 해야 할 곳이 어디인지……. 이런 계획과 목표를 하나하나 머리 속에 완전히 그리며 마라톤 경기를 준비하고 있었던 것입니다. 이미 출발 전에 이봉주 선수는 42.195 킬로미터의 거리를 완주하기 위해, 수 시간 전부터 오직 자신이 달려야 할 마라톤에만 집중하고 있었던 것입니다. 결국 그의 남다른 집중력과 완벽한 전략은 그로 하여금 51년 만에 한국인으로서는 처음으로 보스턴 마라톤 대회에서 우승하는 자랑스러운 결과를 이루게 한 것입니다. 그리고 이 일로 그는 한국을 대표하는 세계적인 마라톤 선수가 되었습니다.

마라톤에서 분명한 계획과 목표를 세우고 그것을 이루기 위해 집중하며 열정적으로 임하는 자와 그렇지 못한 자의 자의 결과는 확연히 다르게 나타납니다. 우리가 인생을 사는 방식도 이와 비슷합니다. 자신이 무엇을 위해 살아야 하며 그것을 위해 어떤 목표를 세워야 하는지 분명하게 인식하는 자와 그것을 모르는 자의 삶의 방식은 분명 다르게 나타납니다. 또한,

분명한 목표와 계획이 있을지라도 그것을 이루기 위해 집중하며 열심으로 달려가는 자와 그렇지 못한 자의 결과 또한 상상 이상으로 클 것입니다.

사도 바울이 다른 어떤 사람보다도 열정적으로, 그리고 기독교 역사상 가장 위대한 일을 할 수 있었던 것은 분명한 삶의 목표와 계획이 있었기 때문이며, 그 목표와 계획을 위해 집중하며 달려가는 열심이 있었기 때문이었습니다. 어떻게 그가 이런 인생의 분명한 목표와 계획을 가지고 자신의 인생의 길을 흔들림 없이 집중하며 열심을 다해 달려갈 수 있었던 것일까요? 사도 바울의 권면 속에서 그것을 한 번 살펴봅시다.

바울의 집중력의 비밀: 비밀을 깨닫다

먼저, 그리스도의 비밀을 깨달아야 합니다. 6절을 함께 보겠습니다.

"이는 이방인들이 복음으로 말미암아 그리스도 예수 안에서 함께 후사가 되고 함께 지체가 되고 함께 약속에 참여하는 자가 됨이라"

사도 바울에게는 그 무엇과도 바꿀 수 없는 인생의 한 가지 목표가 있었습니다. 그것은 하나님이 수 천년 동안 감추어 놓으신 비밀 한 가지를 세상 사람들에게 밝혀주는 일이었습니다. 그 비밀이란 바로 이방인과 유대인이 그리스도 예수 안에서 하나가 되었다는 사실입니다. 이것이 지금 들을 때는 그리 큰 감흥없이 들릴지 모르겠지만, 당시 초대교회의 상황에서는 가히 혁명적인 선언이었습니다. 유대인들에게 있어서 이방인은 전혀 받아들일 수 없는 대상이었기 때문입니다. 하나님의 은혜와 복은 당연히 이스라엘 민족에게만 한정된 것으로 알고 있었기 때문이었습니다.

마치 이런 것입니다. 양반과 천민의 구별이 있던 시대에 양반과 천민이 하나가 되었다는 말은 가히 혁명적인 선언이었을 것입니다. 흑인은 노예일 뿐이며, 백인은 그들을 부리는 주인이었던 시대에 노예 폐지를 선언하고 흑인들의 인권을 부르짖게 된 것은 모두가 놀랄 만한 충격적인 소식이었습니다.

그런데 지금 사도 바울이 그 혁명적인 선언을 만방에 선포하며 나아가고 있는 것입니다. 6절에서 사도 바울은 이방인과 유대인이 어떻게 그리스도 안에서 하나가 되었는지를 3가지의 동사를 사용해서 설명합니다. '함께 후사가 되고', '함께 지체가 되고', '함께 약속에 참여하는'.

'후사'란 상속자를 말합니다. 후사가 되었다는 것은 하나님께서 예비한 영적인 기업, 즉 재산을 함께 상속받는 사람이 되었다는 것입니다. '함께 지체가 되었다는 것'은 한 몸을 이룬다는 것입니다. 2:19의 표현처럼 권속, 즉 한 가족이 되었다는 의미입니다. 그리고 '약속에 함께 참여한다'는 것은 하나님 나라를 함께 이루어가는 동역자가 되었다는 것입니다.

이 비밀을 유대인들은 몰랐습니다. 그러나 이 비밀은 그것을 깨달은 자들에게 놀라운 능력과 힘을 발휘하게 합니다. 이제 더 이상 유대인과 헬라인의 구별이 없어졌습니다. 할례당이나 무할례당이나 더는 하나님 앞에서 구별되지 않습니다. 이것이 그리스도께서 이루신 복음의 능력입니다. 복음의 본질이 구원에 있다면 그 구원이 이룬 능력은 바로 차별을 없애는 것에 있습니다. 그래서 더 이상 육체의 모습을 가지고는 소위 말하는 깨끗한 자, 부정한 자의 구별이 없습니다. 겉으로 드러난 모습 가지고는 더 이상 차별과 무시당함이 없어졌습니다. 우리가 가지고 있는 피부색깔, 언어, 직업, 학식, 사람의 외모와 스타일을 가지고 차별 받아서는 안됩니다.

저는 어제 오전에 설교를 준비하는 중에 전화 한 통을 받게 되었습니다. 오래전에 우리 교회를 섬기셨던 정도량 목사님으로부터 걸려온 전화였습니다. 목사님께서 전화를 하신 이유는 당신이 체험하신 일에 대한 감격을 전하시기 위함이었습니다. 얼마 전에 미시간 그랜드 래피즈에서 CRC 교단 총회가 있었는데, 그 총회 자리에서 목사님의 아드님이 CRC 교단 산하 홈미

션의 담당자로 인준받는 축하의 시간이 있었습니다. 함께 참여한 부모님과 가족들이 모두 단상에 올라왔을 때, 총대(총회 대표)들이 직접 그 가족을 가운데 세우고 어깨에 손을 얹고 기도할 때, 참여한 모든 총대들도 함께 한국식으로 통성기도를 하는 감격적인 시간이 있었습니다. 우리 교회 교우들은 그 아드님을 잘 아실 것입니다. 우리 교회에서 어린 시절과 청소년 시절을 보냈던 분이지요. 지금은 장성해서 교단의 일을 감당하는 어엿한 사역자가 되었습니다. 참으로 자랑스러운 일이 아닐 수 없습니다.

그런데 저는 이 일이 한 집안의 경사로만 끝날 일이 아니라는 생각이 들었습니다. 홈미션은 전통적으로 화란 출신의 백인들만이 섬기는 자리였는데, 교단 140년 역사상 처음으로 유색인인 한국 사람이 그 자리를 섬기게 된 것입니다. 이것은 우리 교단이 진정 그리스도의 복음의 비밀의 원리를 향해 나아가고 있음을 보여주는 아주 좋은 증거라고 생각합니다. 저는 이번 일을 통해 우리 교단에 남아 있던 마지막 숙제가 해결되었다는 생각을 했습니다.

개신교의 역사 속에 지울 수 없는 잘못이 하나 있다면, 그것은 모든 그리스도인들이 노예 제도를 앞서서 정당화 시키거나 노골적으로 인종 차별을 자행했다는 점입니다. 이런 행위는 복음에 반하는 것이었습니다. 그러나 시간이 지나면서 이런 잘못된 모습들을 타파하고 교단 내의 모든 정책과 행정들이 차별을 없애며, 인종적인 편견을 넘어 하나 되게 하시는 복음의 이 원리를 따라가게 된 것이 얼마나 다행인지 모릅니다.

그리스도의 비밀을 제대로 깨달은 자는 다름을 인정할 뿐, 그 다름을 '틀린 것'이라 칭하지 않습니다. 우리 성도들이 이 땅을 사는 동안 붙들어야 할 가장 중요한 복음의 출발점이요, 중심이 바로 이것입니다. 나와 다른 피부와 인종과 언어, 나와 다른 배경과 문화와 외모를 가지고 있는 자들이 바로 그리스도 안에서 나와 함께 후사가 되고, 함께 지체가 되며, 함께 약속에 참여하는 자가 되었다는 이 사실이 그리스도의 비밀을 깨달은 자들이 붙들며 살아야 할 가장 중요한 것임을 우리는 놓치지 않아야 할 것입니다. 사랑하는 성도 여러분, 여러분들의 사업장에서 고용한 종업원들을 어떻게 대하십니까? 혹시 피부가 다르고, 언어가 다르고, 배운 것이 다르다고 무시하는 단어를 쓰지는 않으십니까? 혹시 그들의 외적인 모습과 능력 때문에 편견과 무시하는 마음을 가지고 있다면, 그것은 바로 그들을 이 세상에 허락하신 하나님을 무시하는 것입니다.

사람은 그가 태어난 조건과 여건으로 인하여 무시당하거나 업신여김을 당해서는 안됩니다. 그들은 모두 존중되고 존경받아야 할 하나님의 후사요, 지체이며, 약속에 함께 참여할 자들입니다.

디아코노스

다음으로, 인생의 분명한 목표와 계획을 가지고 자신의 인생의 길을 흔들림 없이 집중하며 열심을 다해 달려가기 위해서는 복음의 일꾼이 되어야 합니다. 7절을 함께 보겠습니다.

"이 복음을 위하여 그의 능력이 역사하시는대로 내게 주신 하나님의 은혜의 선물을 따라 내가 일군이 되었노라"

사도 바울은 자신을 그리스도의 비밀을 전하는 '일꾼'이라고 표현하고 있습니다. 일꾼을 의미하는 헬라어 '디아코노스(διάκονος, diakonos)'는 원래 주인 옆에서 음식을 들고 있다가 주인이 원하면 즉시로 음식 시중을 드는 종을 뜻하는 단어입니다. 사도 바울은 지금 그리스도의 비밀을 이방인에게 전하는 자로서의 자신의 위치가 바로 그와 같다고 고백하고 있습니다.

여기서 우리가 다시금 주목해야 할 것이 이 부분입니다. 누군가가 그리스도의 종이 되었다는 것은 보통 이해할 수 있는 일입니다. 우리의 주인은 예수 그리스도이시기 때문입니다. 그런데 사도 바울은 지금 그것을 말하는 것이 아닙니다. 지금 자신이 종, 일꾼이 되었다는 것은 그 복음을 들을 대상의 종이 되었다는 것입니다. 그래서 누군가가 지금 복음을 필요로 한다면 언제든지 옆에서 음식을 시중드는 종처럼, 즉시 달려가 저들을 위해 이 놀라운 복음의 음식을 바칠 '디아코노스'가 될 준비가 되어 있다는 것입니다. 이것이 바로 선교입니다. 이것이 복음의 비밀, 곧 그리스도의 비밀을 깨달은 자의 모습입니다.

복음의 일꾼이 된다는 것은 거창한 것이 아닙니다. 바로 내 옆에 있는 자를 내가 섬겨야 할 주인으로 바라보며 내가 '디아코노스'가 되는 것입니다. 내 옆에 있는 우리의 동산 식구를 섬기는 것이 복음의 사명의 첫 시작입니다. 내가 사는 이웃에게 내가 받은 감격과 놀라움을 전하기 위해 찾아가는 것이 복음의 일꾼된 자가 하는 첫 시작입니다. 가장 가까이 있는 자들을 소중히 여기십시오.

아주 오래전에 동부에서 청년 사역을 할 때, 교회 청년의 약혼식 예배를 인도한 적이 있었습니다. 자매는 한국에서 자라나 나중에 미국에 온 이민 1세였고, 형제는 중학교 때 미국 생활을 한 이미 1.5세였지만, 두 사람은 양가의 중매로 결혼에 이르게 된 아주 보기 드문 경우 중의 하나였습니다. 그런데 예배를 드리기 전에 서로가 만났던 이야기들을 나누는 시간에 아주 재미있는 이야기를 하나 듣게 되었습니다. 이 두 사람이 양가의 주선에 의해서 선을 보는 그 자리에 나왔을 때, 서로가 어디서 많이 본 듯한 느낌을 받았다고 합니다. 알고 보니 4년 전에 서로 선을 보았던 당사자들이었던 것입니다. 4년 전 처음 선을 보았을 때, 두 사람은 서로 인연이 아닌 것 같아 만나지 않았답니다. 자기 스타일이 아니라 생각하고, 4년 동안 서로의 맞는 스타일을 찾아, 수도 없이 선을 보면서 시간을 보냈습니다. 그런데 4년 동안 짝을 만나지 못하다가, 우연히 양가의 주선에 의해 선을 보러 나갔다가 다시 만난 것입니다. 지금 이 두 사람은 결혼해서 아주 잘 살고 있습니다. 제가 그때 두 사람에게 이런 말을 해 드린 기억이 납니다. "내게 가장 소중한 사람은 바로 가장 가까이 있는 사람입니다."

성도 여러분! 가장 가까이 있는 자를 섬기며 사랑하지 못하면서 어떻게 세계 열방을 향하여 선교를 하며 영혼 구원의 사명을 감당할 수 있겠습니까? 내게 허락된 우리 교회 공동체의 식구를 소중히 여기며 섬겨야 할 대상으로 받아들일 수 있는 자가 바로 진정한 복음의 일꾼, '디아코노스'된 자의 모습이 아니겠습니까? 내게 허락된 친척과 친구와 이웃을 섬겨야 할 대상으로 여기며 저들에게 그리스도의 복음의 비밀을 전달하기 위해 기꺼이 '디아코노스'가 될 때, 하나님은 우리에게 그 놀라운 세계 선교의 사명을 맡겨주실 것입니다. 남편들이여! 아내에게 디아코노스가 되십시오. 아내들이여! 남편에게 디아코노스가 되십시오. 부모들이여! 자녀들에게 디아코노스가 되십시오. 이것이 선교의 첫 시작입니다.

이상한 공식(고난=영광)

마지막으로, 인생의 분명한 목표와 계획을 가지고 자신의 인생길을 흔들림 없이 집중하며 열심을 다해 달려가기 위해서는, 고난의 영광을 바라볼 수 있어야 합니다. 13절을 함께 보겠습니다.

"그러므로 너희에게 구하노니 너희를 위한 나의 여러 환란에 대하여 낙심치 말라 이는 너희의 영광이니라"

왜 사도 바울은 고난을 영광이라고 했을까요? 사도 바울이 사용한 환란이라는 단어 '틀립시스(θλῖψις, thlipsis)'는 포도주를 만들기 위해 포도를 큰 통에 담아 위에서 누르거나 밟을 때 사용한 용어입니다. 포도를 누르거나 압박하는 과정은 포도를 못쓰게 하는 것 같지만, 사실은 더 나은 용도를 위해 포도가 다른 형태로 변형되고 있음을 알려주는 것입니다. 마찬가지로, 그리스도인들에게 환란이 닥칠 때, 그 환란은 성도를 멸망시키는 것이 아니요, 더 나은 성도가 되도록 변형시키는 역할을 합니다. 에베소 교회 성도들에게 사도 바울은 지금 자신의 감옥 생활을 그런 차원에서 생각한다면 낙심할 필요가 없다고 이야기하는 것입니다.

그리스도인들은 지금이 아니라 나중을 바라보는 자들입니다. 지금은 비록 포도즙 틀에 짓눌리는 고통과 아픔이 있지만, 이 과정을 통해 놀라운 영광의 모습으로 변화될 것을 바라보며 기대할 때, 우리는 지금의 환란에 대하여 낙심치 않고 견디어 낼 수 있는 것입니다.

저는 자신의 인생에 닥쳐온 환란과 고통을 통하여 진정으로 하나님께서 원하시는 영광의 모습을 찾게 된 한 성도님의 간증을 소개하려고 합니다. 이 성도님의 간증을 본인의 양해를 구해서 그대로 전합니다.

저의 남편은 오랫동안 많이 아팠습니다. 병명도 모르는 채로……. 첫 발병은 20년쯤 전입니다. 하나님께서 첫 신호를 보내셨지요. 이가 아파서 치과로, 귀가 아파서 이비인후과로, 눈이 아파서 안과로. 그러던 어느 날 한쪽 눈에서 쉴 새 없이 눈물이 흘러 내리고, 퉁퉁 붓고 나중엔 눈동자가 돌아가서 까만 동자가 안보이더군요. 그러더니, 그 다음엔 머리에 통증이 심해서 MRI, CT를 찍고, 여러 가지 검사를 한 결과, 의사들이 분명하게 말할 수는 없지만, 뇌종양인 것 같다고 하면서 무조건 열어 보자고 하더군요.

너무 황당한 현실 앞에 저희는 망설였지요. 그러던 중에 어떤 지인의 인도로 교회를 가게 되었고, 40일 작정 새벽 기도, 금식, 기도원 가릴 것 없이 매달리고, 빌고, 기도도 열심히 했습니다. 그리고 내 방식대로 응답을 기다렸습니다. 그러나 제 기도에 하나님은 응답이 없으셨습니다. 실망과 좌절감에 빠진 저는 하나님이 안 계시거나, 나를 철저히 무시하신다고 생각했습니다. 그래서 인간적인 방법을 다 동원해서 남편을 치료하려 했습니다. 별의별 방법을 다 해보던 중 남편은 서서히 나아가기 시작했습니다. 눈의 검은자위도 돌아오고 머리의 통증도 약해지고……

저희는 생각했지요. 우리의 힘으로 해냈다고 '인간승리'를 외치면서요. 그러나 그것이 하나님께서 저희의 기도에 귀 기울이시고 응답하신 것이라는 것을 후에야 알게 되었습니다. 부족한 저희는 물질도 풍족해지고, 사업도 잘되어 갔습니다. 흔한 말로 아주 잘 나갔죠.

당시, 저희 생각으로 하나님께서 저희의 기도를 안들어 주셨지만, 지인들의 도움이 있었기에 그 보답으로 교회에 나가주기로 했습니다. 그러나 그것은 아주 인간적인 생각이었습니다. 하나님을 향한 마음이 아닌 사람을 의식한 것이었죠. 그렇게 몇 년이 흘렀습니다. 그러던 중 남편이 다시 아프기 시작했습니다. 조금씩 심해지더니 이번에는 이유 없이 힘이 빠지고 피가 없어 조혈이 안 되고, 체중이 급감해서 2주에 한 번씩 수혈을 해야만 했습니다. 그렇게 병명도 모른 채 병마와 싸워야 했습니다. 이것이 하나님의 두 번째 신호인 것을…… 저희는 몰랐습니다. 몸이 아프니 일도 못하고 자연히 사업도 접게 되었습니다. 또 다시 고통과 절망의 나날들이 시작되었습니다. 그렇게 원망만 하고 'why me? why me?'만 수없이 외쳐 댔습니다. 여러 차례의 입원과 퇴원을 반복하는 중에 의사들도 모두 손을 놓았습니다. 지푸라기라도 잡고 싶은 심정에 점집에도 가보았지만, 걱정말라는 말만 하더군요. 남편의 수명이 기니, 아프기는 하지만 죽지는 않는다구요.

그러나 현실은 달랐습니다. 목을 뚫어 기계로 숨을 쉬고, 옆구리를 뚫어 음식을 넣어주고 그러나 그것도 잠시뿐이었습니다. 의사들의 마지막 결정만을 기다리던 중, 지인의 소개로 오렌지카운티 한인 교회를 알게 되었고, 많은 분들이 눈물로 남편을 위해 기도해주기 시작했습니다. 마침내 다시 신앙으로 하나님과의 관계를 회복한 저는 두 딸과 함께 결정을 내렸습니다. 아빠를 하나님 곁으로 보내드리자고요. 그리하여 준비된 이별처럼 아주 아름답고 행복하게 아빠를 보내드렸습니다. 마지막 순간을 웃고, 찬양하고 행복했던 순간들을 이야기하면서 아름다운 이별을 하였습니다. 마지막 순간에 남편과 약속을 했습니다. "교회 잘 다니고, 믿음 생활을 아빠 몫까지 두 배로 하겠다"라고요.

지금 생각해 보면, 하나님께서는 아마도 저를 돌이키기 위해 저희 남편을 사용하신 것 같습니다. 남편이 세상을 떠난 후, 교회에서 매주 하는 성경 문제지를 시작하게 되었습니다. 참 이상하게도, 성경 말씀이 들어오기 시작하더군요. 어렵기만 했던 성경의 말씀이 옛날 이야기처럼 재미있게 느껴지는 거예요. 그리고 새벽기도를 통해 한동안 시달리던 불면증도 완치되었습니다.

이제 저는 'why me?'의 해답을 알았습니다. 바로 하나님의 끝없는 사랑과 나에 대한 관심이셨습니다. 이 모든 과정을 통해 예수님의 낮아지심과 섬기심을 깨닫게 되었고, 그 동안의 고통과 절망의 순간까지도 나와 함께 하시고, 가슴 아파하시는 하나님을 알게 되었습니다. 저와의 관계 회복을 위해 애쓰셨을 하나님을 생각만 해도 눈물을 멈출 수가 없습니다. 우리의 고통은 하나님께서 우리와 함께 하신다는 신호입니다. 그 신호를 놓치지 마세요!

이 성도님에게 닥쳐온 환난과 고통은 포도즙 틀에 짓눌리는 압박과 같은 것이었습니다. 그러나 이분에게 이 환난의 시간과 고통의 과정이 있었기에, 이분은 비로소 하나님의 사랑과 관심이 얼마나 놀라운 것이었는지를 알게 되었던 것입니다. 이 성도님에게 고통은 그러기에 그냥 고통이 아니라 영광이었습니다. 이것이 또한 우리 성도들이 환난과 아픔을 당할 때 낙심하지 말고 견디어야 할 이유입니다. 하나님은 우리의 인생을 누르고 압박하는 환난의 과정을 통해서 새롭고 놀라운 하나님의 영광의 모습으로 우리를 변화시켜 주십니다. 사도 바울의 고백과 같이 우리는 고난 앞에서 이것을 늘 외치며 살아야 합니다.

"생각컨대 현재의 고난은 장차 우리에게 나타날 영광과 족히 비교할 수 없도다……"(로마서 8:18)

삶 속으로

- '디아코노스'에 대해 생각해 봅시다. '그리스도의 종'이라는 말과 '그리스도로 인해 내 직원의 종이 되었다'는 말 중에서 어떤 것이 덜 불편하게 다가옵니까?
- 이 두 가지는 진정 다른 것일까요? 종이 누리게 될 영광은 무엇일까요?
- 당신이 깨달은 그리스도의 비밀은 무엇입니까? 무엇이 당신으로 하여금 오늘도 새벽기도에 나와 주님께 부르짖고, 교회에 나와 봉사하고, 말씀을 듣는 자리로 나아오게 합니까?

11

14 이러하므로 내가 하늘과 땅에 있는 각 족속에게 15 이름을 주신 아버지 앞에 무릎을 꿇고 비노니 16 그 영광의 풍성을 따라 그의 성령으로 말미암아 너희 속 사람을 능력으로 강건하게 하옵시며 17 믿음으로 말미암아 그리스도께서 너희 마음에 계시게 하옵시고 너희가 사랑 가운데서 뿌리가 박히고 터가 굳어져서 18 능히 모든 성도와 함께 지식에 넘치는 그리스도의 사랑을 알아 19 그 넓이와 길이와 높이와 깊이가 어떠함을 깨달아 하나님의 모든 충만하신 것으로 너희에게 충만하게 하시기를 구하노라 20 우리 가운데서 역사하시는 능력대로 우리의 온갖 구하는 것이나 생각하는 것에 더 넘치도록 능히 하실 이에게 21 교회 안에서와 그리스도 예수 안에서 영광이 대대로 영원 무궁하기를 원하노라 아멘

그리스도의 사랑으로
부요한 자, 사명자

챌린저(Challenger)호가 남긴 도전(challenge)

1986년 1월 28일 오전 11시 38분 플로리다주 케네디 우주센터에서 발사된 우주 왕복선 챌린저호는 발사대를 떠난 지 정확히 73초만에 공중에서 폭발해 산산히 부서져 버렸고, 그 안에 있었던 승무원 7명 전원이 목숨을 잃었습니다. 이 사건으로 미국 사회는 한동안 큰 충격에서 벗어날 수가 없었습니다. 이 사고의 정확한 원인을 밝히기 위해 당시 레이건 대통령은 특별조사위원회를 구성하도록 지시하였고, 이 특별조사위원회는 3개월 동안 무려 6천여 명을 동원해 사진, 비행 기록, NASA의 문서 등 17만 장에 달하는 서류를 조사했습니다. 또 수색팀은 3개월 동안 남한 면적의 5배에 달하는 50만 평방 킬로미터의 지역을 샅샅이 수색한 끝에 결정적인 증거가 될 불에 탄 금속 조각들을 발견했습니다. 이것을 근거로 미국의 노벨물리학 수상자인 리처드 파인만 박사는 챌린저호의 사고가 한 조각의 부품으로 인한 것이었다는 결론을 내렸습니다.

그것은 고체연료 로켓과 연료탱크 사이에 결합부에 있던 오링이라는 부품이 추운 날씨 때문에 얼어 붙어서 제 기능을 하지 못했기 때문에 일어난 사고라는 것입니다. 고무 패킹은 추운 날씨에는 제 기능을 하지 못한다는, 아주 상식적이고 일반적인 사실을 사람들이 간과한 결과였습니다. 문제는 이미 발사 이전에 이런 위험이 실무를 맡고 있는 엔지니어들에 의해 여러 차례 제기되었지만, 이것이 어떤 이유였는지 묵살되었다는 것입니다. 즉, 엄청난 사고의 원인이 아주 사소한 실수로 이루어졌다는 사실과 위험을 알고도 미연에 방지하지 못한 사실 앞에 수많은 미국 국민들은 관계자들을 비난하기 시작했습니다.

이 사건을 두고 나중에 미국의 유명한 개신교 지도자 척 스윈돌 목사님은 약간 다른 진단을 했습니다. "챌린저호의 사고는 관계자들의 실수가 아니라, 이 시대 전반에 퍼져 있는 정직성의 위기(integrity crisis)에서 온 것이다"라고. 그는 챌린저호의 사고에 관계된 기술진과 과학자들의 실수나 시스템의 잘못으로 보지 않고, 근본적으로 미국인들을 포함한 현대인들이 integrity를 상실했기 때문이라고 보았습니다. Integrity는 일차적으로는 정직함, 성실함, 신실함을 뜻하고, 이차적으로는 모든 것을 통합한 '온전함'을 뜻하기도 하는 단어입니다. 이것은 한 마디로 인간의 내적인 능력을 의미합니다. 우리가 아무리 완벽한 기술 문명의 시대에 살고 있어도 그것을 조정하는 인간이 성숙되어 있지 못하면 그 기술은 우리에게 오히려 해가 될 수 있다는 것입니다. 즉, 아이슈타인이 핵분열 이론을 처음 창안해 내었을 때, 그는 그 핵을 통하여 인류가 좀 더 안전하고 나은 삶을 살 수 있을 것으로 기대했습니다. 그러나 그 핵은 인류를 안전하게 하기는커녕 우리 모두가 언제든 죽을 수 있다는 위험과 근심거리가 되어 버리고 말았습니다. 그것을 조절할만큼 사람은 온전하지 않은 것입니다.

사도 바울은 이런 인간의 온전하지 못함을 알았기에 우리 모두가 함께 회복해야 할 것이 있다면, 그것은 사람의 내적 능력이라고 말씀합니다. 당대 최고의 나라 로마 제국은 그 어떤 국가도 감히 견줄 수 없는 막강한 군사력과 경제력을 가지고 있었습니다. 나라의 영토는 북아프리카에서 유럽을 거쳐 아시아까지였으며, 이 광대한 제국은 속국들로부터 거두어 들이는 엄청난 세금과 무역에 의해 일사불란하게 운영되고 있었습니다. 겉으로 보면 참으로 화려하고도 강력한 나라였습니다. 그러나 이 로마제국의 상류층은 점점 썩어가고 있었습니다. 원로원과 황실은 권력 다툼으로 피비린내 나는 복수와 이전투구의 현장이 되어가고 있었고, 귀족들의 저택과 택지는 날마다 이어지는 파티와 향락으로 성적 타락의 온상이 되어가고 있었습니다. 너무나 커져버려 로마제국 스스로가 통제할 능력을 점점 상실해 가고 있던 시절에, 인간 삶의 참된 능력은 바로 내적인 integrity에 있음을 역설하며 한 평생을 산 사람이 바로 사도 바울이었습니다. 이 내적인 integrity는 화려한 시스템과 강력한 힘만을 최고의 기준으로 여기는 세상의 눈으로는 도저히 이해할 수 없는 능력입니다. 이 내적인 integrity는 참된 진리와 영원한 생명의 능력을 이해하고, 영원히 흔들리지 않는 진정한 기준과 능력을 붙들고자 하는 자들에게 이루어지는 능력입니다. 사도 바울은 로마제국 안에서 살고 있는 에베소 교회 성도들이 이 능력을 소유하고 살아갈 것을 간절히 바라고 있었습니다. 그래서 그리스도의 비밀을 전하는 자로서 이 땅에 사는 성도들이 가져야 할 내적 능력을 위해 사도 바울은 다음의 세 가지를 요청합니다.

속 사람

먼저, 사도 바울은 속 사람이 강건해져야 한다고 말씀합니다. 16절을 함께 보겠습니다.

"그 영광의 풍성을 따라 그의 성령으로 말미암아 너희 속 사람을 능력으로 강건하게 하옵시며"

여기서 속 사람이란 그리스도인들의 마음이나 심령을 가리킵니다. 사도 바울은 지금 에베소 교회 성도들이 먼저 마음이 강건해지도록 기도하고 있습니다. 왜 마음이 강건해지는 능력이 필요합니까? 성도가 이 세상을 살면서 싸워야 할 싸움은 마음에서부터 시작되기 때문입니다. 사탄은 우리의 마음부터 공격합니다. 흔들어 놓고 불안하게 합니다. 미움과 분노를 일으킵니다. 악한 생각과 못된 상상을 하게 만듭니다. 이 모든 것이 마음에서부터 일어납니다. 이것이 영적 전쟁입니다. 그러나 마음이 제대로 서면 우리는 흔들리지 않습니다. 영적 전쟁에서 승리하는 것은 먼저 마음이 강건해지는 것입니다. 감옥에서도 마음이 강건하면 평강과 기쁨을 얻을 수 있습니다. 육체의 고난과 아픔 속에서도 마음의 평정을 잃지 않으면 우리는 절대 좌절하지 않습니다.

베스트셀러 가운데 《뇌내혁명》이라는 책이 있습니다. 일본의 하루야마 시게오라는 사람이 쓴 건강에 관한 책입니다. 작가가 이 책을 쓰기 30년 전에 건강에 관한 책을 이미 출간한 적이 있었습니다. 30년 전의 책에서 그는 건강의 6대 조건을 이렇게 제시합니다. 첫째, 피곤하지 않게 살라, 둘째, 적절한 잠을 자라, 셋째, 식욕을 절제하라, 넷째, 화내지 말라, 다섯째, 계속적으로 두뇌를 사용하라, 여섯째, 운동을 하라입니다. 그리고 각각의 비중을 10-20%로 적절하게 배정했습니다. 그런데 30년 후 《뇌내혁명》을 쓰면서 정말 인간에게서 필요한 것 여섯 가지에 한 가지를 더 첨가했습니다. 그것은 마음의 평안입니다. 그리고 이 저자는 마음의 평화가 건강에서 차지하는 비중을 55%로 보았습니다. 다른 모든 것보다 중요한 것은 마음의 평화라는 말입니다.

그런데 이 책에서 하루야마 시게오는 이 마음의 평화가 필요하다고는 했지만 마음의 평화를 얻는 방법에 대하여는 정확하게 가르쳐 주지 않고 있습니다. 그냥 마음의 평화를 얻으라고만 합니다. 마치, 영양실조로 쓰러져 가는 아프리카의 아이들에게 단백질을 공급받으면 된다고 말은 하면서도 정작 그 단백질을 어떻게 얻어야 하는지를 가르쳐 주지 못하는 것과 같습니다. 이것이 실은 세상의 모든 심리학자들, 상담가들의 한계입니다. 마음의 평화를 통해 마음의 강건함을 얻는 것이 인간의 삶에 가장 중요한 것임을 세상의 사람들도 다 알고 있습니다. 그러나 정작 중요한 것은 그것을 어떻게 얻느냐입니다. 세상은 여기에 해답을 주지 못하고 있습니다. 그렇지만 우리 그리스도인들은 그 해답을 알고 있습니다.

마음의 평강은 바로 마음을 다스리시는 유일하신 분 성령이 역사하셔야 합니다. 그래서 신학자 애담 클라크는 이렇게 말합니다. "우리의 겉사람이 땅위의 음식물로 살아가고 자라나는 것 같이 우리의 속 사람은 하늘의 영양분을 공급받아야 한다."

하늘의 영양분은 성령을 통해서 공급됩니다. 이것을 사도 바울은 16절에서 "성령으로 말미암아 너희 속 사람이 능력으로 강건해진다"고 표현하고 있습니다. 성령의 역사를 위해서는 내 안에 내주하시는 성령께 귀를 기울여야 하고, 그 성령께 관심을 가져야 합니다. 성령께서 내 마음을 다스리시도록 요청하고 간구해야 합니다. 이것을 성령의 충만이라 했습니다. 성령의 충만함이 시작될 때 내 안의 불안과 근심은 물러갑니다. 성령의 역사가 시작될 때 내 안의 좌절감과 우울증은 사라집니다. 성령의 역사가 시작될 때 나의 나약함이 변하여 새로운 강한 나로 바뀌게 됩니다.

그리스도께서 너희 마음에 계시게 하옵시고

다음으로, 그리스도의 비밀을 전하는 사명자가 내적 능력을 갖기 위해서는 그리스도께서 자신을 지배하시게 해야 합니다. 17절을 함께 보겠습니다.

"믿음으로 말미암아 그리스도께서 너희 마음에 계시게 하옵시고 너희가 사랑 가운데서 뿌리가 박히고 터가 굳어져서"

방금, 저는 속 사람이 강건해지는 것이 사명자가 가져야 할 첫째 능력이라 했습니다. 그렇다면 속 사람의 주인은 누구입니까? 바로 예수 그리스도이십니다. 성령은 예수의 영이시기 때문입니다. 그러므로 우리의 속 사람이 강해지고 계속 성장하려면 예수님이 내 안에 계셔서 나를 지배하셔야 합니다. 한 번 잠깐 계신 것이 아니라 계속적으로 계셔야 합니다. 이것이 어떻게 이루어 집니까? 나의 믿음의 결단에 의해서 이루어집니다. 그래서 사도 바울은 17절에서 "믿음으로 말미암아 그리스도께서 너희 마음에 계시게 하시고……"라고 한 것입니다.

세계대학생선교회를 창시하신 빌브라이트 박사의 유명한 전도 소책자 《4영리》라는 것이 있습니다. 그 책에 따르면, 사람의 마음은 세 가지 그림으로 표현될 수 있습니다. 첫 번째는 내 마음에 나만 있고, 그리스도는 내 마음의 밖에 계신 자입니다. 이런 사람을 불신자, 비그리스도인이라 합니다. 이런 자들이 바로 전도의 대상자들입니다. 두 번째는 그리스도인으로 내 마음에 그리스도께서 계시지만, 마음의 중심에 내가 앉아 있고 내 발 밑에 예수 그리스도를 모시고 사는 자입니다. 이런 자들이 바로 훈련의 대상자들입니다. 세 번째는 그리스도인으로서 내 마음의 중심에 예수께서 계시고, 그 예수님의 발 밑에 내가 있는 사람입니다. 이런 사람들이 바로 사역자가 되어야 합니다.

같은 그리스도인이지만 예수를 내 발 밑에 모시고 사는 자와 내 마음의 중심에 모시고 사는 자의 삶은 전혀 다릅니다. 예수를 내 발 밑에 모시고 사는 자는 여전히 마음의 주인이 자기 자신일 뿐입니다. 모든 결정과 생각을 자기가 원하는 대로 합니다. 그러나 내 마음의 중심에 그리스도를 모시고 사는 자는 예수 그리스도를 주인으로 모시고 사는 자입니다. 그는 모든 일의 결정과 방향을 그리스도에게 묻습니다. 그리고 주님이 결정하시는

대로 순종하며 따라갑니다. 이것이 되지 않으면, 일을 할 때도 자신이 주인이 되어 자신이 결정하고 자기가 원하는 대로 갑니다. 이런 사람들에게 나타나는 것이 부딪힘입니다. 갈등입니다. 일이 늘 어렵습니다. 그러나 주님이 결정하시는 대로 가면 절대 부딪힘이 없습니다. 무슨 일이든 일사천리로 해결됩니다. 이를 위해 우리가 해야 할 것이 내 마음의 중심자리를 주님에게 내어 드리는 결단입니다.

사랑하는 성도 여러분, 여러분의 마음에 그리스도께서 계십니까? 그렇다면 여러분은 이미 그리스도인입니다. 그러면 다시 묻겠습니다. 여러분의 마음의 중심에 누가 계십니까? 아직도 여러분의 중심에 여러분이 있다면 여러분은 그리스도의 지배를 받는 분이 아닙니다. 여러분의 마음의 중심에 그리스도께서 계십니까? 그것을 무엇으로 증명하시겠습니까? 그것은 두 가지로 증명되어야 합니다. 첫째는 매일의 삶 가운데 일어나고 있는 모든 결정과 판단들, 인생의 방향과 우선 순위들을 예수 그리스도께 묻고 있는지로 증명되어야 합니다. 만일, 매 순간을 예수 그리스도께 물으며 그분의 명령에 순종하고 계시다면 여러분은 그리스도의 지배를 받고 사는 자들입니다. 두 번째 증명은 내 마음의 주인이 되시고 내 마음을 지배하고 계시는 그리스도로 인하여 내가 이전에 알지 못하는 새로운 감격과 기쁨을 경험하고 있느냐 입니다.

그래서 20세기 초, 척박한 목회의 현장 가운데 고난과 아픔을 늘 견디며 살아야 했던 맥다니엘(Mcdaniel) 목사님 같은 분은 예수 그리스도가 자신의 주인이 되셔서 자신의 마음을 지배하신 후로부터 변화된 자신의 마음의 상태를 이렇게 감격적으로 고백하고 있습니다.

"주 예수 내맘에 들어와 계신 후 변하여 새사람되고 / 내가 늘 바라던 참빛을 찾음도 주 예수 내맘에 오심 / 주 예수 내맘에 오심 / 주 예수 내맘에 오심 / 물밀듯 내맘에 기쁨이 넘침은 주 예수 내맘에 오심"(찬송가 208장)

이 감격과 기쁨으로 한평생을 살 수 있는 자가 진정 복을 얻은 자입니다. 저는 여러분들이 이 감격과 기쁨으로 한평생을 사시기를 바랍니다. 그래서 우리의 코 끝에서 호흡이 멈추는 순간까지 내 안에 계셔 나를 주관하시고 나를 이끄시는 그 주님을 기뻐하고 찬양하는 그런 삶이 되시기를 바랍니다.

그리스도의 사랑에 빠지다

마지막으로, 그리스도의 비밀을 전하는 사명자가 가져야 할 내적 능력은 하나님의 사랑으로 충만케 되는 것입니다. 18-19절을 함께 보겠습니다.

"능히 모든 성도와 함께 지식에 넘치는 그리스도의 사랑을 알아 그 넓이와 길이와 높이와 깊이가 어떠함을 깨달아 하나님의 모든 충만하신 것으로 너희에게 충만하게 하시기를 구하노라"

사도 바울은 그리스도인의 능력은 하나님의 사랑을 깨닫는 데서부터 이루어진다고 말씀합니다. 왜 사랑을 깨닫는 것이 능력일까요? 역사 이래 인간의 모든 현장에서 일어났던 변화와 회심과 삶의 전환이 바로 사랑에서 이루어졌기 때문입니다. 사랑은 살리는 힘이 있기 때문입니다. 사랑은 죽음을 생명으로 바꿉니다. 이 살리는 능력으로서의 하나님의 사랑이 바로 십자가의 사랑이셨습니다. 십자가의 그 사랑 앞으로 나오는 자마다 모두 살아났습니다. 인생의 새로운 변화가 일어났습니다. 십자가의 사랑을 체험한 자마다 새로운 삶의 전환을 경험했습니다. 그렇기 때문에 이 십자가 사랑의 넓이와 길이와 높이와 깊이가 어떠한지를 깨닫는 것이 능력입니다.

'넓이'는 사랑의 포용성을 말합니다. 우리 주님의 포용성은 창녀와 세리와 간음한 자와 각색 병든 자와 귀신들린 자와 십자가의 한 쪽 편에 있던 강도까지 포용하셨던 포용성입니다. 버림받은 자와 소외된 자와 가난한 자를 받아주시는 사랑이 포용성입니다. 이 사랑의 가슴에 안기지 못할 죄인은 한 사람도 없습니다.

'길이'는 사랑의 영원성을 말합니다. 십자가 위에서 보여주신 하나님의 사랑은 1세기 팔레스타인 지역에만 능력 있는 사랑이 아니었습니다. 그 십자가의 사랑은 2천 년이 지난 이 순간에도 여전히 능력이 있습니다. 그 사랑 때문에 인생의 절망과 고통 속에 있는 자가 참된 위로와 힘을 얻고 있습니다. 이 사랑은 저 천국에서도 영원토록 계속될 것입니다.

'높이'는 사랑의 지고성을 말합니다. 하나님의 사랑은 이 땅에 사는 우리를 하늘의 보좌까지 끌어올려 하늘의 상속자가 되는 영광을 누리게 하셨습니다. 이 하나님의 사랑은 한없이 높으신 사랑입니다. 세상 사람들의 사랑은 감정에 치우치고 육체적 욕망에 치우친 낮은 사랑이지만, 하나님의 사랑은 영혼을 사랑하는 거룩한 사랑이며, 하늘 나라까지 올리는 한없이 높으신 사랑입니다.

'깊이'는 사랑의 심원성입니다. 가장 타락한 죄인들에게까지 미칠 정도로 깊은 사랑입니다. 일흔번씩 일곱번이라도 용서해 주실만큼 한없이 깊은 사랑입니다. 이 사랑 때문에 지옥의 문턱에서 허덕이는 우리가 십자가를 붙들고 생명의 자리로 옮겨지게 되었습니다. 이 사랑의 넓이와 길이와 높이와 깊이는 우리가 다 이해할 수 있는 사랑이 아닙니다. 그저 베푸신 사랑을 체험하며 조금씩 알아갈 뿐입니다. 여기에 하나님의 사랑의 신비가 있습니다.

오래전에 경북대 총장을 지내셨던 박찬석 교수님이 한 일간지 신문에 '나의 학교 성적표'라는 제목의 글을 기고하신 적이 있습니다. 이런 내용입니다.

나의 고향은 경남 산천이다. 지금도 비교적 가난한 곳이다. 그러나 아버지는 가정 형편도 안되고 머리도 안 되는 나를 대구로 보냈다. 대구중학교를 다녔는데 공부가 하기 싫었다. 1학년 8반, 석차는 68명 중에 68등, 꼴찌를 했다. 부끄러운 성적표를 가지고 고향에 가는 어린 마음에도 그 성적을 내밀 자신이 없었다. 당신이 교육을 받지 못한 한(恨)을 자식을 통해 풀자고 했는데 꼴찌라니…… 끼니를 제대로 잇지 못하는 소작농을 하면서도 아들을 중학교에 보낼 생각을 한 아버지를 떠올리면 그냥 있을 수가 없었다.

그래서 잉크로 기록된 성적표를 1등으로 고쳐 아버지께 보여드렸다. 아버지는 국민학교도 다니지 않았으므로 내가 1등으로 고친 성적표를 알아차리지 못할 것으로 생각했다. 대구로 유학한 아들이 집으로 왔으니 친지들이 몰려와 "찬석이는 공부를 잘 했더냐?"고 물었다. 아버지는 "앞으로 봐야제……. 이번에는 어쩌다 1등을 했는가배" 했다. 친지들은 아버지에게 "자네는 자식 하나 잘 뒀어. 1등을 했으면 책걸이를 해야제" 했다.

당시 우리집은 동네에서 가장 가난한 살림이었다. 이튿날 강에서 멱을 감고 돌아오니, 아버지는 한 마리뿐인 돼지를 잡아 동네 사람들을 모아 놓고 잔치를 하고 있었다. 그 돼지는 우리집 재산 목록 1호였다. 기가 막힌 일이 벌어진 것이다. "아버지……"하고 불렀지만 다음 말을 할 수 없었다. 그리로 달려 나갔다. 그 뒤로 나를 부르는 소리가 들렸다. 겁이 난 나는 강으로 나가 죽어버리고 싶은 마음에, 물 속에서 숨을 안 쉬고 버티기도 했고, 주먹으로 내 머리를 내리치기도 했다. 충격적인 그 사건 이후 나는 달라졌다. 항상 그 일이 머리에 맴돌고 있었기 때문이다. 그로부터 17년 후 나는 대학 교수가 되었다. 그리고 나의 아들이 중학교에 입학 했을 때, 그러니까 내 나이 45세 되던 어느 날, 부모님 앞에 33년 전의 일을 사과하기 위해, "어무이…… 저 중학교 1학년 때 1등은요……"하고 말을 시작 하려고 했는데…… 옆에 계시던 아버지께서 "알고 있었다. 그만 해라. 네 아들

민우(손자)가 듣는다"고 하셨다. 자식의 위조한 성적을 알고도 재산 목록 1호인 돼지를 잡아 잔치를 하신 부모님 마음을, 박사이고 교수이고 대학 총장인 나는 아직도 감히 알 수 없다.

사랑하는 성도 여러분! 여러분은 아버지의 마음을 아십니까? 박찬석 교수님의 이 모습은 실은 우리의 모습일 수 있습니다. 아들은 아버지의 사랑을 이해하는 것이 아니라 그저 그 사랑을 조금씩 체험해 갈 뿐입니다. 하물며, 아버지의 아들에 대한 사랑의 마음조차 알지 못하는 우리가 어찌 하나님의 그 사랑의 넓이와 길이와 높이와 깊이를 알 수 있겠습니까? 하나님은 우리의 마음의 계산까지도 다 알고 계시지만, 우리에게 그 사랑의 넓이와 길이와 높이와 깊이를 가르쳐 주시기 위해 우리의 허물과 부끄러움과 잘못과 실수를 그냥 품으시는 분이십니다. 하나님은 그 사랑을 지금 십자가 위에서 펼쳐놓고 팔을 벌려 우리로 하여금 그 사랑 안으로 들어오라 하십니다.

우리가 할 일은 하나님의 사랑의 자리로 나아가 그 사랑을 느껴보는 것입니다. 체험하는 것입니다. 사랑하는 성도 여러분, 하나님의 이 사랑의 자리로 한 번 나와 보십시오. 그렇게도 놓치고 싶지 않은 여러분의 계산과 아집과 편견을 내려놓고 한 번 이 사랑의 자리로 나오십시오. 그렇게도 붙들고 가고자 했던 내 인생의 기준과 가치관을 내려놓고 이 사랑의 자리로 여러분을 앉혀 보십시오. 그때 비로소 하나님의 사랑이 여러분을 감싸실 것입니다. 이때, 여러분은 나의 허물과 부끄러움까지도 안으시는 하나님의 넓은 품을 경험하게 될 것이며, 그 누구에게서도 얻을 수 없는 영원한 평안을 소유하게 될 것입니다. 하나님의 사랑이 여러분을 감쌀 때, 여러분은 인생의 절망의 자리에서 생명의 자리로 높아지게 될 것이며, 끝까지 나를 용서하시는 하나님의 깊으신 사랑을 체험하게 될 것입니다. 이 때 고린도후서

5:14에서 사도 바울이 했던 "그리스도의 사랑이 우리를 강권하시는도다"는 그 고백이 여러분의 고백이 될 것입니다. 이것이 인생의 풍요를 얻는 비결입니다.

삶 속으로

• 챌린저호 사고의 경우처럼, 오늘 우리 주변에도 계속되는 경고를 무시해서 큰 사고로 이어진 예들이 있다면 이야기 해 봅시다.

• 오늘의 설교는 나 중심에서 그리스도 중심으로 전환을 이루어 사명자로서의 삶을 살라는 하나님의 말씀을 전하고 있는데, 혹시 우리는 이 메시지조차도 여전히 반복되는 전형적인 이야기로 치부한 채, 아무 영향도 받으려 하지 않는 것은 아닙니까? 그러나…… 우리 인생에 챌린저호와 같은 대형 사고가 발생하게 되었을 때, 오늘의 이 '귀막음'이 통탄의 후회가 될 가능성은 없겠습니까?

• 무엇부터 시작해야 하겠습니까? 무엇이 사명자의 능력입니까? "하늘에 계신 우리 아버지……"로 시작되는 주님이 가르쳐 주신 기도를 묵상합시다. '아버지……'라는 말이 실감날 때까지 조용히 하나님의 거룩한 이름을 불러 봅시다.

12

| 에베소서 4:1-6 |

1 그러므로 주 안에서 갇힌 내가 너희를 권하노니 너희가 부르심을 입은 부름에 합
당하게 행하여 2 모든 겸손과 온유로 하고 오래 참음으로 사랑 가운데서 서로 용납
하고 3 평안의 매는 줄로 성령의 하나 되게 하신 것을 힘써 지키라 4 몸이 하나이요
성령이 하나이니 이와 같이 너희가 부르심의 한 소망 안에서 부르심을 입었느니라 5
주도 하나이요 믿음도 하나이요 세례도 하나이요 6 하나님도 하나이시니 곧 만유의
아버지시라 만유 위에 계시고 만유를 통일하시고 만유 가운데 계시도다

하나 되어

피를 나눈 한 가족처럼

한국 백성은 한국에 살 때보다 외국에 살 때 더 애국자가 되는 것 같습니다. 고속도로를 타고 LA 다운타운을 지날 때, 도산 안창호 선생의 기념 도서관 팻말이 눈에 들어오기라도 하면 왠지 가슴이 뿌듯해지는 우리 모습만 봐도 그렇습니다. 이 캘리포니아에 점점 늘어가고 있는 한국산 자동차들을 보면서 우리 한국인의 기술이 미국을 놀라게 하고 있다는 것을 실감할 때면 더욱 그렇습니다. 선교 여행을 떠날 때마다 공항 곳곳에 설치되어 있는 한국 텔레비전들의 선명함과 화려함에 나도 모르게 발길을 멈춘 적이 한두 번이 아닙니다. 젓가락으로 콩을 집어드는 손기술이 지금 세계의 시장에서 한국의 위상을 높이고 있습니다. 인도네시아로 수출된 초음속 비행기뿐 아니라, 오대양 육대주를 달리고 있는 세계의 대부분의 선박들이 정교한 우리 한국인의 손 끝에서 만들어진 것들입니다. 이런 일들 앞에 내가 대한민국의 한 사람이라는 것이 얼마나 자랑스러운지 모릅니다.

지금 세계의 젊은이들은 한국의 드라마와 대중가요에 열광하고 있습니다. 아시아 대부분 나라의 안방에서 한국 드라마가 방영되고 있고, 수만 명의 젊은이들이 한국어와 문화를 배우기 위해 한국을 찾는다고 합니다. 유럽과 남미에서는 한국 가수들의 노래와 춤과 의상을 따라하기 위한 열기가 식을 줄 모르고 있습니다. 이런 현상들을 보고 들을 때마다 우리의 가슴이 벅차오르는 것 역시 나라에 대한 자긍심 때문인 것 같습니다.

한국인의 근성과 열심이 어디 이뿐이겠습니까? 이번 남아프리카 공화국 더반에서 한국은 또 하나의 승전보를 올렸습니다. 2번의 실패 끝에 3번째만에 동계올림픽 유치를 이루어낸 한국, 그야말로 세계를 놀라게 한 위대한 승리였습니다. 5천년 역사 가운데 수없이 많은 외세의 침략과 수탈 앞에 기지개 한 번 펴보지 못했던 우리 민족이 당당히 선진국과의 경쟁에서 이겼습니다. 참으로 가슴 뿌듯한 일입니다.

이 시점에서, 한 가지 생각해 보고 싶은 것이 있습니다. 최근 30년 간 우리 민족에게 이 번영과 경제적인 풍요, 군사적인 강대함이 주어진 이유가 무엇일까요? 우리 민족만이 가지고 있는 근면성과 열심 때문이라고 설명하기에는 어딘가 조금 부족함이 있는 것 같습니다. 얼마 전에 G20 정상 회담에서 우리 대한민국의 이명박 대통령이 이런 언급을 했습니다. "과거 원조를 받던 나라에서 원조하는 나라로 바뀐 나라는 우리 대한민국뿐입니다." 정확한 통찰력입니다. 왜 한국만이 원조받는 나라에서 원조하는 나라가 된 것일까요?

우리 그리스도인들만큼은 그 이유를 알고 있습니다. 바로 하나님께서 우리 민족을 120년 전 복음을 받던 나라에서 복음을 전하는 나라가 되게 하신 것과 똑같은 이유이기 때문입니다. 조용한 동방의 나라, 하얀 옷을 즐겨 입는 순박한 나라, 그러나 여인들과 아이들과 서민들이 불평등과 착취에 허덕이던 나라, 미신과 질병 때문에 어느 외국인도 들어오려 하지 않던 이 나라에 하나님은 전 세계 젊은 선교사들의 마음을 움직이셔서 조선 땅에 들어오게 하셨습니다. 저들은 질병과 배고픔과 혹독한 문화적 충격과 싸워야 했습니다. 그것은 오직 한 가지를 심어주기 위함이었습니다. 바로 하나님의 사랑입니다. 하나님께서 인간을 어떻게 사랑하시는지, 그 사랑을 위하여 하나님이 치르신 댓가와 희생이 무엇이었는지를 저들은 삶을 통하여, 섬김을 통하여 보여주었습니다. 선교사들이 보여주고자 했던 하나님의 사랑이 과연 어떤 사랑입니까? 바로 십자가의 사랑입니다. 우리를 살리시기 위해 자신의 아들을 대신 죽이신 사랑입니다. 이 십자가의 사랑은 하나님과 인간을 화해시키는 사랑이었으며, 인간과 인간을 하나 되게 하는 사랑이었습니다. 그리하여 이 사랑은 천민과 여자와 어린 아이들을 차별과 불평등으로부터 우리 민족을 해방시켰고, 질병과 무식과 탄식으로부터 우리 백성을 구해 내었습니다. 이 사랑이 우리 가정에 기쁨을 가져다 주었고, 민족의 아픔과 상처를 싸매어 주었습니다. 지금 우리가 누리고 있는 이 풍요와 번영은 바로 하나님의 우리 민족을 향하신 사랑 때문입니다.

하나님은 이 사랑이 다시금 온 세계로 전달되기를 원하고 계십니다. 아프리카와 남미와 유럽과 아시아와 북한에 이 사랑을 전하여 저들의 아픔과 탄식이 다시금 회복과 기쁨으로 변하기를 원하고 계십니다. 이것이 우리가 선교를 해야 하는 이유입니다. 하나님의 사랑이 심기는 곳에는 회복이 있고 하나됨이 있습니다. 풍성한 하늘의 축복이 시작됩니다.

2천년 전 사도 바울은 에베소 교회 안에도 이 같은 일이 일어날 것을 간절히 소망하고 있었습니다. 간절한 기도와 눈물의 헌신으로 세워진 교회가 시간이 지나면서 이상한 기류가 발생하고 있었습니다. 바로 교회 안에 있는 유대인과 이방인들의 갈등이었습니다. 이들은 전혀 다른 생활 양식, 사고 방식, 전통, 종교적인 배경을 지니고 있었습니다. 이 중에 가장 심각한 갈등은 할례 문제였습니다. 유대인들은 이방인들을 향하여 "예수를 믿는다면 할례를 받아야 한다"고 주장했습니다. 또 이방인들은 "할례보다 더 중요한 것이 믿음인데 왜 자꾸 그런 것을 요구하느냐?"면서 계속 갈등했습니다. 이런 갈등의 현장을 바라보면서 사도 바울의 마음은 참으로 안타까웠습니다. 주 예수 그리스도께서 우리에게 구원을 주시고 교회를 세우신 이유와 목적이 무엇입니까? 하나됨입니다. 그러나 정작 구원 받아 교회를 이루고 있는 성도들끼리 지금 화해하지 못하고 하나 되지 못하고 있는 것입니다. 그래서 안타까운 심정으로 4:1에서 이렇게 선언합니다.

"그러므로 주 안에서 갇힌 내가 너희를 권하노니 너희가 부르심을 입은 부름에 합당하게 행하여"

부르심을 입었다는 것은 바로 우리를 세상으로부터 불러내어 구원의 자리에 앉혀 주신 것을 말합니다. 그리고 부름에 합당하게 행하라는 것은, 우리를 불러내어 구원 받게 하신 그 목적대로 살라는 것입니다. 그 목적이 무엇입니까? 예, 하나됨입니다. 피를 나눈 한 가족처럼 살라는 것입니다. 왜 우리가 피를 나눈 한 가족인지에 대하여는 이미 우리가 에베소서 1장부터 3장까지 살펴본 바 있습니다. 4장부터는 그 하나됨을 위해 구체적으로 어떻게 해야 하는지를 가르쳐 주고 있습니다. 바로 하나 되게 하신 하나님의 사랑을 실천하는 것입니다. 하나님의 사랑은 그냥 추상적인 사랑이 아닙니다. 구체적으로 행동하는 사랑입니다. 그 행동하는 사랑을 위해 바울은 다음의 3가지 능력을 갖추어야 한다고 말씀합니다.

땅이 되는 교회

먼저, 겸손의 능력입니다. "부름에 합당하게 행하여 모든 겸손과"라고 말했습니다. 가장 중요한 것이 겸손입니다. 이 말씀이 쓰여진 당시의 사고방식으로는 겸손이란 종이나 노예가 가져야 할 덕목이라 생각했습니다. 주인이나 지배자들은 겸손할 필요가 없다고 생각했습니다. 종을 부려야 하는데 겸손하면 부릴 수 없기에 합당치 않다고 생각했습니다.

그러나 그리스도인들에게 있어서 하나 되기 위해 필요한 첫 번째 덕목은 다름아닌 바로 이 겸손입니다. 겸손을 뜻하는 영어 단어 humility는 라틴어 후무스(humus)에서 나왔습니다. 후무스는 바로 땅, 흙이란 뜻입니다. 겸손이란 땅이 되는 것입니다. 사람들이 발로 밟는 곳이 땅입니다. 땅은 사람들에게 쉼을 주고 생명을 줍니다. 모든 생명과 만물의 뿌리가 바로 땅 속에 있습니다. 이 땅은 모든 것을 흡수할 뿐 아니라 물과 양식을 만들어 내기도 합니다.

한 가지 더 놀라운 것이 있습니다. 인간이 바로 이 땅의 흙에서 만들어졌다는 사실입니다. 인간을 뜻하는 human이란 단어 역시 라틴어 후무스에서 나왔습니다. 즉, 겸손한 인간이란 바로 땅이 되는 것입니다. 남들이 밟을 때 밟히는 것입니다. 역설적이게도, 겸손한 그 사람으로 인해 생명이 일어나고 그 사람에게서 사람들은 쉼을 얻습니다. 그 사람에게만 가면 모든 것이 품어집니다. 분열과 아픔과 갈등이 있다가도 그 겸손한 사람 하나 때문에 화해가 이루어지고 평화가 시작됩니다. 이것이 바로 겸손의 능력입니다.

이 겸손의 능력을 우리 주님이 보여주셨습니다. 우리 주님은 땅이 되셨습니다. 모든 이에게 짓밟히는 그런 자리까지 내려가셨습니다. 주님은 그런 모든 이에게 생명을 주셨으며, 모든 아픔과 고난과 절망과 실패와 좌절의 인생들을 품어 새로운 회복과 소망과 기쁨으로 되돌려 주셨습니다. 사람들이 예수님에게만 가면 진정한 쉼을 얻습니다. 예수의 이 사랑이 선포되는 곳에 새로운 회복이 시작됩니다.

교회를 다니지 않는 한 분을 교회 밖에서 우연히 만나 대화를 한 적이 있습니다. "교회를 다닌다면 어떤 교회를 다니고 싶으십니까?" 하고 물었습니다. 이때 그분은 "푸근한 교회를 다니고 싶습니다"라고 대답하셨습니다.

이 대답을 들으면서 저는 얼른 우리 교회를 한 번 생각해 보았습니다. 새 교인이 우리 교회에 처음 나와 느끼는 첫 인상은 어떤 것일까? 과연 우리의 교회는 푸근한 교회인가? 푸근함이 무엇입니까? 바로 땅이 되어주는 교인들이 있는 교회가 아닐까요? 내가 저 사람의 땅이 되어주고 생명이 되어주고, 쉼이 되어주고 저 사람을 품어줄 수 있을 때 우리는 땅이 되는 것입니다. 우리 모두가 땅이 될 때, 남을 나보다 낫게 여기고 서로 섬기는 영이 우리의 마음을 지배하게 됩니다. 이때 교회는 틀림없이 하나로 나아갈 수 있습니다. 땅이 되어 의견을 말하는 자는 결코 상대방을 화나게 하거나 상처를 주지 않습니다. 오히려 상대를 변화시킵니다.

저는 언젠가 커피브레이크 컨퍼런스에서 말씀을 전하신 목사님의 간증을 잊을 수 없습니다. 바로 김요석 목사님께서 음성 나환자 촌에서 경험하셨던 목회의 한 일화였습니다.

마을에 양씨라는 사람이 교회에 처음 나온지 얼마 되지 않아, 화가 난 얼굴로 목사님을 찾아왔습니다.

"목사님 이렇게 분한 일이 있습니까? 아니 우리집 돼지 다섯 마리가 옆집 울타리를 넘어 채소밭에 들어가 채소를 다 먹어 치웠다고 손해배상을 하라고 합니다"

"당연히 해야지요?"

"그래서 손해배상을 하려는데, 옆집 인간이 말도 안되는 요구를 하지 뭡니까?"

"그게 뭔데요?"

"아 돼지 다섯마리를 다 달라고 하는 겁니다. 이게 말이 됩니까? 목사님이 상황에서 어떻게 하면 좋을까요?"

목사가 제일 곤란할 때가 이런 질문을 받을 때입니다. 그런 곤란한 문제는 목사에게 묻지 말고 알아서 하면 좋겠건만, 그래도 그 나환자 성도는 초신자였으나, 신앙적인 해결을 하고자 했던 순순한 마음이 있었던 것 같습니다. 이때 김요석 목사님이 이렇게 대답을 하셨습니다.

"형제님, 이 일 앞에 형제님이 마구 화내고 흥분하면 동네 사람들이 '예수 믿는 사람들은 다 저러는구나……' 할 것입니다. 그러니 손해를 보더라도 다 주세요. 하나님이 갚아 주실 것입니다……"

목사님의 이 말에 양씨라는 사람이 실망한 기색이 역력했습니다. 좀 화끈한 해법을 기대했는데, 목사님이 다 주라니…… 그래도 그는 목사님의 말씀이니 순종하기로 했습니다. 진짜 돼지 5마리를 다 줘 버렸습니다.

그 해 여름이 지나고 가을이 되었을 때, 그 양씨가 다시 목사님을 찾아 왔습니다. 그런데 이번에는 얼굴에 미소가 가득찬 얼굴이었습니다. 그러면서 이렇게 말합니다.

"목사님 오늘 아침에 엄청난 일이 벌어졌습니다. 바로 옆집의 황소 7마리가 우리집 채소밭에 들어와 채소를 다 뜯어 먹어 버렸습니다."

이런 양씨에게 목사님은 또 다시 양씨가 원하지 않는 조언을 해야 했습니다.

"형제님! 형제님은 예수 믿는 사람입니다. 악으로 악을 갚지 마십시오. 앙갚음하는 마음을 갖지 마시고 옆집 사람을 용서해 주십시오. 7마리 황소는 돌려주는 것이 옳습니다. 하나님의 뜻에 순종하면 하나님은 더 많은 것을 갚아 주십니다."

양씨는 이 말을 듣고 올 때와는 달리 맥빠진 모습으로 돌아갔습니다. 그런데 이틀 후, 이 양씨가 목사님에게 신 나서 다시 찾아왔습니다.

"목사님 말씀이 맞았습니다. 하나님은 하나님의 뜻에 순종하는 자에게 더 많은 것으로 갚아주시는 분이십니다. 목사님 말대로 그 황소 7마리를 돌려 주었더니, 그 옆집 사람이 오후에 돼지 아흔 마리를 가지고 찾아왔지 뭡니까. 그러면서 '이 돼지 전부 자네걸세, 내가 자네 때문에 지난 밤에 한숨도 못잤어. 지난번 일로 화가났을 텐데, 왜 황소 7마리를 달라고 하지 않는지. 그것 때문에 머리가 빠개지는 것 같았어……' 하면서 돼지 다섯 마리가 한 번에 열 여덟 마리씩 새끼 낳은 것을 모두 가지고 온 것입니다."

그 동안 돼지를 길러주고 먹여주고 새끼까지 낳아 줘서 도로 가지고 온 것이니 얼마나 놀랍겠습니까? 이후에 그 마을에 이런 소문이 퍼졌습니다.

"예수는 양씨처럼 믿어야 돼."

척박한 그 음성 나환자촌 마을에서 양씨가 보여준 양보와 희생은 땅이 되는 섬김이었습니다. 한 사람 양씨의 '땅이 되는 섬김'으로 그 마을은 비로소 그리스도의 사랑이 무엇인지를 경험할 수 있게 되었습니다. 한 사람의 '땅이 되는 섬김'이 시작될 때, 세상에 그리스도의 사랑을 보여주는 복음의 능력이 일어날 것입니다. 교회 안에 땅이 되는 한 사람이 있을 때, 그 교회는 사랑의 공동체를 시작할 것입니다. 가정 안에 땅이 되는 한 사람이 있을 때, 그 가정은 새로운 회복을 경험할 것입니다.

온유의 반대말은 무절제

다음으로, 하나 되게 하는 사랑을 위해 가져야 할 것은 온유의 능력입니다. 사도 바울은 "너희가 부르심을 입은 부름에 합당하게 행하여 모든 겸손과 온유로 하고……"라고 말씀하고 있습니다.

온유란 잘 절제된 부드러움입니다. 굉장한 힘이 잘 조절되어 나타나는 상태를 말합니다. 예를 들어 야생마를 생포하여 오랜 훈련을 통해 길들인 다음에 경주마나 군마로 사용하는 경우, 그 말은 굉장한 힘을 가지고 있지만 오직 경주와 군대의 전쟁을 위해서 힘을 사용합니다. 이처럼 다듬어지지 않은 힘이 잘 다듬어져서 귀한 일에 사용될 때, 그것을 가리켜 온유해졌다고 합니다. 그런 의미에서 온유는 나약함이나 무기력함이 아닙니다. 온유는 조절된 힘을 말합니다. 힘은 있으나 함부로 사용하지 않는 극도로 절제되고 조절된 사람을 가리켜 온유하다고 말합니다.

같은 맥락에서 반대로 '온유하지 못하다'는 '다듬어지지 않아서 제멋대로 행동하는 것'을 말합니다. '온유'의 반대말을 국어사전에서 찾아보면, '자기 주장을 내세워서 반드시 관철시키려는 태도, 함부로 말하는 거친 태도, 무정하고 가혹한 태도'라고 풀이되어 있습니다. 온유함의 능력을 소유하지 못한 자가 있는 곳에 늘 나타나는 대표적인 현상이 있습니다. 목소리가 크다는 것입니다.

수년 전에 한국을 방문했을 때, 길거리에서 차 사고가 난 당사자들이 자동차를 세워놓고 서로 싸우는 광경을 본 적이 있습니다. 분명히 뒤에서 받은 사람이 잘못한 것 같은데, 오히려 더 소리를 지르고 있었습니다. 나중에 누가 그러더라고요. 한국에서는 소리가 커야 이긴다고……. 그러나 능력은 온유함에서 나옵니다. 온유한 자는 소리가 작아도 힘이 있습니다. 큰 소리로 이루지 못한 일을 온유한 자는 작은 소리로도 이루어 냅니다. 이 온유함은 성령의 인도하심을 붙드는 자에게 시작됩니다. 우리 인간의 본성으로는 이 온유함의 능력을 발휘할 수 없습니다. 그러나 성령의 사람은 할 수 있습니다. 화가 나서 싸우다가도 성령의 사람의 얼굴을 보면 그냥 잠잠해집니다. 성령으로 무장된 온유한 사람이 개입하면 싸움이 그치고, 갈등이 해소되며 분열과 아픔이 봉합됩니다. 성격이 잘 조절되지 않으십니까? 성령을 붙드십시오. 성령께서 여러분을 온유케 하십니다. 하루가 멀다하고 집에서 부부 간에 큰소리가 나십니까? 성령을 붙드십시오. 온유함의 능력을 주실 것입니다. 교회에서 회의할 때, 나도 모르게 소리가 커지십니까? 성령을 붙드십시오. 온유의 능력을 주실 것입니다. 온유의 능력을 가진 사람은 자신의 방법을 쓰거나 서두르지 않습니다. 그냥 온유하게 기다립니다. 하나님이 알고 계신다는 것을 믿기 때문입니다. 사람이 하는 것이 아니라 성령님이 하심을 믿는 자에게는 온유의 능력이 그 가정을, 그 일터를, 그리고 우리의 교회를 하나 되게 하실 것입니다.

오래 참음, 우리를 대하시는 하나님의 방식

마지막 능력은 '오래참음'입니다. 2절 후반절에 사도 바울은 이렇게 말씀합니다.

"오래 참음으로 사랑 가운데서 서로 용납하고"

오래 참는다는 것은 상대방의 잘못된 행동에 대해 즉각적인 반응을 보이지 않고 기다리며 참는 것입니다. 오래 참음은 인간을 대하시는 하나님의 방식이셨습니다. 만약 인간의 죄악과 허물에 대해 하나님이 즉각적인 반응을 보이셨다면 이 땅에 살아남아 있을 사람은 아무도 없습니다. 그러나 하나님은 우리를 포기하지 않으시고 기다려 주셨습니다.

교회에서 가장 필요한 것이 무엇입니까? 속전속결이 아닙니다. 속전속결로 하면 깨집니다. 서로 오래 참고 기다려 주어야 합니다. 실수해도 참아주고 또 참아주고, 그 사람이 하나님의 법을 깨달을 때까지 참아주고 기다려주어야 합니다. 이것이 교회가 할 일입니다. 아직도 아닌 것 같은 우리 동산의 그 사람을 포기하지 않는 것입니다. 그렇게도 말 안듣는 남편을 포기하지 않는 것입니다. 내 가슴에 못을 박은 자식을 포기하지 않는 것입니다. 나에게 손해를 끼치고 아픔을 준 그 사람을 참고 기다려 주는 것입니다. 왜 포기하지 않아야 합니까? 그가 하나님의 자녀인 한, 하나님은 그를 위해 세워 놓으신 인생의 꿈과 목표를 이루어 내고야 마시기 때문입니다.

세계에서 제일 높은 산은 해발 8,848 미터의 에베레스트 산입니다. 우리 나라 사람으로서는 산악인 허영호 씨가 1987년 12월 22일에 최초로 등정에 성공했습니다. 그가 에베레스트 정상을 정복한 뒤에 쓴 글에 아주 감명적인 대목이 있습니다. 그가 8,700미터 지점에 도달하였을 때, 아직 남은 거리는 148미터, 전 구간이 깎아지른 얼음절벽이기에, 앞으로 얼마나 많은 시간이 소요될 것인지, 과연 살아서 정상정복에 성공할 수 있을 것인지 가늠조차 할 수 없었다고 합니다. 마침 8,700미터 지점은 밖으로 돌출되어 있어 휴식을 취하기 안성맞춤이었습니다. 이때 함께 휴식을 취하던 짐꾼 앙리타가 느닷없이 이런 말을 했습니다.

"공연히 목숨 걸고 정상까지 올라갈 필요 없이, 그냥 여기서 사진만 찍고 내려갑시다."

돌출된 그 지점에서 하늘을 배경으로 사진을 찍으면 에베레스트 정상에 서 있는 것과 똑같다는 말이었습니다. 그리고 그가 한 마디를 덧붙였습니다. 그동안 자기가 짐을 날라 주었던 산악인들도 실은 다 여기에서 사진만 찍고 곧장 내려갔다는 것입니다.

그 때, 허영호씨가 그 앙리타의 제안을 받아들였다고 가정해 보겠습니다. 남은 148미터의 구간을 포기하고 그냥 그 지점에서 태극기를 꽂고 그 뒤에서 양팔을 치켜든 채 기념 촬영을 한 뒤 산을 내려왔다고 해 보겠습니다. 그는 그 사진 한 장만으로도 마치 자신이 에베레스트 정상을 정복한 것처럼 얼마든지 사람들을 속일 수 있었을 것입니다. 그 사진 내용의 진위여부를 확인해 볼 수 있는 사람이 아무도 없기 때문입니다. 그러나 허영호씨는 앙리타의 제의를 일언지하에 거절하였습니다. 왜냐하면 그의 마음 속에는 8,700미터 지점이 아니라, 8,848미터의 에베레스트 정상이 담겨 있었기 때문입니다. 그는 이미 자신의 가슴으로 성취해야 할 목표를 분명히 보고 있었습니다. 올라가야 할 목표가 있는 자는 지금 힘들어도, 감히 엄두가 안나는 상황에서도 그 목표를 위해 끝까지 포기하지 않고 나아갑니다.

사랑하는 성도 여러분, 여러분의 인생의 길에 무엇이 여러분을 가로막고 있습니까? 끝없이 펼쳐있는 얼음 절벽입니까? 넘어도 넘어도 계속 이어지는 험산 준령들입니까? 그렇게도 믿고 기다렸는데, 그 사람으로부터 돌아오는 것은 차가운 냉소와 무관심뿐입니까? 그렇게 금식하며 부르짖으며 회복되기를 원했는데, 회복은커녕 그 일로 내 아픔과 상처만 더 깊어져 가고 있습니까?

그러나 그 모든 상황 앞에 포기하지 않고 끝까지 참고 가야 할 이유가 있습니다. 그것은 하나님께서 그들과 여러분의 관계를 통해서 이루시고자 하는 하나님의 계획과 목표가 있으시기 때문입니다. 하나님은 여러분의 자녀를 향한 목표를 분명히 가지고 계십니다. 지금은 조금 부족해도 포기하지 말고 인내하며 참아 보십시오. 그 자녀를 통해 하나님은 여러분의 인생에 새로운 기쁨과 소망을 주실 것입니다.

하나님은 여러분의 남편을 향한, 아내를 향한 목표가 있으십니다. 조금 성격이 안 맞는다고 내 스타일이 아니라고, 나와는 가치관이 다르다고 포기하지 마십시오. 여러분의 남편을 통해, 여러분의 아내를 통해 하나님은 여러분의 가정 속에 이루시고자 하는 분명한 계획을 이루어내실 것입니다. 끊임없이 베풀어도 늘 받기만을 원하는 이웃이 있습니까? 그를 포기하지 마십시오. 우리 주님은 그런 바디메오를 참고 기다리셔서 초대교회 복음 전파자가 되게 하셨습니다. 여러분의 호의를 악용하여 여러분의 가슴에 못 질을 한 사람이 있습니까? 우리 주님이 그런 베드로를 참고 기다리셔서 초대교회의 위대한 사도로 만드셨습니다.

믿음의 눈으로 그들을 기다리십시오. 소망의 눈으로 저들을 끝까지 참고 인내하십시오. 하나님의 놀라우신 역사가 저들의 인생을 통해 성취됨을 보실 것입니다.

삶 속으로

- '땅이 되어주는 교우들', '땅이 되는 교회'를 오늘부터 실천하자고 했을 때, 염려로 떠오르는 것들은 무엇 무엇입니까? 경제적으로 손실이 크게 될까봐 두렵습니까? 한없이 남의 일에 엮이게 될까봐 짜증이 나려 합니까? 뚜렷한 이유 없이 무시당하는 것이 분하십니까? 이것이 과연 하나 되는 길인지…… 회의마저 드십니까?
- 겸손과 온유, 오래참음을 실천하다가 상처받고 스트레스 받는 것들을 어떻게 해결해야 할까요? 다시 패배자가 되어 자신의 동굴로 들어가시겠습니까?
- 정기적으로 기도회에 나와 주님께 억울한 심정을 토로함으로 치유받는 기적을 체험해 보는 것은 어떻습니까?

7 우리 각 사람에게 그리스도의 선물의 분량대로 은혜를 주셨나니 8 그러므로 이르
기를 그가 위로 올라가실 때에 사로잡힌 자를 사로잡고 사람들에게 선물을 주셨다
하였도다 9 올라가셨다 하였은즉 땅 아랫곳으로 내리셨던 것이 아니면 무엇이냐 10
내리셨던 그가 곧 모든 하늘 위에 오르신 자니 이는 만물을 충만케 하려 하심이니라
11 그가 혹은 사도로, 혹은 선지자로, 혹은 복음 전하는 자로, 혹은 목사와 교사로
주셨으니 12 이는 성도를 온전케 하며 봉사의 일을 하게 하며 그리스도의 몸을 세우
려 하심이라

교회를 세우신 목적

그리스도의 몸을 세우려

예수님께서 가이사랴 빌립보 지방에 들어가셨을 때, 제자들에게 이렇게 물으셨습니다. "사람들이 나를 누구라 하느냐?"

제자들이 "사람들은 예수님을 세례 요한, 엘리야, 예레미야나 선지자 중 한 사람이라고 합니다"라고 대답을 했습니다.

이때 주님이 다시 물으셨습니다. "너희는 나를 누구라 하느냐?"

실은 주님의 의도는 이 두 번째 질문에 있으셨습니다. 다른 사람들이 이야기하는 것 말고 정작 나는 예수님을 누구라고 생각하는가가 중요하기 때문이지요. 이 질문을 하셨을 때, 제자들이 즉시 대답을 못한 것 같습니다. 마태복음 16장에 보면, 제자들이 한 대답이 나오지 않습니다. 이때 베드로가 대답을 합니다.

"주는 그리스도시요 살아계신 하나님의 아들이시니이다"

이 대답에 주님은 무척 기뻐하셨습니다. 주님이 원하시는 정확한 대답을 하였기 때문입니다. 그래서 주님은 베드로를 향해 이렇게 칭찬하셨습니다.

"바요나 시몬아 네가 복이 있도다 이를 네게 알게 한 이는 혈육이 아니요 하늘에 계신 내 아버지니라 또 내가 네게 이르노니 너는 베드로라 내가 이 반석 위에 내 교회를 세우리니 음부의 권세가 이기지 못하리라"

주님은 이 칭찬에서 '교회'라는 말을 처음 사용하셨습니다. 주님의 이 말씀은 천주교에서 해석하는 것처럼 베드로 위에 교회를 세우시겠다는 뜻이 아니라, 베드로가 한 고백과 같이 예수를 그리스도로, 하나님의 아들로 받아들이는 신앙의 고백 위에 교회를 세우시겠다는 것입니다. 그러면 교회가 과연 무엇을 의미하는 것이기에 주님은 이 고백 위에 교회를 세우시겠다고 하신 것일까요?

여기서 교회를 뜻하는 헬라어 '에클레시아(ἐκκλησία)'는 '—로부터 불러내었다'는 뜻을 가지고 있습니다. 즉, 교회란 세상으로부터 불러내어 하나님의 거룩한 공동체의 자리에 모인 무리들을 가리킵니다. 세상으로부터 불러냄을 받아 하나님의 공동체의 자리에 모이기 위해서는 한 사람의 예외도 없이 동일하게 모두가 통과해야 하는 절차 하나가 있습니다. 바로 예수를 자신의 구세주로 받아들이는 믿음의 고백을 해야 합니다. 이것을 우리는 '예수 믿는다', 혹은 '구원받는다' 라고 표현하고 있습니다. 즉, 예수를 자신의 구세주로 받아들이는 이 믿음의 고백과 결단이 있는 자는 하나님의 공동체 안으로 들어올 수 있게 됩니다. 그러므로 교회는 천주교에서 말하듯이 베드로 위에 세워지는 것이 아니라, 베드로와 같은 믿음의 고백을 한 무리들이 모여 있는 곳에 세워지는 것입니다.

그런 의미에서 오늘 이 자리에 모이신 여러분들은 주 예수 그리스도를 여러분의 구세주로 받아들이시고 그분만을 여러분의 인생의 유일한 주인으로 모신 분들이라 믿습니다. 그렇다면 여러분은 분명 구원받은 성도요, 여러분들이 모여 있는 이곳이 교회입니다. 우리가 지금 예배를 드리고 있는 이 건물은 교회가 아니라 예배당일 뿐입니다. 교회는 바로 성도 한 사람, 한 사람이 모여 있는 공동체를 말합니다.

오늘 본문에 의하면 사도 바울은 이 믿음의 공동체로서의 교회를 위해 주님께서 다음과 같은 직분자를 세우셨다고 말씀합니다. 에베소서 4:11을 함께 보시겠습니다.

"그가 혹은 사도로, 혹은 선지자로, 혹은 복음 전하는 자로 혹은 목사와 교사로 주셨으니"

여기서 '사도'란 그리스도의 부활을 목격한 자로서, 그리스도의 죽으심과 부활을 증언하고 교회의 기초를 놓는 사역을 하는 사람들을 말합니다. 이 사도에는 그래서 12사도와 바울이 해당됩니다. 지금은 이런 사도가 더 이상 없습니다. '선지자'란 하나님의 계시를 전달하여 성도들을 권면하고 격려하는 특별한 임무를 맡았던 신약 시대의 선지자들을 말합니다. 이런 선지자 역시 당시 초대교회에서만 있었던 직분으로 지금은 더 이상 없습니다. '복음 전하는 자'란 신약의 빌립과 같은 사람으로 복음이 전해지지 않은 지역을 방문하여 복음을 전하는 일종의 순회 사역자를 말합니다. 지금 그런 역할을 하는 분들을 군이 들라면 아마 선교사들이라 할 수 있겠습니다. 마지막에 언급한 '목사'와 '교사'는 목사이면서 동시에 교사의 역할을 감당할 수 있는 한 사람을 말합니다. 다시 번역한다면 '목사인 교사'라 할 수 있습니다. 이 직분은 지금의 목사를 말하는 것으로 초대교회 이후 지금까지 이어져 내려오고 있습니다. 주님께서 이들을 통해 이루시고자 하는 교회의 목적에는 3가지가 있었습니다.

훈련으로만 가능한 것

먼저, 성도를 온전케 하는 것입니다. 이것을 사도 바울은 12절에서 이렇게 말씀합니다.

"이는 성도를 온전케 하며 봉사의 일을 하게 하며 그리스도의 몸을 세우려 하심이라"

여기서 '온전케 하다'를 뜻하는 헬라어 '카타르티스모스(καταρτισμός)'는 의학 용어로 어긋난 뼈를 바르게 한다는 뜻을 가지고 있습니다. 부서지고 어긋난 뼈를 다시 모아 맞추는 것처럼, 성도를 온전케 하기 위해 목사를 교회에 세우셨다는 것입니다. 이것이 목사인 제가 여러분을 위해 존재하는 이유이기도 합니다. 목사는 성도를 온전케 하기 위해 세움을 받은 영적인 코치와 같은 사람입니다.

동부에서 사역을 할 때 이 구절을 설교한 적이 있었습니다. 그 설교가 끝나자 한 집사님이 찾아오셔서 이런 말을 했습니다. "제 신앙생활 30년 동안 이 본문을 그렇게도 많이 읽었는데 그런 뜻을 가지고 있는지 미처 몰랐습니다. 목사님! 그동안 저는 신앙 생활이 주일 예배에 한 번 나와 목사님 설교만 듣고 가면 된다고 생각했던 사람입니다. 그런데 이 구절을 통해 신앙 생활이란 예배 뿐 아니라 훈련을 받아야 한다는 것을 알게 되었습니다." 그날로 이분은 교회가 진행하고 있는 제자 훈련에 들어오기로 결단을 하셨습니다. 실은 우리 가운데 그 집사님처럼 생각하시는 분이 의외로 많습니다. 그러나 신앙 생활은 일주일에 한 번 예배드리는 것으로 다 되는 것이 아닙니다. 예배를 드리는 내가 준비되어야 하고, 예배 드리는 것만큼 삶에서 그대로 살 수 있어야 합니다. 이를 위해서는 말씀의 훈련과 삶의 훈련을 함께 받아야 합니다. 이것이 우리 교회가 제자 훈련을 하는 이유입니다. 제자 훈련은 참으로 힘들고 고된 과정입니다. 목사 입장에서 제일 쉬운 것은 수백 명 앉혀 놓고 그냥 세미나 하거나 성경공부를 하는 것입니다. 그런데 왜 목사가 구태여 작게는 다섯 명에서 많게는 열 명까지 소그룹으로 모아 놓고 함께 성경을 암송하게 하고, 큐티하게 하고, 삶을 나누며 기도하는 시간을 갖는지 아십니까? 훈련은 공부와 다르기 때문입니다.

지식을 원하는 공부는 학교에 가면 됩니다. 그러나 교회는 지식을 주는 곳이 아닙니다. 성경은 지식으로 끝나면 능력이 되지 못합니다. 교회는 능력 있는 성도, 온전한 성도를 만드는 곳입니다. 배운 성경의 지식은 삶에서 구체적으로 배어 나와야 합니다. 이것은 오직 훈련으로만 가능합니다. 한 가지 질문을 하겠습니다.

"사람은 가르쳐서 배웁니까? 아니면 보고 배웁니까?"

이것이 현대 교육학자들의 가장 핵심되는 질문이기도 합니다.

오래전에 존경하는 목사님께서 설교에서 이런 간증을 하신 적이 있었습니다. 사랑하는 가족과 함께 예배를 드리는데, 마침 마태복음 23장을 묵상할 차례가 되었습니다. 외식하는 서기관들과 바리새인들에 대하여 예수님이 책망하시는 장면에 대하여 목사님이 어린 아이들에게 외식을 쉽게 설명하기 위해 이런 예를 들었습니다.

"만일에 어떤 사람이 몸에 더러운 냄새가 난다면 어떻게 해야 하지?"

"당연히 씻어야지요"

"그래 만일 그 사람이 몸을 씻지 않고 그 위에 새 옷을 입는다면 그 사람의 냄새가 지워지겠니?"

"아니요 그대로 있어요"

"그래 맞았어. 새 옷을 입기 전에 반드시 몸을 먼저 씻지 않으면 냄새가 그대로 남는 것처럼, 우리의 마음 속에 더러운 죄를 가득 담고서는 겉모습을 아무리 꾸며도 우리의 죄가 가려지는 것이 아니야. 바리새인과 서기관들이 마음 속의 죄는 그대로 두고 항상 겉모습만 신경썼기 때문에 예수님께서 크게 꾸중하신 거란다. 그러니 너희들도 앞으로 항상 마음을 깨끗이 해야 한다. 알겠니?"

아이들이 힘차게 "예"하고 대답을 했습니다.

이제 돌아가면서 기도하는 시간이 되었습니다. 목사님의 사모님이 먼저 외식하지 않는 삶을 위해 간절히 기도를 하셨습니다. 큰 아이도 엄마와 같은 내용의 기도를 드렸습니다. 둘째 아들의 차례가 되자 기도를 이렇게 하는 것이었습니다.

"하나님 우리 아빠가 바쁘셔서 자주는 외식하지 못해도 아빠와 가끔은 외식할 수 있게 해 주세요"

아빠가 아무리 지혜를 다해 설명을 해주어도 그 둘째 아들은 외식을 식당에서 밥먹는 것으로 이해한 것입니다. 그날 그 목사님은 매우 귀중한 교훈을 얻으셨다고 합니다. 설령 그 목사님에게 더 깊은 지혜가 있어 아이들에게 외식의 의미를 정확하게 이해시킬 수 있을 지라도, 아이들에게 외식하지 않는 삶을 스스로 살게 하는 것은 참으로 어려운 것이라는 사실이었습니다. 말씀을 삶으로 사는 것은 가르쳐 주어서 되는 것이 아닙니다. 그 아이가 외식하지 않는 삶을 살기 위해서는 부모가 외식하지 않는 삶을 보여줄 수 있을 때, 그것을 진정으로 깨닫고 배울 수 있습니다. 이것이 어찌 어린아이만의 문제겠습니까? 우리 어른들도 마찬가지입니다. 아무리 교실에서 성경의 지식을 습득해도 그것이 능력이 되지 못하는 이유는 그 성경의 지식이 훈련으로 내 삶에 배어나지 못했기 때문입니다. 이것은 배운 것이 아닙니다. 배움이란 삶에서 실천될 수 있어야 합니다. 이것은 훈련으로만 됩니다. 이 훈련이 이루어질 때 비로소 성도는 그 말씀을 통해 온전해 질 수 있습니다.

디아코니아

다음으로, 주님께서 교회를 세우신 목적은 성도로 하여금 봉사의 일을 하게 하심입니다. 11-12절을 다시 한 번 읽겠습니다.

"그가 혹은 사도로, 혹은 선지자로, 혹은 복음 전하는 자로 혹은 목사와 교사로 주셨으니 이는 성도를 온전케 하며 봉사의 일을 하게 하며"

여기서 봉사를 뜻하는 헬라어가 '디아코니아(διακονία)'입니다. 이 디아코니아가 바로 에베소서 3:7에서 복음의 일꾼을 뜻하는 '디아코노스(διάκονος)'와 같은 뜻을 가진 단어입니다. 디아코니아란 바로 식탁 옆에서 쟁반을 들고 있다가 주인이 원하는 음식을 즉시로 대령하는 식탁 시중을 뜻합니다. 디아코노스는 그 식탁을 뜻합니다. 이것이 바로 복음의 일꾼이 되는 뜻이라 했습니다.

사도 바울은 지금 성도를 훈련시켜 온전케 하는 목적이 바로 이 두 번째 일을 위함이라는 것입니다. 온전케 된 자를 통해 복음의 봉사자가 되게 하기 위함이라는 것입니다. 봉사 중에 가장 중요한 봉사가 영혼을 위해 봉사하는 것, 즉 복음의 일꾼이 되는 것입니다. 이 때문에 초대교회는 늘 서로를 위해 기도해주며 사랑하며 떡을 같이 떼었습니다. 물건을 통용했습니다. 아픈 자를 찾아가 기도해 주었고, 낙심한 자를 찾아가 위로해 주었습니다. 고난이 오면 함께 아파했습니다. 이 모든 것의 목적이 영혼을 구원하는 일에 참여하기 위함이었습니다. 선교는 그래서 가장 가까이 있는 자를 돌보는 것에서부터 시작되어야 합니다.

영혼 구원 따로 있고, 봉사가 따로 있는 것이 아닙니다. 여러분들이 헌금하시는 물질이 교회를 위한 섬김에서 이루어진 것이라면, 그것이 어디에서 쓰여지든 그것은 바로 영혼의 구원을 위한 봉사, 곧 디아코니아입니다. 매주일 아침마다 주일 학교 교사들이 어린 영혼들을 위해 눈물로 기도하며 저들을 위해 애쓰고 섬기는 것이 교회를 위한 것이라면, 바로 영혼 구원을 위한 복음의 일꾼으로 섬기는 봉사 디아코니아입니다. 우리가 교회에서 식당 봉사하는 것도 영혼의 구원을 위해 하는 봉사입니다. 우리가 동산 모임을 통해 서로 기도하며 섬기며 삶을 나누는 것도 영혼의 구원을 위해 하는 봉사입니다.

오래전에 파푸아뉴기니아에서 성경 번역 선교사로 수고하신 안지영 선교사님께서 약 20년 만에 신약 성경을 완역하신 후 미국에 오셔서 선교보고를 하실 때 참으로 흥미로운 이야기를 하나 하셨습니다. 파푸아뉴기니아에 가서 처음 5년 동안 하신 일이 딱 두 가지였는데, 테니스 치는 일과 바둑 두는 일이었다고 합니다. 이분에게는 그럴만한 사정이 있었습니다. 성경번역 선교사의 특성상, 정글에서 그 부족민들의 언어 구조와 문화를 이해하기 위해서 가장 먼저 해야 할 것이 바로 저들과 함께 생활하는 것이었습니다. 저들과 친해지는 것이었습니다. 그래서 저들에게 제일 먼저 테니스를 가르쳐 주고, 바둑을 가르쳐 주었다고 합니다. 그리고 그들과 대화하기 시작했습니다. 동양에서 온 자그마한 사람이 이상한 것을 가지고 와서는 재미있게 자기들과 놀아주니 저들의 마음이 열렸습니다. 이것을 5년을 하고 나니까 저들의 언어가 귀에 들리기 시작했다고 합니다. 이것을 토대로 그 선교사님은 그 지역에서 20년 만에 신약 성경을 번역해 내실 수 있었습니다.

선교사가 선교지에서 선교는 안하고 테니스 치고 바둑만 두었다고 혹시 따지실 분은 안계십니까? 그러나 안지영 선교사님에게 있어서 바둑과 테니스는 영혼의 구원을 위한 봉사였기에 그것은 그 누가 뭐라 해도 선교요 영혼의 구원을 위한 봉사, 즉 디아코니아임에 틀림 없습니다.

제가 최근에 생각을 바꾼 것이 하나 있습니다. 우리 교회 한 선교회 회장님이 몇 달 전에, 선교회 자체 행사로 골프 대회를 한 번 개최하겠다는 의견을 내셨습니다. 이유인즉, 골프가 그 선교회 나이에 속한 사람들에게 전도하기 가장 좋은 도구라는 것이었습니다. 들어 보니, 40대 가장들이 이민자로 살면서 유일하게 즐길 수 있는 스포츠가 골프인데, 이 골프에 임할 때만큼은 모두 마음의 문을 연다는 것입니다. 그 때 제가 처음으로 골프가 전도의 도구가 될 수 있다는 생각을 해 보았습니다. 그 이후에 그런 모임을 적극 후원해 드리기로 했습니다.

그 어떤 것이든, 복음의 진보를 위해서, 영혼을 구원하기 위해 이 세상의 것들을 사용한다면, 그것은 하나님의 나라와 교회를 위한 아주 귀중한 봉사요, 도구가 될 수 있습니다. 목적이 중요합니다. 목적이 바르게 세워지면 우리가 하는 모든 섬김은 바로 영혼의 구원함을 위한 봉사가 됩니다. 골프를 치십시오. 테니스를 치십시오. 여가 활용을 하십시오. 운동을 하십시오. 사람을 만나 차를 마시고, 아픈 자를 찾아가 위로해 주십시오. 다만 그 목적을 분명히 세우십시오. 그것이 영혼의 구원을 위한 봉사인 한, 주님은 그것을 몸된 교회와 복음의 진보를 위한 진정한 봉사, 곧 디아코니아로 여기실 것입니다.

병원에서 훈련소로 탈바꿈하는 교회

마지막으로, 교회를 세우신 목적은 그리스도의 몸을 세우시기 위함입니다. 12절을 다시 보겠습니다.

"이는 성도를 온전케 하며 봉사의 일을 하게 하며 그리스도의 몸을 세우려 하심이라"

사도 바울은 성도가 온전해지고 봉사의 일을 하게 될 때 그리스도의 몸이 세워진다고 말합니다. 그리스도의 몸으로서 교회는 3가지 기능을 제대로 할 수 있어야 합니다. 첫째는 하나님을 향한 예배 공동체로서의 기능입니다. 즉 교회의 최우선 존재 목적이 바로 하나님을 향하여 예배를 드리는 것입니다. 둘째는 세상을 향한 복음을 전하는 선교 공동체로서의 기능입니다. 교회가 세워진 목적이 바로 그리스도의 구원의 역사를 세상에 전하여 복음 앞에 새로운 영혼들이 교회 공동체 안으로 돌아오게 하는 것입니다. 셋째는 교회 자체를 향한 것으로 훈련과 양육을 위한 공동체로서의 기능입니다.

이 부분에 대하여 교회 학자인 로버트 웨버 박사는 《저니 투 지저스(Journey to Jesus)》라는 책에서 "교회의 이 세 요소인 예배(worship)공동체, 선교(evangelism)공동체, 훈련과 양육(nurturing)공동체에 해당하는 첫 글자 N.E.W(W.E.N.의 역순)가 현대 교회를 대표할 수 있는 미션 스테이트먼트다"라고 했습니다. 그래서인지 요즘 교회들 가운데 NEW CHURCH라는 이름을 가진 교회들이 많이 생겨나고 있습니다. 저는 로버트 웨버 박사의 이 책을 통해서 과연 우리 교회는 어떤 교회인가를 생각해 보았습니다. 우리 오렌지카운티 한인 교회에는 이 N.E.W가 있는가? 우리 교회에는 과연 예배와 선교와 훈련이 제대로 이루어지고 있는 교회인가? 실은 이것은 제가 목회를 처음 시작할 때부터 끊임없이 붙잡았던 부분이었습니다.

저에게는 목회를 시작하는 첫 순간부터 놓치지 않고 계속 추구해 온 꿈이 있습니다. 그것은 주일마다 똑같은 예배가 아닌 매주 새로운 예배를 드리는 것입니다. 지난 주에 드린 예배와는 또 다른 마음 자세로 하나님 앞에 나아가는 것입니다. 시간이 지나도 세월이 흘러도 매주 샘솟듯 부어주시는 하나님의 임재의 축복을 누리는 그런 예배를 드리는 것입니다. 사랑하는 교우 여러분들에게도 이런 소망이 동일하게 일어나기를 간절히 바랍니다. 예배를 통해 하나님을 만나고자 하는 간절한 열망이 있는 자에게 하나님은 예배 가운데 임하십니다. 예배를 통해 그의 영혼 속에 부어주시는 신령한 복이 있습니다. 경험한 자는 그것이 무엇인지 압니다. 이 자리에 앉아 계시는 여러분 모두가 예외 없이 이 놀라운 예배의 감격과 기쁨을 누리시기를 축원합니다. 그리하여 예배를 통해 영혼의 회복을 경험하시기 바랍니다. 육체의 치유가 일어나시기 바랍니다. 예배 가운데 가정이 회복되고, 관계가 회복되고, 예배를 통해 삶의 문제가 풀리는 역사가 일어나기를 바랍니다.

저에게는 또 다른 꿈이 있습니다. 바로 온 교회 성도들이 교회 안에서 모두가 건강한 그리스도인들로 자라는 것입니다. 교회가 병원의 역할이 아니라 훈련소의 역할을 할 때, 성도는 더욱 건강해질 수 있습니다. 그래서 훈련받고 준비되어 세상이 감당치 못하는 제자들이 이 땅을 책임지고, 세상을 변화시키는 능력의 그리스도인으로 자라기를 원합니다. 그리하여 여러분의 동산이 제자 훈련의 현장이 되기를 원합니다. 여러분의 가정이 제자 훈련의 현장이 되기를 바랍니다. 여러분의 일터가 제자 훈련의 현장이 되기를 소망합니다.

또한, 저에게 교회를 향한 세 번째 꿈이 있습니다. 우리 교회에 속한 모든 성도들이 한 사람도 빠짐없이 선교의 역사 앞에 헌신하는 것입니다. 아프리카와 아메리카로 가는 것만이 선교가 아닙니다. 여러분의 삶을 선교지 향적으로 드리는 것 또한, 선교에 헌신하는 것입니다. 가정에서 여러분이 선교사로 사시고, 일터에서 선교사로 사시는 것입니다. 교회에서 선교사로서 동산원을 섬기시는 것입니다. 이 선교의 사명을 감당할 때, 하나님은 우리 손에 오렌지카운티의 복음화를 맡기실 것입니다. 이 선교의 사명으로 이 땅을 사는 교회가 될 때, 하나님은 우리에게 북한과 중국과 아프리카와 중동과 남미와 동남아시아를 맡기실 것입니다. 기회가 되시면 멕시코와 과테말라로 달려가십시오. 좀 더 기회가 되신다면, 필리핀과 인도네시아로 가셔서 파송 받은 우리의 선교사님들을 방문하고 위로하며 도와주십시오. 물질이 있는 분들은 물질을 보내시고, 육체의 힘이 있는 분들은 그 현장을 위해 땀을 흘리며 섬기십시오. 육체적으로 갈 수 없는 분들은 이 전에서 선교의 현장을 위해 기도하십시오. 아직도 복음의 문을 열지 못한 곳이 너무도 많습니다. 모슬렘들은 지금 기독교 지역을 역으로 침공하고 있습니다. 모슬렘을 이기고 복음의 문을 여는 여러분의 기도는 복음의 영적 전쟁을 승리로 이끌 것입니다.

올해도 우리 교회 안에 이 놀라운 일들을 시작하신 하나님께서 이 세상 끝날까지 그 놀라운 역사를 우리로 하여금 이어가게 하실 것을 믿습니다. 이 일에 동참하시는 여러분들 되시기를 간절히 축원합니다.

- 병원 역할에 만족하는 교회와 훈련소의 베이스캠프(Basecamp)로서 전진하는 교회는 그 모습이 어떻게 다를까요? 우선, 목사님을 비롯한 교역자들은 어떤 역할을 하게 될까요? 훈련소에도 양호실과 같은 곳이 존재할까요? 병원에서도 훈련받는 사람들이 있을까요?

- 불신자를 위해 기꺼이 시간을 내어 골프를 치면서 시간을 보냈습니다. 그런데, 이 친구가 뒷풀이로 술 한잔 하고 싶다면 어떻게 해야 할까요? 우리는 '골프 디아코니아'로 어디까지 어떻게 그 경계선을 그어야 하겠습니까? 구역 예배 후의 긴 수다는 어디쯤에서 접어야 할까요?

| 에베소서 4:13-16 |

13 우리가 다 하나님의 아들을 믿는 것과 아는 일에 하나가 되어 온전한 사람을 이루어 그리스도의 장성한 분량이 충만한데까지 이르리니 14 이는 우리가 이제부터 어린 아이가 되지 아니하여 사람의 궤술과 간사한 유혹에 빠져 모든 교훈의 풍조에 밀려 요동치 않게 하려 함이라 15 오직 사랑 안에서 참된 것을 하여 범사에 그에게까지 자랄찌라 그는 머리니 곧 그리스도라 16 그에게서 온 몸이 각 마디를 통하여 도움을 입음으로 연락하고 상합하여 각 지체의 분량대로 역사하여 그 몸을 자라게 하며 사랑 안에서 스스로 세우느니라

그리스도의 몸을 세우는 교회

꼭 교회를 다녀야 하나요?

오래전에 전도 폭발 훈련을 할 때, 전도 대상자 한 분을 만나 대화를 나눈 적이 있습니다. 그분은 아주 독특한 생각을 가지고 계신 분이셨습니다. 부인이 교회 한 번 같이 나가자고 그렇게도 권했지만, 그의 마음은 늘 요지부동이었습니다. 이유인즉, 혼자서 성경 읽고 예배드리면 되지 교회까지 갈 필요가 무엇이냐는 것이었습니다. 아마 이 자리에 앉아 계신 성도님들 가운데에도 누군가를 전도하려 했을 때, 이런 비슷한 이야기를 들어본 적이 있으실 것입니다. 이런 말을 하는 부류 중의 하나가 무교회주의자들입니다. 미국에는 패러처치(parachurch) 주장자들이 있습니다. 이런 의견에 여러분은 어떻게 생각하십니까?

꼭 교회를 다녀야만 구원을 얻는 것은 아닙니다. 집에서 혼자 예수 믿어도 얼마든지 구원을 받을 수 있습니다. 꼭 중고등학교를 다녀야만 대학교에 들어갈 수 있는 것은 아니듯이 말이지요. 얼마든지 독학하여 검정고시를 치러도 대학에 들어갈 수 있습니다. 그렇다고 해서 중고등학교를 다니는 일이 필요 없다고 말할 수 없습니다. 불가피하게 독학으로 검정고시를 치를 수는 있지만, 그것이 가장 바람직한 것은 아니라는 것을 사람들은 다 압니다. 왜 그렇습니까? 중고등학교 생활을 하는 것은 좋은 대학을 가고 못 가고를 떠나 아주 중요한 것입니다. 중고등학교 생활을 통해서만 얻을 수 있는 삶의 경험과 인격의 형성과 미래에 대한 꿈들이 있기 때문입니다.

교회도 마찬가지입니다. 꼭 교회를 다녀야만 구원을 얻는 것은 아니지만, 좋은 교회를 만나서 그 교회에서 믿음 생활을 함으로 얻는 신앙적인 유익과 경험, 성도의 본분과 자세는 결코 작은 것이 아닙니다. 그러므로 좋은 학교를 욕심내듯, 신앙인들은 좋은 교회를 욕심내야 합니다. 좋은 교회를 만나 행복한 신앙 생활을 한다는 것은 좋은 배필을 만나 행복한 결혼 생활을 하는 것만큼이나 중요한 일입니다. 교회는 자기 집에서 늘 가까워야 한다고 말씀하는 분들이 있습니다. 그러나 교회는 그런 거리로 결정하는 것이 아니라, 과연 그 교회가 좋은 교회인가로 결정해야 하는 것입니다. 하버드 대학을 다니는 학생이 학교가 집에서 너무 멀다고 집 근처의 학교로 옮기는 일은 좀처럼 없지 않겠습니까?

그렇다면, 어떻게 해야 좋은 교회를 만나 행복한 신앙 생활을 할 수 있는 것입니까? 좋은 교회를 가릴 수 있는 기준이 무엇일까요? 그것은 교회의 목적을 바로 알며 그 목적을 위해 달려가는 교회입니다. 교회의 목적이 무엇입니까? 이 부분에 대하여 우리는 지난 시간에 '주님께서 교회를 세우신 목적 3가지'가 있음을 이미 살펴 보았습니다. 먼저, 예배 공동체입니다. 하나님을 찬양하고 그분만을 경배하는 일이 교회에서 가장 먼저되고 중요한 일입니다. 그 다음은 양육과 훈련공동체 입니다. 교회는 병원이 아니라 훈련의 장소라 했습니다. 왜 교회가 훈련의 현장이 되어야 하는가 하면, 세상으로부터 부름받아 하나님의 백성의 공동체가 된 이유는 다시금 세상을 향해 나아가는 삶을 살게 하시기 위한 하나님의 뜻이기 때문입니다. 이를 위해 성도는 교회 안에서 양육되고 훈련되어야 합니다. 참된 제자로 군사로 훈련되어 세상을 이기며 주도하는 그런 성도로 준비되어야 합니다. 마지막으로 교회는 선교공동체 입니다. 양육되고 훈련된 성도들은 이제 교회에만 머물지 말고 세상을 향해 나아가야 합니다. 나아가되 양 손에 복음과 십자가의 깃발을 들고, 아직도 생명의 능력을 소유하지 못한 사람들에게 참된 생명의 역사, 인생의 의미와 가치, 영원한 소망과 위로를 전해주는 것입니다. Worship(예배) 공동체, Nurture(양육) 공동체, Evangelism(전도 선교) 공동체 이 세 가지가 바로 교회를 교회되게 하는 목적입니다. 사도 바울은 이 교회의 3가지 목적을 위해 성도들이 해야 할 구체적인 결단이 있다고 말하고 있습니다.

머리에서 가슴으로

그것은 바로, 믿는 것과 아는 것이 하나 되어 온전함을 이루는 것입니다. 13절을 함께 살펴 보겠습니다.

"우리가 다 하나님의 아들을 믿는 것과 아는 일에 하나가 되어 온전한 사람을 이루어 그리스도의 장성한 분량이 충만한데까지 이르리니"

'온전한'이란 뜻의 헬라어 '텔레이오스(τέλειος)'를 영어 성경은 성숙함을 뜻하는 muture 라는 단어로 번역하고 있습니다. 이것은 무엇을 뜻하는 것입니까? 온전한 성도가 된다는 것은 바로 성숙한 성도가 되는 것입니다. 그러면 성숙한 성도는 어떤 성도입니까? 믿는 것과 아는 것이 하나인 성도입니다. 어떻게 해야 믿는 것과 아는 것이 하나가 될 수 있습니까?

먼저 내가 무엇을 믿는지를 제대로 알아야 합니다. 우리가 교회 안에서 신앙 생활을 할 때 중요한 것은 내가 무엇을 믿는지를 제대로 아는 것입니다. 우리 기독교는 무조건 믿는 맹목적인 신앙이 아닙니다. 우리 기독교는 믿는 대상이 누구인지를 분명히 알고 믿는 신앙입니다. 우리의 믿음의 유일한 대상은 누구이십니까? 전능하신 하나님이십니다. 이 하나님을 믿는 믿음은 그 하나님이 누구이신지를 제대로 알 때만이 진짜가 됩니다. 하나님을 어떻게 알 수 있습니까? 말씀을 통해서입니다. 하나님은 우리에게 하나님을 알려 주실 때 말씀을 통해 알려 주셨습니다. 그래서 우리는 성경을 읽고, 묵상하며 하나님을 알아가기 위해 노력합니다. 그런데 이 '알아가는 것'이 늘 머리까지는 오는데, 머리에서 가슴으로 내려오지 않는 것이 문제입니다. 어떻게 해야 머리에 있는 하나님에 대한 지식이 우리의 가슴까지 내려올 수 있을까요? 그것은 체험입니다.

아직 한번도 실천해 보지 못한 말씀의 명령을 용기를 내어 실천해 보는 것입니다. 처음에는 두려움이 있습니다. 용기가 필요합니다. 이 실천을 하기 위해서 때로는 끊어야 할 것이 있습니다. 손해를 각오해야 합니다. 이것은 우리의 힘으로 되는 것이 아닙니다. 성령의 능력을 빌어서 하셔야 합니다. 성령의 도움을 요청하시면 그분이 생각지도 못한 결단을 하게 하십니다. 성령의 도우심을 통해 결단이 이루어지는 순간부터 말씀이 나를 사로 잡으시는 경험을 합니다. 그 말씀의 체험을 통해 하나님의 임재의 축복을 경험하게 됩니다. 이 경험이 하나님을 진정으로 이해한 것입니다. 그래서 믿음이 출발이라면, 체험은 결과입니다. 이 두 가지가 같이 가야 우리는 온전한 그리스도인이 될 수 있습니다. 이것이 신앙의 성숙입니다.

어린 시절부터 교회에 다닌 사람들을 모태 신앙인이라고 부릅니다. 모태 신앙의 가장 큰 장점이 신앙에 요동이 없다는 것입니다. 그래서 교회 생활하는 것이 아주 자연스럽습니다. 문화 자체가 교회 문화입니다. 교회에 관계된 모든 것은 다 그대로 받아들이는 수용성이 있습니다. 그런데 이런 모태 신앙인들에게는 치명적인 단점이 하나 있습니다. 평생토록 교회에는 다니지만 하나님을 인격적으로 한 번도 만나보지 못하고 다닐 수 있다는 것입니다. 즉, 하나님에 대한 믿음은 있는데 하나님에 대한 체험이 없는 경우가 많습니다.

제가 그랬습니다. 중고등학교 시절, 저는 교회에서 요구하는 모든 봉사에 참여했습니다. 수련회도 열심히 갔습니다. 그런데 그 모든 것은 저에게 이벤트였을 뿐 하나님을 체험하는 것이 아니었습니다. 그러던 중에 신학교에 가게 되었습니다. 저는 당연히 신학을 해야 하는 줄 알았기 때문입니다. 남들은 신학교에 가기 위해서 몇 년씩 고민하고 안가려고 버티다가할 수 없이 집 팔고, 재산 처분하고, 건강까지 잃은 후에야 "천부여, 의지 없어서 손 들고 옵니다" 하면서 신학교 간다고 하는데, 저에게는 신학교를 가는 것이 너무도 당연한 일이었습니다. 팔 재산도, 처리할 것도 없었습니다. 보고 자란 것이 목회요, 교회 생활이었기 때문에 신학을 해서 목사가 되는 것이 저에게는 너무도 당연해 보였습니다. 그런데 그런 나의 모습이 얼마나 허술하고 가식적이었는지를 신학교에 가서야 알았습니다. 신학교에 가서 보니까 하나님을 만난 체험 없이는, 내 가슴에 불타오르는 사명 없이는 도저히 이 길을 갈 수 없는 것이구나……를 알게 되었습니다. 그때서야 정신이 번쩍 나더군요. 내가 이 길을 잘못 왔나? 그런데 하나님께서는 그런 저를 향한 계획이 있으셨다는 것을 나중에야 알았습니다. 하나님은 그런 저에게 하나님을 만나는 체험을 제 인생에 두 번의 시기를 통하여 주셨습니다. 하나는 군대에서이고, 다른 하나는 유학 생활을 통해서입니다.

신학교를 다니는 중에 군대를 갔는데, 그렇게도 험하고 훈련이 혹독하다는 강원도 철원의 3사단 백골 부대에 들어가게 되었습니다. 한 번도 해보지 못한 육체노동부터 시작해서 콘크리트 공사며 안해본 것이 없었습니다. 제일 힘든 것은 아침과 저녁이 바뀌어서 철책 근무를 해야 하는 것이었습니다. 사람은 밤에 자고 낮에 활동을 해야 하는데, 철책 부대의 특성상 아침에 자고 밤에 철책을 지키는 생활을 반복해야 했습니다. 이 모든 것 위에 결정적인 역할을 한 것이 바로 지뢰 사고였습니다. 저보다 먼저 순번이 되어 철책에 들어갔던 동료들이 그만 지뢰 사고로 목숨을 잃는 일이 벌어졌습니다. 바로 그 자리는 몇 시간 후에 제가 가야 할 자리였습니다. 그 때 저는 처음으로 죽음에 대한 두려움을 느껴 보았습니다. '사람이 이렇게 해서 죽을 수도 있겠구나……' 그 때 제가 했던 첫 기도가 이것이었습니다. "하나님, 이 철책에서 저를 살려 주신다면 제가 선택한 이 길에 주님만을 의지하며 살겠습니다." 이때 제 인생 처음으로 하나님을 인격적으로 만나기 위해 노력했고, 하나님을 그때 만났습니다.

지금 생각해 보면, 하나님께서 제 인생을 긍휼히 여기셔서 너무도 쉽게 목회를 생각했던 저에게 하나님 만나는 체험 없이는 그 길을 갈 수 없다는 것을 아시고, 저에게 그런 체험을 하게 하셨던 것 같습니다. 그래서 그 당시 군대 생활이 참으로 힘들고 피하고 싶은 순간이었지만, 되돌아 보니 그 시간이야말로 하나님께서 나를 가장 사랑하신 순간이었음을 알게 됩니다. 이후에 하나님은 저에게 수도 없는 체험을 하게 해 주셨습니다. 유학을 와서도 그런 체험은 계속되었습니다. 지금 이 시간 제가 여러분 앞에 서서 설교를 하며 교회를 섬길 수 있게 된 것은 나의 지식적인 이해를 넘어서서 하나님에 대한 체험적인 이해를 내 삶에 허락하시어 참된 신앙인 성숙한 목회자가 되게 하시기 위한 하나님의 인도와 간섭 때문입니다.

이런 느낌 처음입니다

우리가 성숙해지기 위해서는 머리로만 이해했던 하나님을 가슴으로 느껴보며 체험할 수 있어야 합니다. 이 체험은 한 번으로 끝나는 것이 아닙니다. 내 삶이 지속되는 한 그 체험도 계속되어야만 우리는 하나님 앞에서 온전한 성도, 자라는 성도가 될 수 있습니다. 그래서 우리는 신앙의 길을 들어선 순간부터 성숙의 학교에 입학하는 것입니다. 이렇게 자라나는 성도는 입학식 때보다 졸업할 때 더 완숙한 모습으로 그 모습이 바뀌게 됩니다.

영국의 지성 C.S. 루이스는 이런 말을 했습니다.

"조그마한 변화를 가지고 그것을 성숙이라고 이야기하지 마라! 변화와 더불어 지속성이 함께 있어야 진정한 성숙의 길을 갈 수 있다."

한 번의 변화나 체험으로 성숙해지는 것이 아니라는 것입니다. 한 번 변화하면 그 변화를 지속시킬 목표를 향해서 계속 나아가야 '성숙'이라고 하는 자리에 비로소 우리의 삶이 들어가 있다고 이야기하는 것입니다. 그 최고의 목표가 무엇입니까? 바로 예수 그리스도이십니다. 사도 바울은 이것을 에베소서 4:13절에서 이렇게 말씀합니다.

"우리가 다 하나님의 아들을 믿는 것과 아는 일에 하나가 되어 온전한 사람을 이루어 그리스도의 장성한 분량이 충만한데까지 이르리니"

장성한 분량이라는 것은 예수님의 키를 가리킵니다. 이것은 예수님의 키가 180 센티미터이니까 그만큼만 우리의 키가 자라면 된다는 뜻이 아닙니다. 그것은 예수님의 삶, 섬김, 헌신, 인격 그 모든 것을 말합니다. 즉, 예수님을 닮아가는 것입니다. 이것이 교회 안에서 그리스도의 몸인 교회를 세워가는 것이며 온전한 성도가 되는 것입니다.

탈무드에 보면, "친구를 사귈 때 자기보다 한 계단 높은 친구를 사귀라"라는 이야기가 나옵니다. 나보다 공부 잘하는 사람과 사귀라는 그런 뜻이 아닙니다. 나보다 지위가 높은 사람과 사귀라는 그런 뜻도 아닙니다. 오히려 나에게 도전을 주는 사람, 나에게 변화와 성숙함을 가르쳐 주는 사람을 친구로 사귀라는 것입니다. 이런 친구를 사귀게 되면 성숙하게 된다는 것입니다. 예수님이 바로 그런 친구이십니다. 예수님은 우리에게 그런 목표를 주십니다. 그의 인품, 그의 꿈, 그의 태도, 그가 갖고 있는 삶의 이 모든 비전이 우리로 하여금 더 큰 목표를 향해서 달려가게 하는 것입니다. 예수님을 목표로 예수님을 닮아가는, 이 성숙을 위해 달려가는 자들에게는 향기가 있습니다. 예수의 냄새가 납니다. 사도 바울은 이를 고린도후서 2:14-16에서 '그리스도를 아는 냄새'라고 표현합니다. 좋은 교회는 예수의 냄새가 나는 성도들이 많은 교회입니다. 좋은 가정은 이런 예수의 냄새가 나는 식구들이 많은 가정입니다.

2011년 3월에 인도네시아 단기 선교를 떠날 때, 60여 평생을 사는 동안 선교라고는 한 번도 가보지 못하신 한 집사님과 동행을 하게 되었습니다. 비행기를 기다리는 동안에 그분과 대화를 하면서 제가 이렇게 물었습니다. "집사님 어떻게 이번 단기선교를 가시게 되었습니까?"

이때 집사님께서 이렇게 말씀하셨습니다. "저는 원래 건강에는 자신이 있던 사람입니다. 그런데 몇 년 전부터 갑자기 몸이 아프기 시작했는데 지금은 많이 힘이 빠졌습니다. 더 늦기 전에 내 평생에 선교 한 번 가보고 싶어서 결정했습니다."

알고 보니 이 집사님은 심한 당뇨를 앓고 계셨습니다. 그럼에도 불구하고 용기를 내어 결정을 하신 것입니다. '몹시 더운 날씨에 잘 견뎌 내셔야 할 텐데⋯⋯'라는 염려가 첫날부터 있었습니다. 아니나 다를까, 첫날부터 인도네시아의 날씨는 참으로 무덥고 습했습니다. 가만히 있어도 땀이 흐르는 통에, 모두가 지치기 시작하니 당뇨를 앓고 있는 그 집사님이야 오죽했겠습니까? 걱정했던 대로, 그 집사님의 얼굴에는 무척 피곤해 하는 모습이 역력했습니다. 그런데 이상한 것은 이틀이 지나고, 삼일이 지나면서 다른 사람들은 오히려 처음에는 괜찮다가 점점 힘들어 하는데, 그 집사님은 점점 얼굴색이 좋아지고 사역도 더 왕성하게 감당하시는 것이었습니다. 나중에는 다른 분들이 쉴 때, 혼자서 사역을 하고 계실 정도였습니다.

마지막 돌아오는 길에 다시금 물었습니다. "집사님 괜찮으셨어요?" 이때 집사님께서 대답하시길, "힘들었지만, 이런 느낌이 처음입니다" 저는 그때 그 대답이 무슨 의미인지를 알 수 있었습니다. 이런 느낌이란 바로 한평생 자신만을 위해 살아오다가 짧은 열흘이지만 예수님처럼 누군가를 섬기며 봉사하는 것을 통해 얻게 되는 참 기쁨과 감격이었던 것입니다. 그 짧은 대답을 던지신 후 보여준 그 집사님의 얼굴을 저는 지금도 잊을 수가 없습니다. 그 환하게 웃고 있는 얼굴 위로 마치 한줄기 빛이 비치는 것 같았습니다.

이것이 예수의 향기입니다. 그리스도를 우리의 인생의 목표로 삼고, 그분의 인격과 삶과 희생과 섬김을 본받아 가기 위해 애를 쓰고 달려가는 인생에게는 그리스도의 향기가 나타나게 되어 있습니다. 이것은 성경을 줄줄 외운다고 일어나는 향기가 아닙니다. 이것은 성경 지식을 머리에 많이 쌓아 놓는다고 발하는 향기가 아닙니다. 이 향기는 바로 용기를 가지고 말씀을 실천하는 체험의 현장 속에서만 일어나는 향기입니다.

사랑하는 성도 여러분! 여러분은 신앙의 길을 얼마나 오랫동안 걸어오고 계십니까? 그 수많은 시간 동안 혹시 여러분은 다른 사람들로부터 "당신의 삶에는 그리스도의 향기가 납니다"라는 소리를 얼마나 들어보셨는지요? 만일 그런 이야기를 들어본 적이 없다면 지금이라도 결단하시기 바랍니다. 내 인생의 목표를 예수 그리스도에게로 고정하시기를 바랍니다. 그리고 예수님이 말씀하신 그 말씀을 머리에만 쌓아놓는 것이 아니라 내 가슴으로 가져와 삶에서 용기를 내어 실천해 보시기 바랍니다. 이때 비로소 그 말씀은 지식적인 말씀이 아니라 믿는 것과 아는 것을 하나 되게 하는 온전한 성도의 체험이 될 것입니다. 가정에서 그 말씀의 체험을 통해 예수의 향기를 보여주십시오. 일터에서 그 말씀의 능력으로 그리스도의 향기를 보여주십시오. 교회 안에서 이 예수의 향기를 발하는 성도들이 일어날 때, 우리의 교회는 분명 그리스도의 몸을 바르게 세워가는 교회가 될 것입니다.

삶 속으로

• 교회를 다니면서 얻는 유익들에는 어떤 것들이 있을까요?

• '머리에서 가슴으로' 하나님을 아는 지식이 당신 삶 속에서 내면화 되는 것을 가로막는 것은 무엇입니까? 머리와 가슴 사이에는 눈과 입과 귀가 있습니다. 우리가 보고 듣고 말하는 것들, 즉 이생의 근심과 걱정들이 우리의 결단을 가로막고 있지는 않습니까?

• 교회 다니면서 얻는 많은 유익 가운데 하나는, 다른 성도들이 신앙적으로 성숙해 가는 모습을 가까이에서 지켜 볼 수 있는 것입니다. 히브리서 13장 7절은 우리에게 이렇게 권면하고 있습니다. "하나님의 말씀을 너희에게 일러 주고 너희를 인도하던 자들을 생각하며 그들의 행실의 결말을 주의하여 보고 그들의 믿음을 '본받으라'" 우리의 눈과 귀와 입을 이 일에 집중하여 성숙한 성도로 함께 자라갑시다.

| 에베소서 4:17-24 |

17 그러므로 내가 이것을 말하며 주 안에서 증거하노니 이제부터는 이방인이 그 마음의 허망한 것으로 행함 같이 너희는 행하지 말라 18 저희 총명이 어두워지고 저희 가운데 있는 무지함과 저희 마음이 굳어짐으로 말미암아 하나님의 생명에서 떠나 있도다 19 저희가 감각 없는 자 되어 자신을 방탕에 방임하여 모든 더러운 것을 욕심으로 행하되 20 오직 너희는 그리스도를 이같이 배우지 아니하였느니라 21 진리가 예수 안에 있는 것 같이 너희가 과연 그에게서 듣고 또한 그 안에서 가르침을 받았을찐대 22 너희는 유혹의 욕심을 따라 썩어져 가는 구습을 좇는 옛 사람을 벗어 버리고 23 오직 심령으로 새롭게 되어 24 하나님을 따라 의와 진리의 거룩함으로 지으심을 받은 새 사람을 입으라

거룩을 실천하는 성도(1)
−새 사람을 입으라

거룩, 샘 해리스를 감동시킬 힘

2007년 4월 9일, 미국의 유명한 시사 주간지 뉴스위크(News Week)는 무신론자 샘 해리스와 새들백 커뮤니티 교회의 담임 목사 릭 워렌 사이에 있었던 '하나님은 실재하시는가'라는 제목의 신의 존재 논쟁을 게재한 적이 있었습니다. 샘 해리스는 명문 스탠포드에서 동서양 철학을 공부했고, 신경 정신 과학(Neuro-science) 분야에 대한 연구로 박사 학위를 받은 사람이었습니다. 무신론자이면서 동시에 동양 철학에 조예가 깊었던 그는 기성 종교의 대안으로 동양 철학으로 돌아가서 자아가 곧 우주임을 깨달아야 한다고 주장했습니다.

새들백 교회에서 이루어진 이 대담에서 샘 해리스는 릭 워렌 목사님에게 아주 중요한 질문을 하나 던집니다. "기독교에는 하나님을 믿는다고 말하는 증인들은 많이 있지만, 하나님이 존재한다는 증거를 대지는 못한다"라는 것입니다. 즉, "증인은 많이 있지만, 증거는 없다(There are a lot of witnesses, but there is no evidence)"는 것입니다. 하나님이 존재하신다는 증거를 대 보라는 것입니다. 이에 대하여 릭 워렌 목사님은 대담의 마지막에 진행을 맡은 기자에게 이렇게 말합니다.

"샘과 나는 영원을 건 게임을 하고 있습니다. 그는 그가 옳다는 것에 그의 생애를 걸고 있고, 나는 예수님이 거짓말쟁이가 아니라는 것에 나의 생애를 걸고 있습니다. 우리가 죽었을 때, 만약 그의 주장이 옳다 할지라도 나는 잃는 것이 하나도 없습니다. 그러나 만일 내가 옳으면 그는 모든 것을 잃는 것입니다. 나는 샘 쪽으로 거는 그러한 위험한 도박을 하지 않으렵니다(We're both betting. He's betting his life that he's right. I'm betting my life that Jesus was not a liar. When we die, if he's right, I've lost nothing. If I'm right, he's lost everything. I'm not willing to make that gamble.)."

워렌 목사님의 마지막 말은 수학자이며 신학자인 블레이즈 파스칼(Blaise Pascal, 1623-1662)이 그의 종교 수상집 '팡세(Pensées)'에서 말한 '파스칼의 도박(Pascal's wager)'을 인용한 것입니다. 예수님을 믿고 살았는데, 죽은 후에 천국과 지옥이 없어도 크게 손해 보는 것은 없습니다. 정말 천국과 지옥이 있다면 좋은 일이구요. 만일 예수님을 믿지 않고 살았는데, 죽은 후에 천국과 지옥이 정말로 없다면, 별로 달라지는 것이 없습니다. 문제는 예수님을 믿지 않았는데, 죽은 후에 정말로 천국과 지옥이 있다면 그것은 돌이킬 수 없는 낭패라는 것입니다.

저는 예수를 믿는 이유에 대하여 이보다 더 강력하게 주장할 수 있는 말은 없다고 생각합니다. 인생의 길은 오직 두 가지뿐입니다. 하나님의 길과 세상의 길입니다. 하나님의 길에는 생명과 기쁨이 있습니다. 세상의 길에는 절망과 탄식이 있습니다. 이 두 길의 결과를 우리는 당장 증명할 수는 없습니다. 왜냐하면 하나님의 길은 보이지 않는 영적인 세계요, 세상의 길은 눈에 보이는 물리적인 세계이기 때문입니다. 영적인 세계와 물리적인 세계는 전혀 다른 차원의 세계이기에 영적인 것을 물리적인 것으로 증명할 수 없습니다. 이것이 이 시대를 살아가는 수많은 사람들이 눈에 보이지 않는 영적인 세계를 선택하기보다는 눈에 보이는 물리적인 세계를 더 쉽게 선택하는 이유입니다. 이 같은 고민이 사도 바울이 살던 당시에도 있었습니다.

에베소는 로마 제국 안에서도 가장 물리적인 것을 추구하는 도시 중의 하나였습니다. 에베소는 상업과 무역이 활발한 도시였습니다. 그만큼 사람들은 감각적인 유행에 민감했습니다. 새로운 문물이 가장 먼저 도착하는 곳 중의 하나였으며, 25,000명을 수용할 수 있는 야외 원형극장은 사람들의 쾌락을 자극하는 최고의 장소였습니다. 두란노 서원이라고 불리웠던 커다란 도서관은 많은 철학자들과 지식인들이 토론을 즐기며 자신들의 지식을 자랑했던 장소였습니다. 아데미라는 신전에서 이루어진 제사는 제사라기보다는 에베소 시민들과 사제들이 육체를 즐기는 매춘의 장소였습니다. 한 마디로 에베소는 눈에 보이고 손으로 만질 수 있는 것만을 최고로 여기는 문화의 온상이었던 것입니다. 이런 에베소의 현실 속에서 사도 바울은 눈에 보이고 손에 잡을 수 있는 물리적인 세계가 진짜가 아니라, 비록 눈에는 보이지 않고 당장 손으로 잡을 수 없지만 영원한 생명과 기쁨을 보장하는 영원의 세계가 진짜임을 가르쳐 주어야 했습니다. 그것은 바로 성도의 삶으로 보여주어야 하는 것이었습니다.

감각적인 쾌락에 탐닉하여 사는 에베소의 수많은 시민들에게 참 생명의 삶을 사는 자의 모습을 보여주는 것만이 저 영원한 하나님의 세계를 보여줄 수 있는 진정한 길임을 알았습니다. 그것은 바로 거룩이었습니다. 거룩한 자에게는 하나님의 거룩의 빛이 비춰지게 되어 있습니다. 그 옛날 주님께서 이 땅에 사는 성도들을 향하여 "너희는 세상의 빛이라." 말씀하신 그 선포를 사도 바울은 잊지 않고 있었습니다. 그리하여 그 빛된 성도의 삶을 사는 것이 바로 거룩을 보여주는 삶이며 그 거룩을 통하여 세상의 사람들에게 진정한 세계 곧 영원의 세계를 소개할 때만이 성도의 능력이 있는 것이라 말씀합니다. 그 거룩의 능력, 곧 빛된 자녀의 모습을 위해서 사도 바울은 다음의 세 가지 결단을 요청합니다.

옛 사람을 벗어버린 자의 능력

먼저, 옛사람을 벗어버리는 것입니다. 22절을 함께 보겠습니다.

"너희는 유혹의 욕심을 따라 썩어져 가는 구습을 좇는 옛 사람을 벗어 버리고"

이 구절에 의하면 옛 사람이란 '유혹의 욕심을 따라 썩어져 가는 구습을 좇는 인생'을 말합니다. 이것을 사도 바울은 17절부터 20절에서 허망한 것, 무지함, 무감각, 더러운 욕심을 좇는 인생이라고 설명합니다. 이것을 한마디로 정의한다면, 자기중심의 욕망입니다. 이런 모습을 가지고는 세상을 향하여 하나님의 길을 소개할 수 없습니다. 자기중심의 욕망을 가지고는 눈에 보이는 것, 손으로 만질 수 있는 것을 최고의 가치로 여기고 있는 세상의 사람들에게 하나님의 길, 영원한 세계를 보여줄 수 없습니다. 이것을 버리기 위해서는 그리스도 중심의 삶을 살아야 합니다.

우리가 예수를 믿으면서도 자기중심적이 될 때가 참으로 많습니다. 과연 나의 인생은 자기중심의 욕망으로 가득 찬 인생인가? 아니면 그리스도 중심의 인생인가?를 알아볼 수 있는 좋은 방법이 하나 있습니다. 바로 기도의 내용을 살펴 보는 것입니다. 성도들의 기도를 가만히 들어보면 자기 지향적입니다. 모든 간구가 자기의 문제를 해결해 달라는 내용 일색입니다. 특히, 예수님을 처음 믿은 사람에게 기도를 시켜 보면 자기 얘기만 합니다. 자식 얘기, 남편 얘기, 아내 얘기 등등 자기 얘기로 가득 차 있습니다.

그런데 시간이 지나고 신앙의 연륜이 쌓이면서 점점 기도가 확장되어 가는 것을 볼 수 있습니다. 나의 가정만을 위해 기도했던 성도가 자신의 이웃을 위해 기도하기 시작합니다. 동산의 식구들을 위해 기도하기 시작합니다. 다른 이의 아픔과 절망을 해결해 달라고 기도하기 시작합니다. 여기에서 한발 더 나아가는 자들은 자신이 속한 사회와 민족, 국가를 위해서 기도합니다.

그러나 자기중심의 욕망에서 벗어나 그리스도 중심의 삶을 사는 자에게 나타나는 기도의 가장 최종적인 모습은 바로 자신과 전혀 상관도 없는 민족과 이웃의 영혼이 주님 앞에 돌아오기를 기도하는 영혼 구원의 기도, 선교의 기도입니다. 죽어가는 그 영혼과 민족을 위해 가슴을 치며, 눈물로 저들이 그리스도에게로 돌아오기를 간구하는 그 기도의 모습이야말로 그리스도 중심으로 사는 자의 모습입니다.

자기중심의 욕망을 벗어버리고 그리스도 중심의 삶을 살며 기도하는 자에게 나타나는 결과가 하나 있습니다. 바로 세상의 길을 가는 자, 감각적이고 눈에 보이는 것만을 최고로 여기며 추구하던 자들이 우리의 그 기도 때문에 감동을 받고 우리를 통해 영원한 세계, 생명의 길을 보기 시작한다는 것입니다.

얼마 전에 한 성도님으로부터 귀한 책 한 권을 선물받았습니다. 《친구가 되어 주실래요?》라는 제목이 붙은 이 책은 아프리카 수단의 톤즈라는 마을에서 의사의 길을 포기하고 8년 동안 사제의 길을 걷다가 암으로 세상을 떠난 이태석 신부의 글을 담고 있었습니다. 나중에 안 사실은 이태석 신부의 이 글과 삶이 책과 영화로까지 만들어져 수많은 세상 사람들에게 감동과 교훈을 남겼다는 것입니다. 그 책을 읽으면서 이런 생각을 해 보았습니다. 왜 사람들은 이 글에 감동을 받고 이태석 신부의 삶을 치하하는 것일까?

그것은 하루하루 먹고 사는 것이 최고의 목표요, 가치였던 톤즈 마을 사람들에게 먹고 사는 것을 넘어서 영원한 세계가 있음을 알려주기 위해 자신의 삶을 그들을 위해 기꺼이 바쳤던 한 사제의 희생과 섬김 때문이었습니다. 이것이 옛 사람을 벗어버리고 자기중심의 욕망을 벗어버린 자의 능력입니다.

똑같이 먹고 똑같이 즐기며, 똑같이 육체적인 감각을 위해 사는 한 우리의 모습을 통해서는 세상 사람들은 감동을 받지 않습니다. 또한 이런 모습을 통해서 세상의 사람들은 하나님의 세계, 영원한 생명의 길을 발견하지 못합니다. 그러나 저들과 다른 삶의 모습, 자기중심의 욕망이 아니라 남을 위해 섬기고 헌신하고, 나의 것이 아닌 다른 이의 것을 먼저 구하며 나아가는 그리스도 중심의 삶을 사는 그 모습을 통해 세상 사람들은 영원한 세계를 발견합니다. 이것이 빚된 성도가 보여주어야 할 거룩의 능력이며 결단입니다.

마음의 변화

다음으로, 세상을 향해 거룩의 능력, 곧 빚된 자녀의 능력을 보여주기 위해서는 심령으로 새로워지는 결단을 해야 합니다. 사도 바울은 23절에서 이렇게 선포합니다.

"오직 심령으로 새롭게 되어"

심령으로 새로워진다는 것은 마음과 정신이 새로워지는 것을 말합니다. 즉, 마음의 변화를 말합니다. 환경을 바꾸고 죄를 멀리하는 것도 중요합니다. 그러나 그것은 잠시뿐입니다. 자기도 모르게 옛 죄의 습관으로 돌아가 있는 자신을 발견하고 절망할 때가 많습니다. 그러므로 근본적인 변화는 마음에서부터 시작되어야 합니다. 마음이 바로 그 사람을 담는 그릇이기 때문입니다.

유사(有史) 이래 개혁과 혁명이 수없이 일어났지만, 성공한 예는 많지 않습니다. 그 이유가 무엇일까요? 사람의 마음의 변화가 아니라 환경과 구조를 바꾸려고 했기 때문입니다. 그 대표적인 예가 칼 마르크스에 의해 시작된 프롤레타리아 혁명, 곧 노동자 계급에 의한 공산 혁명입니다. 공산 혁명의 핵심은 억압받고 있는 프롤레타리아 계급이 부르조아 계급, 곧 지배자 계급을 전복하는 것이었습니다. 사회의 구조를 뒤바꾸면 유토피아가 온다고 생각했습니다. 그런데 그 결과는 어떻습니까? 구조와 환경을 개혁하려 했던 공산주의 혁명이 처음에는 성공한 것 같았으나, 결국 공산주의 국가는 점점 더 부정과 부패, 빈곤과 빈부차의 악순환을 거듭하지 않았습니까? 자신들이 바꾸려던 그 구조 앞에 또 다른 지배와 피지배 계급만을 만들었을 뿐입니다.

이에 비하여 지금도 그 혁명이 성공적으로 이루어지고 있는 개혁이 하나 있습니다. 종교 개혁입니다. 1517년 마틴 루터에 의해 시작된 종교 개혁은 당시 중세 카톨릭 교회의 구조나 정치 제도를 바꾸는 것이 첫째 목적이 아니었습니다. 종교 개혁의 첫 번째 목적은 죄인된 인생에게 있어서 참된 구원은 바로 마음의 변화를 받아 믿음으로 중생하는 것임을 가르쳐주는 데 있었습니다. 494년이 지난 지금도 교회 안에는 끊임없이 중생을 경험하며 삶의 개혁과 인생의 혁명을 경험하는 자들이 일어나고 있는 이유가 바로 여기에 있습니다. 이것은 무엇을 가르쳐주고 있습니까? 마음의 변화가 진정한 변화라는 것입니다.

이 때문에 사도 바울은 로마 교회 성도를 향하여 이렇게 선포합니다.

"너희는 이 세대를 본받지말고 오직 마음을 새롭게 함으로 변화를 받아 하나님의 선하시고 기뻐하시고 온전하신 뜻이 무엇인지 분별하도록 하라"(로마서 12:2)

그러면 어떻게 마음의 변화를 이룰 수 있을까요? 마음은 오직 성령만이 변하게 하실 수 있습니다. 마음은 영혼의 창과 같은 곳입니다. 그러므로 영혼을 다스리는 성령만이 우리의 심령을 새롭게 하십니다. 이를 위해서는 우리의 영이 먼저 회개해야 합니다. 회개하여 진정으로 마음의 그릇을 비울 때 성령이 임하십니다. 성령이 임하시면, 그 심령은 하나님의 백성이 되며, 천국을 소유하게 됩니다. 그래서 사도 바울은 로마 교회 성도들에게 마음의 변화를 받은 후에 오는 축복을 이렇게 말씀합니다.

"하나님의 나라는 먹는 것과 마시는 것이 아니요 오직 성령 안에서 의와 평강과 희락이라"(로마서14:17)

성도는 날마다 성령 안에서 새 사람으로 새로워져야 합니다. 마음도 새로워지고, 성품도 새로워지고, 못된 습관을 고쳐서 새로워지고, 생활도 새로워져야 합니다. 이 새로워진 모습으로 세상을 향하여 살아갈 때, 비로소 세상의 사람들은 우리를 통해 영원한 세계, 생명의 길을 볼 수 있게 됩니다.

예수의 프로그램으로

마지막으로, 성도가 세상을 향해 거룩의 능력, 즉 빛된 자녀의 능력을 보여주기 위해서는 새 사람을 입는 결단을 해야 합니다. 24절을 함께 보겠습니다.

"하나님을 따라 의와 진리의 거룩함으로 지으심을 받은 새 사람을 입으라"

새 사람의 옷을 입는다는 것은 컴퓨터에 새로운 프로그램을 입력하는 것에 비유할 수 있습니다. 새로운 프로그램을 저장하기 위해서는 이전 프로그램을 지워야 합니다. 즉, 마귀화 된 프로그램을 예수의 프로그램으로 바꾸라는 말입니다. 사람이 변해서 새 사람이 된다는 것은 발전 개념이 아니라, 근본적인 변화의 개념입니다. 사탄의 프로그램에서 하나님의 거룩과 성령의 프로그램으로 완전히 바꾸는 것입니다. 이때 우리의 생각이 바뀝니다. 우리의 말과 행동이 바뀝니다. 내 삶의 방향과 목표가 바뀌어 집니다. 성령의 인도하심을 따라 예수의 옷을 입고 예수의 인격을 내 몸에 채우는 순간부터 세상 사람들은 이해할 수 없는 기쁨과 평강이 시작됩니다. 다른 이들은 뭐라 해도 나는 너무도 신 나고 즐겁습니다. 이 모습을 보여주는 순간부터 세상의 사람들은 우리의 모습을 통해 하나님의 세계, 영원한 생명의 길을 보게 됩니다.

제가 아는 한 여자 집사님이 계십니다. 이분은 미국에 이민 온 후, 수십 년 간 realtor(부동산 중개업자)로 일하시면서 돈을 모으고 집을 사고 그 집을 팔아 다시금 재산을 모으는 식으로 몇 채의 집을 자신의 평생의 재산으로 모을 수 있었습니다. 그런데 최근에 미국의 경제 위기로 인하여 그 집들을 처분하지 않으면 안되는 상황이 발생했습니다. 집을 갖고 있자니 그 페이먼트를 감당할 길이 없고, 팔자니 집값이 너무 내려가서 많은 손해를 보아야 하는 진퇴양난의 상황에 처하게 된 것입니다. 결국 이 분은 큰 손해를 감수하고 집을 처분해야 했습니다. 집을 팔고 나서 계산을 해보니, 지난 수십 년 간 재산을 이렇게 불리고 저렇게 불려서 모아 놓았던 자신의 모든 것이 하루 아침에 없어지게 된 것을 알게 되었습니다. 그 순간부터 밤에 잠을 이루지 못한 채 이런 한숨이 나오더랍니다. '은퇴할 나이에 왜 나에게 이런 일이 일어났는가? 내가 무엇을 잘못했기에 이런 어려움을 당해야 하는가?'

그때 수십 년 전에 하나님 앞에서 했던 한 가지 서원이 생각났습니다. 바로 젊은 시절에 하와이 열방 대학에서 훈련을 받으면서 자신의 생애를 하나님을 위해 열방에 빛을 발하는 삶을 살겠다고 서원했었는데, 그만 돈 버는 재미에 그 서원을 까맣게 잊고 있다가 자신의 재산을 모두 잃고서야 생각이 났던 것입니다. 그 순간 그 집사님에게 이런 마음이 들더랍니다. '그래, 어차피 내가 가지고 갈 수 있는 것은 하나도 없는데, 뭘 그리 연연해 했을까? 수십 년 동안 그렇게 모아보려고 했어도 하루 아침에 없어질 수밖에 없는 돈과 재산이 그 무슨 소용이 있는가?'

이 생각을 하는 순간부터 마음이 편안해지기 시작했다는 것입니다. 이 고백을 하는 순간 그 집사님의 눈에서 눈물이 글썽거리고 있음을 저는 볼 수 있었습니다. 그 눈물은 무엇을 의미하는 것일까요? 자신의 수십 년 간 살아왔던 삶에 대한 진정한 뉘우침의 눈물이었으며, 이전에 깨닫지 못했던 하나님의 세계, 영원한 생명의 길을 비로소 깨달은 것에 대한 감격의 눈물이었습니다. 그 집사님은 비로소 눈에 보이는 것, 손에 잡히는 것을 추구하며 살았던 인생의 옷을 벗어 버리고, 눈에 보이지 않지만 영원한 생명을 보장하신 하나님으로 새로운 옷을 입는 결단을 시작했던 것입니다.

사랑하는 성도 여러분, 새로운 옷을 입는다는 것은 큰 결단을 요구하는 것일지 모릅니다. 어떨 때는 자신의 모든 것을 잃고 나서야 이루어질 수 있는 결단이기도 할 것입니다. 그러나 새로운 옷을 입는 자에게는 결코 변하지 않고 흔들리지 않는 한 가지가 보장됩니다. 바로 세상 사람들이 누릴 수 없는 놀라운 생명의 능력, 기쁨의 능력, 평안의 능력을 소유하게 된다는 것입니다. 수많은 재산으로도, 사회적인 위치와 학문적인 업적으로도 얻을 수 없는 영원한 나라의 가치를 소유할 수 있게 됩니다. 이것을 소유하며 누릴 때, 이것이 세상에 보여줄 수 있는 빛된 자녀들의 능력입니다. 이 능력을 보여줄 때, 세상의 사람들은 눈에 보이지 않았던 하나님의 세계를 보게 될 것이며, 손으로 잡을 수 없었던 영원한 생명의 나라를 손으로 잡을 수 있게 될 것입니다. 이 은혜가 여러분 모두에게 일어나시기를 간절히 축원합니다.

삶 속으로

• 나의 기도를 점검해 보기 위해 기도를 시작하기 전에 녹음기의 버튼을 눌러봅시다. 내 기도는 얼마나 나 중심으로 이루어져 있나요? 나의 필요를 하나님께 아뢰는 것은 잘 못된 것이 아닙니다. 그러나, 거기에서 그친다면 우리는 세상 사람들에게 영향력을 미칠 수 있는 사람이 아직은 아닐 것입니다.

• 예수님이라는 프로그램을 내 의식 속에 저장시킨다는 것은 무엇을 의미할까요? 이 과정에서 주위 사람들로부터 '적당히' 믿으라는 말을 듣는다면, 당신은 어떻게 반응하시겠습니까?

• 성령의 9가지 열매 중, 온유와 절제를 음미해 보십시오. 근본적인 변화가 내게 일어났음에도 불구하고, 온유와 절제의 열매로 당신은 세상 사람들에게 그리스도의 향기를 '말'이 아닌 '삶'으로 보여 줄 수 있을 것입니다.

| 에베소서 4:25-32 |

25 그런즉 거짓을 버리고 각각 그 이웃으로 더불어 참된 것을 말하라 이는 우리가
서로 지체가 됨이니라 26 분을 내어도 죄를 짓지 말며 해가 지도록 분을 품지 말고
27 마귀로 틈을 타지 못하게 하라 28 도적질하는 자는 다시 도적질하지 말고 돌이
켜 빈궁한 자에게 구제할 것이 있기 위하여 제 손으로 수고하여 선한 일을 하라 29
무릇 더러운 말은 너희 입밖에도 내지 말고 오직 덕을 세우는데 소용되는대로 선한
말을 하여 듣는 자들에게 은혜를 끼치게 하라 30 하나님의 성령을 근심하게 하지 말
라 그 안에서 너희가 구속의 날까지 인치심을 받았느니라 31 너희는 모든 악독과 노
함과 분냄과 떠드는 것과 훼방하는 것을 모든 악의와 함께 버리고 32 서로 인자하게
하며 불쌍히 여기며 서로 용서하기를 하나님이 그리스도 안에서 너희를 용서하심과
같이 하라

거룩을 실천하는 성도(2)
-참된 것을 말하라

거룩과 결단

커다란 호화 유람선 한 척이 태평양을 항해하고 있다고 가정해 보겠습니다. 갑자기 태풍이 강하게 불어닥쳐 마침내 그 배는 파선하기에 이르렀습니다. 무서운 태풍이 지나가고 바람이 잔잔해졌을 때, 이미 배는 많은 부분이 부서져서 침몰하기 시작했습니다.

"사람 살려! 사람 살려주세요!"

여기저기서 사람 살려달라는 비명이 메아리치기 시작했습니다. 바로 이 때, 그곳을 지나던 작은 배 한 척이 이를 목격하고 침몰하는 배에 다가왔습니다. 그러나 배는 너무 작았고 구조해야 할 사람들은 많았습니다. 이 상황에서 여러분이 선장이라면 아마도 이렇게 외치실 것입니다.

"아무것도 가지면 안됩니다. 만약 무게가 나가는 것을 몸에 지니면 이 배까지 가라앉게 됩니다."

간곡한 선장의 부탁에 모두가 물건들을 포기하고 목숨만 건져야겠다고 생각했습니다. 그런데 그 중에 한 사람이 자기가 가지고 있던 금덩이가 너무 아까워 이런 생각을 했습니다.

'다른 사람이 아무것도 갖지 않고 타니까 나 하나쯤이야 금덩이를 가지고 옮겨 타도 괜찮겠지'라고 말입니다. 그러나 그는 몸이 무거워 그만 구명 로프를 잡고 올라가지를 못합니다. 결국 로프를 놓치고 깊은 물 속으로 계속해서 가라앉고 말았습니다.

물 속에 빠져 버린 이 사람의 문제는 무엇이었습니까? 그 위급한 상황에서 무엇이 진정 중요한 것인지를 몰랐다는 것입니다. 더 중요한 것을 얻기 위해 덜 중요한 것을 버릴 줄 알아야 합니다. 그에게 중요한 것은 황금이 아니라, 자신의 생명이었습니다. 이 '생명'을 구하기 위해 짐 엘리엇은 에콰도르 선교사로 떠난지 이틀 만에 순교했지만, 그의 일기에 '영원한 것을 얻기 위해 영원하지 않은 것을 포기하는 자는 결코 어리석은 자가 아니다' 라고 남겼습니다. 버릴 줄 아는 자는 진짜 중요한 것을 선택해야 할 시기에 어리석은 결정을 하지 않습니다. 사도 바울 식으로 표현하면, 옛사람의 더럽고 추한 모습을 버려야 하는 결단이 있으면 새 사람의 거룩함을 입을 수 있습니다. 성경에서는 거룩이란 단어를 결단이라는 단어와 동일한 의미로 쓰고 있습니다. 히브리말에 거룩을 뜻하는 '카도쉬'는 단절이라는 뜻이 있습니다. 옛사람을 버리고 새 사람을 입으려고 결단하는 모습이 바로 거룩이라는 것입니다.

우리는 17절부터 24절까지를 살펴보면서 옛사람의 모습과 새 사람의 모습에 대하여 배웠습니다. 옛사람의 특징은 마음의 허망한 것을 추구하고, 총명이 어두워졌다고 했습니다. 그리고 더러운 욕심대로 산다고 했습니다. 이런 옛 사람의 모습에서 성도가 된다는 것은 옛사람의 더러운 옷을 벗어버리고 심령이 새롭게 되어 새 사람의 옷을 입는 것이라 했습니다. 이것을 24절에서는 의와 진리와 거룩함으로 지으심을 받은 자라 말씀합니다. 즉, 빛된 성도, 빛을 발하는 하나님의 자녀가 되었다는 뜻입니다. 그러면 거룩한 성도, 빛된 성도는 구체적으로 어떻게 나타나는 것일까요?

당연한 일

그것은 거짓을 버리고 참된 것을 말하는 것입니다. 25절을 함께 보겠습니다.

"그런즉 거짓을 버리고 각각 그 이웃으로 더불어 참된 것을 말하라 이는 우리가 서로 지체가 됨이니라"

여기서 거짓이라는 것은 어떤 사실을 의도적으로 왜곡하여 남에게 피해를 주는 것입니다. 예를 들어 내 시계가 지금 12시 30분을 가리키고 있습니다. 그래서 어떤 사람이 나에게 시간을 물었을 때 12시 30분이라고 일러주었습니다. 그런데 나중에 알고 보니 어제 밤에 Day Light Saving(일광조정시간)이 해제된 것을 몰랐습니다. 이때, 잘못된 시간을 일러주었다고 해서 내가 거짓말을 한 것이 아닙니다. 이는 거짓말이 아니라 실수입니다.

그러나 의도적으로 잘못된 시간을 알려줌으로써 상대방이 그 시간을 잘못 알게 되어 중요한 회의에 불참하게 되고 피해를 입게 되었다면 그것은 거짓말을 한 것이라고 봐야 합니다. 이 거짓된 것은 어디에서부터 기원하는 것일까요? 바로 사탄입니다. 사탄은 거짓말장이요 고발하는 자요 참소자요, 살인자입니다. 이 사단의 모습을 닮고 살아가는 사람은 바로 거짓을 즐겨 행합니다. 옛사람은 늘 이것을 즐겨 했습니다. 거짓을 행해도 전혀 가책이나 찔림이 없습니다. 남을 속이는 것을 다반사로 합니다.

그러나 옛사람의 옷을 벗어버리고 새 사람의 옷을 입은 거룩한 성도는 새로워진 사람의 성품을 갖습니다. 바로 정직과 진실입니다. 이 정직과 진실은 어디에서부터 기원하는 것일까요? 진리의 영이신 성령이십니다. 그래서 성령으로 새 옷을 입은 거룩한 성도, 빛된 성도는 성령의 성품을 닮아갈 수밖에 없습니다. 자신에게 아무리 불리할지라도 거짓된 것을 말하거나 행동하지 않습니다. 거짓된 것을 말하거나 행동하려 할 때 오히려 불편하고 거북해서 견딜 수가 없게 됩니다. 손해보는 한이 있더라도 진실을 말하고 행합니다. 진리의 영이신 성령의 성품 속에 살아가는 자는 아무리 힘들고 어려운 상황이 발생할지라도 기쁨과 평강을 소유합니다. 이 기쁨의 능력, 평강의 능력을 소유하며 참된 것을 말하는 자들에게 나타나는 능력이 하나 있습니다. 바로 영향력입니다.

25절에 보면 참된 것을 말할 때 우리 성도가 가져야 할 전제가 하나 있습니다. 바로 '이웃과 더불어'라는 전제입니다. 왜 거룩한 성도는 참된 것을 이웃과 더불어 말해야 한다는 것일까요? 그렇게 해야만 영향력을 발휘할 수 있기 때문입니다.

왜 한국에 크리스천이 그렇게 많은데 사회는 점점 더 안좋아지고 있습니까? 바로 그리스도인들이 이웃과 더불어 참된 것을 말하는 것을 배우지 못했기 때문입니다. 한 사람 한 사람을 보면 예수 잘 믿는 것 같고, 거룩한 것 같은데, 모아놓고 보면 서로의 탐욕과 이기심 때문에 거룩의 모습을 전혀 찾아볼 수 없습니다. 한국 교회의 갱신은 바로 나 한 사람이 성도로서 참된 것을 말하며, 참된 것을 보여주는 그 행위에서부터 시작되어야 할 것입니다.

이 캘리포니아만 해도 한인 교회가 지금 700개가 넘습니다. 그렇게도 많은 한인 교회가 있는데, 왜 한인 사회 안에는 속임과 거짓과 미움이 만연하는 것일까요? 우리 그리스도인들이 바로 이웃과 더불어 거룩해지는 연습을 하지 않았기 때문입니다. 거룩은 이웃에게 영향을 미칠 수 있을 때 참거룩이 됩니다. 과거에 답습했던 나쁜 관행들을 끊는 것을 우리 성도들이 먼저 해야 합니다. 모두가 눈감고 슬쩍 넘어가던 일을 우리 성도들이 먼저 중단해야 합니다.

한동대학교 김영길 총장님의 사모님이신 김영애 권사님께서 오래전에 《갈대상자》라는 책을 출간하신 적이 있습니다. 이 책은 한동 대학교가 어떻게 시작되었고, 그 학교에서 이루어지고 있는 참된 교육의 현실들이 무엇인지를 잘 보여주고 있습니다. 이 책에서 김영애 권사님은 그 학교에 재학하고 있는 양필승이라는 학생의 고백을 이렇게 전하고 있습니다.

"예전에 고향 친구들이 한동대에서 무감독 시험이 어떻게 치러지며, 시험 기간 동안 떠드는 학생이 어떻게 없느냐고 물은 적이 있다. 그때까지만 해도 나는 남들에게 욕먹기 싫어서 사람들이 볼 때면 양심 제도를 지키고, 아무도 보지 않을 때는 지키지 않았다. 그런데 복학 후, 선배들과 친구들을 만나면서 그런 생각을 가지고 있던 내가 한없이 부끄러워졌다. 그들은 나와 달랐다. 그들은 남들의 눈보다는 양심의 눈을 의식하며 살고 있었다. 한동대에는 그런 학생이 많다는 것을 알게 되었고, 나도 그들같이 되고 싶었다. 그래서 억지로라도 양심을 지켜 나가기 시작했다. 처음엔 너무 힘들었다. 내게 주어지는 불이익이 너무 싫었다. 나는 며칠 동안 제발 내가 양심을 지키는 일로 시험에 들지 말게 해 달라고 하나님께 기도했다. 어느 날, 하나님은 깨닫게 해주셨다.

'네가 양심을 어기면서 얻었던 더러운 이익은 원래 네 것이 아니다. 네 것도 아닌 오물통에 빠진 10원짜리 동전을 얻기 위해 네 손에 더러운 오물을 묻히겠느냐?'

양심을 지킨다고 하면서도 미련을 버리지 못하던 나는 한없이 부끄러웠다. 그 다음부터 양심을 지키는 일은 힘든 일도 자랑스러워 할 일도 아니었다. 그것은 당연한 일이었다. 숙제나 시험을 베끼며 떠드는 후배들이 가끔 눈에 띈다. 예전의 나와 같다는 생각에 그들 스스로 깨닫기를 바라며 그들을 위해 기도할 뿐이다. 우리는 양심 제도를 지키는 것이 아니다. 우리의 양심을 지키는 것이다. 그것은 선택 사항이 아니다."

대학의 캠퍼스마다 부정 행위가 만연되어 있는 한국 사회의 현실 속에서 유독 양심을 지키며 부정 행위를 저지르지 않는다는 것은 참으로 어려운 일입니다. 이 일을 위해서 감내해야 할 손해와 아픔이 분명 있습니다. 그러나 양심을 지키는 것은 자기 한 사람으로 끝나지 않고 그가 속한 공동체와 사회와 나라의 장래를 복되게 하는 아주 중요한 영향력입니다. 젊어서부터 자신의 양심을 지키지 못하는 젊은이들이 장차 나라의 장래를 맡을 때, 그 나라가 어떻게 되겠습니까? 그러나 어려서부터 힘들지만 양심을 지키고 부정과 부패 앞에 타협하지 않은 이 정직과 진실됨을 배우며 훈련받은 자가 나라의 장래를 맡을 때, 그 나라는 희망이 있습니다. 지금 한국 사회의 총체적 문제의 해결은 바로 이 부분에서부터 시작되어야 합니다.

한국의 대학 캠퍼스뿐만 아니라 고등학교, 중학교, 초등학교에 이르기까지 모두가 양심과 참된 것을 말하고 보여주는 일에 대한 관심보다는 약삭빠른 경쟁자를 만들어 내는 일에 몰두하고 있는 현실 앞에 우리는 그 책임을 누구에게 물어야 합니까? 바로 거짓을 버리고 참된 것을 이웃에게 말함으로 거룩한 영향력을 끼쳐야 할 우리 그리스도인들이, 양심과 정직을 뒤로 한 채 여전히 옛사람의 더러운 옷을 입고 사는, 타협하는 우리들에게 그 책임이 먼저 있지 않을까요? 한 사람의 양심과 정직이 있으면 분명 그 사회와 공동체는 변화를 시작할 수 있습니다. 이것이 영향력입니다.

얼마 전 전도 학교 강사로 오신 김기동 목사님과 대화를 나누던 중에 이런 말씀을 하시더군요. "목사님, 요즘은 세상이 교회를 걱정하고 있습니다."

짧은 한 마디였지만 저는 굉장한 충격을 받았습니다. 이것이 도대체 어떻게 된 일입니까? 교회가 세상을 걱정해야 하는 상황에서 교회가 지금 어떤 모습이기에 세상이 우리 교회를 걱정하고 있다는 것입니까? 이것은 무엇을 말하는 것입니까? 교회가 전혀 세상에 대하여 영향력을 발휘하지 못하고 있다는 것입니다.

이 문제를 우리는 어떻게 해결해야 합니까? 다시금 말씀에 귀를 기울여야 합니다. 사도 바울은 에베소 교회 성도들에게 이렇게 외치고 있습니다.

"그런즉 거짓을 버리고 각각 그 이웃으로 더불어 참된 것을 말하라 이는 우리가 서로 지체가 됨이니라"

다른 이의 문제가 아니라 바로 나의 문제임을 인식하는 것입니다. 나 한 사람이 먼저 거룩을 실천하는 것입니다. 모두가 양심을 팔고 있는 이 시대에 양심을 지키며, 정직을 보여주며 참된 것을 말하는 것입니다. 나 한 사람이 거룩을 실천하면, 천만 명이 넘는 그리스도인들이 거짓을 버리고 참된 것을 말하게 됩니다. 나 한 사람이 거룩을 실천하면 700개가 넘는 우리 이민 교회가 세상에 대하여 거짓을 버리고 참된 것을 말하게 됩니다. 이때 한국 사회와 우리 이민 사회에 희망이 있습니다.

피난길에도 포기할 수 없는 거룩

페르시아 궁궐에서 아닥사스다 왕의 술 맡은 관원으로 출세가도를 달리고 있었던 느헤미야는 어느 날, 자신의 형제로부터 예루살렘 성이 훼파되고, 성문들이 모두 불에 타 무너졌다는 소식을 듣습니다. 모두가 절망하며 더는 엄두도 내지 못하고 두고 온 조국 이스라엘의 황폐함을 가슴 아파하던 시점에, 느헤미야는 비록 페르시아 나라의 이민자 후손으로 태어나 자신과 자신의 가족은 이미 부와 권세를 보장받은 신분이었지만, 조국에 대한 사랑과 안타까움을 억누를 수 없었습니다. 늘 삶에서 하나님의 특별한 간섭과 섭리를 경험하며 살았던 느헤미야는 조국을 향하여 그 시대 어느 누구도 감히 가지지 못했던 한 가지 신앙의 결단을 합니다. 바로 조국 이스라엘의 죄와 황폐함의 죄를 자신의 잘못으로 가져가는 것이었습니다. 이 부분에 대하여 느헤미야 1:6은 다음과 같이 전하고 있습니다.

"이제 종이 주의 종 이스라엘 자손을 위하여 주야로 기도하오며 이스라엘 자손의 주 앞에 범죄함을 자복하오니 주는 귀를 기울이시며 눈을 여시

사 종의 기도를 들으시옵소서 나와 나의 아비 집이 범죄하여"

느헤미야는 예루살렘의 상황에 대하여 상관하지 않아도 되는 사람이었습니다. 그 상황에 대한 책임이 전혀 없는 사람이었습니다. 그럼에도 불구하고 느헤미야는 조국의 황폐함과 무너짐의 책임이 바로 자신에게 있음을 고백하고 있습니다. 하나님은 그 어느 누구도 나라와 민족에 대해 책임지려고 하는 사람이 없는 상황에서 유독 자신의 책임임을 스스로 고백한 느헤미야에게 이스라엘 회복의 역사를 맡기시로 하십니다. 결국 바벨론 포로 70년 만에 스룹바벨을 통하여 시작하신 포로 귀환의 역사를 느헤미야에게 완성시키시는 은혜를 주십니다.

느헤미야의 조국의 죄와 잘못을 자신의 잘못으로 가져가는 이 고백과 결단이 바로 새 사람을 입은 성도가 보여주어야 할 거룩의 능력입니다. 이 거룩의 능력은 이스라엘 백성들에게 영향력을 발휘했을 뿐만 아니라 당대 최강의 나라 페르시아에게까지 그 영향력을 발휘했습니다. 한 사람의 거룩의 능력은 나라를 바꿉니다. 이 능력은 바로 내가 지금 처한 삶의 현장에서 시작될 때 발휘됩니다. 거창한 구호를 외치기 이전에, 내가 땀을 흘려 일하고 있는 이 직장에서 거짓을 버리고, 참된 것을 말하며 정직과 진리를 보여주며 나아가는 이 거룩의 능력이 시작될 때, 여러분 한 사람으로 인하여 그 일터는 영향을 받게 되어 있습니다. 아무리 말이 안 통하고 문화가 다르고 사고 방식이 다르다 할지라도 여러분의 일주일의 삶 속에서 만나는 손님과 친구와의 모든 관계 속에서 부정과 타협하지 않고 참된 것을 말하는 이 정직과 진리를 보여줄 수 있을 때, 여러분은 이 이민사회에서 영향력을 발휘하는 거룩한 성도가 될 것입니다.

지금부터 60년 전인 1951년 1월 4일에 중공군의 기습공격으로 유엔군이 부득불 철수해야 했던 유명한 1.4 후퇴 때, 그 급박한 상황에도 불구하고 대출받았던 돈을 갚고자 은행을 찾아간 한 기업인이 있었습니다. 그러자 창구 직원이 "당신 참 별난 사람이구려! 이런 피난길에 돈을 갚으러 오다니 요……" 하면서 이 난리통에 어떻게 될지 모르니 갚을 필요가 없다며 피난 이나 가라고 했습니다. 그래도 이 기업인은 군이 돈을 갚고 난 후에야 피난 길에 올랐습니다.

후에 이 기업인이 부산에서 군부대에 생선을 납품하는 원양어업에 뛰어 들 기회를 얻게 되었습니다. 그러나 돈도 담보도 전혀 없었기 때문에 사업 자금 융자를 신청하기 위해 은행을 찾아갔습니다. 그런데 은행장이 1.4후 퇴 때 그 와중에도 빌린 돈을 갚고 피난을 간 그 기업인을 알아보고는 결 국 무담보로 2억원을 융자해 주었습니다. 이 기업인이 바로 후에 한국 유리 를 창업하신 최태섭 장로님이십니다.

여러분도 아시겠지만 당시 6.25 전쟁 직후 온 나라가 폐허와 잿더미 밖 에 남지 않았던 그 시절에 민족을 살리며 백성에게 희망을 주었던 기업 이 바로 한국 유리였습니다. 그 어려웠던 시절, 자신의 기업의 유익을 사회 를 위해 되돌려주고 자신 개인의 이윤 20%를 구제와 섬김을 위해 사용했 던 최태섭 장로님은 지금도 한국 사회에서 잊을 수 없는 몇 안되는 기업인 으로 기억되고 있습니다. 한국의 많은 사람들이 왜 최태섭 장로님을 기억 하고 있을까요? 그것은 그분이 이 땅에 사는 동안에 기업인이기 이전에 한 성도로서 마땅히 보여주어야 할 거룩의 영향력을 보여주며 살았기 때문이 라고 믿습니다. 이 분의 일대기가 자서전적인 성격으로 오래전에 《사랑에 빚진 자》라는 제목으로 출간이 된 적이 있습니다. 이 책의 뒷면에 책을 편 집했던 편집자는 최태섭 장로님을 이렇게 소개하고 있습니다.

'성공한 기업인은 많아도 존경받는 기업인은 많지 않습니다.'

'60년을 함께 살아온 아내에게 존경받는 남편'

'한번 한 약속은 손해가 날 지라도 반드시 지키는 신용가'

'기업주는 기업의 관리자일 뿐 하나님이 소유주라는 신념을 가진 청지

기 기업인'

'왜 유리산업만 고수하느냐는 질문에 능력이 부족해서라고 말하는 사
업가'

'늘 소년처럼 웃는 순백의 미소와 후덕해 보이는 큰 귀를 가진 팔순의
노인……'

최태섭 장로님을 이렇게 소개한 책의 편집자가 크리스천인지 아닌지는
잘 알 수 없었습니다. 그러나 알 수 있었던 분명한 한 가지 사실이 있었습
니다. 다른이에게 비춰진 최태섭 장로님은 분명 거짓을 버리고, 참된 것을
보여주는 한 거룩한 성도였다는 사실입니다. 그리고 그분은 이 거룩의 능
력을 통해 세상에 대하여 영향력을 끼치는 인생을 살았다는 사실입니다.
성도의 능력은 이 거룩을 세상에 보여주는 데 있습니다. 여러분의 거룩을
보여주십시오. 여러분의 가정에서 일터에서 거짓을 버리고, 참된 것을 말하
며 정직과 진리를 삶에서 보여주십시오. 그때 여러분은 영향력을 발휘하는
성도가 될 것입니다.

- 느헤미야, 한동대학교 학생들, 그리고 최태섭 장로님의 공통점은 무엇일까요?
- 그들과 나의 차이점은 무엇일까요?
- 타협하기 쉬운 상황을 생각해 보면서 간단한 상황극을 만들어 '거룩'을 연습해 봅시다.

| 에베소서 4:25-32 |

25 그런즉 거짓을 버리고 각각 그 이웃으로 더불어 참된 것을 말하라 이는 우리가
서로 지체가 됨이니라 26 분을 내어도 죄를 짓지 말며 해가 지도록 분을 품지 말고
27 마귀로 틈을 타지 못하게 하라 28 도적질하는 자는 다시 도적질하지 말고 돌이
켜 빈궁한 자에게 구제할 것이 있기 위하여 제 손으로 수고하여 선한 일을 하라 29
무릇 더러운 말은 너희 입밖에도 내지 말고 오직 덕을 세우는데 소용되는대로 선한
말을 하여 듣는 자들에게 은혜를 끼치게 하라 30 하나님의 성령을 근심하게 하지 말
라 그 안에서 너희가 구속의 날까지 인치심을 받았느니라 31 너희는 모든 악독과 노
함과 분냄과 떠드는 것과 훼방하는 것을 모든 악의와 함께 버리고 32 서로 인자하게
하며 불쌍히 여기며 서로 용서하기를 하나님이 그리스도 안에서 너희를 용서하심과
같이 하라

거룩을 실천하는 성도(3)
- 분노를 다스리라

'키스, 코스, 카스'

유대인들에게는 사람을 평가하는 기준이 세 가지가 있습니다. 그것을 히 브리말로 '키스, 코스, 카스'라고 부릅니다. '키스'라는 말은 돈주머니를 뜻 합니다. 즉, 돈 쓰는 법을 보면 그 사람의 됨됨이를 알 수 있다는 것입니다. 돈을 잘 버는 것도 중요하고, 잘 지키는 것도 중요하지만, 그 돈을 어디에 어떻게 쓰느냐 하는 것은 더욱 중요하다는 것입니다. 자기 자신만을 위해 쓰는가, 아니면 하나님의 나라를 위해 더 많이 쓰는가를 보면 그 사람을 알 수 있습니다. 즉, 그 사람의 인격과 삶의 가치는 돈을 얼마나 많이 가지 고 있느냐로 평가되는 것이 아니라 돈을 얼마나 잘 사용하는가를 통해 평 가됩니다.

두 번째 기준인 '코스'는 '잔'을 의미합니다. 술 마시는 것을 보면 그 사람 의 됨됨이를 알 수 있다는 것입니다. 우리 믿는 자들에게는 크게 해당되는 일이 아니지만, 유대인들에게 있어서 포도주는 늘 음식과 함께 등장하는 식탁의 중요한 부분이었습니다. 즉, 술은 어디까지나 음식으로 점잖게 마 시고 점잖게 끝내야 하는데, 술만 들어가면 정신을 못차리는 사람이 있습 니다. 이런 사람을 우리는 술의 노예라 부릅니다. 이런 사람은 술만 들어가면 소나 돼지처럼 변하고 사리분간을 하지 못합니다. 술 앞에 행동과 말이 절제되지 못합니다. 인간이란 모름지기 음식이든 언동이든 절제할 수 있는 능력이 있어야 하는데, 술의 노예가 된 사람은 그것을 못합니다. 어떤 사람의 인격과 삶의 가치는 술 그 자체가 아니라 그 술에 대한 절제 능력을 통해 알 수 있습니다.

마지막 세 번째 기준인 '카스'는 분노와 관련된 단어입니다. 자신의 마음을 스스로 다스릴 줄 아는 사람, 감정을 올바로 처리할 줄 아는 사람이라야 바람직한 인격의 소유자라는 것입니다. 제 아무리 뛰어난 실력을 가진 자라 할지라도 자신의 감정을 올바로 처리할 줄 모르는 사람이라면 제대로 된 인격자라 할 수 없습니다. 이 감정을 제대로 처리 못해서 다 된 일을 그르친 사람들을 우리는 주위에서 흔히 보지 않습니까?

그래서인지 저의 관심은 유독 이 세 번째에 많이 있습니다. 목사가 된 이상, 돈과 술의 문제 앞에는 늘 거리를 두고자 하는 노력 때문인지 좀처럼 돈과 술의 문제에 부딪힐 기회는 많지 않았습니다. 그러나 이 세 번째는 아직도 잘 안되는 것이 솔직한 고백입니다. 나도 모르는 사이에 가장 사랑하고 귀하게 여겨야 할 가족들에게 불쑥 화를 낼 때가 있습니다. 원하고 계획한 일들이 잘 진행되지 않을 때 내 자신에게 화를 낼 때도 있습니다. 알량한 자존심 때문에 상대에게 화를 내기도 합니다. 아마도 이 자리에 앉아계신 분들 가운데도 저와 동일한 경험을 해보신 분들이 꽤 되실 것입니다. 그리스도 안에서 거듭난 성도가 되었음에도 불구하고 신자의 길을 걸어가는 도중에 불쑥불쑥 튀어나오는 이 분노의 문제 앞에 우리는 당혹감을 금할 길이 없습니다.

사도 바울 역시 사역을 하면서 이 문제를 해결하고자 고민했던 것 같습니다. 선교지 결정을 앞에 두고 사랑하는 선배 동역자 바나바와 의견 충돌로 갈라섰던 적이 사도 바울에게도 있었습니다. 원하는 일이 제대로 되지 않았을 때 자신의 분을 감추지 못하고 사도 베드로에게 대든 적도 있었습니다. 사도 요한은 그 성격이 얼마나 불 같았는지 보아너게(우레의 아들)란 별명까지 얻었습니다. 베드로는 주님을 잡으러 온 사람에게 얼마나 화가 났던지 그 중의 한 사람인 말고의 귀를 칼로 잘라 버리기까지 했습니다. 이것은 무엇을 의미합니까? 성도 중 가장 성숙했다는 사도들에게도 이 분노의 문제가 늘 일어났었다는 것입니다.

예수를 믿은 후부터 우리에게 나타나는 변화가 거룩입니다. 거룩이란 더럽고 추한 죄의 본질 속에 나타났던 옛사람의 모습을 단절(카도시)하고, 성령의 새롭게하시는 새 사람의 옷을 입는 것이라 했습니다. 이 새 사람의 옷을 입는 자에게는 거룩의 능력이 나타납니다. 그 중의 하나가 거짓을 버리고 참된 것을 말하며 보여주는 삶입니다. 그런데 오늘 본문은 거룩한 성도에게는 또 다른 능력이 나타나야 할 것을 말씀합니다. 바로 우리의 인격과 삶의 가치를 가늠하는 마음의 분노를 다스리는 것입니다. 이 부분에 대하여 자신 스스로가 넘어지곤 했던 사도 바울은 26-27절에서 이렇게 권면하고 있습니다.

"분을 내어도 죄를 짓지 말며 해가 지도록 분을 품지 말고 마귀로 틈을 타지 못하게 하라"

왜 마음의 분노를 다스리는 것이 그리스도 안에서 새로운 사람이 된 성도들에게 중요한 부분일까요? 이것을 알기 위해서는 분노가 무엇인지를 알아야 합니다.

분노와 마음의 틈

분노가 무엇인가? 26절에 나오는 '분노'는 헬라어로 '오르게(ὀργή)'입니다. 그래서인지 분노는 우리의 혈압을 '오르게' 하는 것 같습니다. 여기서 우리는 한 가지 이상한 점을 발견할 수 있습니다. 사도 바울이 '분을 내어도'라고 말을 했다는 점입니다. '분을 내어도'에 해당되는 헬라어가 '오르기제스테(ὀργίζεσθε)'입니다. 이 단어를 그대로 해석하면 '화를 내라'가 됩니다. 바울은 지금 "화를 내라 그러나 죄는 짓지 말라"고 합니다. 화를 내는 것과 죄를 짓는 것이 다르다는 것입니다. 왜 이런 말을 하는 것일까요? 이 부분에 대하여 핸드릭슨 같은 신약학자들은 '화'와 '분' 자체가 인간에게 주어진 하나의 감정이기 때문이라고 이야기합니다. 이 부분에 동의합니다. 그런데 왜 이 '화' 곧 '분노'가 우리의 감정의 상태로 끝나지 않고 그것이 일어날 때마다 자꾸 넘어지고 죄를 짓는 것일까요?

한자로 분노의 분(忿)은 나눌 분(分)과 마음 심(心)자로 이루어져 있습니다. 즉, 마음이 나누어져 있는 것이 분노입니다. 분을 내면 마음이 구심점과 안정감을 잃고 흐트러지는 것은 두말할 필요가 없습니다. 나누어지고 흐트러진 마음의 틈으로 온갖 부정적이고 어두운 생각들이 밀물처럼 파고듭니다. 이것이 마귀가 노리는 것입니다. 마귀는 헬라어로 '디아볼로스(διάβολος)'인데 '틈으로(디아διά)', '던지는 자(볼로스βολος)'라는 의미를 가지고 있습니다. 마음의 틈으로 파고든 마귀는 죄의 씨앗을 뿌려 놓습니다. 그 죄의 씨앗은 점점 커지면서 분을 내는 자의 마음에 극도의 증오심을 일으키고 살인하고 싶은 마음과 동시에 상대방에게 해를 끼치고 싶은 마음으로 바뀌게 만듭니다. 그러면 이 분노와 화의 문제를 어떻게 해결할 수 있을까요? 사도 바울의 권면에서 그 해결 방법을 찾아 볼 수 있을 것 같습니다.

분노와 영적 전쟁

먼저, 마귀에게 틈을 주지 않아야 합니다. 27절을 함께 보겠습니다.

"마귀로 틈을 타지 못하게 하라"

틈을 주지 않는 것입니다. 틈을 주지 않아야 한다는 것은, 화나 분노가 일어나기를 시작하는 그 시점에 이 문제의 원인이 그 대상이나 그 일이 아니라 사탄 때문에 일어나고 있다는 생각을 할 수 있어야 함을 의미합니다.

영적 전쟁에 대한 이야기를 하면 늘 나오는 말이지만, 사탄은 우리를 잠시도 가만 놔두려고 하지 않습니다. 어떻게든 우리를 흔들어 놓으려고 교묘하게 우리 삶의 모든 것을 이용하여 틈새를 노립니다. 사람과의 관계, 물질, 건강, 감정의 기복 같은 모든 것을 이용하여 우리의 마음의 틈새를 노립니다. 이때 우리가 틈을 주면 안됩니다. 내 마음 속에 화가 나서 누군가 미워지려 할 때 우리는 얼른 생각을 바꾸어야 합니다. "그렇지. 지금 저 사람을 이용하여 사탄이 나에게 미움의 씨앗을 뿌리고 있구나……" 하면서 이 상황과 이 문제의 적이 사탄 마귀임을 깨달아야 합니다. 방금 나를 화나게 만들고 나를 힘들게 한 그 사람은 적이 아니라 내가 사랑하고 함께 더불어 살아야 할 영적인 가족입니다.

옛날 우리의 선조들은 화가 날 때면 두들기기를 시작했습니다. 남편에게 화나고 시어머니에게 속이 상하면 안하던 빨래를 다 꺼내다가 냇가로 나갑니다. 그리고는 방망이를 가지고 두들기며 빨래를 합니다. 그래서 화가 많이 난 날은 빨래가 더 깨끗해집니다. 어떤 이는 밤마다 다듬이질을 합니다. 화가 나면 날 수록 다듬이 소리는 더 커지고 돌 위에 올려진 옷감은 더욱 보드라운 상태로 변합니다. 참으로 지혜있는 방법이었다고 생각합니다.

영적 전쟁의 원리가 이와 비슷합니다. 문제의 원인을 그 사람이나 환경에 돌리는 것이 아니라 그 문제를 일으킨 궁극적인 주체인 사탄에게로 돌리며 적극적으로 사탄을 두들겨야 합니다. 화가 날수록, 분노가 일어날수록, 그 대상을 두들기는 것이 아니라 사탄을 두들겨야 합니다.

한번 말씀드린 적이 있는데, 종교 개혁 당시 극도의 중압감과 스트레스로 인하여 늘 예민하고 화를 내기 십상이었던 마틴 루터가 그 모든 것을 해결하는 방법으로 9개의 핀을 세워 놓고 볼을 굴려 넘어뜨리기를 즐겨 했습니다. 물론 그 9개의 핀은 마틴 루터가 싸워야 할 사탄 마귀들을 상징했습니다. 그래서인지 지금도 목사들이 이 볼링을 참으로 좋아하는 것 같습니다. 볼링을 할 때, '이 마귀야……'하면서 볼을 굴리면 잘 맞더군요. 분노와 화가 날 때 사탄에게 틈을 주지 않는 방법은 이 상황과 아픔과 어려움의 원인이 진짜 누구로부터 왔는가를 아는 것입니다.

이 일을 가장 잘 해낸 사람이 바로 다윗입니다. 그 누구보다도 가장 강력한 통치권과 군사력을 가지고 있었음에도 불구하고 그의 삶은 늘 고난의 연속이었습니다. 끊임없이 주변국과의 전쟁이 있었고, 수많은 부인과 그 사이에 난 자식들의 갈등과 암투는 그의 마음을 늘 괴롭게 했습니다. 그런데 놀라운 사실은 그 모든 상황에 대하여 다윗은 그 아픔과 어려움을 일으키는 자들을 직접적으로 대적하지 않고 하나님께 가져갔다는 사실입니다. 특별히 전쟁에 나갈 때마다 그는 그 전쟁을 여호와의 전쟁으로 보았습니다. 이것은 무엇을 말하는 것입니까? 이 전쟁이 영적 전쟁이라는 것입니다. 지금 내가 싸워야 할 대상은 블레셋 군사가 아니라 그를 조정하고 나에게 아픔을 일으키는 사탄 마귀라는 것입니다. 다윗에게는 늘 이런 마음의 자세가 있었기에 그는 전쟁 앞에 치러야 할 삶의 아픔과 어려움 앞에, 분노와 화를 발하기 보다는 승리에 대한 확신과 기대와 감격을 가지며 살 수 있었습니다. 왜 그런지 아십니까? 영적 전쟁은 반드시 하나님이 승리하시기 때문입니다. 그래서 그는 시편 20:5에서 이렇게 외칩니다.

"우리가 너의 승리로 인하여 개가를 부르며 우리 하나님의 이름으로 우리 기를 세우리니 여호와께서 네 모든 기도를 이루시기를 원하노라"

시편 20편은 전쟁에 나가기 전에 승리를 다짐하는 승전가의 노래입니다. 이 노래는 아직 전쟁이 시작되지도 않았는데, 미리 그 승리를 확신하며 개가를 부르고 있습니다. 이것이 어떻게 가능하겠습니까? 영적 전쟁은 하나님의 전쟁이기 때문입니다. 하나님에게는 실패가 있을 수 없습니다.

분노의 문제, 화의 문제 앞에 사탄 마귀를 물리치는 방법은 분노가 일어나고 화가 일어나 누군가를 미워하기를 시작할 때, 적대감이 생길 때 이 상황을 영적 전쟁으로 보는 것입니다.

분노와 천국의 폭포수

분노와 화의 문제를 해결하는 두 번째 방법은 용서하는 것입니다. 26절을 다시 한 번 보겠습니다.

"분을 내어도 죄를 짓지 말며 해가 지도록 분을 품지 말고"

사도 바울은 지금 에베소 교회 성도들에게 해가 지도록 분을 품지 말라고 합니다. 이 말씀은 곧 해가 지기 전에 분노의 문제를 해결하라는 것입니다. 어떻게 하는 것이 분노를 해결하는 것입니까?

분노가 일어나는 것을 우리는 두 가지 상황으로 축약할 수 있습니다. 하나는 사람에 대하여 분노가 일어나는 것이며, 다른 하나는 일에 대하여 분노가 일어나는 것입니다. 사람이나 일 때문에 분노 즉, 화가 일어나 마음을 갈라 놓을 때, 사탄이 틈을 타 죄악의 씨앗을 뿌려 놓는다 했습니다. 이것을 해결하는 것은 틈을 빨리 메꾸는 것입니다. 화(火)란 불을 의미합니다. 내 안에 타오르고 있는 화, 곧 불을 끄는 것이 마음의 틈을 메꾸는 방법입니다. 불을 끄지 않고 내버려 두면 심각한 문제를 일으킵니다.

옛부터 우리 민족에게 내려오는 정서가 하나 있습니다. '한(恨)'이라는 것입니다. '한(恨)'을 한 마디로 정의하기 어렵지만, 평생을 품고 가야 하는 불과 같은 것이 한입니다. 자신의 처지를 숙명처럼 받아들일 때 오는 절망이 한이며, 남에게 치이고 상처 받은 것을 해소할 길이 없어 가슴에 묻고 사는 것이 한입니다. 눈물과 탄식으로 점철된 인생의 연속이 한입니다. 그런데 이런 한을 우리는 너무 미화시켰습니다. 한을 가지고 살아야 마치 한국 민족인 것처럼 미화시켰습니다. 이 한은 미화시켜야 할 것이 아니라 해소하고 없애야 할, 우리 민족이 가지고 있는 불이었습니다. 이 불을 끌 기회도 방법도 우리 백성들에게는 주어지지 않았습니다. 이 때문에 우리 그리스도인들조차도 그 한은 숙명처럼 받아들이며 그냥 살아갑니다. 그러나 우리 그리스도인들에게는 그 문제를 해결하는 방법이 하나 주어졌습니다. 그 방법은 너무도 완벽하고 놀라워 우리의 분노와 화를 일으키는 한의 문제, 고통의 문제, 상처의 문제를 단번에 해결할 수 있습니다. 그것이 바로 용서입니다. 하나님께서 예수 그리스도를 통해 십자가에서 보여주신 용서는 바로 우리 인생에 드리워졌던 고통과 절망과 불평과 불만을 해소하는 능력과 같은 것이었습니다. 이 십자가의 용서를 경험한 자는 새로운 기쁨과 감격과 평강을 얻습니다. 그리고 이 십자가의 용서함을 받은 자답게 다시금 우리 인생에서 용서해야 할 자들에게 이것을 전하는 것입니다.

용서는 처음에 하기가 어렵지 하고 나면 이보다 더한 시원함이 없습니다. 그래서 저는 용서를 이렇게 부르고 싶습니다. "용서는 내 마음에 부어주시는 천국의 폭포수다." 그렇게도 내 마음의 불이 꺼지지 않고 나를 힘들게 했는데, 어느 순간 용서가 시작되면, 마음에 폭포수와 같은 시원함이 시작되는 것을 경험하게 되실 것입니다.

언젠가 미스바 헌신 예배에 강사로 오신 북한 선교사 김대평 목사님께서 북한을 방문하고 나올 때마다 늘 입가에 동일하게 나오는 표현이 하나 있었다고 합니다. "내가 다시는 오나 봐라⋯⋯." 이 표현이 무슨 의미인지 우리는 다 알고 있습니다. 북한 당국의 자세와 그 반응을 보면 북한을 돕고 싶은 마음이 안 나올 수 있습니다. 그럼에도 불구하고 십여 년 동안 꾸준히 북한을 방문하며 저들을 섬기시는 이유가 있습니다. 바로 저들을 위하여 부르신 하나님의 요청 때문이었습니다. 이 요청 앞에 그래도 가야지 마음 먹고 나면 곧이어 다시 북한에 가고 싶은 마음이 생기며 저들을 용서하고 받아들이고 사랑하게 된다는 것입니다.

저는 이것이 용서의 능력이라고 믿습니다. 용서는 감정으로 하는 것이 아닙니다. 용서는 의지적인 것입니다. 내 마음의 불을 끄기 위해 용서하는 것이며, 냉랭해지고 소원해진 관계를 다시금 회복하기 위해 용서하는 것입니다. 마음의 상태나 감정에 의지해서 용서하려고 할 때 그것은 어쩌면 불가능한 일이 될지도 모릅니다. 그러나 감정이 아니라 의지적으로 용서의 자리로 나아가는 것입니다. 이를 위해서는 용기가 필요하고, 하나님으로부터 이미 내가 받은 용서가 무엇인지를 아는 이해가 필요합니다. 이것을 가지고 의지적으로 용서할 때 내 마음에 있었던 불이 꺼지고, 적대감이 해소되며, 살의와 분노가 변하여 용서와 관용과 포용으로 나아가게 되는 것입니다.

사랑하는 성도 여러분, 마음 속에 아직도 이 분노와 화가 해결되지 않아 힘들어 하는 분은 안계십니까? 이것을 해결하기 위해서는 용서의 자리로 나아가셔야 합니다. 미움은 안고 갈 때 불이 됩니다. 받은 상처로 인한 원망과 적대감은 마음을 피폐케 할 뿐입니다. 의지적으로 먼저 용서하십시오. 여러분의 남편을 용서하시고 여러분의 시어머니를 용서하십시오. 그렇게 베풀고 돌보아 주었는데 나의 가슴에 비수를 꽂은 그 사람을 용서하십시오. 그때 하나님께서 여러분의 마음에 천국의 폭포수를 부어주실 것입니다.

우리 민족에게는 용서할 수 없는 나라들이 역사적으로 있어 왔습니다. 일제 강점기 36년의 시간 동안 우리를 수탈하고 학살을 자행했던 일본이 그 나라이며, 동족상잔의 비극을 일으켜 형제와 가족을 지금도 갈라놓고만 북한이 그 나라입니다. 한국인이라면 이 두 나라에 대한 감정과 생각은 늘 좋지 않고 부정적입니다. 여기 서 있는 저 또한 예외는 아닙니다. 저는 개인적으로 일제식민지를 경험한 자도 아니요, 6.25 전쟁을 겪은 자도 아닙니다. 그럼에도 불구하고 왜 저에게 저 민족에 대한 미움과 분노가 있는 것일까를 한 번 생각해 보았습니다.

그것은 내가 겪은 고통과 아픔 때문이 아니라 한국인이기에 가질 수밖에 없는 원천적인 앙금이 남아 있기 때문입니다. 이 문제를 계속 가지고 가는 한, 저 개인 뿐만 아니라 동일한 감정과 앙금을 가지고 있는 우리 민족에게는 늘 '불'이 남아 있을 것이며, 원한과 적대감으로 매일매일 살아야 할 것입니다. 이것은 우리 모두에게 손해입니다.

이제는 우리 안에 타오르고 있는 원한과 적대감의 불을 끄고 새로운 감격과 기쁨과 평강을 누리며 살아야 합니다. 그것은 상대방이 어떻게 나오느냐에 따라 우리가 달라지는 것이 아닙니다. 이것은 나를 비롯한 우리 모든 성도들이 그리고 우리 민족이 용기를 가지고 의지적으로 나아갈 때만 가능합니다.

사랑하는 성도 여러분! 용서의 자리로 나아오십시오. 잘 안되어도 그렇게 해야 합니다. 안되어도 의지적으로 그 용서의 자리로 나아가고자 할 때 성령님이 반드시 그 일이 완성되도록 우리를 도우실 것입니다. 그때 성령님도 우리에 대한 근심을 멈추실 것입니다. 이것이 우리가 누리며 살아야 할 상생(相生)의 길이며, 참된 번영과 생명의 능력을 소유하는 성도의 마땅한 모습니다.

삶 속으로

• 소나기가 한바탕 퍼붓고 간 후, 실개천에 나가 본 적이 있으십니까? 장대비가 쏟아진 뒤, 정성들여 가꾸었던 정돈된 정원의 꽃과 풀들이, 이리저리 몸을 가누지 못하고 흐트러진, 쑥대밭이 된 정원을 돌아보신 적이 있으십니까? 속상하다고 해서, 이것을 방치해 두면 결국 어떻게 되겠습니까? 그곳은 폐허가 되고 맙니다. 우리 마음의 정원에도 어쩌면 이렇게 방치된 채 아무도 받아들이지 않고 아무도 초대하지 않는, 나 자신도 들여다 보기 싫은 구석이 있을 수 있습니다. 오늘이 구원의 날이요, 은혜받을 만한 날입니다. 조용히 골방으로 가십시오. 마음에 한으로 남아 있는 일들, 사람들, 또는 자기 자신에 대한 분노, 이제는 박제가 된 것처럼 딱딱해진 미움을 꺼내십시오. 그리고 주님 앞에 말없이 흐느끼시기 바랍니다. 성령께서 우리들의 마음을 만져 주실 것입니다. 치유와 용서와 거룩이 회복되는 시간…… 기적의 시간을 만들어 주실 것입니다. 아멘.

| 에베소서 4:25-32 |

25 그런즉 거짓을 버리고 각각 그 이웃으로 더불어 참된 것을 말하라 이는 우리가
서로 지체가 됨이니라 26 분을 내어도 죄를 짓지 말며 해가 지도록 분을 품지 말고
27 마귀로 틈을 타지 못하게 하라 28 도적질하는 자는 다시 도적질하지 말고 돌이
켜 빈궁한 자에게 구제할 것이 있기 위하여 제 손으로 수고하여 선한 일을 하라 29
무릇 더러운 말은 너희 입밖에도 내지 말고 오직 덕을 세우는데 소용되는대로 선한
말을 하여 듣는 자들에게 은혜를 끼치게 하라 30 하나님의 성령을 근심하게 하지 말
라 그 안에서 너희가 구속의 날까지 인치심을 받았느니라 31 너희는 모든 악독과 노
함과 분냄과 떠드는 것과 훼방하는 것을 모든 악의와 함께 버리고 32 서로 인자하게
하며 불쌍히 여기며 서로 용서하기를 하나님이 그리스도 안에서 너희를 용서하심과
같이 하라

거룩을 실천하는 성도(4)
−선한 일을 하라

저울과 두 개의 손

오래전에 한 지역신문에 실렸던 시사 카툰을 본 적이 있습니다. 어떤 신문이었는지, 그것을 그린 작가가 누구인지는 정확하게 기억이 나지 않습니다. 그러나 신문에 실려 있는 그림의 내용이 무척 인상적이어서 지금도 기억하고 있습니다.

그 그림은 고기를 파는 정육점의 모습이었습니다. 계산대 안쪽에는 정육점 주인이 있고, 그 앞에 나이 많은 주부 한 사람이 서 있습니다. 그들 사이의 테이블에는 저울이 놓여 있는데 그 위에 닭이 한 마리 올려져 있습니다. 그런데 그 그림을 자세히 보면, 주부의 오른손이 저울을 밑에서 위로 바치고 있습니다. 어떻게 해서든 눈금을 적게 해서 금액을 싸게 하든지 무게가 더 가벼운 닭을 가져가려고 했던 의도로 보였습니다. 하지만 주인이라고 가만히 있었겠습니까? 정육점 주인은 주부와 반대로 자기 손을 닭 위에 얹어서 저울을 아래로 누르고 있었습니다. 좀더 무거운 닭을 팔든지 아니면 금액을 더 많이 받으려는 속셈이었던 것입니다. 그리고 이렇게 서로 속이는 주인과 주부 두 사람을 옆에서 농부가 지켜보고 있는 그림입니다.

이 그림을 통해 작가가 이 시대와 이 사회에 던지고자 했던 메세지는 무엇일까요? 저는 그 메세지를 바로 농부의 시선에서 찾아볼 수 있었습니다. 농부란 정당한 노동의 희생으로 정당한 댓가를 얻는 사람을 대표합니다. 농사란 정직하지 않으면 이루어지지 않습니다. 그렇기에 한 평생 정당하게 땀을 흘려, 정당한 소산을 얻으며 살았던 그런 농부의 눈에, 정육점 안에서 실랑이를 벌이고 있는 두 사람의 모습은 참으로 서글프게 보일 수밖에 없었습니다. 수단과 방법을 가리지 않고 자신의 유익과 탐심을 추구하려는 사람들만이 있는 한, 이 사회는 올바로 세워질 수 없다는 메세지를 아마도 작가는 우리들에게 던지고 있었던 것 같습니다. 우리가 살고 있는 이 사회 공동체가 정당한 노력의 댓가로 얻는 유익이 아니라 남을 속이고 거짓된 기준으로 살아갈 경우 그 사회는 결코 건강하지 못하며 결국 그 사회와 공동체는 무너지고 만다는 것입니다.

한 공동체가 제대로 세워지기 위해서 한 사람 한 사람이 정당한 방법에 의하여 정당한 결과를 얻는 것—이것은 하나님이 이 땅에 우리 인간을 창조하시고 보장해 놓으신 창조 질서의 축복입니다. 그러나 인간의 탐심은 때때로 이 창조의 질서를 깨뜨리며 사람들이 정당하지 못한 방법으로 유익을 얻는 일에 나아가게 했습니다. 그것을 성경은 도적질이라 합니다. 이 도적질이 인간의 삶 가운데 얼마나 심각한 결과를 초래했던지, 하나님께서는 430년 간 애굽에서 노예 살이를 끝내게 하시고 새로운 자유의 백성으로 이스라엘을 세워가시면서 저들에게 허락하신 율법 중의 율법인 십계명에서 제8계명으로 넣으셔야만 하셨습니다. 이 도적질이 심각한 이유는 이것이 공동체를 무너뜨리는 아주 무서운 죄이기 때문입니다.

그 대표적인 예가 아간의 도적질입니다. 출애굽 한 이스라엘 백성들이 40년 간의 광야 생활을 마감하고 드디어 젖과 꿀이 흐르는 가나안 땅을 정복하기 위해 첫 발을 내딛게 되었을 때, 그 어렵고 힘든 여리고성을 단숨에 무너뜨렸습니다. 그런데 그 다음 목표지인 아이성에서 그들은 무참히 패배하고 맙니다. 여리고 성에 비하면 아이성은 인간적인 표현으로 식은 죽 먹기였습니다. 그런데도 패했습니다. 그 이유를 성경은 한 사람의 도적질 때문이라고 기록합니다. 바로 아간이라는 사람이 전쟁의 전리품에 손을 댄 것입니다.

왜 한 사람의 도적질을 전체 공동체가 책임져야 합니까? 그것은 도적질이 한 사람의 잘못이나 손해로 끝나는 것이 아니라 도적질 그 자체가 전체 공동체에 어떤 모양으로든 영향을 미치기 때문입니다. 도적질이란 것은 하나님이 이미 정해 놓으신 소유권을 강탈하는 것입니다. 그렇기 때문에 도적질이 발생한 그 공동체와 현장에는 하나님의 주권을 무시하는 불신앙이 싹트게 됩니다. 이것은 하나님의 백성들이 전적으로 하나님의 주권과 간섭을 인정하고 두려운 마음으로 살아가야 하는 일에 치명적인 영향을 끼칠 수밖에 없습니다.

이것을 일찍이 알고 있었던 사도 바울은 당시 에베소 교회 안에서 일어나고 있었던 도적질을 엄히 경고하고 있습니다. 특히 사도 베드로 시절, 아나니아와 삽비라의 도적질로 인하여 한참 부흥하며 성령의 역사하심을 체험하던 초대교회가 침체기에 들어서고, 핍박과 환란의 시대를 맞이하게 된 그 사실을 잘 알았던 사도 바울은 이 도적질의 문제가 공동체 안에 얼마나 심각한 결과를 만들어내는지 알고 있었습니다. 본문 28절을 함께 보겠습니다.

"도적질하는 자는 다시 도적질하지 말고 돌이켜 빈궁한 자에게 구제할 것이 있기 위하여 제 손으로 수고하여 선한 일을 하라"

'도적질하는 자'라고 표현하고 있습니다. '도적질한 자'가 아닙니다. 교회 안에 거룩한 성도라 칭함을 받고 있는 자들이 버젓이 현재 도적질을 하고 있다는 것입니다. 이것은 곧 교회 공동체를 파괴하는 치명적인 죄가 됨을 알고 있었기에 사도 바울은 지금 급하게 경고하고 있습니다. 28절의 내용을 다시 표현한다면 이런 것입니다. "사랑하는 에베소 교회 성도들이여, 이제 도적질 좀 그만 하세요……."

제가 만일 여러분을 향하여 설교 중에 "성도 여러분 도적질 좀 그만하세요." 하고 외친다면 여러분은 어떠시겠습니까? 기분 나쁘지 않으시겠습니까? 내가 무슨 도적질을 했다고…… 자꾸 도적질 그만하라고 하는 것인가?

얼마 전에 제가 가족들과 휴가를 이용해서 캠핑을 며칠 했습니다. 아이들과 함께 걷고 있는데, 둘째 아들인 진권이가 길거리에서 무엇인가를 주웠습니다. 보니까 캠핑에 사용되는 무슨 전자기기 같은 것이었습니다. 그러면서 이것 자기가 가지면 안되느냐고 물었습니다. 그래서 제가 이렇게 되물었습니다. "남의 물건을 가지면 되니? 안되니?" 아이는 "안돼"라고 대답을 했습니다. "그러면 다시 그 자리에 돌려 놓아라……" 이때, 아이가 반발을 합니다. 만약 자기가 이 물건을 그대로 내려 놓으면 다른 사람이 주워 가면 어떡하느냐고……. 이때 제가 대답을 했습니다. "만약에 네가 이 물건을 주워 갖는다면, 너는 남의 물건을 가지게 되는 셈이야. 그러나 물건이 있던 자리에 내려 놓는 순간부터 너는 죄를 짓지 않게 되는 것이지. 다른 사람이 죄를 짓지 않게 하려고 네가 죄를 지어서야 되겠니?" 아이가 잘 이해를 했는지 못했는지를 알 수 없었으나 제 말에 그 물건을 내려 놓았습니다.

여기서 우리는 도적질이 무엇인지를 다시 한 번 생각해 보아야 합니다. 우리는 흔히 길거리에서 돈을 주웠을 때 무엇이라고 말합니까? "이게 웬 떡이냐……" 그러나 우리 신앙인들은 그렇게 이야기해서는 안됩니다. 그 돈은 반드시 누군가 잃어버렸기 때문에 그 자리에 있는 것입니다. 그렇기 때문에 그 돈을 누군가가 가져가기 전에 내가 가져간다는 것은 결국 남의 소유에 있는 돈을 내가 땀흘리지 않고 가져가는 도적질이 되는 것입니다. 도적질이란 내 소유가 아닌 것을 그냥 가져오는 것입니다. 이것은 모든 소유권을 하나님이 결정하셨다는 하나님의 주권을 정면으로 거부하는 것이 됩니다.

제가 방금 말씀드렸듯이 다른 사람이 가져 가는 것이 걱정되어 내가 가져간다면 이것은 다른 사람이 죄짓지 않게 하려고 내가 죄를 짓는 것과 똑같은 것입니다. 이런 의식에 대하여 민감하지 못할 때, 우리의 사회는 점점 더 남의 큰 물건에 대하여 함부로 나의 것으로 만들기 위해 머리를 쓰고, 계산을 하게 됩니다. 이것이 만연하게 되면 그 사회는 병들 수밖에 없고, 그 공동체는 무너질 수밖에 없습니다.

그러므로 우리 그리스도인들은 세상 사람들의 그런 방식으로 살아서는 안됩니다. 우리는 거룩한 성도들입니다. 거룩이란 구별되었다는 것을 의미합니다. 옛날의 세상적인 방식과 이기적인 기준에서 살던 그런 모습에 대하여 이제는 끊어내는 결단을 해야 합니다. 이것이 거룩한 성도가 해야 할 능력입니다.

그래서 우리는 공동의 현장에서 사용되는 물건들을 개인의 용도를 위해 함부로 사용해서는 안됩니다. 우리가 거룩한 성도라면, 마땅히 땀흘려 일한 직원들에게 정당한 댓가의 월급을 반드시 주어야 합니다. 우리가 하나님을 두려워하는 자라면, 마땅히 해야 할 우리의 시간적인, 물질적인 의무를 최선을 다해 감당해야 합니다. 나라에 내야 할 돈이 있다면 정당하게 내야 합니다. 우리가 거룩한 그리스도인들이라면, 근무 시간에는 내 개인의 일이 아니라 회사를 위해 남이 보든 안보든 그 시간을 정당하게 사용해야 합니다. 받을 것 이상의 돈을 받아서는 안됩니다. 갚아야 할 돈이 있다면 마땅히 갚아야 합니다. 이것이 우리 그리스도인들이 세상의 사람들과 다르게 사는 방법입니다. 이것을 오늘 사도 바울 식의 표현대로 하면 '선한 일을 감당하는' 거룩한 성도의 마땅한 모습입니다.

제가 묻겠습니다. "도적질의 반대는 무엇입니까?" 도적질을 안하는 것입니까? 우리 그리스도인들은 도적질 안하는 정도가 아니라 적극적으로 선한 일을 하는 자리로 나아가야 합니다. 그래서 도적질의 반대는 도적질을 안하는 것이 아니라 선한 일을 하는 것입니다. 28절이 그것을 가르쳐 줍니다. 다시 한 번 28절을 보겠습니다.

"도적질하는 자는 다시 도적질 하지말고 돌이켜 빈궁한 자에게 구제할 것이 있기 위하여 제 손으로 수고하여 선한 일을 하라"

구원 받아 하나님의 자녀가 된 거룩한 성도들은 이제 소극적으로 죄를 짓지 않는 정도가 아니라 적극적으로 하나님의 선한 일을 위해 나아가야 합니다. 이를 위해 우리 성도들이 결단해야 할 것 두 가지가 있습니다.

나의 직장은 성직(聖職)

먼저, 최선을 다하여 자기에게 맡겨진 일을 하는 것입니다. 28절에 보시면, "제 손으로 수고하여 선한 일을 하라"고 말씀합니다. 사도 바울이 이 말을 했을 때 이미 그는 자신 스스로가 그 말씀을 실천하며 살았던 자입니다. 그 어려운 유럽 선교의 일을 감당하면서, 척박한 땅에 초대교회들을 세우는 일에 온 힘을 쏟으면서도, 그는 스스로 장막 깁는 일을 감당했던 자비량 선교사였습니다. 그가 세상적인 직업을 가지면서 이 선교의 사명을 감당했던 이유는 바로 선한 일, 곧 구제하기 위함이었습니다.

우리 그리스도인들이 땀을 흘려 일하는 이유가 무엇입니까? 그것은 하나님의 거룩하신 뜻, 곧 선한 일을 하기 위해 일을 하는 것입니다. 이 때문에 종교 개혁자 칼뱅은 우리 그리스도인들이 이 세상에서 갖는 직업을 하나님의 거룩한 부르심의 뜻인 성직(聖職), 곧 거룩한 직업이라 불렀습니다.

아무리 내가 일하는 현장이 화려하고 경제적인 유익이 크다 할지라도, 그 직장과 사업의 현장이 내 탐욕과 이기심을 위한 현장이라면 그것은 결코 성직이 될 수 없습니다. 그러나 나의 이 일과 사업의 현장을 통해 하나님이 원하시는 거룩한 뜻, 곧 선한 일을 이루시는 도구가 되기로 결심하셨다면 그 일이 무엇이든지 간에, 그 일로 일어나는 경제적인 유익이 얼마든지 간에 그것은 성직입니다. 여러분의 일터를, 직장을 거룩한 성직으로 여기고 하나님 앞에 결단해 보십시오. 그 일터를 하나님이 책임지십니다.

2010년 추수감사절 때 우리 교회 성도님이 경영하는 공장에 큰 불이 난 적이 있었습니다. 어렵게 공장을 경영하던 그 집사님 가정은 운영비를 줄여보고자 얼마 전에 보험까지 가장 낮은 것으로 해놓은 터라, 고스란히 모든 손해를 다 껴안아야 했습니다. 한동안 그 집사님의 얼굴은 말이 아니었습니다. 가뜩이나 얼굴이 까마신 분이 얼마나 속이 탔으면, 그 까만 얼굴이 정말로 새까맣게 타들어가는 것을 눈으로 볼 수 있었습니다. 이 때문에 저도 많이 기도했지만, 우리 성도님들이 얼마나 중보기도를 많이 했는지 모릅니다. 얼마 후에 하나님께서는 그 성도님에게 재기할 수 있는 장소를 마련해 주셨습니다. 전보다는 규모가 작지만 그래도 공장을 마련해 놓고 개업 예배를 드리게 되었습니다. 저는 그 개업 예배 때 실은 내색하지 못했지만 눈물이 나서 혼났습니다. 공장에 가보았더니, 아무것도 없는 겁니다. 가구를 만들어 놓을 수 있는 기계는 있는데, 물건이 하나도 없는거에요. 그래도 믿음으로 하나님께 나아가고자 하는 그 집사님 부부의 마음을 생각하니 눈물이 나지 않을 수 없었습니다.

예배가 끝난 후, 집사님이 이런 이야기를 하시더군요.

"목사님 제가 이 비지니스 시작할 때 하나님, 한 번만 사용해 주시면 제 사업장 멋지게 하나님의 일을 위해 사용하겠습니다. 이런 서원을 했는데, 왜 하나님께서 나에게는 길을 열어주시지 않는 것일까요?"

이때 제가 이런 말을 했습니다.

"집사님 이 일을 하나님 앞에 받은 거룩한 직업으로 여기시고 하나님의 선한 일을 위해 드리셨다면 하나님은 반드시 길을 여실 것입니다……"

일단 그렇게 말을 했는데, 속으로는 좀 걱정이 되었어요. 그래서 그날부터 기도를 많이 했습니다. '하나님! 어떻게 하지요. 이분의 사업장을 하나님 축복해주셔야 되겠습니다'. 그렇게 몇 달이 지났는데, 여전히 회복이 안되고 있는 거에요. 사람이 힘들 때는 누가 옆에서 '좀 어떠세요?'하면, 그런 인사말도 귀찮을 때가 있잖아요. 그래서 묻지도 못하고…… 그냥 지나고 있었는데, 나중에 그 집사님의 동산장님이 귀뜸을 해주셔서 알게 된 것인데, 지금 그 집사님의 사업장이 연말까지 주문이 밀려가지고 눈코 뜰 새 없이 바빠졌다는 것입니다.

내가 땀을 흘려 일해야 하는 현장이 바로 하나님의 선하신 일을 위해 나를 부르신 거룩한 직업, 곧 성직임을 인정하고 그 일에 순종하는 자에게 하나님은 반드시 그 길을 인도하십니다. 왜 이 성직의 길을 여신다고요? 선한 일을 하게 하시기 위함입니다.

영혼의 필요를 채우는 구제

또 한 가지 선한 일을 위해 우리가 해야 할 일이 있습니다. 바로 적극적으로 구제하는 일에 나아가야 합니다. 28절에 보면 이렇게 말씀합니다.

"도적질하는 자는 다시 도적질하지 말고, 돌이켜 빈궁한 자에게 구제할 것이 있기 위하여 제 손으로 수고하여 선한 일을 하라"

도적질에서 돌이키는 최상의 방법은 빈궁한 자들을 향하여 구제하는 일을 직접 실천하는 것입니다. 여기서 빈궁한 자라는 것은 경제적으로 가난한 자만을 의미하는 것이 아닙니다. 빈궁한 자를 뜻하는 헬라어가 '크레이안(χρείαν)'입니다. 이 단어는 '무엇인가를 필요로 하는 자'라는 뜻을 가지고 있습니다. 빈궁한 자에게 구제할 것을 마련하기 위해 열심히 일하라는 뜻입니다. 그래서 얻은 경제적인 유익으로 물질이 필요한 자에게는 물질을 주고, 위로가 필요한 자에게 위로를 주며, 기도가 필요한 자에게 함께 기도해주는 그 일을 하라는 것입니다. 이것이 진정한 구제의 뜻입니다.

우리 주위에 보면 우리의 도움을 필요로 하는 자들이 참으로 많이 있습니다. 어쩌면 우리 교회에 처음 나오시는 새가족들이 도움을 필요로 하는 자들 일 수 있습니다. 처음 교회에 오면, 예배실 어디에 앉아야 할지, 점심식사 시간만 되면 어디서 밥을 먹어야 할지 당황스러울 때가 많습니다. 이때 그분들 옆에 앉아서 함께 식사하는 것, 이것이 선한 일을 실천하는 것입니다. 맨날 만나는 사람들과만 식사하지 마시고, "여보 오늘 저분들과 식사합시다……." 이렇게 자리를 좀 옮겨보는 것도 선한 일의 실천입니다.

고난 가운데 있는 성도들을 위해 함께 울어주고 기도해 주는 것도 선한 일의 실천입니다. 가장 힘들고 외로울 때가 고난당했을 때 입니다. 가족을 잃은 슬픔 가운데 있을 때, 병들어 몸이 몹시 지쳐있을 때, 재난의 문제로 절망하고 있을 때…… 저들 옆에서 함께 있어 주는 것만으로도 큰 위로가 됩니다.

그런데 이러한 구제들 가운데 가장 가치 있고 중요한 구제가 하나 있습니다. 이것은 영혼의 필요를 채워주는 구제입니다. 이것은 인생의 절망과 탄식 가운데 있는 영혼들에게 새로운 기쁨과 소망을 소개하는 구제입니다. 예배의 감격을 한 번도 경험하지 못한 자들에게 예배를 소개하고, 인생의 목표를 잃어버린 자들에게 예수 안에서 새로운 소망을 얻게 하는 이것이야말로 가장 중요한 구제가 아니겠습니까? 동산에서 이 영혼의 필요를 채워주는 구제가 시작되기를 바랍니다. 여러분의 일터에서 이 영혼의 필요를 채워주는 구제가 일어나기를 소망합니다.

목요일마다 있는 어머니 기도회에서 한 집사님의 간증이 있었습니다. 그 집사님은 평소에 집이 멀어서 좀처럼 평일에 새벽 기도회에 나올 수 없는 분인데, 한 달여 전에 그 먼데서 일주일 동안 열심히 새벽 기도회에 나와 부르짖고 눈물로 기도하시기를 시작하셨습니다. 평소에 새벽 기도 안 나오시던 분들이 갑자기 새벽 기도 나와서 부르짖고 기도하면, 저는 겁부터 납니다. '저 집에 무슨 일이 있구나……'

나중에 안 것이지만, 그 집사님에게는 그런 일이 아니었습니다. 그 다음 주에 친정 어머니를 모시고 창조과학탐사여행을 떠나는데, 그 기회를 통해 한평생 불교신자로 살아오셨던 친정 어머니의 영혼에 하나님께서 찾아오시고 그 필요를 채워주셔서 하나님의 자녀되게 해 달라는 기도 때문에 일주일을 작정하고 부르짖었던 것입니다.

그 기도가 끝나고 다음 주에 친정어머니와 시어머니를 모시고 여행을 갔습니다. 그런데 여행 마지막 날 서로의 소감을 발표하는 시간에 한평생 불교신자로 살아 오셨던 어머님이 직접 이렇게 표현하셨답니다. "제 마음 속에 예수님이 찾아오셨습니다……." 그래서 딸이 놀라서 물어 보았습니다. "어머니, 어떻게 예수님이 마음 속에 찾아오신 것을 아세요?" 이때 어머님이 그랜드캐니언 현장에서 창조 과학 설명을 들은 후, 기념 촬영을 하는 그 시간에 절벽 바로 끝에서 모두가 사진을 찍으려 할 때, 평소에 두려움 때문에 절벽 같은데는 전혀 가실 수 없었던 어머니가 주저하고 가지 못하고 있었습니다. 그런데 갑자기 저 하늘 위에서 주님이 어머님 보고 오라는 음성이 들리더라는 것입니다. 이때 비로소 마음 속에 주님이 오셨음을 당신 스스로 깨달으셨다는 것입니다. 그래서 용기를 내어 처음으로 절벽에서도 사진을 찍는 용기를 얻으셨습니다.

그 어머님은 처녀 시절 교회를 다니신 적이 있지만, 결혼 후 시댁의 어른들 때문에 절에 나가고 불교신자로 수십 년을 살아오신 분이셨습니다. 그런 친정 어머니에게 가장 필요했던 것은 영혼의 안식과 기쁨이었습니다. 따님이 바로 그 필요를 알았기에 그렇게도 눈물로 하나님 앞에 어머니의 영혼의 필요를 위해 기도했던 것입니다.

저는 이것이 진정한 구제라고 믿습니다. 영혼의 필요를 채워주는 구제는 단순히 그 사람의 하루 이틀의 먹을 것 입을 것을 채워주는 정도가 아니라, 영원토록 누리게 될 참 평안과 기쁨과 소망을 전달하는 최고의 가치있는 구제입니다. 우리 주위에는 아직도 이 필요를 어떻게 채워야 할 지 모른 채 방황하는 자들이 너무도 많습니다.

사랑하는 성도 여러분, 여러분이 가지고 있는 시간과 물질과 기도의 능력을 바로 이 영혼의 필요를 채워주는 일에 한번 사용해 보지 않으시겠습니까? 여러분의 동산을 위해, 여러분의 직장을 위해, 그리고 우리가 기도하고 후원하는 지역의 선교 단체와 해외에 나가 계시는 선교사님들과 그들의 복음의 현장을 위해 한번 사용해 보지 않으시겠습니까? 그때 여러분의 시간과 물질과 기도의 삶은 하나님의 나라에 없어서는 안될 하나님의 가장 기뻐하시는 선한 도구가 될 것입니다.

삶 속으로

- 여러분의 동산 모임은 무엇을 지향하고 있습니까? 함께 울고, 함께 웃고, 함께 고민하고……. 무엇보다 영혼의 갈급함을 채워주는 구제에 힘쓰고 있습니까? 아니면, 그저 정기적인 모임에서 오는 자체의 즐거움에 만족하고 있습니까? 눈을 들어 주위를 돌아봅시다. 추수를 기다리는 많은 곡식들이 있습니다.
- 십계명 "도적질하지 말라"를 나머지 계명들과 연결해서 묵상해 봅시다. 예를 들어, "네 이웃의 집을 탐내지말라"라든가, "안식일을 기억하여 거룩하게 지키라"와 도적질의 관계는 무엇일까요? 하나님보다 피조물을 더 높이는, 우상숭배하는 마음은 어떻습니까?

19

| 에베소서 5:1-6 |

1 그러므로 사랑을 입은 자녀 같이 너희는 하나님을 본받는 자가 되고 2 그리스도
께서 너희를 사랑하신 것 같이 너희도 사랑 가운데서 행하라 그는 우리를 위하여 자
신을 버리사 향기로운 제물과 생축으로 하나님께 드리셨느니라 3 음행과 온갖 더러
운 것과 탐욕은 너희 중에서 그 이름이라도 부르지 말라 이는 성도의 마땅한 바니라
4 누추함과 어리석은 말이나 희롱의 말이 마땅치 아니하니 돌이켜 감사하는 말을 하
라 5 너희도 이것을 정녕히 알거니와 음행하는 자나 더러운 자나 탐하는 자 곧 우상
숭배자는 다 그리스도와 하나님 나라에서 기업을 얻지 못하리니 6 누구든지 헛된
말로 너희를 속이지 못하게 하라 이를 인하여 하나님의 진노가 불순종의 아들들에
게 임하나니

거룩을 실천하는 성도(5)
-하나님을 본받는 삶

이념? 심성? 그리스도의 피!

일본의 유명한 역사가요, 작가인 시오노 나나미는 자신의 책《로마인 이야기》에서 이런 말을 했습니다. "헬라인이 생각한 시민 의식은 자신들과 피를 공유하는 것이었고, 로마인이 생각한 시민 의식은 자신들과 정신을 공유하는 것이었다." 이 짧은 한 문장 속에 시오노 나나미는 헬라인과 로마인의 차이가 무엇이었는지를 정확하게 분석하고 있습니다.

로마인들은 서로가 같은 시민임을 확인할 때, 저 사람이 나와 같은 정신, 같은 이념을 가지고 있는 자인가로 확인한다는 것입니다. 예를 들면 이런 것입니다. 대한민국의 남자라면 모두가 군대를 가야 합니다. 군대에 입대하는 순간부터 그가 어떤 조직과 어떤 환경에서 생활했건 간에, 일관된 군인 정신으로 무장할 것을 요구받습니다. 남과 북이 대치하는 상황에서 나라를 수호하고 적의 침략을 막아내는 것이야말로 군인이라면 의무적으로 가져야 하는 정신입니다. 이것은 대한민국 헌법과 군대법에 의해서 규정되어 있는 강제적인 것입니다. 그래서 이 법에 명시되어 있는 정신과 이념을 따르는 자는 대한민국 군인이 될 수 있지만, 그 법을 따르지 않는 자는 군인이 될 수 없을뿐더러 처벌을 받게 됩니다. 이것이 로마인들이 정신을 공유했던 방식이었습니다.

반면에 헬라인들은 서로가 같은 시민임을 확인할 때, 저 사람이 나와 같은 정신과 이념을 가지고 있는 자인가라는 기준보다는, 저 사람이 나와 피를 나눌 수 있는 사이인가를 가지고 확인을 한다는 것입니다. 예를 들면 이런 것입니다. 전투에 임한 군인이 적과의 싸움에 별로 적극적이지도 못하고, 왜 이 전쟁을 해야 하는지도 잘 정립이 되어 있지 않은 상태에서 전쟁을 치르고 있다 하겠습니다. 그 이유는 여러 가지일 것입니다. 자신의 안일 때문일 수도 있고, 전쟁이라는 이념 자체에 동의하지 않아서일 수도 있습니다. 그러나 갑자기 자기와 친한 동료 병사가 적의 총탄에 피를 흘리며 죽어가는 것을 보는 순간, 이미 그에게 이념과 규율과 법은 문제가 되지 않습니다. 내 동료가 죽어가는 상황 앞에 그는 물불을 가리지 않고 전투에 임하여 적들을 향해 나가갑니다. 이것은 법과 규율과 이념을 넘어서는 인간의 심성과 감동을 근거로 하는 것이기에 강제적이기 보다는 자발적이요, 전인적이라 할 수 있습니다.

이 두 가지 중에 어떤 것이 강력한 힘을 발휘할 수 있다고 생각하십니까? 법과 규율과 이념을 통해 정신으로 무장된 강제적인 시민의식보다는, 피를 공유할 수 있는 심성과 감동에 근거한 자발적인 시민의식이 더 강력한 힘을 발휘할 수 있다는 것은 오랜 세월이 흐르는 동안 역사의 현실들을 통해 우리가 알고 있습니다. 100개의 법조항보다, 한 방울의 피가 더 강력한 힘을 가지고 있습니다. 그래서인지, 강제적인 정신을 공유했던 로마의 역사는 약 300년이 채 지나지 않은 시점부터 쇠락의 길을 가기 시작했지만, 자발적이고도 전인적인 피의 공유를 붙들었던 헬라인의 의식은 헬라 전성기가 지난 2천년 후에도 여전히 모든 인간의 정신과 문화와 철학에 강력한 영향을 미치는 큰 정신적인 흐름으로 남아 있습니다.

그러나 헬라인들의 이런 자발적이고 전인적인 시민 의식과는 비교도 되지 않는 강력한 시민 의식이 있습니다. 이 시민 의식은 서양 2천년의 역사뿐만 아니라 모든 인종과 모든 문화와 모든 언어를 넘어서 인류 역사 전체에 면면히 흐르고 있는 시민 의식입니다. 그것은 예수 그리스도의 십자가의 보혈을 함께 공유하며 사는 천국 백성들의 시민의식입니다. 2천 년 전 예루살렘 골고다 언덕 위에 흘렀던 예수 그리스도의 피는 그 이전과 그 이후에 살아가고 있는 천국의 모든 시민들을 하나 되게 한 강력한 능력이며 유일한 힘이었습니다. 그리스도의 피를 나눈 천국의 시민들은 그 피의 능력 때문에 자신들의 신앙과 믿음을 위하여 기꺼이 자신의 삶을 바쳤고, 인생을 드렸습니다. 그리스도의 피를 나눈 천국 시민들은 그 피의 능력 때문에 세상의 그 무엇과도 바꿀 수 없는 행복과 감격에 젖어 자신들의 시간을 바치고 물질을 바쳤으며 목숨까지도 바칠 수 있었습니다.

사랑하는 성도 여러분! 지금 여러분이 그리스도의 피를 공유한 자에게만 주어지는 천국 백성의 시민이심을 믿으십니까? 천국 백성의 시민이 되었다는 것은 무슨 법이나 강령이나 규율로 이루어지는 것이 아닙니다. 그것은 그리스도의 십자가의 보혈을 체험하는 자에게 주어지는 자발적이고도 전인적인 하나님의 은혜요, 선물입니다. 이것을 사도 바울은 오늘 본문에서 '하나님의 사랑을 입은 자'라고 표현하고 있습니다. 하나님의 사랑을 입은 자라는 것은 하나님의 사랑의 결정체인 십자가의 보혈, 곧 그리스도의 피의 은혜를 입은 자라는 뜻입니다. 이런 자를 에베소서는 거룩한 성도, 구원 받은 자, 하나님의 자녀라는 표현을 쓰고 있습니다. 하나님의 사랑을 입어 거룩하여진 성도는 과연 어떻게 살아야 하는지 사도 바울은 지난 4장에 이어 오늘 5장에서도 계속 선포하고 있습니다. 특별히 오늘 읽은 본문에서 그는 두 가지를 말씀하고 있습니다.

'미메테스', 모방하는 자

먼저, 하나님의 사랑을 입어 거룩한 성도가 된 자들은 하나님을 본받는 자가 되어야 한다고 말씀합니다. 1절을 함께 보겠습니다.

"그러므로 사랑을 입은 자녀 같이 너희는 하나님을 본받는 자가 되고"

여기서 본받는 자란 뜻의 헬라어 '미메테스'는 '모방하는 자'라는 뜻을 가지고 있습니다.

하나님은 영이시며 전능하신 분이시기에 유한한 우리가 하나님의 존재적인 모습을 본받을 수 있는 것이 아닙니다. 여기서 '본받는다'라는 것은 하나님의 성품과 인격을 본받는다는 것입니다. 하나님의 인격과 성품을 한 마디로 표현한다면 무엇입니까? 사랑입니다. 그래서 사도 요한은 하나님을 표현할 때, 하나님은 사랑이시라……라고 거듭 강조하고 있는 것입니다.

사람은 누군가를 좋아하는 순간부터 그 사람을 따라하게 되어 있습니다. 신학교 시절에 저를 가르치신 차영배 교수님이라는 분이 계십니다. 이분은 네덜란드에서 유학할 때, 네덜란드의 유명한 신학자 헤르만 바빙크 교수 밑에서 공부를 했습니다. 바빙크 교수를 얼마나 좋아했던지, 강단에서 강의할 때마다 바빙크 교수의 말을 인용합니다. 바빙크 교수가 좋아하던 취미를 따라하고, 바빙크 교수가 좋아하는 음악을 듣곤 했답니다. 시험 때 헤르만 바빙크 교수의 논지에 대하여 반론을 제기하면 여지 없이 좋은 성적이 나오지 않았습니다. 그래서 우리들은 그 차영배 교수님을 차빙크라 불렀습니다. 그때 알았습니다. '누군가를 좋아하면 저렇게 따라하게 되는구나……' 좋아하면 따라하게 되어 있습니다. 더 좋아하면 그 사람과 비슷해지는 것, 아십니까?

부부가 살아가면서 비슷해지는 것은, 서로 사랑하고 좋아하는 순간부터 상대방을 따라하게 되기 때문입니다. 음식도 따라 먹게 되고, 말하는 표현도 따라 하게 되고, 살아가면서 구체적으로 일어나는 일에 대한 반응과 마음의 생각까지도 따라하게 됩니다. 이렇게 서로를 따라하다 보면 마음과 마음이 하나 되기 때문에 얼굴의 인상도 비슷해지는 것 같습니다.

하나님을 닮아가는 것도 이와 비슷합니다. 하나님께서 내게 베푸신 사랑이 너무도 크고 놀랍기에 그 사랑을 받아본 사람은 그 사랑에 감복하며 감사하기 시작합니다. 우리 편에서는 감사와 감격이지만, 하나님 편에서는 이것을 하나님에 대한 우리의 사랑으로 보십니다. 그래서 하나님을 좋아하는 순간부터 우리는 우리도 모르게 하나님의 그 놀라우신 성품을 따라하게 됩니다. 아니 흉내를 내보는 것이라 말하는 것이 더 정확할 것입니다. 하나님은 전능하시기에 우리가 하나님의 그 사랑과 자비하심을 완전하게 본받을 수는 없습니다. 그러나 맨 처음에는 잘 되지 않지만 흉내라도 내봅니다. 그러는 순간, 나도 모르게 지워져 버렸던 하나님의 형상이 다시 회복됨을 느끼게 됩니다. 모든 인간에게는 이 하나님의 형상이 다 심겨 있습니다. 이 형상은 바로 하나님을 본받는 삶이 시작되는 순간부터 하나씩, 둘씩 내 마음의 굳은 살과 교만과 죄된 본성들이 벗겨지면서 우리의 말 속에, 우리의 표정 속에, 삶의 모습에서 드러나기 시작합니다.

이 부분에 대하여 주님은 요한복음 8:12에서 이렇게 말씀하셨습니다.

"나를 따르는 자는 어두움에 다니지 아니하고 생명의 빛을 얻으리라"

그렇습니다. 주님을 따르고 본받는 자에게는 생명의 빛이 비춰집니다. 생명의 능력이 그의 인격과 삶을 주관합니다.

하나님을 사랑하며 사는 자들의 모습을 한 번 보십시오. 얼굴이 예전과 다릅니다. 언어가 바뀝니다. 기쁨이 있고, 감사가 있습니다. 하나님을 사랑하는 자들의 삶을 보십시오. 세상의 사람들이 이해할 수 없는 열정과 감격이 있습니다. 분명한 목표와 삶의 가치를 가지고 삽니다. 이것이 하나님을 본받는 자에게 주시는 축복입니다.

내 모습 이대로…… 그대 모습 그대로

다음으로, 하나님의 사랑을 입어 거룩한 성도가 된 자들은 그 사랑을 삶에서 실천하는 삶을 살아야 한다고 말씀합니다. 2절을 함께 보겠습니다.

"그리스도께서 너희를 사랑하신 것 같이 너희도 사랑 가운데서 행하라 그는 우리를 위하여 자신을 버리사 향기로운 제물과 생축으로 하나님께 드리셨느니라"

사랑을 입은 자는 사랑에 반응하게 되어 있습니다. 하나님께서 나를 위해 치르신 십자가의 희생과 보혈의 의미가 얼마나 놀라운 것인가를 깨닫는 순간부터 우리는 그 하나님의 사랑에 감격하고 하나님을 다시금 사랑하는 자리로 나아가게 되어 있습니다. 하나님과 동행하며 하나님을 위해 내 삶을 드립니다. 그런데 사도 바울은 하나님의 그 사랑을 입은 자들은 하나님에 대하여 사랑을 반응할 뿐 아니라 한 걸음 더 나아가 그 사랑의 반응을 우리의 삶 속에서 더불어 살아가는 이웃에게 반응해야 한다고 말씀합니다. 이것은 이미 주님이 명하신 사랑의 원리이기도 합니다.

요한 사도는 이것을 요한일서 4:20에서 이렇게 말씀합니다.

"누구든지 하나님을 사랑하노라 하고 그 형제를 미워하면 이는 거짓말하는 자니 보는바 그 형제를 사랑치 아니하는 자가 보지 못하는바 하나님을 사랑할 수가 없느니라"

하나님을 사랑한다는 것은 바로 우리 삶의 현장에서 보이는 형제를 사랑하는 것으로 증명되어야 한다는 말씀입니다.

오래전에 베스트셀러로 수많은 사람들의 사랑을 받았던 《모리와 함께한 화요일》이라는 책이 있습니다. 근육이 점점 수축되어 가는 루게릭 병에 걸려 시한부 인생을 살아가는 노교수 모리 슈워츠와 그의 오래된 제자 미치 앨봄이 매주 화요일마다 만나 나눠었던 '인생의 의미'에 대한 실제 대화를 수록한 책입니다. 이 책에서 모리 교수는 미치에게 이런 말을 합니다. "이 병을 앓으면서 내가 배운 가장 큰 것이 무엇인지 아는가? 인생에서 중요한 것은 사랑을 나눠주는 법과 사랑을 받아들이는 법을 배우는 것일세"

브랜다이스 대학에서 오랫동안 학생들을 가르치며 한평생을 살아왔던 모리 슈워츠 교수에게 있어서 가장 중요한 것은 그가 쌓아 놓은 학문적 업적도, 수많은 제자들로부터 받았던 존경도 아니었습니다. 그것은 바로 사랑이었습니다. 그가 얻은 인생의 결론이 바로 사랑을 받으며 사랑을 나누어 주는 것에 있었다는 것은 참으로 놀라운 통찰력이지 않을 수 없습니다.

우리가 이 땅에 살아가면서 참된 그리스도인으로서 살아간다는 것은 하나님의 사랑을 입은 자답게 그 사랑을 증명하며 사는 것입니다. 하나님의 사랑이 어떤 사랑입니까? 우리를 살려내시기 위해 자기의 아들을 아끼지 아니하신 희생의 사랑입니다. 그래서 사도 바울은 이 사랑을 로마서 5:8에서 이렇게 고백합니다.

"우리가 아직 죄인 되었을 때에 그리스도께서 우리를 위하여 죽으심으로 하나님께서 우리에게 대한 자기의 사랑을 확증하셨느니라"

하나님은 이 사랑을 우리에게 심어 주시기 위해 우리를 있는 그대로, 이 모습 그대로 끝까지 기다리시고 인내하며 참아주셨습니다. 그래서 이 하나님의 사랑을 경험한 자만이 하나님을 사랑할 수 있고, 하나님을 사랑할 수 있는 자는 우리의 삶의 현실에서 그 사랑을 실천할 수 있습니다.

현재 빌리 그래함 전도협회를 책임지고 있는 분은 빌리 그래함 목사님이 아니고 그의 아들 프랭클린 그래함입니다. 그가 원래부터 아버지의 사역을 이어받아 목회자의 길을 간 것이 아닙니다. 그는 20대 초반까지 반항아로서 거칠고 타락한 삶을 살았습니다. 한 번은 프랭클린이 바깥으로 떠돌다가 돈이 떨어져서 할리 데이비슨 오토바이를 요란하게 몰고 아버지 집으로 갔습니다. 오토바이족들이 입는 그런 너저분한 옷을 입고, 턱수염까지 기른 그의 모습은 영락없는 반항아의 모습이었습니다. 그가 현관 문을 활짝 열고 들어갔을 때, 그곳에서 아버지는 전도협회 운영위원들과 함께 회의를 하고 있었습니다. 순간, 모두가 하던 일을 멈추고 프랭클린을 쳐다 보았습니다. 그 상황을 한 번 상상해 볼 수 있으십니까? 빌리 그래함 목사님으로서는 당황스럽고 수치스럽게 느낄 수 있는 순간이었습니다. 웬만한 사람 같으면 얼굴이 화끈거리는 기분을 느꼈을 것입니다. 하지만 빌리 그래함 목사님은 반갑게 아들을 맞이하며 운영위원들에게 "내 아들, 프랭클린 입니다" 하고 당당하게 소개했습니다. "아들의 무례함을 용서하십시오"라는 말을 한 마디라도 할 법한데, 아버지는 환하게 웃고 있었습니다. 당황한 것은 오히려 아들 프랭클린이었습니다. 그는 아버지의 표정과 몸짓과 음성을 살펴 보았지만, 거기에는 자신을 부끄럽게 여기는 기색이 전혀 없었습니다. 이 부분에 대하여 그는 나중에 자신의 자서전에서 그 사건을 회고하면서 이렇게 고백합니다. "반항과 방황 기간에 아버지가 내게 보여준 사랑과 존경과 신뢰가 나를 붙들어 주었습니다."

어떻게 빌리 그래함 목사님이 아들에 대하여 이런 사랑을 보여줄 수 있었던 것일까요? 그것은 빌리 그래함 자신이 아직 죄인 되었을 때 자신을 위해 십자가에 달려 돌아가신 예수 그리스도의 사랑을 진실하게 알았으며, 그 사랑을 아는 사람이 어떻게 다른 사람을 사랑해야 하는지를 알았기 때문입니다. 그래서 빌리 그래함 목사님은 자신의 아들이 아직 죄인으로 있을 때에도 여전히 그를 있는 그대로 사랑하고 자랑스럽게 여겼습니다. 그 사랑이 아들로 하여금 방황 속에서도 벼랑까지 가지 않도록 붙잡아 주었던 것입니다. 빌리 그래함 목사님은 전도 집회가 있을 때마다 예수 그리스도를 영접하기를 원하는 자들을 강단 앞으로 초대하는 순서를 늘 가지십니다. 그때마다 어김없이 연주되는 것이 〈Just as I am〉이라는 찬송가입니다. 바로 찬송가 339장 '큰 죄에 빠진 날 위해'입니다. 이 찬양은 'Just as I am……'으로 시작해서 'Oh Lamb of God I come I come'으로 끝을 맺습니다. '내 모습 이대로, 주께 나아갑니다. 주께 나아갑니다'라는 뜻입니다. 한국 찬송가에서는 'Just as I am, 내 모습 이대로'를 '거저'라고 번역했습니다. '주께로 거저 갑니다'

하나님은 '내 모습 이대로(Just as I am)'를 사랑하셨습니다. 이 같은 사랑의 확신이 우리 자녀들에게 가장 필요한 것 같습니다. 착할 때만이 아니라, 공부 잘할 때만이 아니라, 말 잘 들을 때만이 아니라, 부모의 기대를 져버리고 타락의 길을 가고 있을 때조차, 우리는 우리의 자녀들에게 우리의 변함없는 사랑과 신뢰를 주어야 할 것입니다. 이것은 우리가 먼저 하나님이 내 모습 이대로(Just as I am)를 사랑하셨음을 확신할 때만 나올 수 있습니다. 내가 하나님을 거역하고 외면하고 반항할 때조차 나를 사랑하신 것처럼 내 자녀들을 그렇게 사랑할 수 있도록 기도하고 실천해야 합니다. 이때 우리 아이들은 우리를 통해 하나님의 놀라우신 사랑과 생명의 역사를 경험하게 될 것입니다.

가족만이 아닙니다. 우리의 이웃을 대할 때도 마찬가지입니다. 사랑할 만한 조건을 따지는 우리의 습성을 버려야 합니다. 내 모습 이대로(Just as I am)를 사랑하신 그 하나님의 사랑을 받은 자답게 내가 대하기에 거북한 사람, 하나님을 등지고 악하게 살아가는 사람, 속속들이 세속적이어서 상대하고 싶지 않은 사람, 그 말과 행동에서 세상적인 냄새 때문에 역겨움을 주는 사람, 그런 사람들을 대면하고 받아주고 품어줄 수 있는 자리까지 자라가야 합니다. 이때 비로소 우리가 경험한 하나님의 사랑이 진짜라고 할 수 있습니다. 이 놀라운 사랑의 실천이 여러분의 가정에서 일터에서 우리의 교회 공동체에서 일어나시기를 간절히 축원합니다.

삶 속으로

- 빌리 그래함 목사님의 아들을 향한 변함없는 사랑은 어디서 비롯된 것입니까? 거리감을 어느 정도 유지할 수 있는 교우들이나 직장 동료들과는 달리, 예의의 경계선이 무너지기 쉬운 가족 구성원들 간에는 의외로 증오심과 실망, 무시 등이 부지불식간에 자리잡기 쉽습니다. 우리 가족을 둘러 봅시다. 혹시 내가 던진 무심한 언어폭력으로 상처받고 있는 가족이 있습니까?
- 하나님을 본받는 자라면, 무능력하고 무책임한 가족구성원들을 향해 어떻게 해야 하겠습니까? 이 모든 선행의 동기와 원동력은 어디서 나올 수 있겠습니까?

20

7 그러므로 저희와 함께 참예하는 자 되지 말라 8 너희가 전에는 어두움이더니 이제는 주 안에서 빛이라 빛의 자녀들처럼 행하라 9 빛의 열매는 모든 착함과 의로움과 진실함에 있느니라 10 주께 기쁘시게 할 것이 무엇인가 시험하여 보라 11 너희는 열매 없는 어두움의 일에 참예하지 말고 도리어 책망하라 12 저희의 은밀히 행하는 것들은 말하기도 부끄러움이라 13 그러나 책망을 받는 모든 것이 빛으로 나타나나니 나타나지는 것마다 빛이니라 14 그러므로 이르시기를 잠자는 자여 깨어서 죽은 자들 가운데서 일어나라 그리스도께서 네게 비취시리라 하셨느니라

너희는 빛이라

살렘, 390년의 세월이 지난 후

미국 북동부 메사추세츠주의 플리머스 지역에 가면 Cape Cod라는 유명한 항구가 있습니다. 이곳은 1620년 영국에서 종교의 자유를 찾아 미국을 향해 떠났던 청교도들이 메이플라워호를 타고 처음 도착한 장소입니다. 102명의 신실한 그리스도인들은 66일 간의 길고도 험난한 여행을 마치고 마침내 자유의 나라 미국에 같은 해 11월 21일에 첫발을 내디뎠습니다. 신실한 신앙의 청교도들은 그 땅을 하나님이 주신 참된 신앙의 땅으로, 믿음의 유업을 후세에 물려줄 수 있는 영적인 땅으로 여기며 정복해가기 시작했습니다. 그래서 저들은 처음 발을 내딛고 개척자의 삶을 시작한 그 땅을 자신들의 고향 이름을 따서 플리머스라고 지었습니다. 그 플리머스를 중심으로 청교도들은 계속해서 서쪽으로 서쪽으로 향하여 신앙의 터전을 넓혀갔으며 그때 세워졌던 보스턴은 미국의 가장 오래된 도시 중의 하나가 되었습니다. 그 후, 100여 년이 지난 1730년경에 조나단 애드워드나 조지 횟필드 같은 지도자들에 의해 미국의 영적 대각성 부흥운동이 그 신앙의 땅 메사추세츠 주를 비롯한 뉴잉글랜드 지역에서 일어나기 시작했습니다. 미국의 역사와 청교도들의 신앙의 자취를 알려면 그래서 보스턴을 중심으로 한 메사추세츠 주를 살펴보아야 합니다. 그런데 그렇게도 뜨겁고 순수했던 청교도들의 신앙이 390년이 지난 지금에 와서는 어떤 상태에 있습니까?

청교도들의 신앙의 산실이라 불리웠던 메사추세츠는 지금 미국에서 동성 연애를 가장 먼저 합법화시킨 주가 되었습니다. 지금 메사추세츠주에는 유치원 아이들부터 시작해서 고등학생에 이르기까지 학교에서 배우는 교과서에 동성 연애자들에 대한 이야기가 공공연히 실리고 있고, 어릴 적부터 동성 연애는 자연스러운 것이며 저들의 인권을 존중해 주어야 한다고 배우고 있습니다.

자유와 인권이라는 미명 하에 모든 기독교적인 요소를 의도적으로 제거하고 세상적이고 비기독교적인 요소들이 모든 분야에 침투해 영향력을 발휘하고 있습니다. 기독교 정신에 의하여 세워졌던 모든 학교들이 이미 기독교 정신을 수호하지 못하고 종교 학부로 이름이 바뀌었습니다. 공식 과목이었던 성경 과목과 교실 내의 기도의 시간은 모두 금지되었으며, 법정에 세워졌던 십계명들도 모두 철거 되었습니다.

보스턴 근교에 위치한 셀럼이라는 도시는 한 블락 전체가 사탄을 숭배하는 심령술사들의 거리로 변했으며, 해마다 10월 31일 할로윈만 되면 이곳은 미 전역과 세계 각국에서 축제 한마당을 벌이러 모여든 마녀들의 집합 장소가 되었습니다. 제가 미국에 처음 도착해서 약 6개월을 살던 도시가 이 셀럼이었습니다. 청교도의 나라요, 신앙과 믿음 위에 세워진 나라, 미국에 대한 기대를 가지고 있었던 저는 셀럼이라는 도시를 둘러본 순간, 미국이 지금 어느 상태에 있는지를 짐작하게 되었습니다. 할로윈 축제가 벌어지는 장소에 직접 가 보았을 때 제가 받은 충격은 너무도 컸습니다. 그 동네는 마녀들과 심령술사들의 동네였습니다. 아무것도 모르는 아이들과 청소년들은 할로윈이 하나의 축제인줄 알고 부화뇌동하며 거리를 누비고 다녔고, 저들을 이용하여 점을 치고 심령술을 부리는 수많은 자들이 자기들의 세상을 만난양 활보하고 있었습니다. 그때 제 입에서 나온 첫 마디는 "미국이 어떻게 이렇게까지 되었는가?"였습니다.

후에 깨달은 것이지만, 하나님께서는 미국 생활을 시작하는 제가 화려하고 웅장한 미국의 번영을 보기 이전에, 미국의 영적 현실이 무엇인지를 보게 하셨던 것이었습니다. 저는 그래서 미국 생활 처음부터 영적인 긴장과 각성을 갖지 않으면 미국에서 신앙 생활이 쉽지 않다는 것을 알게 되었습니다.

그렇게도 순수하고 열정적으로 시작했던 청교도들의 땅이 지금 하나같이 세속의 땅으로, 신앙을 배척하는 땅으로 바뀐 이유가 무엇일까요? 그것은 바로 기독교인들이 이 땅에 살면서 점점 그 빛의 역할을 감당하지 못하게 되었기 때문입니다. 빛의 역할을 감당하지 못했다는 것은 기독교인들이 세상에 대하여 영향력을 발휘하지 못했다는 것을 의미합니다. 세상을 주도하고 이끌어가야 할 기독교인들이 더는 힘을 발휘하지 못하자 기독교인들이 오히려 세상에 끌려가고 있습니다. 청교도들이 이 땅에 도착한 이후 약 390년의 세월이 지나면서 그렇게 열정적이고도 강렬했던 신앙이 식어가자 사탄은 그 틈을 노린 것입니다. 세상에서 기독교인들이 빛을 발할 때는 꼼짝 못하다가, 빛의 역할을 감당하지 못하자 사탄은 그 기회를 이용하여 자기의 세력을 확장시켜 버렸습니다. 하나님을 예배했던 예배당 자리를 식당으로 만들고 극장으로 만들어 버렸습니다. 신앙 교육의 가장 좋은 산실이었던 공립 학교의 교실들에서 기도를 금지하고 성경 과목을 폐지함으로 그곳을 자연스럽게 세속의 현장으로 만들어 버렸습니다. 여기까지만 이야기하면 이 미국은 소망이 없는 것처럼 느끼실 것입니다. 그러나 그렇지 않습니다. 이 미국 안에는 아직도 저들의 세속주의와 싸우며 신앙의 본질을 수호하기 위해 애를 쓰는 수많은 신실한 그리스도인들이 남아 있습니다. 하나님께서 이 미국을 사용하시는 것은 그런 신실한 그리스도인들 때문입니다.

그러면 이런 현실 앞에 우리 그리스도인들이 해야 할 일은 무엇일까요? 바로 본연의 자리로 돌아오는 것입니다. 빛의 역할을 감당하는 것입니다. 그리하여 하나님께서 의도하신 우리 그리스도인들 한 사람 한 사람이 세상에 대하여 빛을 비추는 역할을 다시 감당하는 것입니다. 빛을 비추는 것 자체가 영향력을 발휘하게 되어 있습니다. 빛을 비추는 순간부터 우리는 세상에 끌려가는 자들이 아니라 세상을 주도하며 인도하는 자들이 됩니다. 그러면 어떻게 하는 것이 빛을 비추는 것입니까?

이제는 주 안에서 빛이라

먼저, 빛의 자녀들처럼 행해야 합니다. 7-8절을 함께 보겠습니다.

"그러므로 저희와 함께 참예하는 자 되지 말라 너희가 전에는 어두움이 더니 이제는 주 안에서 빛이라 빛의 자녀들처럼 행하라"

여기서 저희라는 것은 5:3-6에 나오는 세상의 어둠의 일들을 주도하는 자들을 가리킵니다. 사도 바울 당시에 에베소 교회 안에는 그리스도인이 되었어도 여전히 옛날 습관대로 음행을 저지르는 자들이 있었던 것 같습니다. 에베소의 아데미 신전 신을 숭배한다는 것은 바로 사제들과 매춘을 하는 것이었습니다. 에베소의 분위기 전체가 그러하기에 기독교인이 되었다 해도 이런 매춘하는 일에 많은 자들이 그 습관을 버리지 못하고 있었습니다. 이뿐 아닙니다. 에베소의 분위기는 거짓이 난무하고, 모두가 탐욕에 가득차 있었습니다. 남을 무시하고 비아냥거리는 말들을 서슴없이 했습니다. 속이고 불순종하고 모함하는 일들이 다반사였던 에베소의 분위기 때문에 그리스도인들조차도 여전히 그런 분위기에 눌려 교회 안에서도 그렇게 했다는 것입니다.

이 부분에 대하여 사도 바울은 지금 엄히 경고합니다.

"저희와 함께 참여하는 자가 되지 말라……"

왜 그래야 할까요? 그리스도인들은 한 마디로 저들과 섞일 수 없는 그런 신분의 사람이기 때문입니다. 그리스도인이 되었다는 것은 무엇을 뜻하는 것입니까? 바로 우리의 신분과 존재가 거룩하신 하나님의 자녀로 바뀌었다는 것을 말합니다. 오늘 사도 바울 식으로 이야기를 한다면 이제 우리는 주 안에서 빛이 되었습니다.

이것은 우리가 거룩의 능력을 가지고, 더 이상 죄를 짓지 않을 수 있는 완벽한 능력의 소유자가 되었다는 것을 뜻하는 것이 아닙니다. 우리는 여전히 죄의 유혹 앞에 무너질 수밖에 없는 연약한 자들이지만, 이제 우리의 신분이 어떻게 바뀌었는지를 제대로 깨달아 거기에 걸맞게 살라는 것입니다.

더럽고 추한 우리, 늘 구정물과 진흙탕에서만 놀던 우리에게 하나님께서 찾아오셔서 머리에서 발끝까지 깨끗이 씻어 주셨습니다. 그러고는 우리에게 예수 그리스도의 의의 옷을 입혀 주셨습니다. 깨끗한 몸과 그리스도의 의의 옷을 입은 자는 더 이상 구정물이나 진흙탕에 들어가지 않습니다. 왜냐하면 우리는 이제 새롭게 해야 할 일이 하나 생겼기 때문입니다. 바로 우리의 몸을 통해 빛을 발하는 삶을 사는 것입니다. 이 빛은 우리 자체가 가지고 있는 빛이 아닙니다. 이 빛은 바로 하나님의 빛입니다. 우리가 예수 그리스도 안에 의의 옷을 입는 순간부터 빛이 발하게 되어 있습니다.

마치 이런 것입니다. 전등이 방바닥에 굴러다닐 때는 전혀 쓸모가 없었지만, 전기를 공급하는 플러그에 연결되는 순간 환한 빛을 발휘하는 것처럼, 우리가 예수 그리스도 안에 있는 순간, 우리는 빛을 발하게 되어 있습니다. 이것을 사도 바울은 오늘 본문 8절에서 이렇게 말씀합니다.

"너희가 전에는 어두움이더니 이제는 주 안에서 빛이라"

빛은 죄가 무엇인지를 밝히 보여 줍니다. 빛은 그래서 비치는 순간 어두움을 몰아냅니다. 빛된 성도는 그래서 죄에 동조하는 자가 아니라 죄가 무엇인지를 밝혀 드러내는 자입니다.

얼마 전에, 메사추세츠주에 사는 데이빗 파커와 토냐 파커 부부는 유치원에 다니는 아들이 집으로 가져온 책을 보고 놀라지 않을 수 없었습니다. 《Who is in a family?(가족의 구성원으로 누가 있는가?)》라는 제목의 이 책에는 한 집에서 남자 두 사람이 한 사람을 엄마로, 한 사람은 아빠의 역할을 하는 모습을 그리고 있었습니다. 5살 밖에 되지 않은 아이에게 이것을 가르쳐 줄 경우에 그 아이에게는 가족에 대한 개념이 어떻게 형성되겠습니까? 이 때문에 파커 부부는 학교를 찾아가 어떻게 이런 것을 가르칠 수 있느냐고 대책을 마련하라고 했더니 경찰을 부르더랍니다. 이 때문에 파커씨는 유치장에까지 가는 수모를 겪어야 했습니다. 우리 시대는 특수한 곳을 제외하고는 예수 믿는 것 때문에 감옥에 가지는 않습니다. 그러나 성경의 원리대로 살아보려고 하는 이유 때문에 감옥에 가는 일들이 벌어지고 있습니다.

이것이 저 멀리 있는 북동부의 한 주에서 일어난 일이라고만 생각하십니까? 곧 이 캘리포니아에 그런 일이 발생할 수도 있게 되었습니다. 샌프란시스코 출신의 주 상원의원인 Mark Leno가 제출한 SB48법안이 바로 그것입니다. 이 법안이 통과되면, 현재 캘리포니아 안에 있는 모든 공립학교에서 학생들의 교과서 속에 동성 연애를 극히 자연스러운 것으로 교육할 수 있는 길이 열리게 됩니다. 이 상황 앞에 빛된 우리 그리스도인들이 해야 할 일이 무엇입니까? 저 어둠과 절망과 탐욕과 부정한 세상의 흐름에 참여하지 않는 것입니다. 그냥 이 법이 통과되도록 내버려 두면 우리도 모르는 사이에 저 어두움의 일에 참여하는 것이 됩니다. 그러므로 우리는 이 법이 통과되지 않도록 적극적으로 저지해야 할 것입니다. 이를 위해 우리 그리스도인들이 SB48법안 저지를 위한 국민 발의안 Referendum에 서명하고 있습니다. 시민권을 가지신 모든 분들은 이 서명에 동참해 주시기 바랍니다. 그리하여 우리 빛된 성도들이 세상의 어두움에 동참하지 않고 있음을 보여주시고 저들의 모습이 얼마나 어리석은 것인가를 보여주시기 바랍니다. 이것이 바로 빛된 성도가 세상에 빛된 자녀로 사는 것입니다.

빛의 열매들

다음으로 세상에 빛을 비추기 위해서는 빛의 열매를 맺어야 합니다. 9-10을 보겠습니다.

"빛의 열매는 모든 착함과 의로움과 진실함에 있느니라 주께 기쁘시게 할 것이 무엇인가 시험하여 보라"

빛된 성도가 이 세상에서 빛을 제대로 발하고 있는지는 그 열매를 보면 알 수 있습니다. 사도 바울에 의하면 빛된 성도는 착함과 의로움과 진실함이라는 열매가 나타난다고 말씀합니다. 여기서 착함이라는 것은 다른 사람들의 최선의 유익을 항상 구하며 사는 도덕적이고 영적인 탁월성을 뜻합니다. 또한 의로움이라는 것은 옆으로 벗어나지 않고 정도를 따라가는 모습을 말합니다. 진실함이라는 것은 속임수와 위선과 거짓이 난무하는 이 시대에 진리를 붙드는 능력입니다.

여기서 우리에게 의문이 하나 생깁니다. 착함과 의로움과 진실함이라는 열매를 진짜 우리가 이 시대와 이 땅 위에서 이루어낼 수 있는 능력이 있는가입니다. 우리에게는 그런 능력이 없습니다. 착함과 의로움과 진실함이라는 것은 하나님의 성품입니다. 하나님은 선하시고 의로우시며 진실하십니다. 이것은 사람에게 있는 성품이 아닙니다. 그런데 하나님께서는 그리스도 예수 안에서 거듭난 사람에게 이 성품을 물려 주셨습니다. 그래서 그리스도 예수 안에서 거듭난 사람은 이 열매를 맺게 됩니다.

요한복음 8:12에서 사도 요한은 이렇게 말씀합니다.

"예수께서 또 일러 가라사대 나는 세상의 빛이니 나를 따르는 자는 어두움에 다니지 아니하고 생명의 빛을 얻으리라"

우리 안에 계시는 예수 그리스도께서 우리에게 생명의 빛을 주심으로 우리는 그 빛을 이 세상에 발하는 자가 되며 그 생명의 빛을 발하는 순간부터 선함과 의로움과 진실함의 열매를 맺을 수 있습니다. 그러므로 우리 성도는 지금 내가 처한 이 자리에서부터 그 열매를 맺기 위하여 나아가야 합니다.

어릴 적부터 큰 꿈을 가지고 세계 지도를 자주 펼쳐보던 한 소년이 지도에 그려져 있는 우리 조선 땅이 너무 좁다는 생각을 하곤 했습니다. 그러면서 이런 말로 늘 푸념을 했습니다. "이왕 태어날 거면 중국에서 태어났어야 하는건데……." 이런 생각에 그는 중국 심양의 조선 사람들이 많이 살고 있는 동네까지 가게 되었습니다. 그곳에 도착한지 며칠 안되어 교회에 주일 예배를 드리러 온 그에게 목사님이 물었습니다.

"자네는 어찌하여 이곳까지 왔는가?" 그는 "조선 땅이 너무 좁아 넓은 곳에서 포부를 펼치려고 왔습니다"라고 대답을 했습니다. 그러자 목사님은 전병 가게로 들어가더니 그에게 전병 한 개를 사주면서 "그걸 가운데부터 먹어보게"라고 했습니다. 그는 "이걸 어떻게 가운데부터 먹을 수 있습니까?"라고 되물었습니다. 그러자 목사님은 "떡 하나도 한복판에서부터 먹을 수 없으면서 어떻게 세계를 한가운데서부터 먹으려 하는가? 떡은 가장자리부터 먹는 법이니 당장 조선으로 돌아가게."

이 목사님의 말씀에 큰 깨달음을 얻는 그는 조선으로 돌아와 '한 손에는 성경을, 한 손에는 괭이를' 들고 암울했던 나라와 민족의 장래를 책임지는 삶을 살기로 합니다. 그 소년이 후에 가나안 농군 학교를 세우신 김용기

장로님이십니다. 김용기 장로님이 자신이 서 있는 그 땅에서부터 한 손에는 성경을 한 손에는 쟁기를 들고자 하는 마음의 자세가 없었던들 어떻게 그 암울했던 일제 강점기에 조선의 백성들에게 새로운 꿈과 소망을 줄 수 있었겠습니까? 김용기 장로님께서 늘 외치셨던 '한 손에는 성경을, 한 손에는 쟁기를' 이라는 구호는 바로 한 그리스도인이 세상을 향하여 빛을 발하는 삶을 살 때만 나타날 수 있는 빛의 열매였습니다. 한 사람의 빛의 열매로 인하여 한국의 사회는 그 풍전등화와 같았던 어려움과 절망과 고독의 상황에서 새로운 소망을 가질 수 있었습니다. 한 사람의, 알려지지 않은 그 외진 곳에서의 빛의 열매를 발하는 삶 때문에 한국 민족은 새로운 힘과 능력을 얻게 되었습니다.

나 한 사람이 내 삶의 현장에서 빛의 열매를 발할 때, 내 삶 뿐 아니라 우리 사회와 우리 공동체를 회복시킬 수 있습니다. 내 가정이 빛의 열매를 맺는 첫 장소가 되어야 합니다. 내 동산이 빛의 열매를 맺는 그 다음 장소가 되어야 할 것입니다. 내가 땀을 흘려 일하는 일터의 현장이 빛의 열매를 맺는 또 다른 장소가 되어야 합니다. 이렇게 계속해서 우리 삶의 현장의 작은 부분에서부터 확장되어 나아가기 시작할 때, 우리의 이 땅과 이 나라는 다시금 하나님의 거룩한 뜻을 회복하는 신앙의 공동체, 믿음의 현장이 될 것입니다.

어두움의 일들이 스스로 드러날 때까지

마지막으로, 우리 성도는 빛을 발하는 삶을 살아서 어두움의 일들이 드러날 수 있게 해야 합니다. 11절을 함께 보겠습니다.

"너희는 열매 없는 어두움의 일에 참예하지 말고 도리어 책망하라"

여기서 책망하라는 것은 '지적하라, 비판하라'는 뜻이 아닙니다. 책망하라를 뜻하는 헬라어 '알렉세스테'는 진짜 좋은 것을 보여줌으로써 스스로 그것이 얼마나 잘못된 것인지를 알게 할 때 사용하는 단어입니다. 그런 의미에서 번역을 다시할 수 있다면, "드러나게하라"라고 하는 것이 더 정확할 것입니다.

우리 가운데 어떤 분들은 누군가의 허물과 잘못이 발견되었을 때, 즉시 달려가 지적하고 가르쳐줍니다. 그것도 성격인 것 같습니다. 참지를 못하는 것이지요. 그런데 그것은 전혀 빛을 발하는 자의 모습이 아닙니다. 빛을 발하는 성도는 그 형제와 이웃이 잘못을 행하고 있을 때, 당장 달려가서 '스트레이트 포워드'하게 지적해주는 것이 아니라, 사랑의 마음을 가지고 저들이 얼마나 잘못하고 있는지를 스스로 깨닫도록 참된 것, 바른 것을 보여주어야 합니다. 그래서 우리는 지적하기 이전에 그를 사랑할 수 있는 마음을 달라고 먼저 기도해야 합니다.

우리 그리스도인들이 죄를 대하는 방법은 지적이나 비난이나 책망이 아닙니다. 바로 그 대상이 스스로 깨달을 수 있게 하는 것입니다. 이 부분에 대하여 주님은 마태복음 5:16에서 이렇게 말씀하셨습니다.

"이같이 너희 빛을 사람 앞에 비취게 하여 저희로 너희 착한 행실을 보고 하늘에 계신 너희 아버지께 영광을 돌리게 하라"

여기서 주님은 저들의 죄를 지적하라, 저들을 책망하라 말씀하지 않으십니다. 오히려 주님은 비판하지 말라고 하십니다. 특히 나와 가까이 있는 형제와 이웃의 죄와 잘못을 발견했을 때는 우리의 빛된 행실, 곧 빛을 발하는 삶을 보여줌으로, 저들의 죄와 잘못이 무엇인지를 스스로 깨닫고 저들로 하여금 하나님께 영광을 돌리는 자리로까지 나아가게 하라는 말씀입니다.

어떤 한인 교회에서 일어났던 일입니다. 오래전에 50대 후반의 남자가 한국에서 여러 가지 어려움으로 가족과 함께 미국에 이민 왔습니다. 이 남자는 집안의 장손이었습니다. 그래서 대대로 조상들에게 제사를 드리는 일을 도맡아 해오고 있었습니다. 그러나 그 부인은 신실한 크리스천이었습니다. 결혼 때부터 시부모들에게 절대로 제사드리는 일에는 참여하지 않겠다고 말했습니다. 그러나 이 부인은 지혜가 있는 자였습니다. 집안의 화목을 위해서 제사 음식을 준비하는 일은 다 감당했습니다. 할 수 있는 것 이상으로 정성을 다해 준비했습니다. 그런데 이런 아들 부부가 미국에 이민을 온 것입니다.

미국에 와서 가장 먼저 찾아간 곳이 교회입니다. 한인 교회를 다니면서 남편에게 신앙이 들어가기 시작했습니다. 2년이 지난 후 남편은 완전히 변했습니다. 제사는 물론이요, 옛날 어둠의 삶을 살았던 모든 방식을 완전히 끊었습니다. 그 좋아하던 술, 담배도 끊고, 세상적인 친구들도 끊었습니다. 오직 그리스도 안에서 성도의 교제와 믿음의 삶을 살게 되었습니다. 그러나 이렇게 삶이 바뀐 후, 이분에게 가장 마음에 걸리는 분이 한 분 있었습니다. 바로 자신의 아버지였습니다. 장손으로 생각하고 조상 제사를 계속해서 이어주기를 바라는 아버지께서 이 사실을 알게 된 후, 아버지와 아들은 더 이상 전화도 하지 않을 정도로 사이가 나빠졌습니다. 이 상황 앞에 그 부인이 남편 없이 혼자 제삿날이 되면 한국에 들어가 음식을 차려주는 일을 계속 했습니다. 몇 년이 지나서 이 아버지가 며느리가 차려준 제삿상 앞에서 제사를 드리면서 이렇게 이야기 하더랍니다.

"조상님들, 이제 더 이상 이 제사상을 올릴 수가 없게 되었습니다. 제 아들이 예수를 믿는다고 합니다. 예수 믿는 아들에게 어떻게 제사상 차리라고 할 수 있겠습니까?"

이 고백을 한 후 더 이상 그 아버지도 제사를 지내지 않고 교회를 찾게 되었습니다. 이 가정이 이렇게 그리스도의 가정으로 회복될 수 있었던 것은 제사 제도의 잘못을 지적했기 때문이 아닙니다. 기독교적인 삶에 반대되는 모든 것이 잘못된 것이라고 늘 항변하며 살았기 때문도 아닙니다. 그 가정의 회복은 신실한 믿음의 아내가 자신이 옳음을 사랑으로 조용히 보여주었기 때문입니다. 가족을 사랑하는 마음으로 그 어렵고 힘든 제삿상을 차려주면서도 여전히 신앙의 절개를 지키며 살았던 부인의 모습이야말로 어두움의 일들이 스스로 드러나게 하는 진정한 빛된 삶이었습니다. 이것이 그리스도인의 능력이며 마땅한 모습입니다.

사랑하는 성도 여러분, 여러분의 삶에서 그리스도인의 빛을 발하여 여러분의 행실을 보고 어두움 가운데 있는 자들이 그 어두움의 어리석음과 부끄러움을 스스로 깨닫고 하나님께 영광을 돌리는 자리에 나아올 수 있게 되기를 간절히 축원합니다.

- 제사 지내는 시댁에 대해 현명하게 대처했던 지혜로운 부인의 예가 오늘 우리들에게 시사하는 것은 무엇이겠습니까?
- 인내하며 기다려야 하는 시간이 길어질 때, 우리가 빛된 성도들로서 지치지 않고 정도를 꾸준히 걸어가는 비결은 무엇이겠습니까? 요한복음 8:12이 주는 메시지는 무엇입니까? 동성애 교육을 받고 있는 자녀들과 대화해 본 적이 있으십니까? 당신은 어떤 성경구절들로 그들과 만나시겠습니까?

21

| 에베소서 5:15-17 |

15 그런즉 너희가 어떻게 행할 것을 자세히 주의하여 지혜 없는 자 같이 말고 오직 지혜 있는 자 같이 하여 16 세월을 아끼라 때가 악하니라 17 그러므로 어리석은 자가 되지 말고 오직 주의 뜻이 무엇인가 이해하라

지혜 있는 자의 삶

지혜, 지식을 사용할 줄 아는 능력

폴란드 출신의 유태인으로서 지미 카터 전 대통령의 안보 담당 특별보 좌관을 지냈으며, 미·소 냉전 시대에 화해와 비핵화 정책을 주도한 공로로 후에 노벨평화상까지 수상했던 브레진스키 교수는《두 시대 사이에서》라 는 자신의 책에서 다음과 같은 말을 했습니다. "지식의 팽창 속도는 기하 급수적으로 증가하는데 불확실성도 이에 정비례하여 증가하고 있다."

지식의 양은 엄청나게 증가하는데 이 시대의 문제들은 점점 더 해결하 기 어려운 쪽으로 가고 있다는 뜻입니다. 지식이 많아짐으로 인간의 삶은 참으로 편리해졌고, 간소화 되었음에도 불구하고 인간은 내면에 더 많은 불안과 고독을 안고 있습니다. 지식이 많아졌음에도 불구하고, 예전에 누렸 던 여유와 낭만을 잃어 버렸습니다. 하루 안에 전 세계 그 어떤 곳에도 달 려갈 수 있고, 지구 한쪽에 사는 사람이 지구 반대편에 사는 사람과 얼굴 을 마주 대하며 이야기를 나눌 수 있는 시대가 되었음에도 불구하고, 정작 바로 옆에 있는 사람의 아픔과 절망에는 점점 더 무관심해지는 비인간화 의 모습이 바로 우리의 현실이 되어 버렸습니다.

왜 지식이 많아졌는데, 우리의 삶은 더 불확실해진 것일까요? 그것은 문제를 해결하는 능력이 지식에 있지 않기 때문입니다. 지식이 무엇입니까? 웹스터 사전은 지식을 이렇게 정의하고 있습니다. "지식이란 확실성을 가지고 무엇인가를 감지하는 것, 혹은 확고하게 무엇인가를 납득하는 것이다." 즉, 지식이란 문제의 원인과 그 현상이 무엇인지를 밝혀주는 능력입니다. 진단의 능력이며 이해의 능력입니다. 그러므로 이 지식이 있으면 문제의 원인이 무엇인지, 그 문제가 어디에서부터 일어난 것인지는 잘 진단할 수 있습니다. 그런데 이 지식이 제공하지 못하는 한 가지가 있습니다. 바로 그 문제의 원인과 현상을 이해하고 있는 인간에게 그 문제를 해결하고자 하는 의지와 그 문제 해결에 대한 책임감은 주지 못한다는 것입니다. 그것은 지식의 영역이 아니라 지혜의 영역입니다.

예를 들어 이런 것입니다. 현대의 상담학은 심리학과 정신분석학의 발달로 인간의 마음의 상태가 무엇인지, 그 문제의 원인이 어디에서부터 왔는지를 정확하게 진단하는 아주 전문적인 학문으로 발달되어 있습니다. 그래서 상담을 받으러 가면 자신의 문제를 정확하게 진단 받습니다. 그런데 한 가지, 상담의 한계가 있습니다. 바로 그 문제의 원인을 위한 그 내담자의 내면 속에 그것을 해결하려고 하는 의지나 책임을 심어줄 수는 없다는 것입니다. 문제를 해결하고자 하는 의지나 책임은 내담자 스스로가 그의 인격 속에서 이루어야 하는 문제이기 때문입니다.

그러면 진단받은 문제의 원인을 해결하기 위해 그 내담자가 해야 할 일은 무엇입니까? 이것을 해결하고자 인격적으로 결단을 내려야 하는 것입니다. 인격적인 결단이란 현재 나타나 있는 지식적인 내용들을 내가 어떻게 이용하여 좋은 결과를 만들어 낼 것인가를 생각하고 판단하는 것입니다. 이것을 우리는 지혜라고 부릅니다. 지혜의 철학자라 불리웠던 헬라의 소크라테스는 그래서 이 지혜를 지식을 사용할 줄 아는 능력이라 했습니다. 아무리 많은 지식이 있어도 그 지식을 사용할 인격적인 판단력과 결단력이 없으면 그 모든 것은 헛수고가 됩니다.

에베소에 살던 0.1%의 지혜자들

1세기 후반의 에베소 도시는 아데미 신전을 중심으로 음란과 사치와 무절제의 방탕함을 고스란히 가지고 있었던 도시였지만, 한편으로는 로마 제국의 번영과 권력을 배경으로 당대 최고의 정치와 경제와 군사와 문화의 모든 지식이 꽃을 피웠던 도시이기도 했습니다. 그러기에 에베소 안에 살고 있는 시민들은 다른 소도시에 비해 지식적인 우월감이 있었습니다. 그러나 사도 바울은 저들이 지식적인 우월감은 가지고 있을지 모르지만, 그 지식으로 자신들의 문제를 해결하는 능력은 전혀 가지지 못하고 있는 이 현실을 보면서, 지금 에베소 교회의 성도들에게 이렇게 권면을 합니다. 에베소서 5:15을 보겠습니다.

"그런즉 너희가 어떻게 행할 것을 자세히 주의하여 지혜 없는 자 같이 말고 오직 지혜 있는 자 같이 하여"

사도 바울은 지금 지혜 없는 자와 지혜 있는 자를 구별하고 있습니다. 지혜 없는 자란 바로 수 많은 지식과 화려한 문화를 가지고 있으면서도 전혀 인생의 문제와 시대의 문제를 해결할 능력이 없는 자들을 가리킵니다. 그러나 그리스도인들은 바로 인생의 문제와 시대의 문제를 해결할 능력이 있는 자들입니다. 왜 그럴까요? 바로 전능하신 하나님 우리 주 아버지께서 우리 안에 그 일들을 해결하고 책임질 수 있는 지혜를 주셨기 때문입니다. 지혜의 왕 솔로몬은 잠언 9:10에서 이렇게 고백합니다.

"여호와를 경외하는 것이 지혜의 근본이요 거룩하신 자를 아는 것이 명철이니라"

그리스도인으로 살아간다는 것은 무엇을 말합니까? 하나님을 경외하고 하나님을 알아가며 살아가는 것입니다. 즉 그리스도인이 되었다는 것 자체가 이미 하나님이 허락하신 지혜를 보장받은 삶을 사는 것입니다. 그러므로 에베소 안에서 0.1%도 되지 않은 소수의 그리스도인들이지만, 저들은 세상의 사람들이 할 수 없는 시대의 아픔과 인생의 문제들을 능히 해결하는 지혜자들이 된 것입니다. 이 지혜자들에게 사도 바울은 지혜있는 자다운 삶의 결단을 다음의 세 가지로 요청하고 있습니다.

분별력

먼저, 지혜로운 사람은 날마다 자신의 삶을 살피는 삶을 살아야 합니다. 15절을 다시 보겠습니다.

"그런즉 너희가 어떻게 행할 것을 자세히 주의하여 지혜 없는 자 같이 말고 오직 지혜 있는 자같이 하여"

지혜롭게 사는 사람은 닥치는 대로 말하고 되는 대로 사는 사람이 아닙니다. 항상 무엇을 어떻게 해야할 지 주의 깊게 살피는 사람입니다. 옛 노래 중에 이런 가사가 있습니다.

"사노라면 언젠가는 밝은 날도 오겠지 / 흐린 날도 날이 새면 해가 뜨지 않더냐 / 새파랗게 젊다는 게 한밑천인데 / 째째하게 굴지 말고 가슴을 확펴라 / 내일은 해가 뜬다 / 내일은 해가 뜬다"

진짜로 사노라면 언젠가는 밝은 날이 온다고 생각하십니까? 아무런 생각없이 인생에 대한 성찰도, 자기 삶에 대한 되돌아봄도 없이 그냥 세월만 보내고 있는 자에게 과연 밝은 날이 올 수 있을까요? 세상의 지식은 쨍하고 해뜰 날이 올 것처럼 이야기합니다. 그러나 우리의 삶은 그렇게 이루어지는 것이 아닙니다. 인간에게는 하나님이 허락하신 인생의 목표와 길이 있습니다. 지혜로운 사람은 날마다 자신이 하나님께서 허락하신 목표를 향하여 바른 길을 가고 있는지, 자신이 가치 있는 삶을 살고 있는지, 자신이 보람 있는 선택을 하고 있는지, 그리고 자신이 우선 순위를 제대로 세우고 있는지를 주의 깊게 살피며 사는 사람입니다. 이것이 지혜자의 분별력입니다.

지난 여름에 저는 이른 아침 제 아내와 함께 바닷가에 나가 볼 기회가 있었습니다. 이른 새벽 안개가 자욱히 낀 시간, 아무도 없을 것이라 생각했던 바닷가에 검은 옷을 입은 수많은 사람들이 바닷가 한복판 위에 떠 있는 것을 보게 되었습니다. 서핑을 즐기러 온 사람들이었습니다. 서핑에 문외한인 저는 그 이른 새벽에 바다의 파도를 타는 사람들이 참으로 신기해 보였습니다. 한참을 구경하다 보니, 서핑을 하는 사람들의 공통점이 한 가지 눈에 들어왔습니다. 그것은 아무 파도나 타는 것이 아니라, 자신들이 타고자 하는 파도를 끝까지 인내하며 기다렸다가 이거다 싶을 때, 파도 위에 올라타는 모습이었습니다. 저 정도의 파도면 타도될 것 같은데 저들은 그냥 흘려보냅니다. 문외한인 저와 파도를 전문적으로 타는 서퍼들 사이에 차이가 하나 있다는 것을 알게 되었습니다. 바로, 파도를 보는 분별력입니다. 어떤 파도를 타야 진정 자신들이 원하는 그 서핑의 스릴과 기쁨을 누릴 수 있는지를 자세히 살피는 분별의 능력이 저들에게 있었던 것입니다.

인생의 길도 만찬가지라 생각합니다. 하나님을 향한 나의 인생의 길에 대하여 자세히 주의하여 살펴보는 분별력이 있을 때, 우리는 수도 없이 닥쳐오는 인생의 파도를 넘고 넘어 하나님이 보내주신 파도를 즐기며 올라탈 수 있습니다. 분별력은 우리로 하여금 어떤 고난과 아픔이 와도 그것을 내 인생을 향하신 하나님의 파도로 여기며 극복할 수 있는 지혜의 삶으로 인도합니다.

내 인생의 '좋은 날'은 살다보면 그냥 오는 것이 결코 아닙니다. 내 인생의 길을 자세히 주의 하여 살펴보며 하나님께서 나를 향하신 그 인생의 길에 내가 제대로 가고 있는지 날마다 생각하고 고민할 때만 인생의 좋은 날과 승리가 있습니다. 내가 오늘 사람들을 만나 나누었던 말들은 어떠했는지, 하루 동안 내 일터의 현장에서 나의 모습과 행동은 어떠했는지, 내가 섬기는 교회 사역의 현장에서 내가 과연 그리스도의 사랑에 근거하여 사람들을 섬겼는지, 내가 지금 하나님이 기뻐하시는 그런 삶의 여정을 가고 있는지를 자세히 살펴보는 노력과 열심이 있을 때, 그는 지혜 있는 자의 삶을 살 수 있습니다.

사랑하기에도 시간이 모자라는 사람들

다음으로, 지혜로운 사람은 시간을 선용하는 삶을 살아야 합니다. 16절을 함께 보겠습니다.

"세월을 아끼라 때가 악하니라"

자신의 삶을 주의 깊게 살피는 지혜로운 사람은 시간을 허비하지 않고 선용하는 자입니다. 여기서 '아끼라'로 번역한 헬라어 '엑사고라조'는 댓가를 지불하고 산다는 뜻입니다. 즉 시간이란, 댓가를 지불해서라도 나의 것이 되게 해야 한다는 말입니다. 여기서 세월을 뜻하는 단어 '카이로스'는 그냥 흘러 지나가는 아무런 의미 없는 시간이 아니라, 하나님의 구원 역사의 특별한 시점을 가리킵니다. 즉, 그리스도인들에게 있어서 시간은 그냥 흘러가는 무의미한 시간이 아니라, 순간순간이 바로 하나님께서 우리를 향하신 놀라운 구원의 역사를 이루시기 위한 의미 있는 시간이기에 그 시간들을 놓치지 말고 댓가를 지불해서라도 우리의 것이 되게 하라는 뜻입니다.

이 시대는 너무 악하여 잠시라도 정신을 차리지 않으면 세월을 허송하게 만듭니다. 탐욕과 이기심을 충족시키는 일에만 몰두하게 할 뿐, 참된 가치와 의미 있는 일에 신경을 쓰지 못하게 합니다. 시간은 강물과 같아서 막을 수도 되돌릴 수도 없습니다. 우리의 인생은 너무도 짧기 때문에 조금만 부주의하여도 세월을 허송할 수 있습니다. 그래서 모세는 우리에게 이렇게 경고하고 있습니다.

"우리의 년수가 칠십이요 강건하면 팔십이라도 그 년수의 자랑은 수고와 슬픔 뿐이요 신속히 가니 우리가 날아가나이다"(시 90:10)

우리에게 남겨져 있는 시간은 그리 많지 않습니다. 기회가 주어졌을 때 내 생애의 마지막 기회라고 생각할 수만 있다면 우리는 시간을 허비하지 않을 것입니다. 사랑하는 성도 여러분, 여러분의 삶에 마지막 한달이 남았다면 여러분은 지금 이 순간 이후의 시간을 어떻게 사용하시겠습니까?

오래전에, 동부에 살 때 존경하는 목사님께서 이런 말씀을 하시는 것을 들었습니다. "저는 강단에 설 때마다 이번 설교가 제 생애의 마지막 설교라고 생각하고 섭니다……" 그 목사님의 이 한 마디는 저에게는 충격적인 선언이었습니다. 그 이전까지 저는 설교를 한 번도 그렇게 생각해 보지 않았기 때문입니다. 연륜과 경험이 쌓이면 노숙한 설교자가 되겠지라고 생각했던 저에게 설교는 연습이 아니고, 설교는 한 번 해보는 것이 아니고, 마지막 순간을 맞이하는 선지자처럼 하나님의 뜻을 선포하는 것이며 하나님의 사랑을 전달하는 것이라는 생각을 비로소 하게 되었습니다. 그 이후 지금까지 저는 강단에 설 때마다 그때의 도전과 결심을 놓치지 않기 위해 지금도 노력하고 있습니다.

사랑하는 성도 여러분! 목사의 설교만이 그럴까요? 아닙니다. 우리 그리스도인의 모든 삶이 바로 마지막 순간을 남겨둔 것처럼 사는 삶이어야 합니다. 우리의 삶은 한 번 해보고 마는 그런 연습이 아닙니다. 우리의 삶은 한순간 한순간이 종말을 향해 나아가는 거룩한 순례이며, 다시금 되돌아 올 수 없는 의미의 연속입니다. 인생에는 연습이 없습니다. 그렇기에 연습하는 것처럼 살지 마시고 내 생이 한 달 남은 자처럼 사시기를 바랍니다. 옆에 있는 분들을 연습하는 것처럼 사랑하지 마시고, 내 생애가 한 달 남은 자처럼 사랑하시기 바랍니다. 미워할 시간이 없습니다. 반목할 시간이 없습니다. 우리는 사랑하기에도 시간이 모자라는 사람들입니다.

주의 뜻이 무엇인가

마지막으로, 지혜로운 사람은 하나님의 뜻을 이해하는 삶을 살아야 합니다. 17절을 함께 보겠습니다.

"그러므로 어리석은 자가 되지 말고 오직 주의 뜻이 무엇인가 이해하라"

지혜 있는 자는 하나님의 뜻을 이해하며 분별하는 자입니다. 그러면 하나님의 뜻은 무엇입니까?

사도 바울은 데살로니가 교회 성도들에게 하나님의 뜻이 무엇인지를 이렇게 말씀하고 있습니다.

"항상 기뻐하라 쉬지 말고 기도하라 범사에 감사하라 이는 그리스도 예수 안에서 너희를 향하신 하나님의 뜻이니라"(데살로니가전서 5:16-18)

언뜻 이 말씀을 들으면 항상 기뻐하고, 쉬지 말고 기도하고, 범사에 감사하는 것이 기쁘지도 않은데, 감사할 것도 없는데 억지로 기뻐하라는 것처럼 들리고, 무조건 감사하라는 것처럼 들릴 수 있습니다. 그러나 이 말씀은 우리에게 그런 부담을 주기 위해 하신 말씀이 아닙니다. 이 말씀은 하나님께서 우리에게 원하시는 것이 바로 우리에게 진짜 기쁜 일이 항상 있고, 그 기쁜 일 때문에 감격하여 기도하며 감사의 고백이 끊이지 않는 그런 삶이 있기를 바라는 하나님의 마음의 소원을 표현한 것입니다.

텍사스에서 목회할 때 교회를 신실하게 섬기시는 집사님 부부가 계셨습니다. 부인 집사님은 스와밀 같은 곳에서 미장원을 하시는 분이셨습니다.

그때까지 남자 집사님은 어떤 일을 하시는지 몰랐었습니다. 하루는 그 미장원에 심방을 갔다가 그 남자 집사님이 미장원 한 켠에서 책상 앞에 손님들을 앉혀 놓고 무엇인가를 열심히 하고 계셨습니다. 바로 여자 손님들의 손톱을 다듬어 주는 네일샵을 하는 것이었습니다.

네일샵은 보통 여자분들이 하는데, 남자 집사님이 하시기에 신기해서 한참을 지켜 보았습니다. 그 손놀림이 얼마나 빠르고 능숙한지 손님들이 모두 이 남자 집사님한테만 온다는 것입니다.

제가 나중에 그 여자 집사님에게 물었습니다. "집사님! 남편이 다른 직업도 아니고 여자들 손톱 다듬어 주는 일을 하는데 어색하거나 부끄럽지 않으셨어요?" 그때 여자 집사님이 이런 말씀을 하셨습니다. "목사님! 남편이 이 일을 너무 좋아합니다. 남편이 어떤 일을 하든지 제 남편이 기뻐하고 좋아할 수만 있다면 저는 그것으로 행복합니다."

참으로 현숙한 부인이라는 생각을 했습니다. 사랑하는 이가 기뻐하고 즐거워할 수만 있다면 그것이 곧 행복이라고 말할 수 있는 이것이 지금 하나님께서 데살로니가 교회를 통해 우리 그리스도인들에게 전하시고자 하는 마음입니다.

다른 사람들이 보기에는 아닌 것 같고, 세상적인 기준으로 보면 뒤쳐져 있는 것 같은 상황 때문에 혹시 부끄러워하시는 분은 안계십니까? 그러나 하나님은 여러분의 상황에 대하여 한 번도 부끄러워하신 적이 없으십니다. 하나님의 관심은 오직 여러분이 그 상황에서 기뻐할 수 있는가에 있으십니다. 여러분만 기뻐할 수 있다면 그 무엇이든지, 그 어떤 상황이든지 하나님은 그것을 자랑스러워 하시며, 감격해 하시며, 여러분을 최고로 여기십니다.

하나님께서 지금 이렇게 말씀하십니다. "네가 그것을 기뻐할 수 있다면, 나는 그것으로 족하다……" 이것을 깨닫고 사는 것이 하나님의 뜻을 이해하며 사는 것입니다. 여러분의 남편이 선택한 그 자리, 여러분의 아내가 선택한 그 자리를 진정으로 존경하며 기뻐해 주십시오. 이것이 하나님의 뜻입니다. 여러분의 자녀들이 선택한 학교와 직업을 자랑스러워 하며 감사하십시오. 이것이 하나님의 뜻을 이해한 자가 보여줄 수 있는 사랑입니다. 여러분의 신앙의 가족과 교우들이 선택한 삶의 현장과 그 인생의 길을 진정으로 존중하며 마음을 다해 기도해 주십시오. 이것이 하나님의 뜻을 이해한 자가 할 수 있는 성숙입니다. 이 하나님의 뜻을 이해하는 삶을 통해 지혜로운 자의 능력을 보여주시기를 간절히 축원합니다.

- 지혜는 분별력이라고 했습니다. 이 분별력을 기르기 위해 우리가 할 일은 무엇일까요? 분별력을 기르는 좋은 방법 중의 하나는 역사 공부를 하는 것입니다. 즉, 먼저 인생을 산 선배들의 이야기를 읽으며 교훈을 얻는 것입니다. 성경에는 생명의 길과 사망의 길을 선택한 많은 사람들의 이야기와 그들의 결말이 나와 있습니다.
- 지혜롭게 세월을 아낀 사람 두 사람과 어리석게 세상의 풍조에 휩쓸려 버린 두 사람을 찾아 보십시오. 그들의 삶에서 우리는 무엇을 봅니까?
- 야고보서 1:5-8을 읽으며 묵상해 봅시다. 지혜를 얻으려면 어떤 마음가짐을 지녀야 합니까?

22

| 에베소서5:18-20 |

18 술 취하지 말라 이는 방탕한 것이니 오직 성령의 충만을 받으라 19 시와 찬미와
신령한 노래들로 서로 화답하며 너희의 마음으로 주께 노래하며 찬송하며 20 범사
에 우리 주 예수 그리스도의 이름으로 항상 아버지 하나님께 감사하며

성령 충만의 증거

술취함과 성령 충만

세계 정복을 꿈꾸며 승승장구하던 나폴레옹을 한 순간에 몰락시킨 전투가 1815년 벨기에에서 있었던 워털루 전투입니다. 이 전투에서 나폴레옹이 왜 실패했는지에 대하여 역사학자들은 여러 가지 이유를 들고 있습니다. 그중에서 나폴레옹 시대의 위대한 시인이었던 프랑스의 작가 빅토르 위고는 한 가지 흥미로운 기록을 남기고 있습니다.

물밀듯 진격해 오는 나폴레옹 군대에 대항하기 위해 연합군의 수장으로 임명된 영국의 웰링턴 장군은 군대를 이끌고 가는 도중에 한 보고를 받게 됩니다. 적진의 동태를 살피러 간 척후병들이 이베리아 반도를 지나는 지점에서 커다란 포도주 저장소가 있음을 발견한 것입니다. 이 보고를 받자 웰링턴 장군은 선발대를 보내어서 포도주 저장소를 완전히 훼파한 후 그 길을 통과하게 하였습니다. 그러나 나폴레옹의 군대에서는 이와 정반대의 상황이 벌어졌습니다. 나폴레옹 군대를 총지휘하던 네이 장군은 전투가 벌어지자, 전날 밤 늦게까지 병사들과 함께 포도주를 기울이며 만취해 있다가 다음날 워털루 벌판에서 술냄새도 가시지 않은 채 이 전투에 임하게 됩니다. 긴장이 풀린 나폴레옹의 군대가 포도주 단지를 없애면서까지 절제하며 정신적으로 무장한 연합군에 완전히 패배했다는 것은 어쩌면 당연한 결과일지도 모릅니다. 제 아무리 장사라 할지라도 절제되지 않는 술 앞에서 넘어지지 않을 사람은 없습니다. 술은 양의 문제가 아니라 술에 의존하는 자체가 문제입니다. 절제되지 않은 술은 한 국가도 몰락시킬 수 있음을 보여주는 대목입니다. 이것이 어찌 한 국가만의 문제이겠습니까? 개인의 삶 역시 마찬가지입니다.

한국 통계청 자료에 의하면 2009년도 한 해 동안 한국에서 자살한 사람이 15,413명이었다고 합니다. 이것은 그 전 해에 비하여 20%나 증가한 숫자입니다. 하루에 42명씩 자살을 한다는 것입니다. 담당자들의 분석에 의하면 자살의 이유가 여러 가지 입니다. 경제적인 파산, 극도의 스트레스, 우울증, 실연, 상처, 열등감 같은 이유들이 열거 되었습니다. 그런데 한 가지 충격적인 사실은 이런 다양한 원인의 자살에 공통점이 있다는 것입니다. 바로 술입니다. 자살한 사람들의 거의 대부분이 자살의 순간에 술에 취해 있었다는 것입니다. 수없이 많은 청소년들이 술에 취한 채 자살을 합니다. 현재 젊은이들의 선망의 대상이 되고 있는 연예인들이 바로 이 술에 취한 채 자신의 생명을 끊고 있습니다. 직장을 잃고 사업에 실패한 수많은 가장들이 술에 취한 채 자신의 인생을 마감하고 있습니다.

왜 사람들이 술을 마시는 것일까요? 그것은 술의 힘을 빌리기 위함입니다. 나 혼자서는 이 괴로움과 아픔을 도저히 이길 수 없으니까 이것을 달래줄 수 있는 외부의 힘을 빌리는 것입니다. 사랑을 고백하고 싶은 대상 앞에 수줍음 많은 청년이 술을 먹고 용기를 내서 청혼을 하는 풋내기 음주에서부터, 술 없이는 회식과 행사와 비지니스가 이루어질 수 없다고 생각하는 일상의 음주는 물론이요, 밤잠을 이룰 수 없는 절박한 상황 앞에 그 무거운 짐을 달래기 위해 술을 마시는 심각한 음주에 이르기까지…… 그 이유와 동기는 다를지라도 이 사회는 술의 힘을 빌리고 있습니다. 왜 술의 힘을 빌리는 것입니까? 인간은 스스로의 문제를 해결하기엔 너무도 연약한 존재이며, 무엇인가에 의존하고픈 본성이 있기 때문입니다. 그러면 술의 힘을 빌릴 수밖에 없는 이런 시대의 사조 앞에 우리 그리스도인들은 어떤 자세를 가져야 하는 것일까요?

본문 18절에서 사도 바울은 "술 취하지 말라"고 선포합니다. 술 취하지 말라는 것은 술의 지배를 당하지 말라는 것을 말합니다. 이 구절을 가지고 수 많은 애주가들은 "봐라! 어디 성경에 술 먹지 말라고 한 적이 있는가? 술 취하지 말라고 했을 뿐이야……. 술은 취하지 않게끔만 먹으면 되는 거야"라고 주장할런지도 모릅니다.

그런데 한 번 생각해 보기 원합니다. 과연 술 먹는 것과 술 취하는 것이 다른 문제일까요? 몇 잔까지 먹어야 안 취하는 것이고, 몇 잔 이상을 먹어야 취하는 것입니까? 성경은 술을 먹되 술 취하지는 말라고 한 것이 아닐 것입니다. 성경에서 술 취하지 말라고 했을 때는 바로 술에 지배를 받는 것 자체를 경고한 것입니다. 술은 구원의 문제와 상관없는 일이지만, 구원받은 성도의 거룩한 삶에 있어서 기본적으로 해결하고 넘어가야 할 중요한 문제입니다.

성경은 술 자체를 즐길 수 있는 대상으로, 그래서 우리를 유익하게 할 수 있는 것으로 말하지 않습니다. 술은 그 양이 많건 적건 간에 우리를 지배하고 맙니다. 자신의 괴로움과 아픔을 달래기 위해서, 기분이 좋아서, 교제를 위해서 술을 마시지만, 결국 그 술의 지배를 받습니다. 술이 들어가면 처음에는 위로를 받는 것 같지만, 조금 지나면 이성을 잃습니다. 그래서 소리를 지르고, 시비를 걸고 싸움을 합니다. 가야 할 데와 가서는 안될 데를 구분하지 못하고 아무데서나 쓰러져 자는 추한 모습을 보이게 됩니다.

인간은 누구의 지배를 받느냐로 그의 인생의 가치가 결정됩니다. 술의 지배를 받으면 술의 가치 밖에 살지 못합니다. 그러나 전능하신 하나님의 지배를 받고 사는 자는 하나님의 그 놀라우신 가치를 가지고 살게 됩니다. 하나님의 지배를 받는 것을 사도 바울은 오늘 본문 18절에서 성령의 충만함을 받는 것이라 말씀합니다. 18절을 함께 보겠습니다.

"술 취하지 말라 이는 방탕한 것이니 오직 성령의 충만을 받으라"

술에 취하나 성령에 취하나 '취한다' 할 때는 같은 의미를 가지고 있습니다. 그러나 어떤 것에 취하는지에 따라 그 결과는 엄청난 차이가 있습니다. 술 취함은 일시적인 위로나 흥분을 주지만, 성령의 취함은 영원한 위로와 평강을 줍니다. 우울증에 걸린 사람이 술에 취하면 그것은 자살을 일으키지만, 성령 충만을 받으면 새로운 회복과 삶의 소망을 얻습니다. 누군가를 미워하는 사람이 술에 취하면 살인을 일으키지만, 성령 충만을 받으면 모든 이가 사랑스러워 집니다. 성령 충만을 받으면 용서하지 못할 사람이 없습니다. 성령충만을 받으면 인내가 생기고 어떤 일도 견디어 냅니다. 성령충만을 받으면 내 삶을 소중히 여기고 새로운 힘과 용기를 얻습니다. 이것을 사도 바울은 오늘 본문에서 성령에 충만한 자들이 얻게 되는 두 가지의 유익으로 설명합니다.

라면 향기

먼저, 성령의 충만함을 받은 자들은 시와 찬미와 노래로 서로 화답하는 삶을 살게 됩니다. 19절을 함께 보겠습니다.

"시와 찬미와 신령한 노래들로 서로 화답하며 너희의 마음으로 주께 노래하며……"

여기서 '화답하며'라는 것은 서로 대화한다는 뜻입니다. 시라는 것은 구약의 시편을 말하며 찬미라는 것은 구원을 이루신 유월절 찬미를 말합니다. 노래라는 것은 요한계시록에 나오듯 진정한 승리를 주신 하나님의 어린

양에 대한 찬양입니다. 즉, 성도들이 성령이 충만하면 공동체 안에서 나누는 대화의 주제가 구원에 대한 감격이며, 하나님의 은혜에 대한 간증이며, 날마다 이김을 주시는 하나님에 대한 확신이라는 것입니다. 한 마디로 사랑에 대한 감격입니다. 사랑을 경험해 본 자는 그 사랑에 취해서 말투가 달라지고 표정이 달라집니다. 그리고 사랑에 취한 자는 노래가 나옵니다. 하나님에 대한 사랑을 경험하며 그 사랑의 감격 때문에 말투가 달라지고 표정이 달라지며 하나님에 대한 찬양의 노래가 시작됩니다.

혹시 이런 경험을 해보셨습니까? 오늘 아침 큐티에서 받은 은혜가 너무 커서, 누군가를 만나 나누고 싶어 견디지 못하겠다는 경험을 해보셨습니까? 혹시 어제 경험했던 하나님의 놀라우신 간섭과 섭리가 너무도 커서 친구에게 알려주고 싶고, 부모님에게 전화하고 싶은 그런 경험을 해보신 적이 있으십니까? 이것이 시와 찬미와 신령한 노래로 서로 화답하는 모습입니다.

오래전에 다일 공동체를 섬기시는 최일도 목사님이 간증 집회에 오셨을 때 하신 말씀입니다. 당시 신학생이던 본인이 시인이자 수녀이셨던 지금의 사모님에게 사랑에 빠져 청혼을 할 때 이런 고백을 하셨다고 합니다. "저에게 꿈이 하나 있다면, 매일 아침 진한 커피향으로 내 사랑하는 이의 잠을 깨우는 것입니다. 그 꿈을 당신을 통해 이루고 싶습니다……." 그런데 그 다음이 중요합니다. 이렇게 해서 시인이셨던 사모님의 마음을 얻어 결혼한 후에 정작 최일도 목사님은 매일 아침 진한 커피를 끓이는 것이 아니라 라면을 끓여야 했다는 것입니다. 왜냐하면 기지촌의 여인들에게 전도하고 거리의 노숙자들에게 하나님의 사랑을 실천하고 구원의 복음을 전하는 그 일을 시작하면서부터 수개월 동안 라면을 끓여 저들과 함께 먹을 수밖에 없었기 때문입니다. 그런 의미에서 그 라면은 그냥 라면이 아니었습니다. 커피 대신 끓여지는 라면이지만, 그 라면을 통해 하나님의 구원의 역사가 전달되고 우리를 향하신 하나님의 은혜와 사랑이 얼마나 놀라운 것인가를 전달하는 라면이었기에 그 라면은 커피향이 결코 따라올 수 없는, 목사님의 가정과 이웃을 깨우는 시와 찬미와 신령한 노래들이었던 것입니다. 이것이 성령 충만한 자의 증거입니다.

사랑하는 성도 여러분! 여러분에게도 이 성령 충만의 역사가 있으시기를 축원합니다. 이 성령 충만의 역사를 경험할 때 여러분의 삶의 모든 것이 시와 찬미와 신령한 노래가 될 것입니다. 여러분이 만지는 그 물건들이 하나님을 찬양하는 찬양의 도구가 될 것이며, 여러분이 나누는 모든 대화가 하나님의 살아계심을 전하는 확신의 간증이 될 것입니다. 그때 여러분은 그 어느 곳에 서 있든지, 그리스도의 아름다운 향기를 발하게 되실 것입니다.

1330번의 스트라이크 아웃

다음으로, 성령 충만함을 받은 자들은 범사에 하나님께 감사하는 삶을 살게 됩니다. 20절을 함께 보겠습니다.

"범사에 우리 주 예수 그리스도의 이름으로 항상 아버지 하나님께 감사하며"

왜 성령 충만함을 받으면 범사에 항상 감사할 수 있게 되는 것일까요? 성령은 확신의 영이시며 깨달음의 영이십니다. 하나님은 사랑하시는 자에게 늘 좋은 것으로 주시는 분이십니다. 그렇기에 하나님께서 허락하신 모든 것은 언제나 우리를 유익하게 하는 것입니다. 그래서 사도 바울은 로마서 8:28에서 이렇게 말씀합니다.

"우리가 알거니와 하나님을 사랑하는 자 곧 그 뜻대로 부르심을 입은 자들에게는 모든 것이 합력하여 선을 이루느니라"

하나님의 자녀들이 맞이하는 삶의 모든 것은 하나님의 거룩하신 뜻을 궁극적으로 이루어 드리는 하나님의 축복이 된다는 것입니다. 이것을 성령께서 우리로 하여금 깨닫게 하시고 확신시켜 주십니다. 이 확신과 깨달음이 있을 때 우리는 기쁘고 즐거울 때는 물론이요, 시련과 고통이 있을 때도 감사할 수 있습니다. 행복하고 즐거울 때 몰랐던 주님에 대한 사랑을 그 시련과 고통을 통해서 우리로 깨닫게 하십니다. 성령 충만함을 받은 자에게는 그 어떤 것도 무의미한 순간이 없습니다. 고통도 시련도 하나님의 자녀에게는 의미가 있고 가치가 있습니다.

미국 프로야구 역사상 가장 유명한 선수를 들라 하면 뉴욕 양키스 시절 네 번의 월드시리즈 우승을 안겨 주었던 홈런왕 베이브 루스일 것입니다. 그가 수립한 714개의 홈런은 1974년 행크 아론이 깨뜨리기 전까지 최고의 기록이었습니다. 공을 치기 전에 홈런을 칠 방향으로 방망이를 가리키면 영락없이 그 방향으로 홈런을 쳐내는 그런 선수였습니다. 그러나 베이브 루스가 홈런왕이라는 것을 아는 사람은 많아도, 그가 메이저리그 역사상 당대 최고의 스트라이크 아웃의 신기록 보유자임을 아는 사람은 그리 많지 않습니다. 그는 자그마치 1330번의 스트라이크 아웃을 당했습니다. 많은 야구 전문가들이 이 기록을 깨기란 그가 홈런을 친 것만큼 어렵다고 합니다. 그는 714개의 홈런을 치기 위해서, 1330번의 스트라이크 아웃이라는 시련과 고통을 받아들여야 했습니다. 그러나 그 1330개의 시련과 고통은 그를 미국 역사상 가장 위대한 선수로 만든 귀중한 디딤돌이었습니다.

실패와 시련은 결코 무의미한 것이 아닙니다. 하나님은 우리의 실수와 실패를 통해 하나님의 거룩하신 일을 이루어 가십니다. 그런 의미에서 그리스도인의 시련과 고통도 그것이 무엇이든 의미가 있고 가치가 있습니다. 이것을 깨달을 때, 우리는 우리에게 허락된 그 어떤 순간도, 그 어떤 상황도 감사하지 않을 것이 없습니다. 하나님을 사랑하여 곧 그 뜻대로 부르심을 입고 사는 자에게는 실패가 결코 실패가 아닙니다. 실패는 하나님의 뜻을 위한 과정이며 댓가이며 관문일 뿐입니다.

혹시, 이지선 자매님을 기억하십니까? 유학을 꿈꾸던 대학 4학년 때, 지선 양이 탔던 차를 음주 운전자가 뒤에서 들이받았습니다. 이 사고로 지선 양이 탔던 차는 화염에 휩싸였고, 그 일로 생명을 위협하는 심한 화상을 입었습니다. 7개월 간의 입원과 11차례의 이식 수술을 받은 후에도 예전의 얼굴 모습을 회복할 수 없었던 지선 양은 지금, 미국에서 재활 상담을 위해 공부하고 있습니다. 이 지선 양이 3년 전 저희 교회에 와서 간증 집회할 때, 사석에서 자신의 친 오빠와 나눈 대화 한 도막을 들려 주었습니다.

자매의 오빠가 어느 날 이런 질문을 했습니다. "지선아, 네가 지금 어떤 막대기를 잡기만 하면 사고 나기 이전으로 완전히 되돌아 갈 수 있다고 한다면 어떻게 할래?" 이때 지선양의 대답은 이것이었습니다. "안 잡을거야. 왜냐하면 사고 후 절망 속에서 깨달은 하나님의 사랑과 놀라운 체험들이 너무도 소중했기 때문이야."

지선 자매의 이 짧은 한 마디는 우리의 감사의 근거가 어디에서부터 시작되어야 하는지를 잘 가르쳐주고 있다고 생각합니다. 감사는 자신의 삶의 현실에서 하나님의 간섭과 섭리를 깨닫고 체험한 자만이 할 수 있는 축복이라는 능력입니다. 자신의 현실에서 기쁘고 즐거울 때는 물론이요, 아픔과 어려움이 있을 때에도 그 속에서 하나님의 사랑과 섭리를 깨달을 수만 있다면 그 아픔과 어려움은 인생의 승리를 위한 과정이며 관문이 될 것입니다.

그런 의미에서 평소의 얼굴로 돌아가 하나님의 사랑과 섭리를 잊고 사는 것보다, 비록 평생을 화상의 후유증으로 살아가야 하는 상황일지라도, 하나님의 사랑과 섭리를 느끼며 살 수만 있다면, 이것이 자신에게는 더 귀한 일이라는 고백을 할 수 있는 자야말로, 이 세상에서 그 누구와도 비교

할 수 없는 가장 아름다운 얼굴을 가진 자라고 생각합니다.

사랑하는 성도 여러분! 여러분도 성령 충만을 통해 이 아름다움을, 그리고 놀라운 감사를, 삶 모든 곳에서 하나님께 올려 드리며, 세상 앞에 보여 주며 사시지 않겠습니까? 이 은혜가 있기를 간절히 축원합니다.

삶 속으로

• 술취함과 성령 충만, 이 두가지에 공통점이 있다면 어떤 것이겠습니까?
• 술취함과 성령 충만, 이 두 가지의 확연한 차이점은 어떤 것들입니까?
• 이지선 자매는 왜 사고가 나기 이전으로 돌아가지 않겠다고 말했습니까? 당신 이라면 어떻게 말하겠습니까?
• 시편 119:71을 묵상합시다. 이렇게 말하는 자와 고난의 잔을 무조건 피하게 해 달라고 기도하는 자, 누가 전천후 행복 대기권에 사는 자이겠습니까?

| 에베소서 5:21-33 |

21 그리스도를 경외함으로 피차 복종하라 22 아내들이여 자기 남편에게 복종하기를 주께 하듯 하라 23 이는 남편이 아내의 머리 됨이 그리스도께서 교회의 머리 됨과 같음이니 그가 친히 몸의 구주시니라 24 그러나 교회가 그리스도에게 하듯 아내들도 범사에 그 남편에게 복종할찌니라 25 남편들아 아내 사랑하기를 그리스도께서 교회를 사랑하시고 위하여 자신을 주심 같이 하라 26 이는 곧 물로 씻어 말씀으로 깨끗하게 하사 거룩하게 하시고 27 자기 앞에 영광스러운 교회로 세우사 티나 주름잡힌 것이나 이런 것들이 없이 거룩하고 흠이 없게 하려 하심이니라 28 이와 같이 남편들도 자기 아내 사랑하기를 제몸 같이 할찌니 자기 아내를 사랑하는 자는 자기를 사랑하는 것이라 29 누구든지 언제든지 제 육체를 미워하지 않고 오직 양육하여 보호하기를 그리스도께서 교회를 보양함과 같이 하나니 30 우리는 그 몸의 지체임이니라 31 이러므로 사람이 부모를 떠나 그 아내와 합하여 그 둘이 한 육체가 될찌니 32 이 비밀이 크도다 내가 그리스도와 교회에 대하여 말하노라 33 그러나 너희도 각각 자기의 아내 사랑하기를 자기 같이 하고 아내도 그 남편을 경외하라

사랑과 순종의 비밀

이상과 현실, 그 괴리감 사이에서

미국의 유명한 방송 진행자요, 코메디 작가인 밥 필립스(Bob Phillips)가 오래전에 사람들이 결혼 전에 바라는 이상형과 실제로 결혼하여 살게 되는 현실의 배우자가 얼마나 큰 차이가 있는지를 코믹하게 묘사한 적이 있습니다.

모든 남자가 기대하는 이상형의 아내감

- 그녀는 언제나 아름답고 명랑하여 미남들이 주위를 졸졸 따라다녔으나 다 버리고 나를 선택했다.
- 그녀는 건강하여 절대 아프지 않다.
- 그녀는 요리와 청소의 달인이다.
- 그녀는 세상에서 쇼핑을 제일 싫어한다
- 남편이 집안일 돕는 것을 결코 바라지도, 생각지도, 꿈꾸지도 않는다.
- 이외에도 천사처럼 마음씨 곱고, 가정 교육 잘 되어 있어 예의 바르고, 어머니처럼 헌신적이고, 언제나 현모양처이고, 외로울 땐 누나 같고, 심심할 땐 동생 같고, 마음이 흔들릴 땐 연인 같고, 애 잘 키우고, 돈까지 잘 버는 수퍼우먼이다.

이런 기대를 하는 남자들이 실제로 결혼하게 되는 배우자는 과연 어떤 모습일까요?

- 그녀는 1분에 140개 단어를 따발총처럼 말하며, 흥분하면 180개까지도 올라간다.
- 그녀의 예리한 눈빛은 10년 전의 일까지도 정확히 기억해서 고백하게 만든다.
- 그녀는 전지전능하여 남편이 동에서 서로 옮겨가도 이미 거기에 미리 가 있다.
- 비수와 같이 예리한 손톱과 몽둥이 같은 주먹을 겸비하여 부부싸움이 벌어지면 반드시 남편을 입원시키고야 만다.
- 그녀는 늘 남편에게 이렇게 말한다 "당신은 생긴 것과 실력과 인격만 빼면 다 괜찮은 사람이에요."

그러면 여자들이 기대하는 이상적인 남편감은 어떤 모습일까요?

- 그는 섬세하고, 따뜻하고, 이해심이 깊으며, 세련된 화술까지 겸비했다.
- 그는 당신을 위하여 뼈가 부서지도록 일을 하는 사람이다.
- 그는 당신이 무리해서 몸살이라도 날까 봐, 집에만 오면 날렵하게 설거지를 하고, 음식을 차려주고, 바닥을 쓸고 닦아주며 아이들과 놀아주고, 빨래까지 완벽하게 널어준다
- 빌 게이츠처럼 똑똑하고, 로버트 레드포드처럼 분위기 있는 미남이며, 학벌 좋고, 키 크고, 잘 생기고, 능력 있는 남자다.

이런 기대를 하는 여자들이 실제로 결혼하게 되는 배우자는 이런 모습이랍니다.

- 자기는 스트레스 없지만, 남에겐 반드시 스트레스를 준다

- 그가 일을 하여 돈을 벌어온다면 그건 기적 중의 기적이다.
- 그가 무엇을 고치면 재활 가능한 것도 확실히 폐기물로 변한다
- 그와 함께 영화를 보면 반드시 지적인 대사나 분위기는 전혀 없는 액션물을 본다. 같이 분위기 있는 음악회에 가면 반드시 도중에 잠이 들고, 아직 끝나지 않았는데 일어나서 박수를 친다
- 아내에게 사랑한다고 말하는 횟수는 월드컵이 열리는 횟수와 비례한다
- 아내가 한껏 화장을 하고 나오면 이렇게 말한다 "그래도 당신은 마음씨가 착하니까 괜찮아."

전혀 다른 삶을 살았던 두 남녀가 결혼하여 한 가정을 이룬다는 것은 참으로 놀라운 신비의 연합이 아닐 수 없습니다. 그럼에도 불구하고 세상의 많은 가정들이 이 신비한 연합의 현장인 가정에서 기쁨과 축복을 누리지 못하고, 도리어 그 가정이 아픔과 고통의 현장이 되어버리는 이유가 무엇일까요? 그것은 이상적인 배우자를 기대만 했을 뿐, 자신이 그런 배우자가 되기 위한 준비를 소홀히 했기 때문입니다. 결혼을 앞둔 많은 젊은 남녀들이 일생에 한 번뿐인 결혼식을 위해서는 그렇게도 많은 시간과 물질을 들여 준비하지만, 정작 그 결혼식 이후에 있을 결혼의 삶에 대하여는 전혀 준비를 하지 못하고 있음을 많이 보게 됩니다. 결혼식보다 더 중요한 것이 결혼 이후의 삶입니다. 남자와 여자가 만나서 한 몸을 이룬다는 것이 무엇을 의미하는지, 가정을 위해 해야 할 서로의 책임과 섬김은 무엇인지, 서로를 위해 지켜야 할 예의와 인격과 성품은 어떠해야 하는지, 가정을 이루어가는 중요한 원칙과 자세가 무엇인지를 미리 숙지하고 준비할 수만 있다면 기대했던 이상형에 대한 실망감 때문에 일어나는 아픔과 상처는 분명 해결될 수 있을 것입니다.

가정은 하나님께서 인간에게 허락하신 최초의 기관이며 최초의 사역의 현장입니다. 그래서 가정은 성도가 제일 먼저 경험하게 되는 교회라 할 수 있습니다. 남편과 아내는 가정 밖의 그 어느 곳에서보다, 먼저 가정 안에서 말과 행동, 삶의 자세와 결정들을 통해 신비한 연합의 기쁨과 축복을 누리며 보여줄 수 있어야 합니다.

그러면 어떻게 남편과 아내는 결혼식보다 더 중요한 이 결혼 생활을 통해 하나님께서 허락하신 풍성한 축복을 누리며 살 수 있는 것일까요? 그것은 가정을 하나님이 허락하신 거룩의 현장, 영광스러운 교회의 현장으로 만들어 가는 것입니다. 사도 바울은 이것을 에베소서 5:26-27에서 이렇게 선언합니다.

"이는 곧 물로 씻어 말씀으로 깨끗하게 하사 거룩하게 하시고 자기 앞에 영광스러운 교회로 세우사 티나 주름잡힌 것이나 이런 것들이 없이 거룩하고 흠이 없게 하려 하심이니라"

'이는'이라는 것은 바로 남편과 아내를 통해 가정을 세우신 목적을 말합니다. 즉, 하나님께서 남편과 아내를 가정에 허락하신 이유는 저들을 통해 가정이 하나님의 거룩한 교회가 되게 하심입니다. 그런 의미에서 가정은 바로 하나님이 원하시는 거룩을 실천하는 실천의 첫 현장입니다. 그러면 어떻게 해야 남편과 아내는 자신의 가정을 하나님이 원하시는 거룩한 교회가 되게 할 수 있는 것일까요?

남편에게 복종한다는 것은

먼저, 아내가 남편에게 복종해야 한다고 말씀하십니다. 22-23절을 함께 보겠습니다.

"아내들이여 자기 남편에게 복종하기를 주께 하듯 하라 이는 남편이 아내의 머리됨이 그리스도께서 교회의 머리됨과 같음이니 그가 친히 몸의 구주시니라 그러나 교회가 그리스도에게 하듯 아내들도 범사에 그 남편에게 복종할찌니라"

여기서 사용된 복종하라는 단어 '휘포타소($\upsilon\pi o\tau \acute{a}\sigma\sigma\omega$)'에는 상대의 권위를 인정하고 자신의 위치에 충실하라는 의미가 있습니다. 즉, 아내들이 남편에 복종한다는 것은 남편의 협박이나 강요 때문에 억지로 복종하는 것이 아니라, 하나님 앞에서 책임을 가진 자유로운 존재로서, 자발적으로 가정의 질서를 위해 남편의 권위를 인정하는 것을 말합니다. 이것은 아내가 남편에 비하여 열등하거나 능력이 모자라기 때문에 그렇게 하라는 것이 아닙니다. 아내가 남편에게 복종하는 것은 질서와 권위 때문입니다.

질서와 권위란 바로 창세기 2장에 근거한 것입니다. 하나님께서 아담을 만드신 후, 아담이 잠든 사이에 그의 갈비뼈 하나를 취하여 하와를 만드셨습니다. 즉, 아담이 먼저 지음받았고 그 후에 하와가 지음받았습니다. 이것은 어디까지 순서를 의미하는 것이지 우열을 의미하는 것이 아닙니다. 만일에 우열을 의미한다면 오히려 갈비뼈 하나가 없어진 아담이 하와에 비하여 더 열등한 존재요, 부족한 존재가 되어야 할 것입니다. 그런데 한 번 보세요. 아담과 하와 이후에 태어난 모든 남자와 여자에게는 갈비뼈가 몇 개씩입니까? 남자와 여자 공히 갈비뼈가 좌우에 12개씩 입니다. 하와가 아담에게서 나왔기 때문에 여자는 남자보다 못한 존재라는 논리가 전혀 성립될 수 없습니다.

오히려 복종이라는 단어는 창세기 2:18에 나오는 '돕는자'라는 뜻으로 해석하는 것이 더 정확할 것입니다.

"여호와 하나님이 가라사대 사람의 독처하는 것이 좋이 못하니 내가 그를 위하여 돕는 배필을 지으리라 하시니라"

여기서 '돕는' 이라는 히브리어 '에제르'는 돕는 아내의 역할이 남편보다 열등하거나 모자라서가 아닙니다. 아내가 남편을 돕는 것은 하나님의 역할을 대신하는 것입니다. 돕는 자가 도움을 받는 자보다 부족하거나 열등한 자는 없습니다. 그런 의미에서 아내의 복종은 하나님께서 남편에게 허락하신 가정의 책임과 의무를 다 감당할 수 있도록 돕는 역할입니다. 남편에게는 하나님이 그 가정에 부여하신 권위가 있습니다. 마치, 먼저 태어난 아들에게 장자의 권리가 주어지듯이 먼저 지음 받은 남자에게 하나님은 머리의 권한을 주셨습니다. 이것이 남편이 아내의 머리가 되는 이유입니다. 이 권위를 인정하고 살 때, 질서가 세워지며 질서가 세워지는 곳에 아내는 남편에 대하여 하나님이 하시는 돕는 자의 역할을 대신 하는 것입니다.

결혼은 선교가 아닙니다. 결혼 전에 상대의 가치관, 인생의 기준이 무엇인지를 분명히 알고 결혼해야 합니다. 같은 가치관, 같은 목표를 가질 때 '머리' 된 남편을 인정하게 되는 것입니다.

그런데 아내들은 남편들을 어떻게 하려 합니까? "이 인간을 내가 한 번 변화시켜 보리라!" 많은 아내들이 이런 구호를 외치면서 결혼 초기부터 남편을 바꿔보려고 무던히 애를 씁니다. 그런데 한번 보세요. 역사 이래 아내가 남편을 바꿔보려 했던 가정에서 성공한 케이스가 얼마나 됩니까? 남편은 그렇게 해서 바뀌지 않습니다. 남편은 아내가 하나님의 역할을 대신해서 돕기 시작할 때 바뀌게 됩니다.

빌리 그래함 목사님의 아내 루스 그래함 사모님이 이런 말을 했습니다. "내 남편을 변화하게 하는 것은 하나님이 하실 일이고, 내가 할 일은 그를 사랑하는 것이다(It's God's job to change Billy; My job is to love him)."

참으로 지혜로운 말씀이라고 생각합니다. 사랑한다는 것은 바로 돕는 자의 위치에서 남편을 돕고 섬기겠다는 뜻일 것입니다. 그런 의미에서 그래함 사모님은 남편에게 복종하라는 말씀의 명령을 슬기롭게 실천하신 분이셨습니다. 믿음이 약한 남편을 두신 아내들이여, 남편의 믿음 없음을 구박하지 마시기 바랍니다. 왜 교회 안나오느냐고 잔소리 해서는 안됩니다. 그 잔소리 가지고는 절대로 남편 구원할 수 없습니다. 전도는 그렇게 하는 것이 아닙니다. 남자는 잔소리로 변화되지 않습니다.

베드로전서 3:1에서 사도 베드로의 권면을 현대인의 성경은 이렇게 전하고 있습니다.

"남편에게 순종하십시오. 그러면 주님의 말씀을 믿지 않는 남편이라도 말없이 실천하는 여러분의 행동을 보고 하나님을 믿게 될 것입니다"

남편이 설사 예수를 믿지 않는다 할지라도, 하나님은 그분을 가정의 머리로 세우셨습니다. 여러분의 역할은 남편의 권위를 인정하는 것입니다. 그리고 그 남편에게 기꺼이 돕는 자, 순복하는 자가 되는 것입니다. 그때 하나님은 여러분의 가정에 신비한 연합의 축복과 기쁨을 허락하실 것입니다. 이것이 순종의 비밀입니다.

아내를 사랑한다는 것은

다음으로, 가정을 거룩한 교회되게 하기 위해서는 남편들은 아내에 대하여 몸을 내어 줄 정도로 사랑해야 합니다. 25절을 함께 보겠습니다.

"남편들아 아내 사랑하기를 그리스도께서 교회를 사랑하시고 위하여 자신을 주심 같이 하라"

남편이 머리됨은 아내에 대한 특권이나 우월감이 아닙니다. 오히려 남편의 머리됨이란, 그리스도께서 교회를 위해 자신을 내어주신 것처럼, 자기 아내를 위해 자신을 내어주는 자기희생적 사랑과 섬김을 요구합니다. 이때 그 가정은 거룩의 공동체가 됩니다.

그런 의미에서 남편의 아내에 대한 사랑은 복종을 포함한 총체적인 자기희생을 의미합니다. 여기서 사도 바울은 남편이 아내를 사랑해야 한다고 할 때, 그 사랑의 단어를 헬라어 '아가파오(ἀγαπάω)'를 사용하고 있습니다. 이것은 주님이 인간을 향해 보여주신 아가페적인 사랑입니다.

이 사랑은 일시적인 감정이나 육체적인 매력 때문에 일어나는 에로스적인 사랑이 아닙니다. 이 사랑은 인간의 우정을 뜻하는 필리아적인 사랑도 아닙니다. 이 사랑은 연민이나 긍휼의 마음으로 다가가는 스톨게적인 사랑도 아닙니다. 아내를 향한 남편의 사랑은 죽는 사랑입니다. 아내를 위해 죽을 수 있어야 합니다. 성격이 죽어야 합니다. 거친 태도가 죽어야 합니다. 자존심이 죽어야 합니다.

헨리 나우웬 박사는 《친밀함》이라는 책에서 남편의 아내에 대한 사랑을 세 가지의 특성으로 묘사했습니다. 첫 번째 특징은 진실함입니다. 남편이 아내를 사랑한다는 것은 모든 것에 대하여 거짓이나 꾸밈이 없어야 합니다. 투명한 유리처럼 모든 것에 진실해야 합니다. 두 번째 특징은 부드러움입니다. 아내를 사랑한다는 것은 상대방을 탈취하거나 움켜쥐는 것이 아니라 부드럽게 어루만지는 것입니다. 세 번째 특징은 무장해제입니다. 사랑이란 상대에게 마음을 열고 자신의 약점과 부끄러움까지도 내보이며 모든 것을 내어주는 것입니다.

이 사랑이 바로 주님께서 십자가 위에서 보여주신 사랑입니다. 주님은 십자가 위에서 무장해제 당하셨습니다. 모든 것을 다 내보이셨습니다. 온몸이 찢기시며, 조롱당하시며, 벌거벗은 몸으로 십자가 위에 달리셨습니다. 이 주님의 무장해제 당하신 사랑 때문에 우리는 새로운 생명을 얻었습니다. 주님의 무장해제 당하신 이 사랑 때문에 우리는 삶의 회복과 기쁨을 얻었습니다. 이 때문에 우리에게는 새로운 꿈과 목표가 생겼고, 교회가 세워졌습니다. 주님의 이 무장해제 당하신 사랑 때문에 병든 자들이 일어났고, 눈먼 자들이 보게 되었으며, 절망과 좌절 가운데 있는 자들이 용기와 힘을 얻었습니다.

"그가 찔림은 우리의 허물을 인함이요 그가 상함은 우리의 죄악을 인함이라. 그가 징계를 받음으로 우리가 평안을 누리고 그가 채찍에 맞음으로 우리가 나음을 입었도다."

새 생명의 탄생은 진실하고, 부드럽고, 무장해제 된 사랑의 행위 속에서만 이루어집니다. 남편은 아내 앞에서, 아내는 남편 앞에서 육체와 마음과 생각까지 무장해제하여 모든 것을 보여주기 시작할 때, 그 사랑은 남편과 아내에게 허락하신 연합의 신비와 은총의 역사를 이루게 됩니다.

아내 앞에서 약한 모습 보이기 싫어하고 속마음을 표현하지 않던 한 남편이 있었습니다. 사회에서 능력이 무척 뛰어났고 크게 인정받았던 이 남편이 IMF 경제 위기를 만나 조기 퇴직 대상이 되어서 하루 아침에 직장을 잃고 말았습니다. 자존심이 깨어질 때로 깨어진 그는 누구 앞에서도 자신의 무너진 모습을 보이고 싶지 않았습니다. 매일 양복을 입고 집을 나섰지만, 갈 곳이 없었습니다. 하루 종일 공원 벤취에 앉아 있다 들어오는 것이 그의 일상이 되어 버렸습니다. 하루 이틀도 아닌 여러 달을 반복해야 하는 자신의 이 모습 앞에 그 남편은 드디어 견딜 수 없는 마음에 어느 날 밤에 갑자기 집에 들어와 아내 앞에서 흐느끼며 자신의 고통을 호소하기 시작했습니다. 결혼 이후 남편은 자신이 어쩌다 이토록 비참한 신세가 되었는지 모르겠다고 아내에게 처음으로 토로하였습니다. 이 상황 앞에 아내는 뜻밖에도 실직한 남편에 대하여 놀라거나 걱정하는 것이 아니라 매우 따뜻하게 남편을 품어 주었습니다. 그리고 이렇게 고백을 했습니다. "여보! 결혼 30년 만에 비로소 우리가 제대로 된 부부 같고, 나는 당신의 진짜 아내가 된 느낌이예요……."

이 일로 그 남편은 자신의 실직이 그들 부부를 진정한 부부가 되게 하여 가정이 회복되는 하나님의 주신 복이었음을 알게 되었습니다. 이 복이 어떻게 시작된 것일까요? 한없이 연약해진 자신의 모습을 그대로 보여주었기 때문에 가능했던 것입니다. 아내가 기대했던 것은 잘 나가는 남편이 아니라, 진실함과 부드러움으로 자신의 모습을 그대로 보여주는 사랑이었던 것입니다.

남편들이여, 쓸데없는 자존심을 버리십시다. 주님이 우리에게 보여주셨던 진실함과 부드러움과 무장해제의 사랑으로 아내를 향해 우리의 사랑을 전하십시다. 이때 하나님은 우리의 가정 속에 허락하신 신비한 연합을 통해 새로운 생명과 회복의 은총을 허락하실 것입니다. 이것이 사랑의 비밀입니다.

삶 속으로

• 밥 필립스의 리스트를 읽고, 당신이 당신의 배우자에게 어떤 모습으로 변화될 것인지 리스트를 작성해 봅시다.

• 빌리 그래함 목사님의 부인 루스 그래함 사모님이 생전에 한 말을 되새겨 봅시다. 변화 시키는 것은 하나님의 일이라 했는데…… 남편을 도우려다가, 아내들이 하나님의 영역을 넘보는 경우는 없을까요?

• '그리스도가 교회를 사랑하듯' 이라는 말을 조금 더 풀어 봅시다. 이 지상의 교회는 예수님의 _____로 세워졌다. 남편이 어떻게 아내를 사랑해야 하는지 그 수준을 이 문장으로 가늠해 볼 수 있겠습니까?

24

| 에베소서 6:1-3 |

1 자녀들아 너희 부모를 주 안에서 순종하라 이것이 옳으니라 2 네 아버지와 어머니를 공경하라 이것이 약속 있는 첫계명이니 3 이는 네가 잘 되고 땅에서 장수하리라

예수 믿는 부모와 자녀

세상의 효(孝)와 기독교의 효(孝)

2002년 여름, 프랑스에서는 사상 최악의 폭염으로 노인들이 일만오천 명 이상 목숨을 잃는 일이 있었습니다. 목숨을 잃은 대부분의 노인들은 삼 주 이상이나 되는 바캉스 철에 집에 혼자 남아 있던 자들이었습니다. 떨어 져 살던 자식들이 평상시에는 몸이 불편한 부모들을 가끔 둘러 보았는데, 바캉스를 떠난 동안에는 전혀 돌보아 줄 수 없었던 것입니다. 목숨을 잃은 노인들은 기력이 쇠하여 약도 혼자 먹을 수 없는 그런 분들이었습니다. 옆 에서 누군가가 있어서 도와주기만 했어도 이들이 이렇게 죽어가지는 않았 을 것입니다. 이것을 가지고 현대판 고려장이라는 비판까지 받을 정도였으 니 이 일이 프랑스 사회에 미친 충격은 이루 말할 수 없었습니다.

프랑스 국민과 정부는 이 일을 자기들의 삶에 대한 각성의 기회로 삼기 시작했습니다. 그리고는 가시적인 결정을 하나 이끌어 냈습니다. 바로, 휴일 을 하루 줄여서 노인복지기금을 마련해 이런 일이 발생하지 않도록 재정과 인력을 확보하기로 한 것입니다.

그런데 중요한 것은 이 결정으로 인해 프랑스의 노인 문제가 획기적으로 해결되었느냐는 것입니다. 애석하게도 이 결정은 실효를 거두지 못했습니다. 그 결정 이후에도 사망 숫자는 줄었는지 모르지만, 노인들이 여전히 바 캉스 기간에 목숨을 잃고 있으며, 노인들의 삶에 대한 자녀 세대의 무관심 과 무책임은 지금도 계속되고 있습니다. 왜 이런 일이 계속 일어나는 것일 까요? 바로 노인 공경과 보호의 문제는 그런 돈이나 시스템의 문제를 넘어 서는 가정의 문제요, 윤리의 문제이기 때문입니다.

옛말에 "나이가 들면 물기는 눈으로, 양기는 입으로 간다"고 했습니다. 우리 부모님들이 연로하실 수록 자녀들은 지극한 보살핌으로 자꾸 흐르는 눈물을 닦아 드려야 하며, 정성 어린 음식으로 기운을 돋우어 들여야 한 다는 뜻입니다. 이것은 사회 보장 제도로 되는 문제가 아닙니다. 노인 복지 기금을 마련해 놓고 전문 인력을 확보해 놓는다고 해결될 문제가 아닙니다. 이것은 나를 낳으시고 기르신 부모님을 왜 자녀들이 공경하며 섬겨야 하는 지에 대한 근본적인 윤리가 정립되어 있어야만 해결될 수 있습니다.

역사 이래 수많은 사상가들과 철학가들이 이 문제를 해결하기 위해 애 를 썼습니다. 고대의 스토아 철학자들은 아들이 아비를 섬겨야 하는 것이 이성으로 요구되는 명백한 도덕적인 본성이라고 가르쳤습니다. 중국의 공 자는 자식의 아비에 대한 효를 인류의 가장 기본적인 출발이라고까지 했 습니다. 그래서인지 유교의 영향을 받은 아시아의 여러 나라들은 부모에 대한 자식의 효가 사회의 윤리와 도덕 속에 뿌리 깊이 박혀 있는 것이 사 실입니다. 여기서 우리는 한 가지 질문을 해야 합니다. 세상의 도덕과 윤리 속에서 가르치고 있는 부모 섬김 곧, 효의 가르침과, 기독교가 말하고 있는 부모 공경의 가르침에는 무슨 차이가 있는가 하는 것입니다. 만일 이 둘 사 이에 차이가 없다면, 기독교는 구원의 원리 외에는 세상의 모든 도덕과 윤 리의 기준에 비추어 특별히 나은 점이 그리 없다는 결론이 나옵니다. 그런 데 정말 기독교가 구원의 문제 외에는 도덕과 윤리적인 면에 있어서 별로 세상 철학과 다른 것이 없는 것일까요?

그렇지 않습니다. 세상의 윤리와 기독교의 윤리 사이에는 근본적인 한 가지 차이점이 존재합니다. 유명한 기독교 변증신학자 코넬리우스 반틸 박사는 자신의 《기독교 윤리학》이라는 책에서 "세상 윤리의 최고 가치는 인간의 행복에 있고, 기독교 윤리의 최고 가치는 하나님의 행복에 있다"고 했습니다. 무슨 이야기 입니까? 세상 윤리는 그 목적이 인간이 기쁘면 된다는 것입니다. 즉, 효를 다하고, 선을 행하고, 법과 질서를 지키는 기준이 인간에게 유익을 주고 선을 끼치는 데 있습니다. 그러나 우리 기독교의 윤리의 최고 가치는 과연 우리의 행위들이 하나님을 기쁘시게 하는 것인가를 묻는 데서 출발하는 것입니다. 즉, 우리가 부모에게 효를 다하고 섬기는 것, 이웃에게 선을 행하는 것, 하나님이 정해 놓으신 창조의 질서에 순종하며 그 법도를 지키는 이유는 그것을 하나님이 기뻐하시기 때문입니다.

인간의 행복이 윤리의 목적이 될 때, 그 윤리의 기준은 늘 변하기 마련입니다. 인간의 행복이 환경과 여건과 시대에 따라 늘 변하기 때문입니다. 옛날에는 부모를 조석으로 문안했지만, 이 시대에는 만약 부모와 떨어져 산다면 부모에게 전화로 문안 인사를 드리는 것이 당연시되고 있습니다. 옛날에는 부모의 말이 곧 법이었지만, 이 시대에는 대화를 통해 서로의 의견을 교환하는 것이 모두를 위한 기쁨이 되어 버렸습니다.

그러나 하나님의 행복이 윤리의 목적이 될 때, 그 윤리의 기준은 변하지 않습니다. 하나님께서 이 땅을 창조하시고 아담과 하와라는 최초의 가정을 허락하신 이후에 6000년 간 인간의 역사 속에서 하나님을 기쁘시게 하는 윤리의 기준과 가치는 그 환경과 여건이 바뀌어도 늘 인간의 마음 속에 변함없이 동일한 모습으로 자리잡고 있기 때문입니다. 그러면 늘 인간의 삶 속에서 변하지 않은 기준으로 설정해 놓으신 하나님이 원하시는 가정의 윤리는 무엇입니까?

먼저, 주 안에서 부모에게 순종하는 것입니다. 1절을 함께 보겠습니다.

"자녀들아 너희 부모를 주 안에서 순종하라 이것이 옳으니라"

사도 바울은 이 구절에서 부모에게 순종할 때 한 가지 전제를 달고 있습니다. '주 안에서'라는 것입니다. 주 안에서 부모에게 순종하라는 것은 '예수 그리스도의 주권적 통치 아래서', '예수 그리스도를 기쁘시게 하는 범위 내에서'라고 해석할 수 있습니다. 즉, 우리 그리스도인들은 육신의 부모님에 대하여 마땅히 순종하며 섬기며 돌봐 드리되, 부모님의 삶이 하나님을 기쁘시게 하고 주님께로 더 가까이 나아가는 삶이 되도록 돌봐드려야 합니다.

그래서 성도들이 부모님에게 할 수 있는 최고의 효가 바로 구원에 이르게 하는 것입니다. 구원이 무엇입니까? 저 영원한 하나님의 나라를 보장받는 것입니다. 우리가 이미 보장받아 가게 될 저 천국의 기쁨과 평강과 감격의 혜택을 우리 부모님도 누릴 수 있도록 해야 합니다. 아직도 믿지 않는 부모님을 위해 금식하며 기도해 보세요. 이것이 효도입니다.

이미 이것을 보장 받으신 부모님이라면, 그 기쁨과 감격을 이 땅에서 놓치지 않고 마음껏 누리실 수 있도록 배려해 드리고 힘써 도와 드려야 합니다. 기회가 있을 때마다 부지런히 찾아 뵙고 기도의 제목을 나누고, 부모님을 위해서 기도해 드리고, 내가 받은 하나님 앞에서의 은혜를 소개할 때, 부모님들의 기쁨은 배나 더해 질 것입니다.

우리 자녀들이 바쁘다는 핑계로 라이드 해드리지 못함으로 부모님들이 교회에 나와서 예배드리고 싶어도 예배드리지 못하게 된다면, 그것이야말로 해서는 안되는 불효입니다. 요즘 저에게 찾아오셔서 "목사님! 밤중에 나와 기도하며 부르짖고 싶어도 발이 없어서 못 나옵니다." 하시는 분들이 참 많습니다. 부모님들이 기도하고 싶고, 예배드리고 싶고, 성도들이 아플 때 찾아가 위로해 드리고 싶을 때, 그 길을 열어드리는 것이 우리 자녀된 성도가 해야 할 마땅한 효도입니다. 믿음 생활하시는 부모님들의 라이드를 자꾸 다른 사람에게 미루지 마시고 자녀인 여러분들이 하셔야 합니다.

중국의 고전 '한시외전'에 보면 이런 말이 나옵니다. "수욕정이풍부지/자욕양이친부대(樹欲靜而風不止, 子欲養而親不待: 나무는 고요히 있고자 하나 바람이 그쳐주지 아니하고, 자식이 봉양하고자 하나 어버이는 기다려주시지 않는다.")는 뜻입니다.

세상 사람들도 부모가 살아계실 때 다하지 못한 효를 가슴아파합니다. 하물며 저 영원한 천국의 소망과 그 혜택을 보장받고 사는 우리 성도가, 부모님께서 살아계실 때 그 놀라운 생명의 혜택, 영원한 평강의 은총을 누리시지 못하게 한다면 이보다 더 큰 아픔과 고통이 어디 있겠습니까?

2010년 12월 31일 송구영신 예배 때, 저희 교회 집사님 한 분이 기도 제목을 내셨는데, 올해 봄에 부모님이 미국을 방문하시는데 꼭 예수 믿을 수 있는 기회가 되게 해달라는 제목이었습니다. 그래서 계속 기도를 하는데, 봄이 되도 안오시는 것입니다. 어떻게 되셨는가 물어 보았더니 몸이 아프셔서 못 오신 것이었습니다. 그래서 함께 다시금 기다리면서 기도하기로 했습니다. 하나님께서 그 집사님의 간절함을 보시고, 올해 여름에 그 부모님들이 들어오실 수 있게 하셨습니다. 그런데 참 놀라운 것은 전혀 교회에 다니지 않으시던 분들이요, 어머니 같은 경우에는 완강하게 기독교를 거부하셨던 분이신데, 미국에 오신 그 첫주 주일에 따님 가족과 함께 나란히 앉아서 예배를 드리는 것이었습니다. 그래서 예배가 끝나고 새가족실에서 인사할 때 여쭈어 보았습니다. 교회 오신 소감이 어떠십니까? 그랬더니 그 어머님이 "이상하게 마음이 편안하네요." 속으로 '이제는 되었구나' 했습니다. 따님이신 그 집사님이 부모님의 마음을 열어드리기 위해서 부단히도 신경을 쓰며 기도하시는 것 같았습니다. 여행도 함께하고, 맛있는 음식도 대접하고 그 부모님께서는 딸의 사랑과 정성과 기도의 능력에 마음이 열리셔서 끝내는 예수 영접하는 자리까지 가게 되었습니다. 떠나시기 바로 전주 3부 예배 때 이 자리에서 세례를 베풀었는데, 세례를 받으시는 부모님을 보면서 한없이 눈물을 흘리시는 그 집사님을 보면서 그 눈물이야말로 성도가 할 수 있는 진정한 효의 눈물임을, 천국의 기쁨을 선사하는 자의 감격의 눈물임을 느낄 수 있었습니다. 그래서 제가 성도님을 가리키면서 그 부모님에게 이렇게 이야기 했습니다. "진짜 효녀를 두셨습니다."

우리 부모님들은 언제까지나 기다려주시는 분이 아닙니다. 하나님이 이 땅에 우리로 하여금 주안에서 부모님을 진정으로 기쁘게 해드리도록 허락하셨을 때, 기쁨으로 여러분의 효를 다하십시오. 이것이 옳은 일입니다.

부모 공경, 되돌려 드리는 것

다음으로, 우리 자녀들은 부모를 공경해야 합니다. 2절을 보겠습니다.

"네 아버지와 어머니를 공경하라 이것이 약속 있는 첫 계명이니"

여기서 공경을 의미하는 헬라어 '티마오(τιμάω)'는 honoring(존경)이라는 뜻도 있지만, 원래는 값을 매긴다, 응당한 댓가를 돌려 준다(set price on)는 뜻이 있습니다. 즉, 자녀들이 부모를 공경하는 것은 바로 부모님들이 나를 위해 보이셨던 한평생의 수고와 눈물과 헌신에 대하여 그 공로를 되돌려 드리는 것입니다. 이것은 자식의 책임을 말하는 것입니다. 부모님들이 자식이 제대로 설 때까지 땀을 흘리며 육체적으로, 물질적으로, 시간적으로, 정신적으로 모든 면에서 희생하신 그 수고에 대하여 되돌려드리는 것입니다.

어느 정도 자식이 장성하고 자립하기 시작하는 순간부터 부모님들은 반대로 육체적으로, 물질적으로 정신적으로 돌봄을 받아야 하는 시기가 됩니다. 그러기에 하나님께서 그리스도인들이 부모에 대하여 말로만 효를 다하는 것을 원치 않으십니다. 실제적이고 구체적으로 부모님들을 돌보아 드려야 합니다.

마가복음 7장에 보면, 예수님께서는 당시에 행해지고 있던 고르반 제도를 질타하셨습니다. 당시 많은 사람들이 마땅히 부모님에게 돌려 드려야 할 물질을 가지고, "하나님께 드리기로 했습니다(고르반)"라고 말하기만 하면 부모에 대한 모든 책임에서 면죄되었던 그 제도는 잘못되었다고 하셨습니다. 왜 그렇습니까? 보이는 부모님을 제대로 섬기지 못하면서 어찌 보이지 아니하시는 하나님을 섬길 수 있다고 하겠습니까? 결국 부모에 대한 공경의 자세는 바로 하나님에 대한 공경의 자세와 같은 것입니다.

그렇기 때문에 부모님께서 나를 위해 모든 물질적인 필요를 채워주시고 후원하여 지금의 나를 만들어 주신 것처럼, 이제는 자녀들이 부모님들의 물질적인 필요를 채워드려야 합니다.

우리 주위에 보면 장성해서도 부모의 경제력에 의지하여 사는 분들이 종종 눈에 띕니다. 그러나 신앙인은 장성하면 부모를 떠나야 합니다. 부모를 떠난다는 것은 경제적으로 이제는 부모를 책임지는 자리에 나아가야 한다는 것을 말합니다. 이때 비로소 부모를 공경할 수 있게 됩니다.

제가 존경하는 목사님이 오래전에 우연한 기회에 6.25 특집 다큐멘터리를 본 적이 있으셨다고 합니다. 피난민들에게 쌀을 배급해 주는 장면이었습니다. 사람에 비해 쌀은 턱없이 부족했습니다. 마지막 남은 한 자루를 한 남자가 끌어안는 순간, 곁에 있던 또 다른 남자가 거의 동시에 자루의 한 쪽을 움켜 쥐었습니다. 그들은 함께 땅바닥에 뒹굴면서도 자루를 쥔 손만은 놓지 않았습니다. 그것은 자식들의 생명이었기 때문입니다.

그 이야기를 들으면서 저는 참 많이 울었습니다. 우리의 부모님들이 그 어렵고 힘든 시대를 이토록 처절하게 살아오면서 우리를 살려 내셨다는 생각 때문이었습니다. 우리가 지금 이 자리에 있는 것은 부모님의 그 처절한 희생과 섬김 때문입니다.

그러므로, 공경이란 나를 먹이시고 입히시기 위해 처절한 생존의 사투를 감내하셨던 부모님에게 필요한 물질과 마음을 돌려드리는 것입니다. 공경이란 나를 키우시기 위해 밤잠을 못자며 돌보시고 애쓰셨던 그 부모님의 시간을 돌려드리는 것입니다. 나를 위해 그 모든 것을 소진하신 결과로 얻은 육체의 연약함과 질병으로 신음하실 때, 곁에서 부모님의 육체를 돌보며 안으며 품어드리는 것이 바로 공경입니다. 이것이 하나님이 원하시는 약속 있는 첫 계명입니다.

보너스

마지막으로, 우리 자녀들은 부모를 공경할 때 이 땅에서의 복이 보장되어 있음을 믿어야 합니다.

3절을 보겠습니다.

"이는 네가 잘 되고 땅에서 장수하리라"

이 구절은 출애굽기 20:12과 신명기 5:16의 재인용입니다. 하나님께서 모세에게 십계명을 주셨을 때 하나님을 향한 계명과 인간의 삶을 향한 계명을 함께 주셨습니다. 이때 인간을 향한 계명의 첫 번째가 부모 공경에 대한 계명이며, 이 부모 공경의 계명에 하나님은 유독 이 땅에서 잘되고 장수하는 축복을 주시겠다고 약속하셨습니다. 하나님은 모세 이후 4,500년이 지난 지금까지 주 안에서 부모를 공경한 모든 백성들에게 이 말씀의 약속을 지키셨습니다.

그 대표적인 예가 바로 룻입니다. 이스라엘에 흉년이 들어 기근이 심할 때 한 가족이 이방 땅 모압에 이사를 옵니다. 그런데 이 가족이 이민와서 정착도 하기 전에 남편이 먼저 세상을 떠납니다. 아내였던 나오미는 두 아들을 이방 여인과 결혼을 시키는데, 그만 그 두 아들도 세상을 떠나게 됩니다. 두 며느리와 시어머니만 남은 상태에서 시어머니 나오미는 며느리들의 앞날을 위해 친정으로 돌아가 새 삶을 살도록 권유합니다. 큰며느리는 어머니의 권유를 받아 돌아가지만, 룻은 어머니의 곁을 떠나지 않습니다. 그러면서 이렇게 고백합니다. "어머니께서 가시는 곳에 나도 가고, 어머니께서 유숙하시는 곳에 나도 유숙하겠나이다"

룻이 왜 이런 고백을 했을까요? 그것은 자식으로서의 공경의 의무를 다하기 위함이었습니다. 룻이 이 고백을 할 때, 그는 이스라엘 백성들 가운데 약속하신 "부모를 공경하면 이 땅에서 잘되고 장수하리라"는 약속이 있는지도 몰랐습니다. 그는 이방 여인이었습니다. 그러나 하나님은 이방 여인의 입에서 나온 부모 공경의 고백을 들으시고, 유대인에게만 주셔야 할 약속된 축복을 이방여인에게까지 허락하셨습니다. 이 부모 공경으로 룻이 얻은 축복이 무엇입니까? 이방 여인으로 이스라엘의 왕족의 족보에 올라가는 축복을 받습니다. 룻을 통해 후에 다윗이 태어나고 나중에는 예수님이 태어나시는 축복을 받습니다.

이 약속의 축복은 지금도 우리에게 여전히 유효합니다. 부모 공경의 명령을 순종하며 지키는 자에게는 하나님이 약속하신 '이 땅에서 잘되고 장수하는 축복'이 있습니다. 예수 믿는 부모는 물론이요, 예수를 믿지 않는 부모도 우리 그리스도인들은 공경해야 합니다. 부모님들의 필요를 채워드리고, 마음을 살펴 드림으로 마땅히 우리가 해야 할 자녀의 도를 다할 때, 하나님은 우리의 삶을 기뻐하십니다.

혹시 여러분들 가운데 이제 더는 돌보아 드릴 부모님이 안계시는 분들은 그 눈을 이제 영적인 가족, 영적인 부모님에게로 돌리시기를 권합니다. 여러분의 믿음의 성장을 위해, 여러분의 삶의 부분부분을 위해 눈물로 기도하며 간구하며 함께 염려해 주었던 영적인 선배들이 여러분의 믿음의 부모입니다. 여러분이 믿음의 자리로 돌아오기를 위해 그분들이 흘리신 그 눈물과 희생과 헌신에 대하여 마땅히 해야 할 공경의 도리를 다하시기 바랍니다. 여러분의 동산장과 인도자가 여러분의 영적인 부모입니다. 여러분의 교회 지도자가 영적인 부모입니다. 그분들의 여러분을 향한 시간과 물질과 마음의 섬김과 희생에 대하여 마땅히 공경하며 갚아 드릴 때, 여러분은 이 땅에서 잘되고 장수하는 축복을 얻게 될 것입니다.

삶 속으로

• "부모를 공경하면 이 땅에서 잘되고 장수하리라"는 분명 우리 나라의 고전 '흥보전'에 나오는, 제비 다리를 부러뜨린 후 싸매 주었던 놀부의 경우처럼 이용되어서는 안될 성경 구절입니다. 하나님께서 이 약속을 해주신 깊은 뜻이 어디에 있을까요?

• 나는 내 아버지의 아들이자 내 아들의 아버지입니다. 부모님께 정성껏 효도하는 내 모습을 보며 자라는 이는 누구입니까? 부모를 공경하며 섬기는 내 인생의 결론이 이 땅에서 잘 되고 장수하는 것으로 결론지어질 때, 내 자녀는 나를 어떻게 섬기겠습니까? 일석이조의 하나님을 찬양합시다.

25

4 또 아비들아 너희 자녀를 노엽게 하지 말고 오직 주의 교양과 훈계로 양육하라

자녀교육과 부모의 역할

"너희들에게만큼은 좋은 것을 물려 주고 싶어"

지난 주에 저는 우리 교단의 목사님으로부터 메일을 하나 받았습니다. 그 메일 속에는 '한국을 아십니까?'라는 제목의 동영상이 들어있었습니다. 9분 정도로 이루어진 이 동영상을 본 순간 저는 무척 큰 감동을 받았습니다. 그 내용을 옮기면 다음과 같습니다.

한국을 아십니까? 불과 50여년 전, 그들은 모든 걸 잃었습니다. 일본의 식민지 지배를 막 벗어난 그들에게 전쟁은 너무도 가혹했습니다. 어느 누구도 미래나 내일 같은 섣부른 희망의 말들을 하지 않았습니다. 그들에게 내일이란 생존을 장담할 수 없는 또 다른 오늘이었고 그들에게 허락된 것이라고는 생존을 위한 작은 기도뿐이었습니다. 전 세계 어느 나라도 이 나라보다 못사는 나라는 없었습니다. 이들에게 꿈이라고는 굶지 않고 하루를 넘기는 것이었으며, 이 배고픔이 대물림되지 않기만을 바랐습니다. 이들에게 삶은 너무도 가혹했고, 이들이 곧 주저앉아 삶을 포기했다 해도 전혀 놀랍지 않았을 겁니다. 하지만 그들은 결코 포기하거나 도망가지 않았습니다. 비록 자신들에게는 내일이 없을지라도 자식들에게 있을 내일을 기도하며……

당시, 유엔에 등록된 나라는 모두 120여 개국. 한국의 국민 소득은 태국이 220불, 필리핀이 170불인데 비해 고작 76불에 지나지 않았습니다. 인도 다음으로 못사는 나라가 바로 대한민국이었습니다. 한국은 미국의 방해를 무릅쓰고 같은 분단국인 서독에서 1억 4천만 마르크의 차관을 얻는데 겨우 성공했습니다. 서독이 필요로 하는 간호사와 광부를 보내주고 그들의 봉급을 담보로 잡혀서 낯선 땅 서독으로 간 간호사들이 처음한 일은 거즈에 알코올을 묻혀 이리저리 돌리며 닦는 것이었습니다. 광부들은 지하 천 미터 이상의 깊은 땅 속에서 뜨거운 지열을 참으며 죽어라 일했습니다. 너무 열심히 일하는 모습에 감동하여 서독은 한국 대통령을 초청하였습니다. 고국 대통령을 보려고 한국 사람들이 강당에 모였습니다. 연설에 앞서 애국가를 불렀던 사람들은 목이 메어 애국가를 끝까지 부를 수 없었습니다. 대통령은 준비된 연설 원고를 접고 같은 말을 되풀이하여 외쳤습니다.

"우리 열심히 일합시다, 우리 후손들만큼은 결단코 타국에 팔려 나오지 않도록 우리 열심히 일합시다."

"무슨 일이든 하겠습니다."

광부들은 서독 대통령에게 큰 절을 올리며 울면서 부탁했습니다.

"우리 나라를 좀 도와주십시오, 우리 대통령을 도와주십시오."

목놓아 우는 광부, 간호사들을 두고, 호텔로 돌아가는 차 안에서 대통령은 하염없이 눈물을 흘렸습니다. 뤼브케 대통령은 손수건을 꺼내주며 위로했습니다.

"우리가 돕겠습니다, 서독국민이 돕겠습니다."

한국 현대화는 서독 파견 간호사와 광부들로부터 시작되었습니다. 월남전 파병은 한국 경제 회생의 기폭제가 되었고 참전 용사들의 전투 수당으로 고속도로가 건설되었습니다. 한반도의 동맥이 힘차게 흐르기 시작했습니다. 태양이 작열하는 사막의 중동 건설 현장에서도 피같은 눈물과 땀을 흘리며 밤낮으로 달러를 벌어들였습니다. 어린 소녀들은 가발 공장, 봉제 공장, 신발 공장, 섬유 공장에서 라면으로 끼니를 때우며 수출 상품을 만들었고, 어린 동생들의 학비를 벌었습니다. 그리고 민주화를 이루어 냈습니다.

기적을 믿으십니까? 건설 산업 규모 세계 3위, 단일 원자력발전소 이용률 세계 5위, 철강 제조산업 세계 5위, 조선 산업 세계 1위, 세계 무역 규모 12위 권, 외환 보유 세계 4위, 세계 자동차생산 5위국, 반도체 생산률 세계 1위, LCD 생산 산업 세계 2위, 휴대폰 산업 세계 2위, 컴퓨터 보급률 세계 1위, 초고속 통신망 보급률 세계 1위, 학교 정보화 시설 세계 1위, 디지털 기회 지수 세계 1위.

기적을 믿으십니까? 저는 감히 이게 바로 기적이라 말해드리고 싶습니다. 어떤 이들은 묻곤 합니다. 한국인들은 왜 그토록 한민족임을 자랑스러워 하며, 왜 그리 애국심을 중요하게 생각하느냐고 나는 오히려 그들에게 묻고 싶습니다. 어떻게 이런 민족을 자랑스러워하지 않을 수 있느냐고 단지 가난을 벗어났기에 이들을 자랑스러워 하는 것은 아닙니다. 오히려 우리의 혈관을 타고 흐르는 가슴 아픈 역사가 다른 이에게는 반복되지 않길 바라는 고귀한 마음들 이제 우리는 약속합니다. 우리의 아이들에게 좋은 나라를 물려 주겠다고 너희들 또한 충분히 자랑스러워 할 만한 그런 나라를 만들겠다고 사랑합니다. 나의 조국, 대한민국.

사랑하는 성도 여러분, 어떻게 우리의 조국 대한민국이 이런 경제적인 기적을 이루어 낼 수 있었다고 생각하십니까? 가장 큰 이유는 하나님께서 우리 민족을 복음의 전초 기지로 쓰시고자 축복하셨기 때문일 것입니다. 그리고 여기 덧붙일 수 있는 또 다른 이유가 하나 더 있다고 생각합니다. 2010년 5월 3일에 서울에서 G20 정상회의가 있었을 때, 미국의 오바마 대통령이 이명박 대통령에게 "한국이 이렇게 경제적으로 발전할 수 있었던 이유가 무엇입니까?"라고 물었다고 합니다. 이때 이명박 대통령은 잠시 생각한 후에 이렇게 대답을 했습니다. "그것은 바로 우리의 부모님들이 소 팔고, 논을 팔아 자식들을 교육시켰기 때문입니다." 이 대답에 감명을 받은 후부터 오바마 대통령은 기회가 있을 때마다 한국 교육의 열정을 선전하기 시작했다는 것입니다.

맞습니다. 아무리 경제 개발 5개년 계획이 훌륭했다 해도, 우리 부모들의 다음 세대를 위한 희생이 없었던들, 그 모든 것들은 불가능했을 것입니다. 우리 어머니 아버지들은 자식의 교육을 위해 모든 것을 바쳤습니다. 절망과 탄식뿐이었던 삶 속에서도 자식들에게 만큼은 더 좋은 세상을 물려주기 위해 주린 배를 움켜쥐며 이를 악물고 일을 했습니다. 몸이 부서지는 것을 아랑곳하지 않고 자식들에게만큼은 잘사는 환경을 만들어 주기 위해 모든 희생을 아끼지 않았습니다. 우리 부모님들의 그 모든 희생 중에 가장 값지고 의미 있는 희생이 바로 자식 교육을 위한 희생이었습니다. 이 희생 때문에 폐허뿐이었던 대한민국이 지금의 모습으로 발전될 수 있었던 것입니다. 교육은 다음 세대를 결정짓는 중요한 부분입니다. 교육에 눈을 뜬 가정에는 미래가 있습니다. 교육에 눈을 뜬 국가는 희망이 있습니다.

1세기 후반, 로마제국 하에 힘겹게 살아가는 그리스도인들을 향하여 사도 바울은 저들이 세속의 문화 앞에 함몰되지 않고 오히려 세상을 주도하며 영향력을 끼치며 살기를 원했습니다. 이것은 불가능한 일이 아니었습니다. 육체적인 쾌락과 탐욕에 젖어 현세적인 것만을 삶의 기준과 가치로 여기고 있는 대다수의 로마 시민들의 미래와, 영원한 나라를 바라보며 희생을 각오하고, 다음 세대를 준비하는 것을 최고의 가치와 기준으로 여기는 그리스도인들의 삶의 미래는 너무도 달라질 것이기 때문이었습니다. 사도 바울은 그 차이를 그리스도인들이 가정에서 제일 먼저 보여주기 원했습니다. 그것은 그리스도인들이 가정에서 세상과는 다른 가정 교육의 원리를 세워가는 것으로부터 시작될 수 있습니다.

위탁 교육자

그 원리는 먼저, 자녀를 노엽게 하지 않는 것입니다. 4절을 함께 보겠습니다.

"또 아비들아 너희 자녀를 노엽게 하지 말고……"

당시 로마 사회에서 가장은 절대 권력을 가지고 군림하는 위치에 있었습니다. 아내도 자식도 가장에게 절대 복종해야 했습니다. 자식은 소유물에 지나지 않는다는 가치관이 팽배했었습니다. 부당한 명령에도 이유를 달 수가 없었습니다. 이런 상황이니 그 집안의 아이가 조금이라도 합리적인 생각을 할 수 있었다면 당연히 속에서 분노와 반발이 생기게 마련이었지만, 그 누구도 그것을 표현할 수 없었습니다. 이런 상황에서 사도 바울이 지금 에베소 교인들에게 "자녀를 노엽게 하지 말라"고 말씀하는 것은 당시로서는 아주 이례적인 선언입니다.

그러나 자녀를 노엽게 하는 것이 어디 1세기 로마 제국의 상황에서만 일어나는 일이겠습니까? 지금 이 시대를 살고 있는 우리의 가정에서도 버젓이 일어나고 있습니다.

뉴욕대 심리학과 교수인 하임 기너트 박사는 자신의 책《부모와 아이 사이》에서 "문제아 때문에 부모가 받은 상처보다 문제아가 부모로 받은 상처가 더 크다"는 말을 했습니다. 무슨 말일까요? 아이들의 사춘기적 반항과 방황은 전적으로 부모로부터 받은 상처가 먼저 있었기 때문이라는 것입니다. 전적으로 동감합니다. 우리 부모들이 생각없이 내뱉은 말 한 마디로 아이들에게 평생토록 지울 수 없는 상처를 줄 때가 있습니다. 은연 중에 우리 부모들은 아이들을 자기 소유물로 착각하고 부모의 생각을 강요할 때가 있습니다. 어리다고 자녀들에게 모욕과 수치감을 줄 때가 있습니다.

그러면 이 부분을 우리는 어떻게 해결할 수 있겠습니까? 그것은 하나님께서 우리 부모에게 허락하신 성경적인 부모의 역할을 다시금 회복하는 것입니다. 부모는 자녀에게 어떤 존재입니까? 믿음 가운데 태어난 아이들은 부모의 자녀가 아니라 바로 하나님의 자녀입니다. 우리 부모는 하나님께서 이 세상을 사는 동안 하나님이 허락하신 자녀들을 잘 맡아 다스리고 교육시키라고 허락하신 위탁 교육자입니다.

대통령이 그 아들을 누군가에 맡겨 교육을 부탁했을 경우, 그 맡은 자가 대통령의 자녀로서가 아니라 자신의 마음에만 흡족한 자녀로 키우려 한다면, 대통령의 자녀는 노여워할 것이요, 그의 아버지인 대통령 또한 격노할 것입니다. 부모가 자녀들을 하나님의 자녀로서가 아니라 자신의 욕망과 이기심에 따라 부모의 마음에만 드는 자녀로 키우려 할 때, 그래서 그것을 일방적으로 강요하고 주입하려 할 때, 자녀들은 격노하게 됩니다. 그리고 하나님 또한 노여워하실 것입니다. 그러므로 우리 부모는 자녀들을 하나님의 자녀로 인정하고 하나님께서 우리에게 위탁 교육자로서 부여해 주신 그 역할에 최선을 다해야 합니다. 그중 가장 중요한 역할이 바로 하나님의 사랑을 보여주는 것입니다. 사랑을 받고 자란 아이들은 결코 빗나가지 않습니다. 하나님으로부터 나온 사랑은 생명의 능력이 있기 때문입니다.

일본의 유명한 파동 연구가 에모또 마사루 박사는 1999년 6월에 '물의 결정사진들'을 모아 《물로부터의 전언》이라는 책을 출간했습니다. 이 책을 통해 많은 사람들이 놀라운 사실을 하나 알게 되었습니다. 두 개의 다른 컵에 물을 담아 놓고 한 쪽에는 사랑의 언어를 다른 한 쪽에는 폭력의 언어를 들려주었습니다. 그런데 사랑의 언어, 즉 "사랑한다, 감사한다, 축복한다, 너는 너무도 멋지다." 같은 언어를 들은 물은 가장 아름다운 결정체인 육각수로 변하고, 폭력의 언어, 즉 "너는 왜 이 모양이니, 너는 나를 괴롭게 하는 존재야, 죽여버리겠어……"라는 말을 들은 물의 결정은 너무도 추하게 일그러진 모습으로 변하게 되었다는 것입니다.

정말 신기하지 않습니까? 그런데 저는 그 실험 결과에서 하나님의 창조 질서의 힌트를 하나 얻었습니다. 우리 인간의 몸은 70%가 물로 구성되어 있습니다. 이 물로 구성된 우리 인간은 하나님의 창조 질서대로 하나님의 사랑과 복을 누리며 살 때 가장 완벽한 몸을 구성할 수 있다는 사실입니다. "하나님이 너를 사랑하신다. 너는 혼자가 아니다. 하나님이 너와 함께 하신다. 너는 정말로 멋진 사람이다"라고 칭찬하고 축복하기 시작하는 순간부터 우리 몸의 물들은 완전한 결정체 육각수로 변합니다.

이것이 우리의 자녀를 살리고 다시금 회복하는 길이라 믿습니다. 하나님은 우리 부모들에게 하나님의 자녀들을 맡겨주셨습니다. 우리가 해야 할 일은 저들을 하나님의 온전하시고 기뻐하시는 뜻대로 양육하는 것입니다. 날마다 자녀들을 향해 "사랑한다. 감사하다. 너는 하나님의 자녀다"라고 축복하실 때, 저들의 육체와 마음과 인격은 하나님의 자녀답게 자랄 것입니다. 우리의 아이들은 하나님께서 70억 분의 1의 확률로 만들어 주신 하나님의 귀한 작품들입니다.

하나님의 보이는 대리인

다음으로, 우리 그리스도인들이 자녀들을 향하여 세상과는 다른 가정 교육의 원리를 세우기 위해서는 자녀들이 진리의 기준에 서도록 훈련시켜야 합니다. 4절 후반절에서 사도 바울은 "오직 주의 교양과 훈계로 양육하라"고 말씀합니다. 교양이라는 말은 바로잡는 훈련을 말합니다. 우리 자녀들이 원래 가야 할 그 길에서 벗어나기 시작할 때 우리 부모가 해야 할 일은 마땅히 붙들어야 할 진리의 기준이 무엇인지를 가르쳐주며, 그 길을 가기 위해서 필요하면 징계를 해서라도 바로 세워주는 일입니다. 잠언 13:24은 이렇게 말씀합니다.

"초달을 차마 못하는 자는 그 자식을 미워함이라 자식을 사랑하는 자는 근실히 징계하느니라"

훈련 중에서 가장 효과적인 훈련이 무엇인지 아십니까? 보고 배우게 하는 것입니다. 군에 입대하면 예외 없이 모두 일정 기간 훈련소에서 훈련을 받아야 합니다. 훈련병에게는 반드시 두 사람의 가르치는 교사가 붙습니다. 훈련 교관과 조교입니다. 이 두 사람의 차이가 무엇인지 아십니까? 교관은 이론을 가르치지만, 조교는 그 가르친 것을 몸소 보여주는 사람입니다. 그래서 반드시 교관은 이론을 가르친 후에 이 명령을 합니다. "숙달된 조교 앞으로!" 하면, 조교는 앞으로 나와 총검술을 어떻게 하는지, 총은 어떻게 쏘아야 하는지를 실제로 보여줍니다. 이론 교육 때 꾸벅꾸벅 졸던 훈련병도 몸소 보여주는 이 동작 앞에 필요한 것들을 습득하기 마련입니다.

신앙의 훈련은 가정에서 보고 배우게 하는 것으로부터 시작되어야 합니다. 부모가 성경 읽고 기도하는 모습을 보여줄 때 자녀들이 그대로 따라합니다. 부모가 어렵고 힘든 상황에서 전능하신 하나님을 의지하는 모습을 보여줄 수 있을 때 자녀들도 어려운 인생의 위기를 만나면 하나님을 의지하며 살게 됩니다.

그래서 그 옛날 가나안 땅을 목전에 둔 이스라엘 백성들을 향하여 자녀들을 훈련할 때, 신명기6:7-8에 의하면, 부모들이 먼저 말씀을 손목에 매어 기호를 삼고, 미간에 붙여 표를 삼고, 집 문설주와 바깥문에 기록하라고 하셨습니다. 왜 그래야 할까요? 부모들이 집을 나가고 들어올 때, 평소 생활 중에 손목과 이마에 붙어있는 말씀을 늘 상기하고 지키기 위하여 노력하며 애쓰는 모습을 보여줄 때에만 그 자녀들이 그것을 그대로 따라하기 때문입니다. 모세의 40년 간의 삶과 그 지도력을 여호수아가 보고 배웠기에 그가 가나안 정복의 대업을 이룰 수 있었습니다. 엘리야의 삶과 헌신을 엘리사가 보고 배웠기에 그 어려웠던 분열 왕국 시대에 하나님의 말씀을 바르게 세워갈 수 있었습니다. 예수님의 삶과 희생과 섬김을 제자들이 보고 배웠기에 저들은 이 땅에 모든 교회들이 본받고 싶은 초대교회를 이루어갈 수 있었습니다. 신앙은 보고 배우는 것입니다.

지난 주 화요일에 밤 늦게 집에 들어가게 되었는데, 제 막내 아이가 기다렸다는 듯이 제게 달려와서 크레용과 종이 한장을 들고서 자꾸 "next, next……" 하는 것입니다. 아이가 무엇 때문에 그러나…… 곰곰이 생각해 보니까 어젯밤에 자기 오빠가 했던 것을 흉내내고 있는 것이었습니다. 어젯밤에 둘째 아이가 제게 와서 다음 날 학교에서 있을 스펠링 테스트를 도와달라고 한적이 있었습니다. 한 30개 정도 되는 단어들을 하나씩 불러 주면, 아이가 받아 적습니다. 다 적고 나면 아이는 "next, next……" 하면서 다음 단어를 불러 달라고 합니다. 이것을 지켜 보던 막내가 부러웠던지 그대로 따라한 것입니다.

이때 한 가지가 생각났습니다. 무엇이든지 그대로 따라하려고 하는 저 시기에 하나님의 말씀대로 사는 모습을 보여주고, 말씀의 기준만이 인생의 유일한 참된 길임을 보여줄 수만 있다면, 그것을 따라하는 아이의 인생은 참으로 복된 인생이 되지 않겠는가…….

부모는 보이지 아니하시는 하나님의 보이는 대리인입니다. 자녀들은 부모의 모습을 통해 하나님의 이미지를 형성합니다. 부모의 모습 속에서 하나님의 사랑을 배우고, 부모의 모습 속에서 신앙의 길을 어떻게 걸어가야 할지 배우게 됩니다. 그러므로 자녀의 교육은 일주에 2시간 있는 교회교육으로는 너무도 부족합니다. 여러분의 가정에서 여러분의 모습을 통해 자녀들에게 신앙의 모습을 보여주실 때만이 자녀들은 신앙의 올바른 길을 갈 수 있습니다. 이것이 자녀들을 주의 교양으로 바르게 세워주는 비결입니다.

우리 부모가 먼저

마지막으로, 우리 그리스도인들이 자녀들을 향하여 세상과는 다른 가정 교육의 원리를 세우기 위해서는, 자녀들에게 인생의 바른 눈을 열어주어야 합니다. 6:4를 다시 한 번 보겠습니다.

"또 아비들아 너희 자녀를 노엽게 하지 말고 오직 주의 교양과 훈계로 양육하라"

여기서 양육한다는 것은 말씀의 교육을 통해 자식으로 하여금 세상을 바르게 인식하는 바른 눈과, 바른 길을 걸으려는 바른 마음을 갖게 하는 것을 말합니다. 자녀로 하여금 바른 눈을 열어주는 것이 부모의 사명입니다. 나머지는 하나님이 책임지십니다. 어차피 우리 부모들은 자녀의 전 생애를 책임질 수 없습니다. 이 세상에 더 오래 사는 자는 우리가 아니라 바로 자녀들입니다. 그렇기 때문에 우리 부모는 우리가 저들을 떠난 후에도 하나님을 향하여 바른 인생의 길을 걷도록 바른 눈을 열어 주어야 합니다.

근대 교육학의 한 획을 그었다고 평가받는 마리아 몬테소리 박사는 그 유명한 '몬테소리 교육론'에서 이렇게 말합니다. "어린아이들로 하여금 자기 스스로 결정하고 선택하도록 허락해야 한다. 그리고 그들이 무엇을 배울 것인가에 대해서도 그들 스스로에게 맡겨야 한다."

이 이론 덕분에 서양의 교육은 수백 년 동안 내려오던 주입식 교육에서 자율식 교육으로 바뀌게 된 것입니다. 스스로 눈을 뜨고 스스로 길을 걸어갈 수 있는 능력을 심어주는 것만이 진정한 교육이라는 것입니다. 그런데 실은 이 이론은 이미 3500년 전 하나님께서 이스라엘 백성들에게 허락하신 율법의 계명 속에 명시되어 있었던 것입니다. 가나안 땅을 눈앞에 둔 이스라엘 백성들에게 하나님이 들려주셨던 신명기의 주제가 무엇입니까? 말씀을 붙들고 그 말씀의 눈으로 세상을 바라보며 사는 자에게는 하나님이 정해 놓으신 복된 인생의 길을 걸어가게 된다는 것입니다. 눈을 열어주되 생명의 길을 선택할 수 있는 눈을 열어주는 것이 중요합니다.

강영우 박사님의 책 가운데《아버지와 아들의 꿈》이라는 책이 있습니다. 이 책에는 당시 아들 진석군이 대학 입학원서를 쓸 때 "당신의 인생에 가장 큰 영향을 준 사건이나 경험은 무엇입니까?"라는 질문에 답한 에세이가 소개되고 있습니다. '어둠 속에서 아버지가 읽어준 이야기들'이라는 제목의 에세이에서 아들은 아버지를 이렇게 소개하고 있습니다.

당시 자신의 아버지는 늘 잠자리에 들기 전에 아이들에게 책을 읽어주곤 했다고 합니다. 그리고 그 책의 이야기들을 통해 사랑과 진리가 무엇인지, 사람은 어떻게 살아야 하는지, 하나님을 섬기고 사는 삶이란 무엇인지를 가르쳐 주었다고 합니다. 아이들은 불이 꺼진 방에서 아버지가 읽어주시는 이야기를 들으면서 아름다운 상상의 그림을 그리곤 했다고 합니다. 그러던 어느날, 아버지가 읽어주시던 책이 총천연색의 그림책이 아니라, 점자책이었음을 보고 놀랐다고 합니다. 그러면서 에세이에서 이런 고백을 하고 있습니다.

"어린 시절을 회상해 보면, 육안이 없이도 볼 수 있는 세계를 주신 맹인 아버지를 갖게 된 것이 얼마나 다행한 일이었는가를 깨닫게 된다. 두 눈을 가진 내가 앞을 못 보시는 아버지의 안내자가 아니라, 맹인인 아버지가 두 눈을 가진 내 인생의 안내자라는 사실을 알게 된 것이다. 아버지로 인해 나는 세상을 긍정적으로 보고 도전하며, 편견과 차별이 없는 사회 건설에 기여할 의욕을 갖게 되었으며, 누구나 나의 스승이 될 수 있다는 삶의 태도를 갖게 되었다."

비록 육신의 두 눈으로는 세상을 볼 수 없었지만, 오직 마음으로 하나님을 바라보았던 아버지였기에 아들에게 참된 의미와 가치를 바라보는 눈을 가지고 인생의 길을 걸어갈 수 있도록 한 것입니다.

하나님은 우리 부모가 먼저 하나님의 뜻을 바라보는 자가 되라고 하십니다. 그러기 위해서는 우리 부모가 먼저 세상을 향하던 탐욕과 이기심의 눈을 감아야 합니다. 그리고 저 영원한 하나님의 나라, 저 놀라운 생명의 가치와 의미들을 바라보는 눈을 떠야 합니다. 그때 비로소 우리는 우리의 자녀들로 하여금 생명의 가치와 의미를 바라보는 눈을 소유케 할 수 있습니다. 이때 우리의 자녀들은 생명의 길을 걸어갈 것입니다. 이것이 우리 부모의 마땅한 사명입니다.

삶 속으로

• 자녀들이 부모에게 노하게 되는 일이 종종 있는데, 어떤 대우를 받을 때, 자녀들은 당신에게 가장 심하게 분노를 표합니까? 거기에서 당신은 어떤 패턴을 발견할 수 있습니까? 과연, 어느 지점에서 어느 순간에, 당신의 질주하는 공격이, 당신의 무시하는 태도가, 일방적인 윽박지름이 멈추어야 하겠습니까?

• 혹시, 자녀들과 이미 대화가 단절된 상태가 오래되고 있습니까? 하나님 아버지께 회개합시다. 그리고, 그분의 긍휼하심을 구하십시오. 당신도 당신 자녀도 모두 우리 하나님 아버지의 사랑스런 자녀입니다.

• 이중인격자라는 비난을 자녀들로부터 들은 적이 있습니까? 사춘기 자녀들이 가장 예민한 부분 중 하나는 부모의 언행불일치입니다. 당신이 하나님 앞에서 진정 신실한 삶을 살고 있는지 점검하십시오. 자기합리화 속에 스스로 속고 있는 부분은 없는지도 돌아봅시다. 이 부분에 합격하셨다면, 자녀들에게 당당히 하나님 나라의 원리를 가지고 도전하십시오.

26

| 에베소서 6: 5-9 |

5 종들아 두려워하고 떨며 성실한 마음으로 육체의 상전에게 순종하기를 그리스도께 하듯하여 6 눈가림만 하여 사람을 기쁘게 하는 자처럼 하지 말고 그리스도의 종들처럼 마음으로 하나님의 뜻을 행하여 7 단 마음으로 섬기기를 주께 하듯하고 사람들에게 하듯지 말라 8 이는 각 사람이 무슨 선을 행하든지 종이나 자유하는 자나 주에게 그대로 받을 줄을 앎이니라 9 상전들아 너희도 저희에게 이와 같이 하고 공갈을 그치라 이는 저희와 너희의 상전이 하늘에 계시고 그에게는 외모로 사람을 취하는 일이 없는줄 너희가 앎이니라

그리스도인의 사회 생활

세상 속에서

펜실베니아주의 랭카스터라는 지역에 가면 아직도 세상의 문물과 단절하고 자급자족으로 살아가는 마을이 있습니다. '아미쉬 마을'이라 불리는 이 곳은 중세 종교 개혁 이후에 나타난 경건한 신앙인들의 후손들이 이민 와 모여 사는 한 신앙 공동체의 현장입니다. 이들이 이렇게 의도적으로 외부와 단절한 채 살아가고 있는 이유는 삶의 진정한 평안과 기쁨이 다른이 보다 많은 물질을 얻고 더 높은 명예에 이르는 것에 있지 않다는 것을 몸소 실천하며 보여주기 위함이었습니다. 그래서 저들은 자동차를 거부하고 마차를 타고 다니며, 텔레비전과 컴퓨터를 거부한 채 19세기의 생활방식을 고수하고 있는 자신들의 삶이, 현대인들의 물질 문화의 유익을 추구하는 삶보다 훨씬 더 행복할 수 있다는 것을 의도적으로 보여주려 하고 있습니다.

제가 약 10여년 전에 한 가지 궁금증을 가지고 이 마을을 방문한 적이 있었습니다. 그것은 과연 그 마을에 살고 있는 사람들은 자녀들을 어떻게 교육할까 하는 것이었습니다. 빠르게 변화되어 가는 세상의 교육 시스템 앞에 아미쉬 마을의 부모들이 자신들의 자녀들에게 여전히 19세기적인 삶의 방식을 요구할 때 과연 그 자녀들은 얼마나 잘 순응할 수 있는지 알고 싶었습니다. 눈으로 직접 보고 대화해 본 바에 의하면, 아미쉬 마을에는 청소년들이 이미 마을을 떠나 도시에 살고 있다는 것을 알게 되었습니다. 그 이유인즉, 자신들의 삶의 방식과 가치관으로 자녀를 교육하기에는 너무 많은 한계가 있음을 깨닫고 자녀들이 외지에 나가 교육을 받을 수 있도록 그 마을을 떠나는 것을 허락했기 때문입니다.

이것은 무엇을 의미하는 것일까요? 저들이 이 세상의 물질 문명 속에 함몰되어 가는 인간의 탐욕과 이기심의 문제들을 거부하려는 삶의 방식과 결단은 참으로 고귀한 것임에도 불구하고, 그런 일들은 세상과 분리되어 하는 것이 아니라 하나님이 만드신 이 세상 속에서 해야 한다는 것을 의미합니다. 세상과 분리되어 사는 한, 교육의 문제뿐 아니라 저들의 삶 전반에 걸쳐서 또 다른 한계에 부딪혀 하나님이 원하시고 의도하신 뜻들을 실현하기가 더 어렵게 될 것입니다.

이 부분에 대하여 네덜란드의 개혁주의 신학자 아브라함 카이퍼는 《칼빈주의 강연》이라는 책에서 "우리 그리스도인들은 세상과 분리되어 사는 자들이 아니라 세상 속에서 사는 자들이다"라는 말을 했습니다. 저는 이 말에 전적으로 동의합니다. 하나님께서 이 세상을 만드시고 아담과 하와에게 이렇게 명령하셨습니다. "생육하고 번성하여 땅에 충만하라 땅을 정복하라"

이 세상은 하나님의 백성들이 그 속에 살면서 생육하고 번성하여 정복해 나가야 할 현장이지, 결코 피해야 할 현장이 아닙니다. 아무리 세상이 타락하고 죄로 만연되어 있을지라도 우리 그리스도인들을 그럴수록 더욱 그 세상을 변화시키기 위하여 나아가야 합니다. 우리 주님도 그리스도인들이 세상에 대하여 살아가야 할 자세를 가르쳐 주시면서 "너희는 세상의 소금과 빛이라"라고 말씀하셨습니다. 우리 그리스도인들은 세상 속에 살면서 세상에 대하여 소금이 되며 빛이 되어야 하는 사람들이지, 세상과 분리되거나 교회 안에만 갇혀서 사는 자들이 아닙니다.

지금부터 100여 년 전 이것을 실천하며 살았던 성도들이 바로 한국 초대교회의 성도들이었습니다. 조선 말 어렵고 힘들었던 상황에서 솔선수범하여 축첩 제도를 몰아내고, 도박과 술을 근절하는 일에 앞장섰던 자들이 초대교회 성도들이었습니다. 무지몽매했던 백성들에게 글을 가르쳐주는 교육의 현장이 바로 교회였으며, 젊은이들에게 꿈을 심어주고 나라를 위한 지도자의 길을 가도록 훈련했던 곳이 바로 교회였습니다. 일제 식민 정책에 항거하며 3.1 운동을 주도했던 인물들이 바로 초대교회의 성도들이었으며, 세계 열강에게 조선 민족의 해방을 위해 만주와 유럽과 미국에서 독립운동을 전개했던 자들이 바로 그리스도인들이었습니다.

그야말로 한국의 초대교회들은 어두웠던 시대를 밝히는 빛이었으며, 소망없는 나라에 새로운 소망과 꿈을 심어주는 소금이었습니다. 그런데 지금의 한국 교회는 왜 그 역할을 다하지 못하고 있는 것일까요? 그것은 바로 하나님께서 한국 교회에 허락하셨던 부흥과 성장의 기회를 세상을 향하여 소금과 빛이 되는 방향으로 사용하지 못했기 때문입니다. 초대교회는 세상을 깨우고 주도하는 교회였는데, 그 이후 한국 교회는 세상과 분리되어 교회 안에서만 왕국을 건설하는 교회가 되었습니다. 어쩌면 우리 이민교회들이 한국 교회의 모습을 그대로 따라가고 있는지도 모르겠습니다. 우리 이민교회는 이민 1세대에서 2세대로 넘어가는 시점에 와 있습니다. 이제 이민 교회는 한국교회의 초대교회 모습을 액면 그대로 본받되, 90년대 이후의 한국 교회의 모습은 반면교사(反面敎師)로 삼아, 이 미국 땅에 우리 한인 교회를 세우신 하나님의 목적을 늘 되새기며, 세상에 대하여 빛과 소금의 역할을 감당해야 할 것입니다.

일찍이 이 사실을 깨달았던 사도 바울은 번영의 도시, 에베소에 살고 있었던 성도들에게 비록 힘들고 어려운 현실이지만 세상을 등지거나 거부하지 말고, 그 세상 속에서 참된 그리스도인으로서의 삶을 보여주며 살 것을 이야기합니다. 초대교회 성도들이 살아야 할 세상의 첫 현장이 바로 가정이었습니다. 부부의 관계 속에서 자녀와 부모의 관계 속에서 세상 앞에 참된 빛과 소금이 되기 위해서는 어떻게 살아야 하는가를 설명한 후에, 사도 바울은 사회 생활 가운데 만나게 되는 주인과 종의 관계를 통해 그리스도인들이 세상과는 다른 가치관을 가지고 세상 앞에 소금과 빛이 되라고 말씀합니다. 그러면 어떻게 하는 것이 세상에서 그리스도인들이 주인과 종의 관계에서 소금과 빛이 되는 것일까요?

하나님의 정원을 가꾸는 정원사

먼저, 종은 주인을 대할 때 그리스도께 하듯 해야 합니다. 5절을 함께 보겠습니다.

"종들아 두려워하고 떨며 성실한 마음으로 육체의 상전에게 순종하기를 그리스도께 하듯하여"

종들은 육체의 상전, 곧 주인들을 대할 때 그리스도를 대하듯이 하라고 말씀합니다. 육체의 상전을, 우리 시대로 말하면, 자신이 일하는 직장의 고용주라고 생각해도 과히 틀린 해석은 아닙니다. 고용인에게 있어서 고용주는 하나님의 대리자는 아닙니다. 그럼에도 불구하고 믿는 사람들이 고용주를 대할 때 그리스도를 대하듯이 해야 할 이유가 무엇입니까? 그 이유가 6절에 나와 있습니다.

"눈가림만 하여 사람을 기쁘게 하는 자처럼 하지 말고 그리스도의 종들처럼 마음으로 하나님의 뜻을 행하여"

모든 그리스도인들은 그리스도의 종이기 때문입니다. 그리스도의 종으로서 성도는 이 세상을 살아가면서 늘 놓치지 않고 가슴에 새기며 살아야 할 자세가 하나 있습니다. 하나님은 내 삶의 모든 것을 주장하시고 허락하신 분이시라는 하나님의 주권사상입니다. 이 하나님의 주권사상은 우리 개혁주의 신앙의 가장 중요한 핵심입니다. 하나님 주권 사상은 내 삶의 모든 영역에서 하나님이 허락하지 않으신 것이 없음을 인정하고 사는 것입니다. 내가 지금 땀을 흘려 일하고 있는 이 직장에 취직은 했지만, 이곳에 보내신 분은 하나님이심을 믿는 것입니다. 그래서 우리 그리스도인들은 그 직장에서 고용주를 위하여 일을 하는 것이 사실입니다만, 궁극적으로 나를 그곳에 보내신 나의 주인 그리스도를 위하여 일을 하는 것입니다. 이것이 개혁주의 신앙입니다.

하나님이 이 직장에 보내주셨다고 믿고 주께 하듯이 순종하며 열심히 근무하는 사람에게는 그 일이 복이 될 것입니다. 그러나 주께 하듯 하지 못하고 어쩌다가 이 일을 내가 하게 되었는가 하고 불평하는 사람에게는 그 일터가 지옥이 될 것입니다.

우리 주위에 보면, 한 군데 진득하게 버티지 못하고 자꾸 직장을 옮겨다니는 분이 있습니다. 물론 미국의 직장 생활이 자꾸 옮겨야 연봉도 올라가고 경력도 쌓이는 것이 사실입니다. 지금 그런 분들을 말하는 것이 아닙니다. 들어간 첫날부터 이것은 이래서 안되고, 저것은 저래서 안된다는 불평과 불만 때문에 적응하지 못하고 자꾸 옮겨다니는 분들을 말하는 것입니다. 이런 분들을 향하여 옛 어른들이 하시는 말씀이 하나 있습니다. "고양이를 피하려다 호랑이를 만난다"는 말입니다. 늘 불평과 불만 때문에 다른 곳으로 옮겨보지만, 그곳에는 더 큰 불평과 불만의 요소들이 보이기 마련입니다.

중요한 것은 내 안에 어떤 생각이 있는가 하는 것입니다. 내 안에 이 환경과 여건들을 못마땅하게 여기는 불평이 가득한가? 아니면 이 환경과 여건들을 하나님이 주신 것이라고 인정하고 전능하신 하나님의 주권에 맡길 것인가? 진정한 그리스도인이라면 이 두 가지 중에 어떤 것을 선택하면 살아야 할까요?

흑인 인권 운동가 마틴 루터 킹 목사님이 뒷골목을 쓸면서 계속 불평하는 흑인 청소부에게 이런 말을 하였다고 합니다. "형제여, 그대는 더러운 뒷골목을 쓸고 있는 것이 아니라 하나님의 정원을 청소하고 있는 것입니다."

우리 그리스도인의 삶은 전적으로 하나님의 주권 하에 있습니다. 우리가 땀을 흘려 일하고 있는 현장이 고되고 어렵다고 불평과 불만에 쌓여 있다면 그 현장은 더러운 뒷골목밖에는 되지 않습니다. 그러나 아무리 힘들고 어려워도 그곳을 하나님이 보내주신 내 생업의 현장이라고 생각하는 순간부터 그곳은 더 이상 더러운 뒷골목이 아니라 하나님의 아름다운 정원이 될 것입니다.

사랑하는 성도 여러분, 여러분의 일터를 사랑하십시오. 그리고 그 일터가 단순히 여러분의 경제적인 유익만을 얻는 곳이 아니라 하나님의 정원을 가꾸어 가는 그런 현장이 되기를 위해 땀을 흘려 보십시오. 그 속에 새가 날아들고, 푸르른 나뭇가지가 자랄 것이며, 누구나 한 번쯤 들어와 쉬고 싶은 인생의 그늘이 될 것입니다.

코람데오

다음으로, 종들이 육체의 상전을 대할 때에 가져야 할 자세는 눈가림만 하지 말고 한마음으로 섬기는 것입니다. 6-7절을 보겠습니다.

"눈가림만 하여 사람을 기쁘게 하는 자처럼 하지 말고 그리스도의 종들처럼 마음으로 하나님의 뜻을 행하여 단 마음으로 섬기기를 주께 하듯하고 사람들에게 하듯하지 말라"

우리 그리스도인들은 사람의 눈가림을 위해 일하지 않습니다. 주인이 보면, 일하는 척하고 안보면 일을 안하는 그런 행위는 하나님이 지금 나를 지켜보고 계신다는 이 사실을 아직도 깨닫지 못한 데서 오는 불신앙입니다. 하나님은 언제나 나를 보고 계십니다.

종교 개혁자들이 중세 카톨릭의 위협과 회유 앞에 힘겨운 싸움을 할 때마다 제일로 견디기 어려웠던 것이 바로 외로움이었다고 합니다. 그리고 이 외로움이 지나치면 타협하고 싶어지고 결국 자신의 개혁의 의지들을 꺾고 싶은 마음까지 들게 되었다고 합니다. 그런데 개혁자들이 이런 상황들을 이기며 개혁의 불길을 계속 지피며 살 수 있었던 것은 저들이 늘 붙들었던 한 가지 힘 때문이었다고 합니다. 바로 코람데오 정신입니다. 모든 일을 하나님 앞에서 하는 것입니다. 하나님은 어떤 상황, 어떤 현장에서도 지켜보고 계시다는 신앙의 고백입니다.

이 코람데오의 정신이야말로 이 시대를 살아가는 우리 그리스도인들이 하나님 앞에서 자신을 지키는 능력이며, 세상의 타협과 유혹 앞에서 자신을 바르게 세우는 힘입니다. 이 코람데오의 정신을 가지고 우리 성도들이 이 세상을 사는 한, 우리는 결코 세상 사람들의 눈가림을 위해서 살지 않습니다. 우리가 이 세상을 사는 목적은 하나님을 기쁘시게 하기 위함입니다. 내가 일터에서 고용주 앞에 일을 하는 것도 하나님을 기쁘시게 하기 위함입니다. 내가 교회와 일터와 사회에서 땀을 흘리며 섬기는 목적도 사람을 기쁘게 하기 위함이 아니라 하나님을 기쁘시게 하기 위함입니다. 이 부분을 일찍이 깨달았던 다윗은 시편 139:1-4에서 이렇게 고백합니다.

"여호와여 주께서 나를 감찰하시고 아셨나이다 주께서 나의 앉고 일어섬을 아시며 멀리서도 나의 생각을 통촉하시오며 나의 길과 눕는 것을 감찰하시며 나의 모든 행위를 익히 아시오니 여호와여 내 혀의 말을 알지 못하시는 것이 하나도 없으시니이다"

언젠가 한 번 소개해 드린 적이 있는, 콜린 파웰의 이야기를 오늘 다시 나누고 싶습니다. 자메이카 이민자의 후손으로 태어나 어렵고 힘든 어린 시절을 보냈던 그는, 부모님이 일터로 나가시면서 늘 하시던 말씀을 어린 가슴에 새기곤 했다고 합니다. "Someone is watching you." 이민자로서 좀처럼 자식 교육을 위해 시간을 낼 수 없었던 콜린 파웰의 부모들은 오직 한 가지만을 가르쳤습니다. 바로 정직과 성실이었습니다. "누군가 너를 지켜 보고 있다고 생각하며 늘 정직하고 성실하게 살아야 한다……"는 이 가르침 하나 때문에 그는 남이 보든 보지 않든 늘 정직하고 성실하게 자신의 인생길을 걸어갔습니다. 이 때문에 그는 비록 ROTC 출신이었지만, 미국의 최연소 합참 의장이 될 수 있었고, 흑인 최초로 국무부 장관에 이를 수 있었습니다.

하나님은 하나님 앞에서 사는 자들을 들어 쓰시는 것 같습니다. 교회사에 나타났던 수많은 인물들을 보면 저들에게는 이 '하나님 앞에서' 코람데오의 의식이 있었습니다.

우리 그리스도인들은 콜린 파웰의 부모님이 들려주었던 "Someone is watching you"라는 가르침을 이렇게 바꾸어 새기며 살아야 한다고 생각합니다. "God is always watching me." 하나님은 언제나 나를 보고 계십니다. 그 하나님 앞에서 코람데오의 정신을 가지고, 오늘 사도 바울의 표현대로 '한 마음' 곧, 일편단심의 마음으로 하나님을 기쁘시게 하기 위해 내게 주어진 일터에서, 가정에서, 섬김의 현장에서 성실과 정직으로 땀을 흘릴 때, 하나님은 그런 자들을 하나님의 거룩한 일꾼으로 사용하실 것입니다. 그리고 본문 8절의 약속처럼 하나님 앞에 흘린 땀의 댓가를 그대로 받게 해 주실 것입니다.

"이는 각 사람이 무슨 선을 행하든지 종이나 자유하는 자나 주에게 그대

내게도 상전이 있습니다

마지막으로 살펴볼 것은, 주인은 종에 대하여 어떤 자세를 가져야 할 것인가 입니다. 그것은 바로 하나님이 자신의 주인이심을 인정하는 것입니다. 9절을 함께 보겠습니다.

"상전들아 너희도 저희에게 이와 같이 하고 공갈을 그치라 이는 저희와 너희의 상전이 하늘에 계시고"

'이와 같이 하고'라는 말은 종들이 상전들에게 하는 그런 자세를 주인들도 그대로 하라는 것입니다. 이것은 당대 로마 사회에 결코 받아들여질 수 없었던 충격적인 선언입니다. 모두가 종과 노예를 하나의 물건으로 취급하던 시절에 그리스도인으로서 노예들이 집안에 있을 때, 저들을 물건으로 취급하는 것이 아니라 오히려 종들이 주인을 대하듯 동일하게 대하라는 것입니다. 왜 그렇게 해야 할까요? 그것은 바로 그 집안의 주인도 하늘의 하나님 앞에서는 여전히 종이기 때문입니다. 그래서 하늘에 상전이 있음을 늘 잊지 말라고 한 것입니다.

"공갈을 그치라"는 말은 주인이 가지고 있는 힘을 가지고 노예들을 함부로 대하지 말라는 뜻입니다. 즉 주인은 집안을 다스릴 때 힘의 원리가 아니라 사랑의 원리로 해야 함을 말씀하는 것입니다. 하늘의 상전이신 우리 주님께서 먼저 우리를 사랑하시고 섬기셨듯이 이 땅의 고용주들도 고용인들에 대하여 사랑하며 섬기는 자의 모습으로 나아가야 합니다. 내 것이라고 마음대로 하는 순간부터 더 이상 그곳은 하나님이 허락하신 현장이 될 수 없습니다. 내게 허락된 경영의 이 현장도 하나님의 사랑과 섬김을 실천하는 현장이 될 수 있을 때만 그 현장을 하나님의 허락하신 현장으로 인정하는 것입니다.

80여 년 간 중국 복음화에 한 생애를 바쳤던 허드슨 테일러의 선교 현장에 젊은 후배 선교사들이 중국을 위해 헌신하겠다고 찾아왔습니다. 허드슨 테일러는 이렇게 물었습니다.

"왜 중국에 오셨습니까?"

젊은 선교사들은 자신있게 대답했습니다.

"이 황무지 같은 중국 땅에 교회들이 서는 것을 보고 싶어서입니다."

또 다른 이가 대답을 합니다.

"예, 중국 사람들이 복음을 듣고 미개한 삶에서 벗어나는 것을 보기 위해서입니다."

그러자 허드슨 테일러가 빙그레 웃으며 이렇게 말했습니다.

"나는…… 아닙니다. 중국 사람이 사랑스러워서도 아니고, 이곳 생활이 즐거워서도 아닙니다. 모래 바람이 일고 미개한 사람들이 살고 있는 이 문명의 불모지가 뭐 그리 좋습니까? 내가 이곳에 있는 것을 원하지도 즐거워하지도 않음에도 불구하고 이 일을 위하여 목숨을 버릴 수밖에 없는 것은 그리스도가 나를 위해서 죽으셨기 때문입니다."

그렇습니다. 섬김은 '내가 무엇을 하리라'는 신념보다 십자가의 사랑에 사로잡히는 것입니다. 힘의 원리로 살지 않으면 바보 취급 받는다고 세상 사람들은 말합니다. 그러나 그런 힘의 원리로 살아가는 이 세상을 보십시오. 어떻게 되고 있습니까? 분노가 끊이지 않고, 투쟁과 미움이 계속되고 있습니다. 주님은 말씀하셨습니다. 이 세상을 살리는 길은 사랑과 희생과 섬김이라고. 힘을 가진 자에 의해서, 권력을 가진 자에 의해서, 이 세상이 바로 설 수 있었다면, 이 땅의 역사는 지금까지 그리 많은 전쟁과 피흘림의 아픔을 겪지 않았을 것입니다. 그러나 힘으로는 절대로 세상을 살리지 못합니다. 사랑과 희생과 섬김이 세상을 살립니다.

고용주는 고용인에 대하여 진정한 주인이 하늘의 상전에 계심을 인식하고, 힘의 원리가 아니라 사랑과 섬김의 원리로 나아갈 때, 그 경영의 현장을 살려 낼 수 있습니다. 또한 고용인은 늘 하나님 앞에서 하나님의 일을 하듯이 고용주를 섬긴다면 그 현장은 진정 하나님이 허락하신 생명의 현장, 축복의 현장이 될 것입니다.

삶 속으로

- 창세기에 나오는 요셉은 코람데오의 삶을 살았던 가장 대표적인 성경의 인물 중 한 사람입니다. 요셉이 상전을 대하는 태도를 관찰해 봅시다. 상전이 부당한 요구를 해 올 때, 요셉은 어떻게 대처했습니까? 부당한 불이익을 당했을 때, 그는 어떻게 반응했습니까? 그리고, 그런 요셉을 하나님께서는 어떻게 대우하셨습니까?
- 술맡은 관원장이 요셉을 잊었을 때, 하나님은 요셉을 잊으셨습니까? 나의 문제점은 무엇입니까?
- 직원들이 잔꾀를 부린다고 생각하면서 거기에 대처하고자 주인도 점점 다양한 방법으로 직원들을 감시하고 관리하는 경우가 있습니다. 다양한 경험담을 나누어 봅시다. 직원들에게 가족처럼 대했다가 배신을 당한 경험이 있습니까? 있다면, 당신은 그것을 어떻게 극복했습니까? 혹시, 극복된 것이 아니라 그 상처가 굳은살로 남아서 불신의 씨앗이 되지는 않았습니까? 당신을 지배하는 편견으로 작용하고 있는 것은 아닙니까? 빌레몬서를 읽은 후, 이 문제를 다시 생각해 보십시오.

27

| 에베소서 6:10-12 |
10 종말로 너희가 주 안에서와 그 힘의 능력으로 강건하여지고 11 마귀의 궤계를 능히 대적하기 위하여 하나님의 전신갑주를 입으라 12 우리의 씨름은 혈과 육에 대한 것이 아니요 정사와 권세와 이 어두움의 세상 주관자들과 하늘에 있는 악의 영들에게 대함이라

영적 전쟁(1)
─마귀의 궤계를 대적하기 위하여

패전은 곧 사망

오래전에 한국에서 군대 생활을 막 시작했을 때의 일입니다. 강원도 철원에 있는 백골 부대에 배치를 받은 첫 주말에 부대에서 중대별 축구 시합이 있었습니다. 그날 따라 우리 중대에 축구 잘하는 고참병들은 모두 외박과 휴가를 나간 상태였기에 신참병인 제가 축구 선수로 차출이 되었습니다. 아시다시피 신참병은 군기가 한참 들어가 있기에 시키는 일은 무조건 몸을 사리지 않고 내던져야 합니다. 그날도 몸을 사리지 않고 열심히 뛰었던 탓에 첫 경기를 이겼습니다. 문제는 그 다음부터입니다. 한 팀만 더 이기면 결승전에 올라가는 시점에 중대장님이 우리 선수들을 불러 놓고 일장 훈시를 하셨습니다. 저는 그때 중대장님이, "수고했다, 조금만 더 열심히 해라." 이런 격려의 말을 하실 줄 알았습니다. 그런데 중대장님이 우리 선수들을 불러놓고 하시는 말씀은 이런 것이었습니다. "축구도 전쟁이다. 전쟁에 2등은 없다. 만일 이번 경기에 지면 오늘 밤 완전 군장에 연병장 100바퀴 돈다. 알겠나……?" 그 날 이후 저는 축구가 전쟁이라는 것을 처음 알았습니다. 그래서인지 한국 사람들은 축구경기만 시작되면 전쟁 치르듯 하는 것 같습니다. 아무튼 그날 중대장님의 훈시를 들은 우리들은 그 순간부터 축구의 규칙과 예절은 안중에도 없고, 이기겠다는 일념 하에 무조건 발로 차고, 옆구리 찌르면서 공을 빼앗는 일에만 애를 썼습니다. 그러나 한 번 생각해 보십시오. 아무리 몸을 사르겠다는 일념도 좋지만, 차야 할 공은 안차고 상대의 몸만을 차고 있으니 그 축구 경기가 제대로 되겠습니까? 보기 좋게 두 번째 경기에서 우리팀은 패했고, 그날 밤 선수들 전원은 밤새 도록 연병장을 돌아야 했습니다.

그때 뼈저리게 느낀 것이 하나 있었습니다. 전쟁에서 패하면 이토록 힘 든 것이구나. 만일 이것이 축구가 아니고, 실제 전쟁이었다면 어떠했겠습니 까? 우리는 지금도 전쟁의 폐허 위에서 신음하는 수많은 백성들의 이야기 를 세계 곳곳으로부터 듣고 있습니다. 크메르루즈에 의해 학살 당했던 캄보 디아 사람들은 지금도 사람들을 만나면 눈을 마주치지 않습니다. 눈을 마 주치면 모두가 죽었던 그 전쟁의 아픔과 상처 때문입니다. 그래서인지 캄보 디아에 가보면 저들의 얼굴에는 웃음이 없습니다. 베트남 전쟁에서 그 월 등한 군사력과 경제력을 가지고도 공산당에게 패했던 자유 진영의 사람들 은 결국 공개 처형을 당하며 무참히 죽어가야 했습니다. 아프리카와 남미 에서 지금도 벌어지고 있는 수많은 내전은 선량한 사람들의 삶의 터전들 을 파괴하고 저들의 가슴에 절망과 탄식의 못을 박고 있습니다.

전쟁은 참으로 비참한 것입니다. 그리고 전쟁에 패한다는 것은 결국 죽 음을 의미합니다. 이것은 실제의 전쟁에서뿐 아니라 영적인 전쟁에서도 마 찬가지입니다. 실제의 전쟁은 그 피해와 아픔이 눈에 보이기에 가늠해 볼 수라도 있지만, 눈에 보이지 않는 영적 전쟁은 그 피해와 아픔을 가늠조차 할 수 없기에 더 힘든 것입니다. 그런데 이보다 더 심각한 것이 하나 있습 니다. 많은 사람들이 바로 이 영적 전쟁을 전쟁인지도 모른 채 그냥 맥없이 당하는 경우가 허다하다는 사실입니다.

이에 대하여 영국의 유명한 마틴 로이드 존스 박사는《영적 전쟁》이라는 책에서 "사탄의 간교한 궤계의 하나가 자신이 존재하지 않는다는 것을 성도들로 하여금 믿게 하는 것이다"라고 말했습니다.

영적 전쟁을 전쟁으로 여기지 못하는 이유가 바로 우리 삶의 곳곳에 숨어 있는 사탄이 자신의 존재를 인정하지 않게 만들기 때문이라는 것입니다. 그러기에 우리 성도는 사단의 존재를 분명하게 인식하고 우리를 위협해 오고 있는 사단의 공격에 대하여 반드시 이기고야 말겠다는 비장한 결의가 있어야합니다. 그러면, 어떻게 해야 우리 성도들이 이 영적인 결의를 실제의 승리로 연결시킬 수 있는 것일까요?

영적 강건함

먼저, 성도가 주 안에서 강건해져야 합니다. 10절 말씀을 보겠습니다.

"종말로 너희가 주 안에서와 그 힘의 능력으로 강건하여지고"

사도 바울은 성도들이 강건해지기 위해서는 먼저 주 안에 있어야 한다고 말씀합니다. 즉, 주님의 힘과 능력이 성도들의 영적 전쟁에 필요한 능력의 근본이라는 것입니다. 주님으로부터 계속적인 능력을 공급받지 않으면 영적 전투에서 승리할 수 없습니다.

성도들이 사탄을 대적할 때, 자신의 힘으로 사탄을 물리칠 수 있다고 생각하면 실패할 수밖에 없습니다. 사탄은 성도들보다 강한 존재입니다. 성경은 사탄을 가리켜 '공중의 권세 잡은 자', '이 세상의 임금'으로 묘사하고 있습니다. 이런 사탄을 물리치려면 성도들은 하나님을 의지해야만 합니다. 왜 그런지 아십니까? 사탄보다 강한 분은 하나님이시기 때문입니다.

요한복음 15:5에서 주님은 이렇게 말씀하셨습니다.

"나는 포도나무요 너희는 가지니 저가 내 안에 내가 저 안에 있으면 이 사람은 과실을 많이 맺나니 나를 떠나서는 너희가 아무것도 할 수 없음이라"

가지는 나무에 붙어 있을 때만 물과 영양분을 공급 받습니다. 마찬가지로 우리가 예수님 안에 붙어있을 때만 예수님께서 공급하시는 생명수와 능력을 공급받습니다. 이 생명수와 능력은 예수님이 주시는 것이기에 나를 살릴 뿐 아니라 사탄 마귀와의 싸움에서 능히 마귀를 물리치게 하는 능력이 됩니다. 이것이 바로 성도가 주 안에서 강건해지는 비결입니다.

그러면 어떻게 하는 것이 예수 안에 붙어 있는 삶이 되는 것일까요? 요한복음 15:7이 그것을 가르쳐 주고 있습니다.

"너희가 내 안에 거하고 내 말이 너희 안에 거하면 무엇이든지 원하는대로 구하라 그리하면 이루리라"

주님의 말씀이 우리 안에 거하게 하시는 것입니다. 주님의 말씀이 그 안에 거하는 자는 그 말씀을 붙들고 그 말씀에 사로잡혀 살게 되어 있습니다. 그리고 예수의 영이신 성령을 의지하여 하나님과 인격적으로 기도하며 대화하며 사는 것입니다. 이때만이 포도나무 되신 예수 그리스도로부터 우리는 그 놀라운 생명수의 능력을 얻습니다.

지난 주에 저는 사람들이 왜 상처를 받는지에 대해 한번 생각해 본 적이 있습니다. 상처는 마치 병균과 같은 것입니다. 병균은 늘 우리 몸에 들어오게 되어 있습니다. 그런데 똑같은 병균에 노출되어 있어도 어떤 사람은 병에 걸리고 어떤 사람은 병에 걸리지 않습니다. 그 이유가 무엇일까요? 병에 걸리는 사람은 그 병균이 강해서가 아니라 육체가 약해져서 그렇게 됩니다. 저항력이 약해졌기에 그 병을 이길 수 없는 것입니다.

마찬가지로, 사탄은 우리에게 수도 없는 상처의 병균을 뿌려 놓습니다. 이때 그 상처의 병균이 내 안에 들어와도 내 안에 영적인 저항력이 있으면 우리는 그것을 능히 이길 수 있습니다. 그 영적인 저항력이 바로 예수 그리스도로부터 공급 받은 '생명의 능력'입니다. 이것을 사도 바울은 '영적인 강건함'이라 부르고 있습니다. 이 영적인 저항력, 생명의 능력이 우리 안에 있으면 아무리 사단이 상처, 열등감, 분노, 수치심, 우울증 같은 수도 없는 영적인 병균들을 뿌려 놓아도 우리는 능히 이길 수 있습니다.

사도 바울은 빌립보서 4:13에서 이렇게 선포합니다.

"내게 능력 주시는 자 안에서 내가 모든 것을 할 수 있느니라"

주 예수 그리스도 안에 있을 때만이 우리 성도는 영적으로 무장할 수 있고, 그렇게 무장된 성도만이 이 세상에서 영적인 공격으로부터 승리를 얻을 수 있습니다.

나의 적은 그 사람이 아닙니다.

다음으로, 영적 전쟁에서 승리하기 위해서는 적이 누구인지를 알아야합니다. 11절을 함께 보겠습니다.

"마귀의 궤계를 능히 대적하기 위하여 하나님의 전신갑주를 입으라"

우리의 적은 누구입니까? 우리의 적은 나에게 상처를 입힌 그 사람이 아니라, 그 사람을 조정하여 나에게 상처의 병균을 뿌리게 한 사탄 마귀입니다. 그렇기 때문에 우리는 사람을 대적하지 말고 마귀를 대적해야 합니다.

2010년 가을에 중국 선교지를 방문하기 위해 심양 공항에 내렸을 때의 일입니다. 비행기에서 만난 한 분이 예수님을 영접하도록 하기 위해 비행기 문에서 나와 대합실까지 가는 그 동안, 우리 팀들이 모여 그를 위해 간절히 기도했습니다. 그런데 눈을 떠 보니 중국 공안이 우리가 기도하는 모습을 지켜보고 있었습니다. 아니다 다를까, 공항에서 가방을 찾아 나오는 과정에서 우리팀의 가방을 공안들이 검색하여 그 속에 들어 있던 수 많은 약품과 성경책 그리고 옷들을 압수해 버린 것입니다. 이때 저의 머리에 퍼뜩 이런 생각이 들었습니다. 사탄이 지금 우리의 선교를 첫날부터 방해하고 있구나…… 지금 중국 공안들과 실랑이를 버릴 상황이 아니라는 것을 깨닫게 되었습니다. 지금 중국 공안을 이용해 사탄이 방해를 하고 있기 때문이었습니다. 그 일 때문에 첫날 심양 한인 교회에서 주일 예배 설교하기로 한 일정까지 차질을 빚게 생겼습니다. 그 자리에서 기도하기 시작했습니다. '하나님, 사단의 방해를 물리쳐 주세요.'

하나님은 기도 가운데 멋진 역전승을 보여주셨습니다. 만일 그 때 그 약품들을 가지고 다녔으면 우리가 압록강에서 두만강까지 그 무거운 것을 신고 다니느라 이동도 제대로 못했을 것입니다. 다행히 하나님은 그 약을 우리 팀이 중국을 떠날 때 선교사님을 통해 찾게 하셔서 필요할 때마다 조금씩 사용하게 하셨습니다. 만일 그때 우리가 공안과 실랑이를 벌이며 기어이 그 약품들을 비싼 관세를 물고 찾아 나왔던들, 열흘간의 선교 여행을 제대로 할 수 없었을뿐더러, 중국에서 누구와 싸워야 하는지 제대로 깨닫지 못한 채 선교를 했을 것입니다. 영적 전쟁에서 적이 누구인지를 제대로 알면 우리는 결코 지지 않습니다. 우리의 적은 마귀입니다.

이 마귀에 대하여 사도 바울은 11절에서 궤계를 꾸미는 자라고 폭로하고 있습니다. 궤계라는 것은 음흉한 방법을 말합니다. 마귀는 방심하고 있는 성도들을 실족시키는 방법들을 고안해 내는데 천재적인 능력이 있습니다. 마귀란 뜻의 헬라어 "디아볼로스"는 원래 틈을 이용해 던진다는 뜻을 가지고 있다고 했습니다. 마귀는 성도들이 틈만 보이면 그냥 놔두지 않습니다. 어떻게든 성도들을 무너뜨릴 방법을 고안해 내서 영적인 병균을 뿌립니다. 평소 같으면 아무렇지도 않게 넘겨 버릴 일인데, 이상하게 그날따라 옆에서 툭 던진 말 한마디에 화를 발합니다. 좋은 말에도 상처를 받고 자존심이 상하기도 합니다. 별일도 아닌 것 때문에 두려움이 일어나고 앞날에 대한 원인을 알 수 없는 염려와 근심이 일어나기도 합니다.

여기서 우리가 늘 명심해야 할 것이 있습니다. 마귀는 절대로 전면에 나서지 않는다는 사실입니다. 마귀는 늘 대리인을 앞세워 일을 합니다. 이때마다 우리는 전면에 내세워진 그 사람을 보지 말고, 그 사람을 대리인으로 내세운 사탄을 볼 수 있어야 합니다.

예수님께서 가이사랴 빌립보 지방에 이르셨을 때, 제자들에게 물으셨습니다. "너희는 나를 누구라 생각하느냐……"

이때 베드로가 그 유명한 고백을 합니다. "주는 그리스도시요 살아계신 하나님의 아들이시니이다"

이 대답에 대하여 예수님은 기뻐하셨습니다. 예수님이 누구이신지를 정확하게 대답하였기 때문입니다. 그리고 그 대답을 한 베드로를 칭찬하시면서 교회를 바로 이 베드로와 같은 신앙의 고백 위에 세우시겠다고 약속하셨습니다. 이때부터 주님은 예루살렘에 올라가 십자가의 고난을 받고 삼일 만에 다시 살아나야 하실 것을 말씀하시게 됩니다.

문제는 여기서 발생합니다. 방금 전까지 가장 완벽한 고백을 하며 주님의 칭찬을 받았던 베드로가 주님을 말리는 장면이 마태복음 16:22에 나옵니다.

"베드로가 예수를 붙들고 간하여 가로되 주여 그리 마옵소서 이 일이 결코 주에게 미치지 아니하리이다"

이런 베드로를 향하여 주님은 23절에서 충격적인 선언을 하십니다.

"예수께서 돌이키시며 베드로에게 이르시되 사단아 내 뒤로 물러가라 너는 나를 넘어지게 하는 자로다 네가 하나님의 일을 생각지 아니하고 도리어 사람의 일을 생각하는도다 하시고"

예수님께서 지금 베드로를 향하여 "사단아 물러가라" 하신 것은 베드로가 사단이기 때문에 그렇게 말씀하신 것이 아닙니다. "사단아 물러가라" 하신 것은 바로 베드로를 통하여 주님이 걸어가셔야 할 십자가의 길을 방해하려는 사단 마귀를 가리켜 하신 말씀입니다. 주님은 정확하게 보고 계셨습니다. 사단은 주님을 향하여서도 자신의 모습을 가린 채, 대리인을 통해 주님의 길을 방해하고 있었던 것입니다. 우리 주님을 향하여서도 사단이 이러할진대, 하물며 우리 성도들에게는 얼마나 더하겠습니까? 음흉하고 교활한 방법으로 자신의 얼굴을 가린 채 다가오는 사단이 우리의 적임을 늘 잊지 말고 대비해야 합니다.

3.8선 안에서 왔다 갔다 하는 사람

마지막으로, 영적 전쟁에서 승리하기 위해 성도는 영적인 안목을 가지고 자신의 삶이 어디에 서있는지를 살펴 보아야 합니다. 12절을 함께 보겠습니다.

"우리의 씨름은 혈과 육에 대한 것이 아니요 정사와 권세와 이 어두움의 세상 주관자들과 하늘에 있는 악의 영들에게 대함이라"

사도 바울은 이 말씀을 통해 성도가 이 세상 사는 동안 감내해야 할 싸움과 투쟁이 영적인 것임을 명백히 하고 있습니다. '정사'라 함은 타락한 천사들이 장악한 세력을 말합니다. 사단은 이 세상에 폭력과 살인과 거짓을 정치, 경제, 사회, 문화, 군사적인 면에서 교묘하게 충동질하고 있습니다. '권세'란 권위를 자랑하는 존재들을 말합니다. 사단의 능력을 행하는 이상한 주술과 복술, 신비주의 운동 같은 것을 동원하여 이상하게 사람들이 바른 것을 보지 못하게 만들고 있습니다. '어두움의 세상 주관자들'이란, 참된 빛과 진리의 길로 사람들이 가지 못하도록 잘못된 진리를 가지고 다가오는 이단자, 거짓 교사들을 말합니다. 마지막으로 '악의 영들'이란 사단이 부리는 악한 영들, 더러운 귀신들을 말합니다.

한번 생각해 보시기 바랍니다. 이 네 가지의 분류에서 벗어나 있는 우리의 삶이 있습니까? 없습니다. 이것은 무엇을 말하는 것입니까? 사단은 지금 우리의 삶이 모든 영역에서 교묘하게 자신의 원하는 것을 이루어 내고자 공작을 벌이고 있다는 것입니다. 그러기에 우리의 삶에 일어나는 모든 일들을 영적인 것으로 바라보는 영적인 안목이 필요합니다. 이 영적인 안목을 가지기 위해서는 사도 베드로는 베드로전서 5:8에서 이렇게 말씀하고 있습니다.

"근신하라 깨어라 너희 대적 마귀가 우는 사자 같이 두루 다니며 삼킬 자를 찾나니"

사도 베드로는 우리에게 근신하여 깨어 있으라 하십니다. 지금 우리의 목전에서 대적 마귀가 우는 사자같이 두루 다니며 삼킬 자를 찾고 있음을 깨달으라 말씀합니다. 그리고 그는 우리가 여기서 그치지 않고 한 걸음 더 나아가라고 5:9에서 말씀합니다.

"너희는 믿음을 굳게 하여 저를 대적하라"

영적인 안목을 가지고 전능하신 하나님의 거룩하신 진리 위에 굳게 서서 믿음으로 대적하며 나아가라는 말씀입니다.

사단은 어떤 사람을 제일 먼저 공격하는지 아십니까? 한 발은 교회에, 한 발은 세상에 걸쳐 놓고 있는 사람입니다. 완전히 세상에 발을 대고 있는 사람은 이미 자기 밥이기 때문에 더는 건드리지 않습니다. 오히려 더 잘 보호해 주는 척합니다. 닭을 키워보셨습니까? 닭에게 왜 모이도 주고 물도 갈아줍니까? 잡아먹기 위해서입니다. 마귀는 자기 테두리 안에 있는 자에게는 돈도 주고 권력도 주고 먹을 것도 주고 세상적인 성공도 줍니다. 그냥 내버려 둬도 마귀가 원하는 대로 살기 때문입니다. 그러나 한 발은 교회에, 한 발은 세상에 걸쳐 놓고 사는 자들은 완전히 사단의 사람도 아니고, 완전히 예수의 사람도 아니기에 어떻게든 자기 사람으로 만들려고 공격합니다. 그러나 완전히 예수 안에 붙어 있는 사람은 사단이 건드리지 못합니다. 예수 안에 완전히 붙어 있으면 사단도 예수님 때문에 꼼짝 못하기 때문입니다.

북한의 한 병사가 북한을 탈출해 3.8선을 넘는다고 해 보겠습니다. 3.8선을 넘는 동안 북한군은 그 병사를 사살하기 위해 수도 없이 총을 쏘고 헬기와 비행기를 동원해 쫓아올 것입니다. 그러나 일단 그가 3.8선을 넘는 순간부터는 아무리 성능 좋은 헬기와 비행기도 소용이 없어집니다. 그것들은 오직 북한에서만 사용할 수 있을 뿐입니다. 같은 원리입니다. 우리의 삶이 예수 그리스도 안에서 굳건하게 서 있기만 하면 사단은 더는 자기의 힘을 사용할 수 없습니다. 영적 전쟁에 있어서 제일 위험한 사람은 3.8선 안에서 왔다 갔다 하는 사람입니다. 이런 사람은 마귀의 밥입니다. 그러므로 우리 성도는 매사에 영적인 안목을 가지고 사단 마귀가 어디에서 공격해 오는가를 늘 긴장하며 살펴 보아야 합니다. 그리고 내가 하나님의 거룩하신 테두리 안에 서 있는지를 점검할 수 있어야 합니다. 이때 비로소 우리는 하나님의 거룩하신 진리 위에 굳게 서서 믿음으로 마귀를 대적하며 나아갈 수 있습니다. 이것이 영적 전쟁에서 승리하는 비결입니다. 이 승리의 역사가 여러분에게 일어나시기를 간절히 축원합니다.

삶 속으로

- 우리가 영적 전쟁을 하고 있다는 사실을 받아들이는 것 자체가 부담스러울 때가 종종 있습니다. 이런 청중들의 경향을 반영하기라도 하듯, 강단에서 나오는 메시지들도 사랑의 하나님과 복 주시고 은혜 주시는 하나님을 많이 강조하는 듯 합니다. 그러나 성경은 분명히 우리의 신앙 생활이 영적 전쟁이라고 강조합니다. 당신의 사단장은 누구입니까? 당신의 동료는 누구입니까? 그리고 당신이 싸워야 할 적은 어디에 있습니까?
- 우리가 살아가면서 만나는 많은 일과 현상 중에서, 눈에 보이는 것들과 눈에 보이지 않는 것들을 구별하여 적어 봅시다. 그리고 눈에 보이지 않는 이 영적인 일들이 눈에 보이는 세계 속으로 들어올 때, 어떻게 변형되어 나타나는지 생각해 봅시다.
- 우선 내게 일어났던 일들을 오늘 말씀에 비추어 다시 생각해 보시기 바랍니다. 그리고 하나님의 진영과 사단의 진영을 만들어 보십시오. 당신은 어디에서 활동하고 있었습니까? 3.8 선 안에서 아무 생각 없이 왔다 갔다 하는 사람을 발견했습니까? 그 모습이 혹시 나와 닮지는 않았습니까?

28

| 에베소서 6:13-15 |

13 그러므로 하나님의 전신갑주를 취하라 이는 악한 날에 너희가 능히 대적하고 모든 일을 행한 후에 서기 위함이라 14 그런즉 서서 진리로 너희 허리 띠를 띠고 의의 흉배를 붙이고 15 평안의 복음의 예비한 것으로 신을 신고

영적 전쟁(2)
─하나님의 전신갑주를 취하라(1)

전신갑주를 입은 명품

우리는 진짜와 가짜를 구분하기 참 어려운 시대에 살고 있습니다. 소위 명품이라 불리는 고가의 물건들이 만들어지기 무섭게, 세계 곳곳에서 똑같은 가짜 물건들이 시장 뒷골목에서 버젓이 판매되고 있습니다. 신발, 가방, 시계 같은 일상 생활에 필요한 물품에서부터 조각과 그림같은 예술품에 이르기까지 가짜가 진짜로 둔갑하는 상황에서, 보통 전문가가 아니면 진짜와 가짜를 구별하기 어려울 정도라 하니, 우리 같은 보통 사람들은 그것을 육안으로 구별해 낼 재간이 없습니다.

이런 현실에 대하여 시사 코메디 작가가 재미있는 이야기를 하나 한 적이 있습니다. 어떤 사람이 소유한 가방이 진짜 명품인지, 아니면 가짜 모조품인지는 비오는 날이면 알 수 있다는 것입니다. 그 사람이 비를 막기 위해 가방을 자기 머리 위에 올려 놓고 가면 그것은 가짜요, 그 가방을 자기 품 속에 넣고 가면 그것은 진짜라는 것입니다. 참으로 정확한 설명이라고 생각합니다. 진짜와 가짜는 위기 때 드러납니다. 아무리 상황이 급하다 해도 비바람을 막는 일에 사용되는 가방이라면 그것은 굴러 다니는 우산의 가치밖에는 되지 않습니다. 그러나 아무리 비바람이 몰아쳐도 가방이 그 고유의 가방으로서의 역할을 하는 일에만 쓰임 받는다면 그것은 진정한 품격과 가치를 가진 명품일 수밖에 없습니다.

성도도 마찬가지입니다. 그 사람이 진짜 명품 성도인지, 가짜 성도인지는 인생의 시련과 위기 때 드러납니다. 진짜 명품 성도는 아무리 인생의 비바람이 몰아쳐도 자신의 가치와 품격을 잃지 않습니다. 진짜 성도는 세상의 공격 앞에 자기 자신을 아무렇게나 내어주지 않습니다. 오히려 위기와 시련이 올 때, 진짜 성도는 자기 자신이 하나님의 자녀임을 확신하며 하나님께서 그 동안 베푸셨던 놀라운 은혜의 시간들을 잊지 않고 그것을 다시금 소망의 기회로 삼는 자입니다. 그렇기 때문에 진짜 성도는 세상이 주는 것에 일비일희(一悲一喜) 하지 않습니다. 삶의 환경과 여건이 좋을 때는 그것이 하나님의 은혜임을 고백하며 감사하는 기회로 삼으며, 아픔과 어려움이 올 때는 하나님의 뜻이 무엇인지를 구하며 자신을 돌아보라는 사인으로 삼는 것이 진짜 성도의 모습입니다.

이 시대는 사단이 성도들을 넘어뜨리기 위해 호시탐탐 인생에 불화살을 겨누고 있는 시대입니다. 그래서 틈만 나면 상처, 불신, 거짓, 모함, 분노, 시련, 분열, 갈등, 열등감의 화살을 쏘아대고 있습니다. 이때마다 명품 성도는 자신의 인격이나 자신의 의지로 그 불화살을 막는 자가 아니라, 전능하신 하나님 우리 주 예수 그리스도의 생명의 갑옷을 입고 그 생명되신 예수 그리스도의 권능을 힘입어 막아내는 자입니다.

수많은 인생의 불화살을 감내해야만 했던 2011년도를 한 달 남긴 이 시점에, 올해의 승패는 아직 결정되지 않았습니다. 축구 경기는 후반전 끝에 주심의 휘슬이 울릴 때 결정되듯이, 올해 우리의 삶의 경기는 마지막 시간에 주님의 휘슬이 울릴 때 그 승패가 결정됩니다. 지난 11개월이 아무리 힘들었다 해도 12월 31일을 보내는 그날에 우리가 예수 그리스도의 생명의 갑옷을 입고 내 삶의 자리 위에 굳건히 서 있는 한, 우리는 성도의 가치와 품격을 지키며 다시금 승리자의 자리에 앉아 있게 될 것입니다. 이 소망과 기대가 여러분의 삶 가운데 더욱 넘쳐나시기를 축원합니다. 그러면 우리가 성도의 가치와 품격을 지키며 다시금 승리자의 자리에 앉기 위해서는 어떻게 생명의 갑옷을 입어야 하는 것일까요? 이것을 사도 바울은 오늘 본문에서 전쟁에 임하는 로마 군인의 완전무장에 비유를 하고 있습니다.

로마의 역사가 폴리비우스에 의하면 고대의 로마 군인들은 전쟁에 나가기 전에 미리 '완전무장'을 해야 했습니다. 그것은 깃 장식이 달린 투구, 가슴막이, 방패, 칼, 그리고 단창 두 개였습니다. 당시 로마 군인들의 모습과 상황을 잘 알고 있었던 사도 바울은 이들의 완전무장의 모습을 인용하여 영적인 전쟁에 임하기 위해서는 성도가 영적인 무장을 해야 한다고 말씀하는 것입니다. 그것을 사도 바울은 하나님의 전신갑주를 입는 것이라고 표현하고 있습니다.

11절에서 그는 "마귀의 궤계를 능히 대적하기 위하여 하나님의 전신갑주를 입으라"라고 명령합니다. 또한 13절에서 "그러므로 하나님의 전신갑주를 취하라 이는 악한 날에 너희가 능히 대적하고 모든 일을 행한 후에 서기 위함이라"고 말씀합니다. 즉, 하나님의 전신갑주를 입는 것은 마귀와의 영적 전쟁에서 싸워 이기기 위해 군인이 준비해야 할 가장 첫번째 임무라는 것입니다. 그러면 어떻게 하는 것이 하나님의 전신갑주를 준비하는 것일까요?

진리로 허리를 동이고

먼저, 진리로 허리를 동이는 것입니다. 14절에서 사도 바울은 진리로 허리띠를 띠라고 말씀합니다. 허리띠를 띠라는 것은 한국어 성경이 의역을 한 것입니다. 좀 더 정확하게 직역 한다면 "진리로 너희 허리를 동이고"라

할 수 있습니다. 아마 여기서 사도 바울은 로마 군인들이 전쟁에 나갈 때 허벅지를 보호하기 위해 입는 짧은 치마처럼 생긴 앞치마를 염두해 두고 이 말을 했던 것 같습니다. 이것은 보통 가죽으로 만들어졌는데, 전투할 때 동작을 원활히 하려고 옷을 허리에 매는데 사용되었던 도구입니다.

그러면 성도들이 허리를 동여매야 할 진리란 무엇일까요? 그것은 복음의 진리를 말합니다. 진리는 생명으로 인도하는 길을 말합니다. 생명으로 인도하는 길은 오직 하나 밖에 없습니다. 바로 예수 그리스도로 통하는 길입니다. 근래에 종교 간의 대화를 주장하는 사람들 가운데 왜 기독교만을 그렇게 주장하느냐? 다른 종교도 인정하고 존중해 주어야 되지 않느냐고 주장하는 분들이 계십니다. 예, 맞습니다. 다른 종교를 존중해 주는 것은 마땅히 해야 합니다. 저들의 종교심과 다른 이를 향한 섬김과 봉사는 참으로 고귀하고 존중해 주어야 하는 부분임에 틀림 없습니다. 그러나 존중과 인정은 다른 것입니다. 그들의 종교를 존중해 준다 해서 저들의 종교를 인정하는 것은 아닙니다. 왜냐하면 우리가 믿는 기독교가 세상의 종교와 다른 한 가지가 있기 때문입니다. 세상의 종교는 인간이 신을 찾아가는 종교입니다. 그러나 우리 기독교는 하나님이 인간을 찾아오신 종교입니다. 세상의 종교들이 신을 찾아가는 이유가 무엇일까요? 인간 자신이 가지고 있는 목적을 그들이 추구하는 신을 통해 이루어보기 위해서입니다. 그러나 기독교는 하나님이 하나님의 목적을 이루시기 위해 인간을 몸소 찾아 오셨습니다. 그 목적이 무엇입니까? 바로 우리에게 생명을 주시기 위함입니다.

종교의 길이 결국 생명으로 인도하는 진리의 길을 추구하는 것이 맞다면, 다른 종교에도 생명으로 인도하는 진리의 길이 있다고 말할 수는 없습니다. 왜냐하면 세상의 그 어떤 종교도 인간에게 생명을 주기 위해 신이 스스로 죽은 경우는 없기 때문입니다. 오직 기독교의 하나님만이 인간에게 생명을 주시기 위해 죽으셨습니다. 그분이 바로 예수 그리스도이십니다. 이 예수를 통해서만 생명의 길로 갈 수 있다는 것이 바로 진리입니다. 이것을 우리는 복음이라고 말합니다.

지난 10월 11일, 이스라엘 정부는 세계의 많은 사람들을 놀라게 하는 한 가지 발표를 했습니다. 바로 2006년에 팔레스타인 무장정파 하마스 군인들에 의해 19세 때 납치되어 가자 지구에 억류되어 있던 이스라엘 병사 길라드 샬리트 상병을 구하기 위해서 이스라엘에 수감되어 있던 팔레스타인 포로 1027명을 풀어주기로 한 것입니다. 어찌 보면 이것은 숫자적으로 도저히 이해가 가지 않는 결정일지도 모릅니다. 그러나 이스라엘 정부가 보여준 이 결정은 아주 중요한 한 가지를 우리에게 가르쳐 주고 있습니다. 한 사람의 생명을 구할 수만 있다면 어떤 대가도 치를 각오가 되어 있다는 생명 존중의 정신입니다.

이것이 실은 복음이 가르쳐 주고자 하는 핵심 원리이기도 합니다. 하나님께서는 나 같은 존재 한 사람의 생명을 살리시기 위해 어떤 댓가도 치르기로 하셨습니다. 그리고 그것을 위해 친히 독생자 아들 예수 그리스도를 보내주셔서, 나 한 사람에게 생명을 주시기 위해 십자가 위에서 그 아들 예수를 죽게 하셨습니다. 이 사실이 바로 진리이며, 이 사실을 믿는 자마다 구원을 받는다는 것이 복음입니다.

우리 성도가 세상과의 영적 싸움에서 흔들리지 않고 이기기 위해서는 이 복음의 진리로 허리를 동이고 굳게 서 있어야 합니다. 왜냐하면 복음의 진리라는 허리띠는, 로마 군인의 복장에서 다른 모든 것을 붙들어 매고 있는 허리띠처럼, 영적 전쟁에서 다른 모든 것들을 붙들어 맬 가장 기본이며 가장 중요한 것이기 때문입니다. 군인의 허리띠가 풀리면 적에게 무장해제 당하듯이, 이 복음의 진리가 무너지면 성도는 사탄 마귀 앞에 무장해제 당한 채 늘 공격받을 수밖에 없습니다.

그래서 복음의 진리가 무너진 채 교회 생활을 하는 성도들을 보면 무당을 믿듯이 예수를 믿기도 하고 잘못된 축복관을 가지고 교회에 나오기도 합니다. 어떤 사람은 자기중심적인 신앙 생활을 하고 교회를 사교 단체로 생각하기도 합니다. 이런 사람들은 영락없이 사단의 공격 앞에 속수 무책으로 당합니다.

참된 성도는 복음의 진리를 분명히 깨닫고 그것을 자신의 삶의 허리띠로 삼는 자입니다. 복음의 진리를 통해 내가 얻은 생명이 무엇인가를 분명히 인식하는 자입니다. 이때만이 사단의 공격을 능히 이겨낼 수 있습니다.

의의 흉배, 내 마음의 보호대

다음으로, 우리 성도가 영적 전쟁을 위해 해야 할 무장은 의의 갑옷을 입는 것입니다. 14절을 다시 한번 보겠습니다.

"그런즉 서서 진리로 너희 허리띠를 띠고 의의 흉배를 붙이고"

여기서 흉배라는 것은 로마의 군인들이 가슴을 보호하기 위해 붙이던 놋쇠로 만든 방어용 갑옷을 말합니다. 왜 사도 바울은 이런 가슴을 보호하는 갑옷이 우리 성도들의 영적 싸움에서도 필요하다고 한 것일까요? 그것은 사단이 우리를 공격하는 첫 부위가 우리의 가슴이기 때문입니다.

고대 유대인들은 심장을 마음의 자리라고 생각했습니다. 가슴은 곧 그의 마음이요, 생각이며, 사상입니다. 사단은 성도의 마음을 제일 먼저 공격합니다. 마음을 공격할 때 가장 치명적인 공격이 바로 우리의 죄의 문제를 건드리는 것입니다. 왜 그런지 아십니까? 죄는 용서 받아도 죄의 상처는 남기 때문입니다. 상처란 바로 죄를 기억하게 만드는 흔적입니다. 사단은 이미 우리가 그리스도 안에서 새로운 하나님의 피조물로 의로워진 존재가 되었는데도, 이것을 자꾸 의심하게 만드는 화살을 쏩니다. 이것이 죄책감입니다. 죄책감이란 죄의 상처를 부추겨 우리로 하여금 부끄럽게 만들고, 거룩한 존재가 아니라 더럽고 추한 존재라고 생각하게 만드는 마귀의 교묘한 공격입니다.

중세의 종교 개혁가 마틴 루터가 수도사 시절에 이 죄책감을 덜기 위해 하루에도 10번 이상의 '고해성사'를 했다고 합니다. 나중에는 루터가 너무 찾아오니까 그의 고해를 받던 신부가 루터를 향해 "앞으로는 죄를 한 번에 모아 가지고 오게"라고 말할 정도였다고 합니다. 루터는 나중에 이 죄책감을 해결하기 위해서 수도원의 층계를 무릎으로 기어 올라가는 고행을 하면서까지 자신의 문제를 해결해 보려 했습니다. 그런데 그가 내린 결론이 무엇인지 아십니까? 바로 로마서 8:1-2이었습니다.

"그러므로 이제 그리스도 예수 안에 있는 자에게는 결코 정죄함이 없나니 이는 그리스도 예수 안에 있는 생명의 성령의 법이 죄와 사망의 법에서 너를 해방하였음이라"

여기서 정죄함이라는 단어를 사단이 주는 죄책감이라 해도 그리 잘못된 해석은 아닙니다. 우리 그리스도인들은 예수 그리스도의 십자가의 보혈로 죄가 가리워졌습니다. 이미 하나님도 우리의 죄를 보지 않으십니다. 이 부분에 대하여 히브리서 기자는 이렇게 이야기 합니다.

"내가 저희 불의를 긍휼히 여기고 저희 죄를 다시 기억하지 아니하리라"(히브리서 8:12)

그러므로 우리가 이 말씀에 의지하여 날마다 짓는 죄에 대하여 예수의 이름을 빌어 회개하며 자백하면 그 죄의 문제는 해결됩니다. 그 어느 누구도 우리의 죄 문제를 가지고 정죄하거나 송사할 수 없습니다. 그렇기 때문에 우리 성도는 사단이 주는 죄책감의 문제가 자꾸 일어날 때마다 이렇게 외쳐야 합니다.

"누가 능히 하나님의 택하신 자들을 송사하리요 의롭다 하신 이는 하나님이시니 누가 정죄하리요……(로마서 8:33, 34)"

우리 성도가 어떤 자입니까? 그리스도 예수 안에 있는 구속으로 말미암아 하나님의 은혜로 값없이 의롭다 하심을 얻은 자입니다(롬3:24). 그러므로 사단 마귀가 아무리 우리를 정죄하고 비방하는 화살을 쏘아도, 그래서 우리 마음에 절망적인 죄책감을 불어 넣어도 우리는 그것 때문에 하나님의 사랑으로부터 떨어져 나가지 않습니다. 하나님으로부터 우리는 절대로 멀어지지 않습니다. 왜냐하면 하나님의 의가 이미 우리를 보호하고 계시기 때문입니다. 이것을 확신하고 붙들고 나아가는 것이 의의 흉배를 붙이는 것입니다.

평안의 신을 신고

마지막으로, 성도가 갖추어야 할 영적인 무장은 평안의 복음으로 준비된 신을 신는 것입니다. 15절을 보겠습니다.

"평안의 복음의 예비한 것으로 신을 신고"

줄리어스 시저의 군대가 전투에서 성공적이었던 데에는 많은 이유가 있습니다. 그 중 하나는 튼튼한 신발이었습니다. 로마 군인들은 여러 겹의 가죽을 붙여 만든 두꺼운 밑창에 징을 박은 칼리가라는 반장화를 신었습니다. 이 군화로 로마의 군인은 먼 길을 쉽게 달려가 적들을 기습할 수 있었습니다. 또한 이 군화는 군인으로 하여금 견고하게 서서 적과 싸울 수 있게 하였습니다.

이와 마찬가지로 성도들도 악한 영들과 싸울 때에 군화처럼 단단히 신고 굳게 서 있을 영적인 신발이 필요합니다. 이것이 바로 평안의 능력입니다. 무서움과 두려움은 전쟁에 임한 군인에게 치명적인 약점입니다. 두려움과 무서움은 싸움의 의욕을 잃게 만들고, 결국 적에게 패배하게 만듭니다. 그러나 평안의 능력을 가지고 있는 자는 그 영적 싸움이 아무리 치열하다

할지라도 능히 맞서 싸우게 되어 있습니다.

제가 사는 동네에 지난 할로윈 때 유난히도 화려하게 할로윈 장식을 한 집이 하나 있었습니다. 화려한 조명에, 죽은 시체 같은 이상한 모양의 장식들을 집 전체에 달아 놓은 집이었습니다. 그런데 지난 주에 이 집이 장식을 완전히 크리스마스 장식으로 바꾸어 놓았습니다. 더 이상한 것은 시체도 걸어 놓고 귀신 모양의 장식들을 걸었던 그 자리에 십자가도 걸어 놓고, 산타도 걸어 놓은 것입니다.

속으로 사람이 지조가 있어야지…… 귀신이면 귀신, 십자가면 십자가지, 이 두 가지를 다 사용하는 것은 무슨 뜻인가? 그러던 중에 지난 주 저녁 늦게 그 집 앞을 지나다가 그 집 아저씨가 아직도 뭔가 부족하다고 느꼈는지 무엇인가 열심히 달고 있기에 가서 물었습니다. "당신은 할로윈과 크리스마스가 완전히 반대되는 의미인지 혹시 아십니까?" 했더니…… 이 분의 대답이 아주 걸작입니다. "자기는 그런 것에 별로 상관하지 않는다"는 것입니다. 그래서 다시 물었습니다. "그렇게 열심히 장식을 하는 이유가 무엇입니까? 그랬더니, "자기 아이가 다른 아이에 비해서 무척 소극적이고, 늘 기분이 우울하기 때문에 아이를 격려하고 마음을 기쁘게 해주기 위해서였다"는 것입니다. 그 이야기를 듣고 아버지로서 자기의 아이에 대한 극진한 사랑이 배어 있음에 대하여 감동을 받기는 했지만, 한편으로 무엇인가 중요한 것이 빠진 느낌을 지울 수 없었습니다. 과연 그런 외적인 자극이나 이벤트로 아이의 마음과 기분이 완전히 회복될 수 있을까요? 어린 아이의 마음일지라도 그 마음은 하나님이 만드신 인격이기에 하나님이 만져 주셔야만 합니다.

이런 생각을 하는 중에 저는 한국의 한 목사님이 기독교 신문에 기고하신 칼럼 하나를 읽게 되었습니다. 경아라는 이름의 고3학생이 그 목사님의 교회에 나온지 얼마 되지 않았을 때 단백질이 빠져나가는 신 증후군이라는 불치병을 앓고 있다는 것을 알게 되었습니다. 꿈 많은 소녀 시절에 중환자실에서 꺼져가는 등불처럼 힘든 투병 생활을 해야 했던 이 경아라는 학생은 결국 한 팔을 절단해야 했습니다. 이 목사님이 그 칼럼을 쓰신 이유는 이 경아라는 소녀가 수술 후에 찍은 사진 한 장 때문이었습니다. 수술 후 오른팔이 잘린 채, 왼손으로 자신의 턱을 고이고 맑게 웃는 모습을 하며 찍은 경아의 사진은 평안 그 자체였습니다. 그리고 그 사진에는 이런 글귀가 붙어 있었다고 합니다. "예수님의 부활을 믿었기에 팔을 자르러 들어갈 때도 담담했어요." 어떻게 그 어린 소녀가 이런 평안의 말을 할 수 있었을까요? 그 정도의 상황이라면 잔인하리만큼 갈기갈기 찢겨 있을 법한 이 어린 소녀의 마음을 무엇이 그토록 평안하게 붙들고 있는 것일까요? 세상의 사람들은 이 부분을 이해하지 못할 것입니다. 그 평안이 어디서 왔는지를 알지 못하기 때문입니다. 그러나 우리는 압니다. 우리는 말할 수 있습니다. 바로 경아라는 학생이 보여준 평안의 능력은 예수님으로 인하여 하나님과 화목한 자만이 누릴 수 있는 평안이라는 것을 말입니다.

예수님은 우리 인간을 하나님과 화목케 하신 분이십니다. 인간은 하나님과 화목의 관계가 성립될 때만 평안을 소유할 수 있습니다. 평안은 환경과 여건을 초월하는 능력입니다. 아무리 사단 마귀가 내 삶의 형편을 어렵게 만들려고 흔들어대도, 이 평안의 능력을 소유한 자는 결코 흔들리지 않습니다. 이 평안의 능력을 소유하기만 하면 어떤 인생의 공격에도 어떤 영적인 전쟁에서도 결코 두려워하거나 동요하지 않으며 뒤로 물러서지 않습니다. 이 평안의 신발을 신으십시오. 예수 그리스도로 인하여 하나님과 화목된 자에게만 주시는 이 평안의 능력만이 세상을 이길 수 있습니다.

삶 속으로

- 전신갑주로 무장해야 한다는 말은 허리띠나, 흉배, 신발 등이 따로따로 있어서는 제 기능을 발휘하지 못한다는 것을 시사합니다. 이 말은, 바꾸어 생각하면, 우리의 믿음이 흔들릴 때 우리는 우리 신앙의 기초부터 다시 하나씩 짚어가며 점검해야 함을 의미합니다.

- 내가 왜 불안한가? 내가 왜 의심에 싸이게 되었는가? 내가 왜 아무것도 아닌 일에 화를 자주 내게 되었는가? 이런 문제를 생각할 때, 내게 예수님이 누구신가? 그분이 나에게 무슨 일을 하셨는가? 내 미래는 어떻게 되는가를 다시 깊이 묵상하며 신앙을 정립해야 한다는 것입니다.

- 그리고, 책상에서 일어나 실천의 현장으로 나가야 합니다. 갑옷을 입고 침대 위에서 뒹굴면 불편하기만 할 따름이니까요. 나가십시오. 그리고 돌아와서 전쟁 일지를 기록하십시오.

29

| 에베소서 6:16-17 |

16 모든 것 위에 믿음의 방패를 가지고 이로써 능히 악한 자의 모든 화전을 소멸하고
17 구원의 투구와 성령의 검 곧 하나님의 말씀을 가지라

영적 전쟁(3)
—하나님의 전신갑주를 취하라(2)

영적 아킬레스건

현존하는 그리스 문학 중에 가장 오래된 서사시라 불리는 '일리아드와 오딧세이'에는 그 유명한 그리스의 장수 아킬레스가 등장합니다. 아킬레스의 어머니 테틱스는 아킬레스가 태어났을 때, '어린아이의 몸을 담그면 그의 몸이 강인해진다'는 전설의 강 '스틱스'의 검은 강물에 그의 발목을 잡고 거꾸로 담급니다. 이 일 이후, 아킬레스는 그 어느 누구도 감히 넘볼 수 없는 완벽한 육체와 뛰어난 무술을 지닌 그리스의 왕국 최고의 장수가 됩니다. 그리고 트로이 왕국과 벌어진 9년 간의 그 유명한 '트로이 전쟁'에서 트로이 왕국을 무너뜨리는데 혁혁한 공을 세우게 됩니다. 그러나 그렇게 완벽한 전사였던 아킬레스도 전쟁 중에 트로이의 왕자 파리스가 쏜 화살에 그만 피를 흘리며 죽게됩니다. 그가 화살을 맞은 곳이 바로 그의 발뒷꿈치 위 발목이었습니다. 그의 어머니 테틱스가 아킬레스를 세틱스 강가에 담글 때, 그의 발목을 잡고 담갔기에 모든 다른 부위는 강인한 몸이 되었지만, 그 어머니가 잡고 있었던 발목만큼은 강인한 몸으로 바뀌지 않았기 때문입니다. 아무리 강한 아킬레스도 그의 치명적인 약점이 노출 되었을 때 그는 맥없이 무너지고 말았습니다. 자신의 약점이 노출된다는 것은 전쟁에서 치명적인 것입니다. 인간을 신처럼, 신을 인간처럼 묘사하는 그리스 신화가 전해 내려오던 시대에 호메로스라는 작가가 유독 일리아드와 오딧세이를 통해서 보여주려 했던 것은 무엇일까요? 그것은 바로, 인간은 결국 유한한 존재요, 연약함을 가지고 있는 존재라는 것을 보여주려 했던 것은 아닐까 라고 조심스럽게 평가해봅니다.

인간은 완벽할 수 없습니다. 이것은 우리 그리스도인도 마찬가지입니다. 그래서인지, 사단은 더욱 우리의 약점을 찾기 위해 혈안이 되어 있는 것 같습니다. 영국의 유명한 기독교 변증가요 문학가인 C.S. 루이스는 '스크류테잎의 편지'라는 자신의 책에서 악마 스크류테잎이 좋아하는 그리스도인의 약점 두 가지를 소개하고 있습니다. 첫째는, 그리스도인들이 때때로 경험하는 영적인 침체와 좌절입니다. 사단은 이것이 발견되면 영락없이 그리스도인들을 공격합니다. 예를 들어 이런 것입니다. 마귀가 어떤 사람의 인생을 술로 파멸시키기 위해서는, 행복하고 느긋할 때보다는 침체되고 지쳐 있을 때 그에게 술을 권하면, 그 술은 그에게 일종의 진통제 같은 역할을 하면서 그 사람을 점점 더 술 속으로 빠져들게 한다는 것입니다. 둘째로, 마귀가 좋아하는 그리스도인들의 치명적인 약점은 영적인 교만입니다. 사단 마귀는 그리스도인에게 이 영적인 교만이 발견되면 여지없이 그 부분을 공격합니다. 자기 자신이 영적으로 괜찮은 사람이라고 생각하는 순간부터 그리스도인들은 하나님보다 자신의 믿음을 더 의지하게 됩니다. 이것은 결국 자신을 과신하게 되고, 자기에게는 아무런 문제가 없다고 단정하게 만들어 버립니다. 설령 문제가 있다 하더라도 그것을 그다지 심각하게 생각하지 않게 됩니다. 또한 영적인 교만 가운데 있는 사람은 모든 문제의 원인을 교회나 다른 그리스도인들에게 돌리고 판단하기 시작합니다. 마귀는 바로 이런 때를 노립니다. 영적인 교만을 더욱 부추기고 다른 사람들의 약점과 문제에 주목하게 합니다. 그 결과 영적으로 교만한 사람은 자신이 모든 일에 최종적인 판단을 내리는 하나님처럼 행동하게 되고, 마귀는 그런 사람을 통해 성도의 교제를 깨뜨리고 교회 안에 분란을 일으킵니다.

그리스도인에게 있어서 영적 침체와 영적인 교만은 모두 영적인 아킬레스건입니다. 이것에 한 번 노출되면 사단은 영락없이 우리에게 공격의 화살을 겨누고 우리를 넘어뜨리고 맙니다. 사랑하는 성도 여러분! 성도님들은 지금 어떤 상태에 계십니까? 영적 침체에 빠져 계십니까? 아니면 영적으로 자만하기 쉬운 상태에 계십니까? 이때마다 우리에게 필요한 것이 하나 있습니다. 바로 하나님의 전신갑주를 입는 것입니다. 우리의 약점을 가리는 것뿐 아니라 우리의 교만까지도 가릴 수 있는 것은 하나님의 전신갑주 밖에 없습니다. 이 전신갑주는 영적인 아킬레스건이 노출되어 있는 성도에게도 물론 필요한 것이지만, 늘 건강한 신앙의 삶을 살고 있는 성도에게도 필요합니다. 왜냐하면 사단은 아킬레스건이 노출된 성도만 공격하는 것이 아니라, 신앙의 길을 열심히 걷고 있는 신실한 성도들도 공격하기 위해 호시탐탐 그 기회를 엿보기 때문입니다. 그러면 어떻게 하는 것이 하나님의 전신갑주를 입고 우리의 영적인 아킬레스건을 가릴 뿐 아니라 사단 마귀의 공격을 적극적으로 대항할 수 있는 것일까요? 그것을 지난 시간에 세 가지로 나누어 살펴 보았습니다. 진리의 허리띠를 띠고, 의의 흉배를 붙이고, 평안의 복음의 신을 신는 것이라 했습니다. 오늘은 그 나머지 3가지를 살펴 보도록 하겠습니다.

믿음의 방패

먼저, 믿음의 방패를 가지고 나아가야 합니다. 16절을 함께 보겠습니다.

"모든 것 위에 믿음의 방패를 가지고 이로써 능히 악한 자의 모든 화전을 소멸하고"

당시 로마 군인들은 전신을 보호하기 위해 직사각형 모양의 큰 방패를 가지고 전쟁에 임했습니다. 길이가 4피트, 폭이 2.5피트, 두께가 3인치 정도 되는 나무로 만들어진 것으로 겉면에 천을 씌우고 그 위에 가죽을 덮었는데, 천과 가죽에 물을 적시면 적의 불화살을 막아 낼 수 있었습니다.

사도 바울은 지금 성도들이 영적 전쟁에 나갈 때에 이 방패와 같은 믿음이 필요하다고 말씀합니다. 사단이 쏘는 수도 없는 불화살을 막아낼 수 있는 가장 강력한 무기가 바로 믿음이기 때문입니다. 그러면 믿음이 과연 무엇이기에 영적 전쟁에서 방패와 같은 역할을 할 수 있는 것일까요? 이것에 대하여 히브리서 기자는 히브리서 11:1-3에서 믿음이 무엇인지를 잘 설명해 주고 있습니다.

"믿음은 바라는 것들의 실상이요 보지 못하는 것들의 증거니 선진들이 이로써 증거를 얻었느니라 믿음으로 모든 세계가 하나님의 말씀으로 지어진 줄을 우리가 아나니 보이는 것은 나타난 것으로 말미암아 된것이 아니니라"

3절 마지막에서 "보이는 것은 나타난 것으로 말미암아 된것이 아니라"라고 했습니다. 즉, 우리에게는 보는 것이 두 가지가 있습니다. 하나는 육신의 눈을 떠서 물리적으로 보는 것이요, 다른 하나는 영혼의 눈을 떠서 보는 것입니다. 영혼의 눈이 있다는 것을 깨닫기 전에는, 우리는 육신의 눈만 있다고 생각했습니다. 그래서 물리적으로 내 눈에 들어와야만 그것이 진짜로 존재하는 줄 알았습니다. 그러나 예수를 알고 나니까 육신의 눈으로 볼 수 없는 많은 것들이 있음을 알게 되었습니다. 그 중 하나가 바로 영원한 삶입니다. 이것은 도저히 육신의 눈으로는 볼 수 없습니다. 이 영원한 삶은 영혼의 눈을 떠야만 볼 수 있습니다. 그러면 영혼의 눈은 어떻게 뜰까요? 그것이 바로 믿음입니다. 즉 믿음이란, 눈으로 보지 못하는 것들을 바라보게 하는 능력입니다. 이 믿음은 우리가 갖고 싶다고 되는 것이 아닙니다. 믿음은 예수 믿는 자에게 하나님께서 은혜로 주시는 선물입니다.

젊은 시절, 자신의 육신의 눈으로 보이는 것만을 최고의 것으로 여기며 살았던 사람이 바울이었습니다. 그러던 그가 다메섹 도상에서 주님을 만났을 때, 그의 눈이 삼일 동안 보이지 않게 됩니다. 왜 주님은 그의 눈을 멀게 하신 것일까요? 그의 육신의 눈은 탐욕과 이기심의 통로였기 때문입니다. 눈에 보이는 것에만 최고의 가치와 의미를 부여 했던 그에게, 비록 보이지는 않아도 바울이 생각했던 것과는 상상할 수 없는 놀라운 가치와 의미의 세계가 있음을 보여주시기 위함이셨습니다. 그 삼일 동안 바울은 영원한 삶이 있음을 영혼의 눈을 통해 비로소 보게 되었습니다. 이 영혼의 눈을 통해 영원한 삶을 바라보는 것이 믿음입니다. 이 믿음이 시작되면 눈에 보이는 물리적 세계에서 얻을 수 없었던, 영원한 세계를 보는 자에게만 허락된 놀라운 기쁨과 평안이 시작됩니다.

프랑스의 작가 생텍쥐페리는 나치 점령 하에서 고난과 절망 가운데 있던 프랑스 국민들에게 희망과 꿈을 주기 위해 《어린 왕자》라는 책을 썼습니다. 이 책에서 주인공 어린 왕자는 그가 만나는 모든 친구들과 세상의 사람들에게 희망을 소유하는 방법을 가르쳐 주면서 이런 말을 합니다. "내 비밀은 마음으로 보는거야. 본질적인 것은 눈으로 보기 어렵거든. 그런 것들은 마음으로 보아야 해." 어린 왕자를 통해 전달된 생텍쥐페리의 이 메세지는 우리 인생에 아주 중요하고도 본질적인 통찰력이 아닐 수 없습니다. 육신의 눈은 현상만을 보게 됩니다. 아픔의 현상, 갈등의 현상, 고난의 현상만을 봅니다. 그러나 마음의 눈, 영혼의 눈은 아픔과 갈등과 고난의 현상 너머 장차 우리에게 인생의 진정한 기쁨과 환희를 준비하고 계시는 하나님을 보게 만듭니다. 이 하나님을 보는 자마다 하나님께서 마련해 놓으신 영원한 삶의 능력을 소유하게 되어 있습니다. 하나님을 보는 자마다 하나님의 영원하신 그 생명의 능력을 소유합니다. 아무리 사단 마귀가 우리에게 의심의 화살, 불안의 화살, 낙심과 좌절의 화살을 쏘아 대도 우리는 영원의 삶을 바라보는 자답게 기쁨과 평안과 확신을 놓치지 않고 하나님의 놀라우신 은혜의 손길을 기대하며 나아가게 되어 있습니다. 이것이 믿음의 방패를 가진 자의 승리입니다.

구원의 투구

다음으로 우리가 갖추어야 할 하나님의 전신갑주는 구원의 투구입니다. 여기서 구원의 투구라 함은 구원의 확신을 의미합니다. 저는 오늘 여러분에게 구원의 문제로 도전하고 싶습니다.

사랑하는 성도 여러분! 여러분은 주 예수 그리스도의 십자가의 은혜로 구원받은 하나님의 자녀이십니까? 이 부분에 대하여 확신을 가지셔야 합니다. 이 부분에 대하여 흔들림이 없어야 합니다. 우리가 다른 것은 다 못할지라도 구원의 확신만은 꼭 붙들어야 합니다. 왜냐하면 우리의 신앙 생활에서 가장 중요한 출발이 구원의 확신이기 때문입니다. 이 구원의 확신이 없는 사람은 어떤 형태의 신앙이든 자신을 잃어버리기 쉽습니다.

한 팔을 다치면 다른 한 팔을 통해 생활을 할 수 있습니다. 그러나 머리는 다쳐서는 안됩니다. 저는 요즘 교역자들과 함께 자전거를 함께 타기 시작했습니다. 목회자들에게 좋은 운동이 무엇일까 생각하다 짧은 시간에 많은 운동의 효과를 낼 수 있는 것이 사이클링이라는 것을 알게 되었습니다. 그래서 모두 자전거 운동을 하게 했습니다. 첫날 자전거를 타기 위해 일정한 장소에 모였는데 그 모습이 가관도 아니었습니다. 시장갈 때 타고 다니는 자전거 끌고 온 사람이 있지 않나, 평소에 입던 반바지 입고 온 사람이 있지 않나, 바람에 펄럭이는 티셔츠를 입고 온 분도 있었습니다. 자전거 운동에 있어서 가장 중요한 것이 복장입니다. 왜냐하면 이 복장은 안전과 직결되어 있기 때문입니다. 머리에서 발끝까지 자전거를 안전하게 탈 수 있도록 준비해야 합니다. 이 복장이 준비가 안 되면 그 사람은 자전거 운동에 불합격입니다. 그런데 이 복장 중에서 가장 중요한 것이 헬멧입니다. 왜냐하면 사고가 났을 때 제일 치명적인 부상을 입을 수 있는 곳이 머리이기 때문입니다.

그리스도인들에게 있어서 구원은 머리와 같은 것입니다. 이 구원의 문제가 공격을 받으면 치명적입니다. 그렇기 때문에 성도는 머리를 보호하는 구원의 투구를 써야 합니다. 그것이 바로 구원의 확신입니다. 마귀는 우리가 받은 구원에 대하여 의심하게 만드는 화살을 쏩니다. 이 화살을 한 번 맞으면 신앙의 뿌리가 흔들립니다.

이럴 때마다 우리가 사단 마귀를 이기는 비결은 구원의 확신을 갖는 것입니다. 많은 성도님들 가운데 구원을 받았음에도 불구하고 자신이 받은 구원이 무엇인지를 잘 몰라 그 구원의 확신을 갖지 못하는 분들이 있습니다. 구원은 어떻게 이루어집니까? 예수 그리스도가 나의 구세주이심을 입으로 시인하고, 그 예수를 나의 마음에 주인으로 모시면 됩니다. 이 일이 이루어지도록 성령께서 우리를 도우십니다. 요청하십시오. 이렇게 이루어진 구원은 영적으로 다시 태어나는 신비한 체험입니다. 이 구원이 신비한 체험이기에 논리적으로 설명할 수 없습니다. 많은 사람들이 이 부분에서 그만 머뭇거립니다. 분명히 나에게 무엇인가가 이루어졌다면 내가 설명할 수 있어야 하고 이해되어야 하는데 구원은 그렇지 않더라는 것입니다. 그러나 구원은 논리적으로 설명될 수 없고 나의 이성으로 이해될 수 없는 신비한 체험입니다. 그러나 한 가지 분명한 것이 있습니다. 이 구원이 내게 이루어졌다는 사실입니다.

마치 이런 것입니다. 바람이 부는 것을 분명히 느끼겠는데, 그 바람이 어떻게 해서 불게 되었는지 전혀 알 수 없습니다. 어떻게 부는지도 모릅니다. 그렇다고 바람이 없다고 할 수는 없습니다. 마찬가지입니다. 영적인 신비한 체험을 통해 이미 구원이 이루어졌는데 눈으로 볼 수 없고 나의 육감으로 확인할 수 없다고 그 구원이 이루어지지 않았다고 말한다면, 그것은 바람이 없다고 하는 것과 똑같은 것입니다. 이 부분에서 많은 사람들이 자신에게 이루어진 구원에 대하여 자꾸 의심합니다. 구원의 확신을 갖지 못합니다.

그러나 이 부분을 해결하면 구원의 확신을 얻게 됩니다. 이 구원의 확신을 어떻게 가질 수 있는지를 안내하고 설명하기 위해 우리 교회는 여러 부분에서 그것을 가르쳐 드리는 시간을 마련해 놓고 있습니다. 그 대표적인 과정이 제자 훈련입니다. 제자 훈련에 들어오십시오. 구원의 확신 문제를 12주 동안 정리해 드릴 것입니다. 예수님이 누구이시며 그분이 나를 위해 무엇을 하셨는지, 그리고 그 예수님 때문에 이루어진 구원이 무엇이고 그 구원을 어떻게 얻게 되었는지를 잘 가르쳐 드릴 것입니다. 또 한 방법이 있습니다. 주일 예배를 통해 구원의 메세지가 선포될 때마다 구원이 무엇이며 그 구원을 이루신 예수님이 누구이신지를 잘 귀담아 들으시기 바랍니다. 구원을 분명히 이해하시게 될 것입니다. 또한 구원의 복음이 기록되어 있는 말씀을 잘 읽는 것도 좋은 방법입니다. 이 말씀은 살아계신 하나님의 말씀이기에 그 말씀을 잘 묵상하고 곱씹어 보면 그 속에서 깨닫게 해주시는 구원의 이해가 있습니다. 이렇게 해서 얻은 깨달음들은 여러분으로 하여금 든든한 구원의 투구를 마련하게 해 줄 것입니다.

로마 군인의 투구는 안은 가죽으로 되어 있고 바깥은 구리로 되어 있습니다. 그리고 그 위에는 깃으로 된 장식이 달려 있었습니다. 그렇듯이 우리 그리스도인은 우리 안에 구원의 확신을 가지고 밖으로는 구원의 간증을 나누어야 합니다. 우리 교회 안에 구원의 간증이 계속해서 일어나기를 축원합니다. 교회는 구원의 공동체입니다. 초대교회의 역사를 보십시오. 날마다 구원받는 자들이 일어났습니다. 이것이 살아 있는 교회의 모습입니다. 교회에 구원 받는 자가 일어나고 구원의 간증들이 계속 일어날 때, 그 공동체는 사단 마귀와의 전쟁에서 분명히 승리할 것입니다.

성령의 검인 말씀

마지막으로 우리가 준비해야 할 마지막 전신갑주는 성령의 검인 말씀입니다. 17절 말씀을 함께 보겠습니다.

"구원의 투구와 성령의 검 곧 하나님의 말씀을 가지라"

지금까지의 모든 무기가 방어용 무기였다면, 지금 소개되는 무기는 공격용 무기입니다. 사단 마귀와의 전쟁에서 사단을 공격할 수 있는 유일한 무기는 바로 성령의 검인 말씀입니다. 히브리서 기자는 히브리서 4:12에서 이렇게 말씀합니다.

"하나님의 말씀은 살았고 운동력이 있어 좌우에 날선 어떤 검보다도 예리하여 혼과 영과 및 관절과 골수를 찔러 쪼개기까지 하며 또 마음의 생각과 뜻을 감찰하나니"

예수님께서 공생애를 시작하시기 전 40일간 광야에서 금식하며 기도하셨을 때, 예수님을 공격해온 자가 마귀였습니다. 이때 예수님께서 사단을 물리치신 방법이 바로 말씀이셨습니다. 예수님도 마귀를 물리치실 때 말씀의 검을 사용하셨다면, 우리가 말씀의 검을 사용해야 하는 것에 두말할 나위가 없습니다. 우리는 우리의 힘으로 마귀를 물리칠 수 없습니다. 말씀으로 물리쳐야 합니다. 이 말씀은 살아 있고 운동력이 있는 생명의 말씀입니다. 말씀에는 하나님의 권능이 임하십니다. 그래서 이 말씀이 선포되는 곳에 죽음과 절망이 물러가고, 새로운 생명과 소망이 시작됩니다.

지난 금요일에 저는 L.A. 다운타운에서 홈리스 사역을 하시는 김창성 목사님과 대화할 기회가 있었습니다. 10여년 전, 그 거리는 감히 어느 누구도

들어갈 수 없었던 무법과 범죄의 현장이었습니다. 밤중에는 흑인들조차도 잘 들어가지 않으려는 그런 무시무시한 곳이었다고 합니다. 그런데 지금 그 거리는 밤중에 어린아이들도 웃으며 다니는 거리로 변하였다고 합니다. 그 이유가 바로 10여년 간 끊임없이 저들을 향하여 사랑을 실천하며 복음의 말씀을 선포하였기 때문이라는 것입니다.

제가 그 이야기를 듣고 무릎을 쳤습니다. 바로 저것이구나. 말씀이 들어가는 곳에는 분명 사단의 세력이 도망치게 되어있구나……. 사단이 몰고 왔던 어둠과 절망과 탄식과 좌절과 폭력이 물러갈 수 있는 유일한 길은 말씀밖에 없습니다.

우리가 동산 모임을 하는 이유도 여기에 있습니다. 우리 이민자들의 삶은 늘 힘들기 마련입니다. 우리 1세들에게는 늘 마이너리티로서 안고 가야 할 한계와 아픔이 있습니다. 이럴 때마다 사단은 우리에게 자꾸 좌절감, 열등감, 자포자기 같은 화살을 쏩니다. 때로는 이것이 폭발하여 교회 안에서 시끄러운 부딪힘들이 있기도 합니다. 그러나 이때마다 우리가 분명히 깨달아야 할 것이 있습니다. 이 모든 배후에 음흉한 사단 마귀가 있다는 사실입니다. 이때마다 우리는 사단 마귀를 향해 말씀의 검을 가지고 물리쳐야 합니다. 동산의 모임을 가질 때마다 말씀을 가지고 서로를 격려하며 위로할 수 있어야 합니다. 시간이 날 때마다 동산원들은 모여서 내가 받은 오늘의 말씀의 은혜가 무엇인지를 나눌 수 있어야 합니다. 지난 한 주간의 삶에서 하나님이 베푸신 은혜가 무엇인지, 그 말씀을 가지고 일주일 동안 어떻게 살았는지를 간증하기 시작할 때 성령께서는 우리의 무너진 삶의 처소들을 분명 회복시켜 주실 것입니다. 이런 말씀의 나눔이 우리의 동산에서 성도들의 일상의 삶에서 이루어질 때, 우리의 삶의 현장은 바로 성령께서 부어주시는 새로운 생명의 현장으로 바뀌게 될 것입니다.

절망이 있으십니까? 도저히 나는 이 문제를 해결할 수 없노라고, 혹시 외치며 탄식하고 계십니까? 가정의 아픔 때문에 홀로 괴로워하고 계십니까? 인생의 길이 막혀 어찌할 바를 모르고 계십니까? 말씀에 귀를 기울이십시오. 그 말씀을 가슴에 담으십시오. 그리고 그 말씀을 입으로 외치십시오. 그 말씀은 분명 살았고 운동력이 있어 좌우에 날선 어떤 검보다 예리하여 여러분의 심령을, 여러분의 삶을, 여러분의 인생을 바른 길로 인도해 주실 것입니다.

삶 속으로

- 당신의 아킬레스건은 어떤 것입니까? 성경에서 말하는 '쓴 뿌리(히브리서 12:15)'가 당신의 아킬레스건일 수 있습니다.
- 그것들을 골방에 앉아 내어 놓으십시오. 나의 열등감, 나의 상처, 고집스러움, 한, 이런 단어들과 구원이라는 단어를 맞붙게 해 보십시오. 어느 것이 이겼습니까? 누가 당신의 모든 쓴 뿌리들을 가져가십니까? 이제 당신 앞에 놓인 구원의 투구를 착용하십시오.
- 다시 쓴 뿌리가 생기지 않도록 믿음의 방패로 막아 서십시오. 가시덤불이 있으면 성령의 검으로 잘라 버리십시오. 할렐루야!

| 에베소서 6:18-20 |

18 모든 기도와 간구로 하되 무시로 성령 안에서 기도하고 이를 위하여 깨어 구하기를 항상 힘쓰며 여러 성도를 위하여 구하고 19 또 나를 위하여 구할 것은 내게 말씀을 주사 나로 입을 벌려 복음의 비밀을 담대히 알리게 하옵소서 할 것이니 20 이 일을 위하여 내가 쇠사슬에 매인 사신이 된 것은 나로 이 일에 당연히 할 말을 담대히 하게 하려 하심이니라

영적 전쟁(4)
-무릎 꿇는 자의 승리

최강의 완전무장을 무용지물로 만드는 것

이제까지 우리는 그리스도인이 맞이하는 영적 전쟁에 대하여 생각해 보았습니다. 영적 전쟁에서 가장 중요한 것이 적이 누구인지를 아는 것이라 했습니다. 그리스도인의 신앙 생활에서 벌어지는 크고 작은 문제 이면에는 반드시 사단 마귀가 도사리고 있습니다. 그런 의미에서 우리의 적은 이 문제의 당사자인 내 옆의 사람이나 동료가 아니라 사단 마귀입니다. 이 사단 마귀를 대적하기 위해서는 영적인 무장이 필요합니다. 그것이 하나님의 전신갑주였습니다. 군인이 싸움에서 완전히 무장되어 있어야 전쟁에서 훌륭한 싸움을 할 수 있듯이, 신앙인은 신앙의 싸움에서 승리하기 위하여 진리의 허리띠, 의의 흉배, 평안의 복음의 준비된 신, 믿음의 방패와 구원의 투구와 성령의 검인 말씀으로 무장되어야 합니다.

그런데 아무리 훌륭한 무기로 무장하고 훈련을 다 하였다고 하더라도, 정작 싸움할 때에 그 군인이 힘이 없으면 그 모든 것은 무용지물이 될 것입니다. 미국의 해병 대원이 이라크와의 전쟁에서 짊어지고 나가야 할 완전군장의 무게가 60킬로그램이 넘는다고 합니다. 만일 전쟁에 참가하는 병사가 이 군장을 짊어질 힘이 없다면, 아무리 미 해병 대원의 완전무장이 세계 최강의 것이라 할 지라도 그것은 전쟁에 쓸모가 없게 됩니다. 그러나 웬만한 사람은 메고 가는 것조차 힘겨운 이 군장을 미국의 해병대원들은 거뜬히 짊어지고 걷고 뛰기까지 합니다. 그 이유가 무엇입니까? 그만한 체력이 있기 때문입니다.

그리스도인의 영적 전쟁도 마찬가지입니다. 하나님의 전신갑주를 입은 성도가 사단 마귀와의 전쟁에서 승리하기 위해서는 그 전신갑주를 입고 날렵하게 걷고 뛰며 적진을 향해 나아갈 수 있는 영적인 체력이 필요합니다. 그것이 바로 기도입니다. 사도 바울이 에베소에 있는 성도들에게 영적 전쟁에서 승리하기 위한 하나님의 전신갑주를 이야기하면서, 그 끝에 기도에 대하여 언급을 하고 있는 이유가 바로 여기에 있습니다. 영적 무장을 한 성도에게 기도는 이 모든 것을 힘있게 수행하기 위한 가장 중요한 능력입니다. 그러면 어떻게 해야 우리는 이 기도의 능력 곧 영적인 체력을 준비할 수 있는 것일까요?

성령 안에서 기도한다는 것

먼저, 성령 안에서 기도해야 합니다. 18절 말씀을 함께 보겠습니다.

"모든 기도와 간구로 하되 무시로 성령 안에서 기도하고 이를 위하여 깨어 구하기를 항상 힘쓰며 여러 성도를 위하여 구하고"

사도 바울은 에베소 교회 성도들을 향하여 제일 먼저 성령 안에서 기도할 것을 요청하고 있습니다. 성령 안에서 기도한다는 것은 무엇을 의미합니까?

지금 미국 내에서 기독교 영성 운동을 주도하고 있는 필립 얀시라는 분이 《기도》라는 책에서 우리가 하나님께 드리는 기도에는 보통 세 가지의 단계가 있다고 했습니다. 첫째는 요청의 단계입니다. 기도의 거의 90%가

이 단계에 해당되는 기도로서 무엇인가 자신의 절박한 문제를 해결받기 위해 하나님께 간절히 요청하며 나아가는 것을 말합니다. 예를 들어, 평소에 기도의 삶을 살지 못했던 사람도 자신의 몸에 병이 생겼을 때는 이 문제를 해결받기 위해서 하나님께 나아갑니다. 늘 자신의 가정에는 문제가 없을 줄 알았다가 어느날 갑자기 불어닥친 가정의 아픔 때문에 철야하고 금식하는 기도들이 바로 이런 단계에 해당됩니다. 이런 기도가 중요한 이유는 이런 기도가 바로 기도의 출발이기 때문입니다. 두 번째는 묵상의 단계입니다. 이것은 하나님을 생각하고 하나님께만 집중하는 기도를 말합니다. 이 기도를 하게 되면 단순히 나의 문제만을 해결받기 위해 요청하는 것이 아니라 풍성하신 하나님의 사랑과 은총 아래 내가 잠겨 하나님과 인격적으로 교제하게 됩니다. 이 단계에 있으면 기도생활이 자유로워지고 기뻐집니다. 하나님을 만나 대화하는 그 기쁨 때문에 기도 시간이 더욱 기다려지게 되고 그 시간을 사모하게 됩니다. 세 번째는 순종의 단계입니다. 이 단계에 이르면 기도자는 자신의 의지나 자신의 주장이 아니라 오직 하나님의 뜻만이 이루어지기를 구하게 됩니다. 바벨론 포로 시절에 다니엘의 세 친구인 사드락 메삭 아벳느고가 풀무불 가운데 던져지는 상황에서 외쳤던 그 유명한 고백, "그리 아니 하실지라도……"가 바로 우리의 삶 가운데 비로소 외쳐지게 됩니다. "나의 이 병을 혹 고쳐주지 아니하실지라도, 하나님께서 내 몸을 통하여 이루시고자 하는 더 큰 뜻이 계심을 제가 받아들이겠나이다……." 이것이 바로 순종의 기도입니다.

그런데 이 모든 단계의 기도가 능력의 기도가 되고 하나님의 은총과 인도하심을 얻기 위해서는 한 가지를 반드시 해야 합니다. 바로 성령 안에서 기도하는 것입니다. 성령은 우리의 기도를 도우시는 분이십니다. 로마서 8:26-28에서 사도 바울은 이렇게 말씀합니다.

"이와 같이 성령도 우리 연약함을 도우시나니 우리가 마땅히 빌바를 알지 못하나 오직 성령이 말할 수 없는 탄식으로 우리를 위하여 친히 간구하시느니라 마음을 감찰하시는 이가 성령의 생각을 아시나니 이는 성령이 하나님의 뜻대로 성도를 위하여 간구하심이니라"

성령은 우리의 기도를 도우시는 분이신데, 어떻게 도우십니까? 하나님의 뜻대로 기도할 수 있도록 돕는 분이십니다. 결국 우리의 욕심과 바람에서 시작된 기도일지라도 성령님께서는 그것을 하나님의 뜻대로 기도할 수 있도록 도우시고 인도하시는 분이라는 사실입니다. 그러기에 성령안에서 기도하면 절대로 그 기도하는 사람이 이상한 광신자가 될 수 없습니다. 기도 잘못해서 이상한 이야기를 하고 다니는 사람들 많이 있습니다. 왜 그런지 아십니까? 자신의 욕심대로만 구했기 때문입니다. 그러나 자신의 욕심이나 탐욕을 성취하기 위한 기도가 아니라 하나님의 뜻 앞에 자신을 내려 놓는 기도가 될 때, 그것이 바로 성령의 인도하심을 받은 기도가 됩니다. 이것이 되면 아무리 첫 번째 단계의 기도에서 자신의 절박한 처지와 아픔을 위해 요청할지라도 절대로 자신의 탐욕과 이기심을 관철시키기 위한 기도로 변질되지 않습니다. 오히려 첫 번째 단계인 요청의 기도 속에 하나님이 원하시는 대로 기도 응답의 역사를 받습니다. 그리고 이 요청의 단계에 있던 자들이 성령의 인도하심을 받아 두 번째 단계인 하나님과 교제하는 깊은 묵상의 단계로 나아가게 되고, 그 묵상의 기도는 결국 하나님의 뜻 앞에 자신을 순종케 하는 놀라운 기도가 됩니다. 이 성령 안에서 기도하기를 시작할 때 우리는 한 가지를 확신하게 됩니다. 바로 하나님께서는 나의 기도를 반드시 들으신다는 것입니다.

오래전에 한국에서 신학교를 다닐 때, 고아원 사역을 하다 신학교에 들어오신 분이 계셨습니다. 그분 하시는 말씀에 자신이 섬겼던 고아원에는 약 200명의 아이들이 함께 생활을 했는데, 이 아이들이 한 밤중에는 전혀 울지 않는다는 것이었습니다. 그 이유인즉, 그 고아원에 있는 아이들은 자신의 울음 소리를 듣고 달려올 사람이 아무도 없다는 것을 알기 때문이라는 것입니다.

그때 저는 아주 중요한 것을 깨달았습니다. 내가 울 때 나의 울음소리를 들어 줄 수 있는 누군가가 있다는 것이 얼마나 큰 축복인가! 여러분에게는 이 누군가가 있으십니까? 예, 우리에게는 영원한 아버지가 계십니다. 바로 우리 하나님이십니다. 인생이 곤고해졌을 때, 인생의 아픔과 고난이 닥쳐왔을 때, 우리의 울음소리를 들으시는 아버지가 있다는 이 사실이 우리에게는 얼마나 복된 것인지 모릅니다. 어떻게 이런 복을 받게 되었을까요? 바로 나를 부르시고 나를 구원하신 그 예수의 영, 곧 성령께서 내 안에 계시며 나를 위해 위해 말할 수 없는 탄식으로 하나님께 간구하시기 때문입니다. 이 기도의 능력이 여러분에게 일어나시기를 축원합니다.

영적 불침번 서기

다음으로 준비해야 할 것은 깨어 기도하는 것입니다. 18절을 다시 보겠습니다.

"모든 기도와 간구로 하되 무시로 성령 안에서 기도하고 이를 위하여 깨어 구하기를 항상 힘쓰며 여러 성도를 위하여 구하고"

저는 깨어 기도하는 것을 영적인 불침번을 서는 것이라고 부르고 싶습니다. 사도 바울이 사용한 '깨어'라는 말은 병사가 군대에서 한밤중에도 자지 않고 깨어서 적의 공격을 감시하기 위해 긴장해 있는 모습을 말합니다. 이것이 영적인 전쟁에서도 동일하게 필요합니다. 사단 마귀는 언제 어느 때 우리를 공격해 올지 모릅니다. 그러므로 늘 우리는 영적으로 깨어 있어야 합니다. 성도가 영적으로 깨어 있는 것은 오직 한 가지 경우뿐입니다. 바로 기도의 순간을 놓치지 않는 것입니다. 교회가 사단 마귀로부터 공격당하지 않기 위해서는 기도의 횃불이 늘 지펴 있어야 합니다. 한 가정이 영적 전쟁에서 이기기 위해서는 영적인 불침번을 서는 자가 있어야 합니다.

주님께서는 하나님의 아들이셨음에도 불구하고 늘 기도하는 순간을 놓치지 않으셨습니다. 공생애를 시작하기 전, 주님은 광야에서 40일을 금식하며 기도하는 것으로 준비하셨습니다. 3년간 제자들을 데리고 다니시며, 하나님 나라의 말씀을 선포하시고, 병든 자를 고치시는 고된 일과를 보내시면서도 주님은 밤만 되면 홀로 산으로 가셔서 기도하셨습니다. 이뿐 아닙니다. 주님은 마지막으로 십자가의 고난을 맞이하시기 위한 그 전날 밤에도 밤을 새워가며 기도하셨습니다. 주님의 공생애는 기도의 삶이었다 해도 과언이 아닙니다. 왜 그렇게 하셨을까요? 이미 주님은 기도 없이도 충분히 모든 것을 이겨내실 수 있는 하나님의 아들이셨습니다. 그런데 왜 주님이 그렇게 기도하셔야만 했을까요? 그것은 기도해야만 바르게 깨어있어 영적전쟁에서 승리할 수 있다는 것을 보여주시기 위함이셨습니다.

그래서 공생애 첫 시작 때, 주님은 기도를 통해 사단 마귀의 간교한 시험에 넘어지지 않고, 하나님의 거룩하신 뜻과 영광을 위한 삶이 이 세상에서 진정한 성도의 삶임을 보여주셨습니다. 그 고단한 사역 속에서도 산에서 기도하심으로 깨어 기도하는 자에게는 매일의 힘과 능력, 삶의 방향과 지혜가 주어짐을 보여주셨습니다. 마지막으로, 겟세마네 기도에서 주님이 그 처절한 기도의 불침번을 서심으로 마지막까지 하나님의 뜻에 순종하는 것이 바로 진정한 영적 승리임을 보여주셨습니다. 깨어 기도하며 영적인 불침번을 서는 자에게는 하나님의 지혜가 임합니다. 영적인 불침번을 서는 자에게는 하나님의 특별한 임재와 간섭이 시작됩니다. 깨어 기도하는 자에게는 무엇을 결정하며 어디로 가야할지를 가르쳐 주십니다. 이 깨달음대로 가면 틀림 없습니다.

핀란드의 수도 헬싱키에는 특이한 교회가 하나 있습니다. 이름하여 '암반 교회'라 불리는 이 교회는 지금 헬싱키 제일의 명물이 되었지만, 이 교회는 사실 생길 수 없는 교회였습니다. 왜냐하면 시 조례상 도심 한복판에는 교회를 짓지 못하도록 되어 있었기 때문입니다. 하지만 루터 교회의 지도자들이 헬싱키 도심에 반드시 교회를 세워야겠다고 작정하고 기도에 들어갔습니다.

그러던 중에 건축가인 티모와 투우모 형제가 기발한 아이디어를 냈습니다. 도심 한복판에 아무 쓸모없이 방치된 거대한 바위를 이용하자는 것이었습니다. 바위를 그대로 둔 채 그 속을 파서 교회를 만들겠다는데, 시 당국으로서도 반대할 명분이 없었습니다. 이렇게 해서 1969년에 그 유명한 '템펠리아우키오 키르크'가 탄생하게 되었습니다.

깨어 기도하는 자에게는 바위 속에서도 앞으로 지어질 아름다운 교회를 보게 합니다. 왜 그런지 아십니까? 깨어 기도하는 자에게 하나님은 하나님의 거룩한 뜻을 심어주시기 때문입니다. 깨어 기도하는 자는 인생의 수많은 결정 앞에 무엇이 바른 결정인지를 아는 하나님의 지혜를 얻습니다. 깨어 영적인 불침번을 서는 자에게 하나님은 세상 사람들이 보지 못하는 것을 보게 하십니다. 깨어 기도하는 자에게는 사단 마귀가 아무리 방해를 하고 공격해 와도 그것을 이겨낼 지혜가 생깁니다. 이 기도의 능력이 여러분에게 시작되시기를 축원합니다.

교회를 위해 기도하라

마지막으로 준비해야 할 것은 교회를 위해 중보기도하는 것입니다. 18절을 다시 함께 보겠습니다.

"모든 기도와 간구로 하되 무시로 성령 안에서 기도하고 이를 위하여 깨어 구하기를 항상 힘쓰며 여러 성도를 위하여 구하고"

여기서 여러 성도를 위하여 구하라는 것은 바로 교회를 위해 기도하라는 것입니다. 성도 한 사람 한 사람이 영적으로 무장할 수 있을 때, 그 교회는 바로 강력한 영적인 군대가 됩니다. 전쟁은 혼자하는 것이 아닙니다. 함께 해야 이길 수 있습니다.

저는 오늘 이 자리를 빌어서 한 해 동안 교회를 위해 함께 기도해 오신 많은 기도의 헌신자들, 기도의 용사들에게 감사드리고 싶습니다. 여러분들의 기도의 무릎 때문에 하나님은 우리 교회에 많은 은혜를 베풀어 주셨고, 사단 마귀로부터 우리의 교회를 지켜 주셨습니다. 이렇게 경제적으로 어려운 때에 하나님은 그래도 우리 교회의 재정을 채워 주셔서 어렵지 않게 해 주셨습니다. 이민 사회의 복잡하고 어려운 관계 때문에 서로가 부딪히고 갈등하고 상처받는 일들이 비일비재한데, 하나님께서 우리의 교회에 참다운 화목과 사랑과 섬김을 허락해 주셨습니다. 이 모든 영광을 하나님께 올려 드립니다. 그리고 이 은혜와 감사가 일어날 수 있도록 성도들을 위해 교회를 위해 중보 기도하며, 이 전에서 무릎 꿇고 기도해 주신 모든 기도의 헌신자들에게 감사를 드립니다. 다니엘 기도로, 예배를 위한 중보기도로, 어머니 기도회로, 새벽 기도회로 헌신하신 모든 분들에게 우리 함께 박수로 격려해 주시면 감사하겠습니다.

초대교회의 승리는 바로 이 중보 기도하는 성도들 때문에 가능했습니다. 초대교회가 그 어렵고 절박한 상황에서도 꿋꿋하게 믿음의 공동체로 자라 갈 수 있었던 것은 바로 목숨을 걸고 주님의 나라와 몸된 교회를 위해 헌신하며 무릎 꿇었던 성도들이 있었기 때문입니다. 저는 믿습니다. 무릎 꿇는 성도가 있는 교회는 세상에서 승리합니다. 무릎 꿇는 어머니가 있는 그 가정은 이 땅에서 아름다운 형통의 역사를 이루어 갑니다. 무릎 꿇는 아버지가 있는 그 가정은 사회를 변화시킬 수 있습니다. 무릎 꿇는 교회들이 있는 한, 하나님은 그 나라를 책임져 주실 것입니다.

몇 주 전에, 저는 교단의 지도자들과 함께 중요한 회의에 참석한 적이 있습니다. 그 회의에서 중요한 결정을 하나 했는데, 한국 교회들이 중심이 되어 우리 교단의 영적 대부흥 운동을 위한 기도 컨퍼런스를 하기로 합의 했습니다. 그 회의에 참석한 미국 목사님들이 이구동성으로 하시는 말씀이 "하나님은 한국 교회에 기도의 특별한 은사를 부여해 주셨다"는 것입니다. 맨 처음 그 이야기를 들었을 때 맞는 것 같았는데, 나중에 생각해 보니까 그 말은 틀린 말이었습니다. 기도는 은사가 아닙니다. 어떤 특별한 자에게만 주시는 것이 아닙니다. 기도는 모든 이에게 열려 있는 특권입니다. 이 특권을 가지고 하나님을 열망하며 매일매일 무릎 꿇는 자에게는 기도의 능력이 나타납니다. 그래서 E. Bounds과 같은 분은 "기도는 살아있는 영혼과 하나님과의 만남이다. 우리가 기도할 때 하나님은 당신의 몸을 굽혀서 우리에게 입맞추시고, 축복하시며, 모든 필요를 채우신다"고 하셨습니다.

이 기도의 능력 때문에 한국 교회가 그 짧은 기독교의 역사에도 불구하고 세계를 향한 선교의 중심지가 되었고, 이곳에 이민 온 한국 교회들이 미국 교회를 향해 영적 각성을 도전할 수 있게 되었다고 믿습니다. 하나님은 지금 한국 교회의 이 깨어 기도하는 중보의 능력을 미국 땅에서 사용하시고자 하는 것 같습니다. 미국과 캐나다에 흩어져 있는 1000여 개의 CRC 교회들이 모여 함께 무릎 꿇고 기도할 때, 하나님은 미국을 분명히 책임져 주실 것입니다.

지금 미국은 동성 연애로 인하여 하나님의 창조의 질서가 무너져 가고 있습니다. 공공장소마다 하나님의 나라를 위한 일들을 표현하면 다른 종교나 무신론자들의 즉각적인 공격이 시작되고 있습니다. 어떻게 이렇게 되었습니까? 기도의 횃불이 죽었기 때문입니다. 이제 한국 교회가 기도의 횃불을 밝혀야 합니다. 교회마다 가정마다 이 기도의 횃불이 지펴지고 미국을 위해 영적 회복을 위해 중보의 기도가 일어날 때, 하나님은 이 미국을 다시금 회복시켜 주실 것입니다.

이 기도의 횃불이 우리 오렌지카운티 한인 교회에서부터 일어나기를 축원합니다. 그리하여 예배마다 동산마다 깨어 기도하는 성도들이 일어나 우리의 가정을 변화시키고, 우리의 교회를 변화시키고, 오렌지카운티와 캘리포니아와 전 미국을 향한 하나님의 놀라우신 역사가 계속해서 퍼져나가기를 간절히 소원합니다. 깨어 기도하십시다. 깨어 있는 인생을 하나님이 사용하십니다. 무릎 꿇는 자에게는 하나님이 승리를 주십니다. 이 중보의 능력이 시작되시기를 간절히 축원합니다.

- 최강의 완전무장, 전신갑주를 무용지물로 만드는 것은 그 복장을 한 군인이 ___ 이 없을 때 입니다.
- 우리에게 영적인 체력을 공급하는 유일한 길을 오늘 말씀은 무엇이라고 말합니까?
- 당신이 정해 놓은(set up) 기도의 시간과 장소는 언제 어디입니까?
- 기도하지 않아서 실패했다고 뼈저리게 느낀 경험이 있습니까? 기도로 어려움을 극복하고 중요한 문제를 결정하는 데 방향을 잡게 된 경험이 있습니까? 함께 나누며 점검해 봅시다.

31

(에베소서 6:18-20)
18 모든 기도와 간구로 하되 무시로 성령 안에서 기도하고 이를 위하여 깨어 구하기를 항상 힘쓰며 여러 성도를 위하여 구하고 19 또 나를 위하여 구할 것은 내게 말씀을 주사 나로 입을 벌려 복음의 비밀을 담대히 알리게 하옵소서 할 것이니 20 이 일을 위하여 내가 쇠사슬에 매인 사신이 된 것은 나로 이 일에 당연히 할 말을 담대히 하게 하려 하심이니라

하나님을 기쁘시게 하는 교회(1)

신앙의 정절

우리 선조들에게 있어서 정절은 매우 명예로운 단어였습니다. 한 여인이 정절을 지키는 것은 그 가문의 기품을 나타내는 기준이었고, 신하가 임금을 향하여 정절을 지키는 것은 나라의 건실함을 보여주는 매우 중요한 충성의 기준이었습니다. 왜 우리 선조들은 삶 속에 나타난 이 정절을 그 개인이나 가문의 깨끗함과 고고함을 보여주는 아름다운 기준으로 여겼던 것일까요? 그것은 그 정절을 지키는 것이 매우 어렵고 힘든 일이었기 때문이며, 그렇게 어렵고 힘든 그 일을 해낼 수 있는 개인이나 가문만이 존경을 받을 수 있고, 기품있는 삶을 유지할 수 있었기 때문이었습니다.

신앙의 길도 마찬가지입니다. 하나님 앞에서 믿음을 가지고 신의를 지키며 살아야 하는 성도들에게 이런 영적인 정절은 참으로 중요하면서도 어려운 것입니다. 그러기에 영적인 정절을 지키며 살아갈 수만 있다면, 그의 인생과 그가 속한 공동체는 하나님을 기쁘시게 하는 신앙의 삶을 살게 될 뿐만 아니라 그의 신앙의 절개와 정절을 통해 세상에 영향력을 끼치게 되어 있습니다.

저는 얼마전에 우리 교회 장로님으로부터 급한 메일을 하나 받았습니다. 자신의 나라에서 복음을 전하다가 수감 중에 있는 요셉 나다르카니라는 목사님의 석방을 위해 기도해 달라는 메일이었습니다. 현재 34살 된 이 목사님은 이란 개신교 복음주의 교회의 회원으로서 이란의 랏쉬라는 지역에서 목회를 하고 있습니다. 목회를 하는 도중에 이란 정부로부터 "모든 어린이들에게 의무적으로 이슬람을 가르치라"는 명령을 받게 됩니다. 이 명령을 목회자의 양심상 받아들일 수 없다고 생각한 나다르카니 목사님은 이란 정부의 결정에 반대하는 시위를 벌이다 2009년 10월 13일에 체포되어 지금까지 투옥 생활을 하고 있습니다. 처음에는 죄명이 반동 시위자에서 지금은 무슬림들에게 기독교를 전파하는 배교자라는 죄명으로 이미 사형 선고를 받은 상태에 있습니다.

그 동안 이슬람 정부는 이 나다르카니 목사님을 회유하기 위해 많은 방법을 동원했다고 합니다. "기독교 신앙을 버리고 무슬림으로 돌아온다면 사형 선고에 대하여 재고할 생각이 있다"는 뜻을 전달하기도 했습니다. 이에 대하여 나다르카니 목사님은 4번에 걸쳐 "기독교 신앙을 결코 부인하지 않겠다"고 거절하였다고 합니다.

신앙의 정절을 지키기 위해 죽음도 불사하겠다는 한 젊은 목사님의 처절한 신앙적인 투쟁 때문에 지금 전세계적으로 놀라운 일이 하나 일어나고 있습니다. 한 사람의 신앙적인 투쟁이 이란을 비롯한 수많은 나라 안에 투옥되어 있는 양심수들이 속히 석방하라는 운동을 일으키고 있습니다. 그 한 일례로 힐러리 클린턴 미 국무 장관은 12월 10일 유엔 총회 63주년 기념 연설에서 모든 나라의 정부가 인권을 위해 양심수들을 석방할 것을 촉구하자고 제안했습니다. 예수를 믿는 이유 때문에 사형의 위협을 받고 있는 한 이란 목사님의 신앙의 정절과 결단은 단순히 그 한 사람의 일로 끝나지 않고 세상을 향한 생명의 능력을 일으키는 일로 나아가고 있음을 우리에게 보여주고 있습니다.

그렇습니다. 신앙의 정절과 절개는 한 사람의 신앙의 승리로 끝나지 않고, 그가 속해 있는 그 가정을 살리고 속해 있는 공동체를 살리며 민족을 살리는 능력이 됩니다. 하나님은 이런 능력이 있는 교회를 사랑하십니다. 왜냐하면 이 능력이 있을 때만 하나님께서 이 땅에 교회를 세우신 그 목적을 이룰 수 있기 때문입니다. 이것을 일찍이 깨달았던 사도 바울은 에베소의 성도들을 향하여 에베소서 서신을 마감하면서 다른 이를 살리고 공동체를 살리는 이 신앙의 정절을 통해 하나님이 기뻐하시는 교회가 되기를 간절히 부탁하고 있습니다. 그러면 신앙의 정절을 통해 하나님이 기뻐하시는 교회가 되기 위해 성도들이 해야 할 결단은 무엇일까요?

중보 기도, 그 하나됨의 능력

먼저, 서로를 위해 중보함으로 하나 되는 것입니다. 18절이 그것을 말씀하고 있습니다.

"모든 기도와 간구로 하되 무시로 성령 안에서 기도하고 이를 위하여 깨어 구하기를 항상 힘쓰며 여러 성도를 위하여 구하고"

두 주 전에 이미 우리가 살펴보았듯이, 사도 바울은 18절에서 성도들이 서로를 위하여 중보 기도할 것을 부탁하고 있습니다. 왜 사도 바울이 이 기도의 문제를 언급하고 있다고 생각하십니까? 그것은 바로 기도가 영적 전쟁의 처음이요, 마지막이기 때문입니다. 기도 없이는 그 어떤 영적 무장도 소용이 없습니다. 기도 없이는 그 어떤 성도도, 그 어떤 교회도 바르게 설 수 없기 때문입니다.

그리고 성도가 서로를 위해 중보하는 기도는 교회 안에 서로 흩어져 있는 개개인의 영적인 힘을 하나로 묶어주는 하나됨의 능력이 있기 때문입니다. 이 하나됨이 사단과의 영적 전쟁에서 교회를 든든히 세우는 가장 중요한 능력입니다. 교회가 분열하면 사단에게 지게되어 있습니다. 이 부분에 대하여 지혜의 왕 솔로몬은 전도서 4:12에서 이렇게 고백합니다.

"한 사람이면 패하겠거니와 두 사람이면 능히 당하나니 삼겹 줄은 쉽게 끊어지지 아니하느니라"

교회 안에서 성도가 삼겹줄처럼 영적으로 하나 되어 결속되는 방법이 무엇이라고 생각하십니까? 그것은 기도 밖에 없습니다. 아무리 "하나 됩시다"라고 구호를 외쳐도 우리는 본질상 죄성을 가지고 있기에, 뒤돌아서면 금방 마음이 갈라지게 되어 있습니다. 주님의 일을 한다고 하면서도 내 개인의 욕심과 의견이 먼저 앞서기도 합니다. 남이 무엇인가 하려 하면, '얼마나 잘하나 두고보자……' 하는 죄된 마음들이 일어날 때도 있습니다. 이것이 사단이 교회를 분열시키는 방법입니다. 이런 마음이 들 때마다 우리는 늘 명심해야 합니다. '아하! 사단이 지금 우리를 분열시키려고 작전을 펴고 있구나……'

그렇기에 우리는 늘 하나 되기 위해서 마음을 모아야 하는데, 가장 중요한 방법이 바로 기도하는 일에 마음을 모으는 것입니다. 기도하는 일에 동참하면 성령께서 우리를 묶어 주십니다. 분열 되었던 마음, 서로가 서로에게 부딪히게 했던 앙금도 기도하는 자리에 모일 때에 성령께서 다 녹여 주십니다. 녹았다가 다시 모이면 더 강해집니다. 초가 녹았다가 다시 굳어지면 처음보다 더 딱딱해져서 떼어내기 힘든 것처럼, 아무리 죄된 본성으로 각기 제 길로 갔던 성도들도 기도의 용광로 안에 녹기 시작할 때, 세상이 감당치 못할 놀라운 그리스도인의 군사로 변화됩니다.

그래서 기도하는 곳에는 사단이 얼씬거리지 못합니다. 우리 교회 안에 기도의 용광로가 타오르기를 간절히 소원합니다. 나와 너가 따로 없이, 모두가 그리스도 안에서 기도하며 하나 되어 나아갈 때, 분명 우리 교회에 속한 모든 성도들은 가정과 일터에서 세상과 타협하는 자들이 아니라 세상을 주도하며 세상에 영향을 끼치는 영적인 기개와 정절을 보임으로 승리하는 역사가 있을 것입니다.

이를 위해 우리 교회는 올해에도 많은 기도의 사역들을 진행하려고 합니다. 다니엘 기도, 예배를 위한 중보 기도, 어머니 기도회, 새벽 기도 같은 사역들이 있는 이유가 영적으로 힘을 모으기 위해서입니다. "뭉치면 살고 흩어지면 죽는다"라는 이야기를 들어 보셨습니까? 영적인 일에도 마찬가지입니다. 우리가 뭉쳐야 사는데, 그것은 기도로 뭉치는 것입니다. 그러면 흩어져도 우리는 죽지 않습니다. 왜냐하면 기도로 뭉쳐 있는 성도들은 흩어져서 전도하기 때문입니다. 그래서 우리는 구호를 바꾸어야 합니다. "뭉쳐서 기도하고, 흩어져서 전도하자……." 할렐루야!

기도하는 곳에 하나님의 역사가 있습니다. 기도하는 어머니가 있는 그 가정은 하나님이 분명 인도하십니다. 서로를 위해 기도하며 하나 되는 성도들이 있는 교회를 하나님은 분명 기뻐하실 것입니다.

영적 지도자들을 위해 기도하라

다음으로 하나님이 기뻐하시는 교회가 되기 위해서 해야 할 결단은, 영적인 지도자들을 위해 중보 기도하는 것입니다. 18절을 다시 한 번 보겠습니다.

"모든 기도와 간구로 하되 무시로 성령 안에서 기도하고 이를 위하여 깨어 구하기를 항상 힘쓰며 여러 성도를 위하여 구하고"

'여러 성도를 위하여 구하고'라고 했을 때 사도 바울의 머릿속에는 교회의 영적인 지도자를 위하여 구하라는 뜻이 담겨 있었을 것입니다. 즉, 성도가 서로를 위해 중보 기도하는 것이 영적인 하나됨을 위하여 가장 중요하고 우선 되어야 하는 일이라면, 그 다음으로 해야 할 것이 바로 교회에 세움받은 지도자들을 위해 기도하는 것입니다.

사단이 교회를 혼란스럽게 하고 무너뜨리기 위해서 제일 먼저 공격하는 대상이 바로 영적인 지도자들입니다. 여러분들도 주위에서 지도자 한 사람이 얼마나 중요한지 많이 보셨을 것입니다. 지도자가 무너지면 교회는 금방 무너집니다. 그렇기 때문에 교회의 성도들이 늘 영적인 지도자들이 넘어지지 않도록, 사단의 공격으로부터 늘 이길 수 있도록 위해서 중보 기도해야 합니다.

초대교회시절부터 하나님께서는 교회의 일들을 이루어가실 때에 지도자들을 통해 일을 하게 하셨습니다. 기름 부어 세우신 지도자들을 통하여 하나님은 그 교회에 비전을 주셨습니다. 기름 부어 세우신 종들을 통하여 하나님은 그 교회의 나아가야 할 방향과 삶의 기준들을 세워 주셨습니다. 지도자들이 깨어 있으면 그 교회는 살게 되어 있습니다.

우리 교회에도 많은 영적인 지도자들이 있습니다. 당회를 이끌어 가는 당회원들이 바로 그 지도자들입니다. 카운슬회를 이끌어가는 카운슬 회원들이 바로 영적인 지도자들입니다. 우리의 동산을 이끌어가는 동산장, 인도자, 권찰들이 영적인 지도자들입니다. 이런 지도자들을 위해서 여러분들이 해주셔야 할 일이 바로 저들이 하나님의 지혜를 가지고 하나님의 거룩한 나라의 확장을 위해 쓰임받을 수 있도록 중보 기도하는 것입니다.

올해부터 우리 당회의 시무장로님들은, 행정적인 일은 가급적 카운슬회에 맡기고 영적인 일에 집중하기로 했습니다. 이를 위해 온 교회의 기도가 절대적으로 필요합니다. 성도들의 영적인 일들을 위해 심방하고, 방문하며, 저들을 위해 기도하는 일에 집중할 수 있도록 영적인 능력을 허락해 달라고 기도해 주시기 바랍니다. 카운슬회를 이끌어가는 분들을 위해 기도해 주실 때는 올해부터 확대된 카운슬회를 겸손히 기도하며 이끌어 가서, 교회의 살림을 구석구석에서 성실하게 겸손한 마음으로 잘 감당하실 수 있기 위해 기도해주시기 바랍니다.

또한, 동산의 동산장과 인도자와 권찰들을 위해서 기도하실 때는 이분들이 목자의 마음을 가지고 맡겨주신 동산의 식구들을 목회자의 심정으로 섬길 수 있게 해달라고 기도해 주시기 바랍니다. 동산의 지도자들은 작은 목회자들입니다. 그런 의미에서 동산은 우리 교회 안에 하나님이 허락하신 작은 가정 교회들입니다. 초대교회가 성도들의 가정들이 모여 가정 교회를 이루고 그 가정 교회들이 모여 빌립보, 고린도, 에베소라는 지역 교회를 이루었듯이, 우리에게 허락하신 여러 동산의 교회들이 모여 아름다운 오렌지카운티 한인 교회를 이룰 수 있도록 기도해 주시기 바랍니다.

새벽 기도 때 저는 맨 앞좌석에 나와 앉아서 기도를 합니다. 그러면 누가 오셨는지, 안 오셨는지 알 길이 없습니다. 그런데 아는 방법이 하나 있습니다. 예배를 마치고 불이 다 꺼진 후, 그 어두운 공간에서 부르짖고 기도하시는 분들의 목소리가 들리기 시작할 때입니다. 그러면 앞에서 '아, 김 권사님 오셨구나. 박 집사님 오셨구나……' 하며 대충 알게 됩니다. 앞으로도 저에게 "저 새벽기도 왔습니다." 하실 분들은 부르짖으며 기도하시면 됩니다. 아무튼 그 시간만 되면 기도의 소리를 듣고자 함도 아닌데, 기도하시는 분들의 기도가 들립니다. 그럴 때마다, 제가 참 마음에 감동과 은혜를 받는 것은 교회의 영적인 지도자들을 위해 이름을 하나씩 불러가며 기도하시는 분들 때문입니다. 담임 목사부터, 부목사님들, 장로님들, 선교사님들, 동산의 지도자들의 이름을 하나씩 불러가며 기도하실 때마다 제 마음이 얼마나 뜨거워 지는지 모릅니다. 제 마음도 뜨거워지는데 이 기도를 들으시는 하나님은 얼마나 마음이 흐믓하시겠습니까? "그래 네가 나의 교회를 위해 이렇게도 애를 쓰며 기도하는구나……. 그래 네가 나의 교회를 이토록 사랑하는구나……. 내 교회를 위한 너의 마음을 내가 이제야 알았노라……."

눈물로 교회의 영적인 지도자들을 위해 기도하는 그 성도들의 기도와 사랑의 간구가 있는 한, 하나님은 분명 그 성도들로 이루어진 교회를 책임 지시고 인도하실 것을 믿습니다. 이런 중보 기도의 부르짖음이 있는 교회를 하나님은 기뻐하실 것입니다.

말씀의 사역자를 위해 기도하라

마지막으로, 말씀의 사역자를 위해 기도해 주시기 바랍니다. 19절을 함께 보겠습니다.

"또 나를 위하여 구할 것은 내게 말씀을 주사 나로 입을 벌려 복음의 비밀을 담대히 알게 하옵소서 할 것이니"

사도 바울은 지금 에베소 교회 성도들을 향하여 자신을 위해 기도해 달라고 부탁하고 있습니다. 그런데 한 가지 놀라운 사실은, 지금 자신이 복음 때문에 옥에 갇혀 있는 그 상황이 해결될 수 있도록 기도를 부탁한 것도, 자신의 처지가 너무도 힘들어 이 상황 앞에 자신의 필요가 채워질 수 있게 해달라고 부탁한 것도 아니라는 사실입니다.

오히려 사도 바울은 감옥에 갇혀 있는 상황에서도 복음을 담대하게 전파할 수 있게 해달라는 기도의 부탁을 하고 있습니다. 사도 바울이 복음 앞에 얼마나 철저하게 헌신되어 있는 사람인지를 잘 보여주는 구절입니다. 저는 이것이 말씀의 사역자로 부름받은 자가 붙들어야 할 진정한 자세라고 믿습니다.

말씀의 사역자가 늘 가슴에 새기며 사는 한 가지는 오직 그리스도의 복음이 전파되는 것입니다. 그래서 사도 바울은 빌립보서 1:15-18에 보면 이렇게 고백합니다.

"어떤이들은 투기와 분쟁으로, 어떤이들은 착한 뜻으로 그리스도를 전파하나니 이들은 내가 복음을 변명하기 위하여 세우심을 받은줄 알고 사랑으로 하나 저들은 나의 매임에 괴로움을 더하게 할 줄로 생각하여 순전치 못하게 다툼으로 그리스도를 전파하느니라 그러면 무엇이뇨 외모로 하나 참으로 하나 무슨 방도로 하든지 전파되는 것은 그리스도니 이로써 내가 기뻐하고 또한 기뻐하노라"

저는 오늘 우리 성도님들에게 한 가지를 부탁드리고 싶습니다. 매 주일 강단에서 말씀을 선포하는 이 담임목사를 위해서 기도해 주시기를 간절히 부탁드립니다. 기도해 주실 때, 사도 바울의 이 심정처럼, 어떤 상황에서도 그리스도가 전파되실 수만 있다면 그것으로 인하여 기뻐하며 감사할 수 있는 말씀의 사역자가 되도록 기도해 주시기 간절히 부탁드립니다.

부끄러운 고백입니다만, 제가 강단에 설 때마다 늘 가슴에 외치며 올라가는 성경구절이 있습니다. 예레미야 20:9입니다.

"내가 다시는 여호와를 선포하지 아니하며 그 이름으로 말하지 아니하리라 하면 나의 중심이 불 붙는것 같아서 골수에 사무치니 답답하여 견딜 수 없나이다"

매주 강단에 설 때 제가 외치는 것이 바로 이 말씀입니다. "하나님, 오늘도 예레미야의 이 고백이 제 고백이 되기를 원합니다. 오늘도 주의 이름을 선포하며 복음의 비밀을 말함으로 하나님이 기뻐하시는 설교가 되게 하여 주옵소서……."

이 마음과 결단들이 매 주일 희석되지 않고 유지될 수 있기 위해서는 여러분의 기도가 절대적으로 필요합니다. 그리고 이를 위해서는 제가 먼저 영과 육에 강건함을 가질 수 있도록 기도해 주시기를 바랍니다. 담임 목사가 강단에서 영적인 능력과 힘을 잃어버리면 말씀의 능력이 사라집니다. 말씀의 능력이 사라지면 그 교회는 생명의 능력을 잃어버립니다. 그렇기에 말씀을 선포하는 저를 위해서, 그리고 교육 부서에서 교역자들이 어린 심령들에게, 청년들에게 말씀을 선포할 때마다 성령의 능력으로 붙들어 달라고,

영과 육에 강건함을 허락해 달라고 중보 기도해 주시기를 바랍니다.

야고보서에 보면, 의인의 간구는 역사하는 힘이 크다 했습니다. 중보의 기도는 하나님의 보좌를 움직이는 유일한 능력입니다. 사도 바울의 부탁처럼, 성도들의 기도가 있을 때, 어떤 상황, 어떤 어려움 속에서도 복음의 비밀을 담대히 선포할 수 있게 되며, 그렇게 될 때, 교회는 사단 마귀와의 전쟁에서 승리할 수 있습니다.

교회 사학자들은 종종 19세기 런던의 침례교 설교자였던 스펄전을 '설교의 황제'라고 불렀습니다. 마이크도 없던 시절에 메트로폴리탄의 그 큰 성전에는 매주 6천 명의 사람들이 그의 설교를 듣기 위해 줄을 서곤 했습니다. 이때 그 교회를 방문한 한 사람이 그 교회의 안내를 보는 분에게 스펄전 목사님의 설교의 능력과 교회 부흥의 비결을 물었습니다. 이때 그 교회 안내하는 사람이 "알려줄 테니 날 따라오세요." 하고 방문객을 지하실로 안내했습니다. 거기에는 400명의 교인들이 설교 중인 스펄전 목사님을 위해 중보 기도 하고 있었습니다.

당시 모든 영국의 교회들이 자유주의 신학에 의해 하나님을 부인하고, 성경을 믿지 않으며, 다윈의 진화론에 넘어져 이성과 합리주의만을 추구하던 탓에 모든 교회들이 문을 닫기 시작했을 때, 유독 스펄전 목사님이 목회하시던 메트로폴리탄 성전에만 매주 수천 명의 성도들이 모여들 수 있었던 이유가 무엇이라고 생각하십니까? 그것은 복음의 비밀을 담대히 선포할 수 있도록 중보 기도 했던 성도들이 있었기 때문입니다. 올 한해 우리 오렌지카운티 한인 교회가 하나님 앞에 이 중보 기도의 능력으로 다시금 일어나 가정을 회복시키고, 일터를 회복시키며, 우리의 사회와 민족을 다시금 변화시키는, 그리하여 하나님을 기쁘시게 하는 교회가 되기를 간절히 축원합니다.

삶 속으로

• 중보 기도의 기쁨 중의 하나는 다른 사람을 위해 하나님께 간청을 드리는 사이에 하나님과 내가 더욱 친밀해 진다는 데 있습니다. 오늘부터 실천해 보십시오. 당신이 어린 아이에서 한 학급의 대표인 반장처럼 느껴지실 것입니다.

• 교역자들을 위해서 기도할 때, 우리는 교역자와 같은 눈으로 교회를 바라보게 되고 연약한 성도들을 바라보게 되고, 그리고 교회에 섬김이 필요한 구석구석을 발견하는 눈을 가지게 됩니다. 즉, 우리의 지경이 넓어지게 되는 것입니다. 눈물로 기도하십시다. 주님께 내 눈물을 주의 병에 담아 달라고(시 56:8) 부르짖읍시다.

32

(에베소서 6:21-24)

21 나의 사정 곧 내가 무엇을 하는지 너희에게도 알게 하려 하노니 사랑을 받은 형제요 주 안에서 진실한 일군인 두기고가 모든 일을 너희에게 알게 하리라 22 우리 사정을 알게 하고 또 너희 마음을 위로하게 하기 위하여 내가 특별히 저를 너희에게 보내었노라 23 아버지 하나님과 주 예수 그리스도에게로부터 평안과 믿음을 겸한 사랑이 형제들에게 있을찌어다 24 우리 주 예수 그리스도를 변함 없이 사랑하는 모든 자에게 은혜가 있을찌어다

하나님을 기쁘시게 하는 교회(2)
−헌신된 일꾼을 세우는 교회

소금과 빛

오래 전, 한국에서 사셨던 분들은 집에서 장을 담가 먹던 시절을 기억하실 겁니다. 우리의 어머니들은 가을이면 실한 햇메주콩을 사다가 물에 불리어 가마솥에 푹 삶곤 했습니다. 그러고는 구수하게 잘 익은 메주콩을 소금과 물을 섞어 으깬 다음, 적당한 덩어리로 모양을 만들었습니다. 이렇게 만들어진 메주는 새끼줄에 묶여 바람이 잘 통하는 툇마루 위에 매달려 겨울을 나곤했습니다. 그리고 이듬해 봄, 날이 풀리고 볕이 좋은 날 이 메주로 장을 담겄습니다. 그렇게도 어렵게 살던 시절, 우리의 식탁은 그 메주로 나온 장 때문에 나름대로 풍성했던 것 같습니다.

어떤 목사님이 칼럼에서 교회는 이 메주 같아야 한다고 하신 적이 있습니다. 처음에는 교회를 메주에 비유한 그 목사님의 글을 읽으면서 어떻게 교회를 메주에 비유할 수 있는가 라는 생각을 했습니다. 토속적이고 투박한 메주와 신실하고 영적이어야 할 교회의 이미지가 잘 맞지 않는다고 생각했기 때문입니다. 그러나 오랜 시간 동안 교회를 섬기다 보니 교회는 메주 같아야 한다는 그 목사님의 말씀이 전적으로 맞다는 것을 알게 되었습니다. 교회란 날콩과 같은 사람들이 왔다가 마치 푹 삶은 메주콩처럼 예수 믿고 변화되는 곳이어야 하기 때문입니다. 그리고 삶은 콩이 으깨지고 한 덩어리가 되어 메주가 되는 것 같이, 교인들은 서로 하나가 되어 믿음의 공동체를 이루게 됩니다. 메주가 장이 되어 식탁을 풍성하고도 맛있게 가꾸듯이 믿음의 공동체는 이 세상을 하나님의 나라로 풍성하고 맛있게 가꾸어 나가게 되는 것입니다.

이것이 교회의 참 모습입니다. 교회가 세상에 대하여 소금의 맛을 내기 위해서는 먼저 그 안에 있는 성도들이 삶아지고 으깨어지고 한 덩어리가 되어야 합니다. 주님은 말씀하셨습니다.

"아무든지 나를 따라 오려거든 자기를 부인하고 자기 십자가를 지고 나를 쫓을 것이니라"

자기를 부인하기 위해서는 바로 내가 성령의 능력 안에서 녹아지고 으깨져야 합니다. 이것이 겸손이며, 이 겸손의 모습이 시작될 때 우리는 주님 앞에, 그리고 교회 앞에 바르게 헌신할 수 있습니다. 내가 으깨져서 다른 이와 한몸을 이룰 수 있을 때만 비로소 빛을 발할 수 있습니다. 그런 의미에서 헌신은 내가 나를 버리는 것이며, 나를 버림으로 남을 높이며, 하나 되어 하나님이 드러나시게 하는 것입니다.

사도 바울의 복음 사역에 자신을 버림으로 남을 높이며 교회의 하나됨을 위해 헌신하며 나아갔던 자가 바로 두기고였습니다. 성경은 두기고의 헌신에 대해 자세히 설명하지 않습니다. 그가 얼마나 화려하고 멋진 선교의 사명을 감당했는지, 그가 섬겼던 교회와 선교의 현장에 이루어놓은 사역의 열매가 얼마나 풍성했는지 성경은 기록하고 있지 않습니다. 다만, 사도 바울의 복음 사역 앞에 그는 늘 헌신된 조력자로 등장할 뿐입니다. 오늘 본문에 의하면 사도 바울은 두기고를 자신의 친필 서신을 에베소 교회에 전달하게 할만큼 믿을 수 있는 동역자로 생각하고 있습니다. 사도 바울에게 이런 두기고 같은 일꾼이 있었기에 바울은 감옥에서도 복음의 확장을 위한 일에 헌신할 수 있었습니다. 두기고 같은 일꾼 때문에 사도 바울이 세워 놓았던 에베소 교회를 비롯한 많은 초대교회들이 그 어려운 로마의 학정과 핍박 가운데서도 세상에 대하여 소금과 빛의 역할을 감당할 수 있었습니다. 이 시대에도 교회가 건강하고 하나님 기뻐하시는 사명을 온전히 감당하기 위해서는 이런 두기고 같은 일꾼이 필요합니다.

두기고의 헌신

이를 위해서는 먼저 주님 안에서 진실한 사람을 세워야 합니다. 21절을 함께 보겠습니다.

"나의 사정 곧 내가 무엇을 하는지 너희에게도 알게 하려 하노니 사랑을 받은 형제요 주 안에서 진실한 일군인 두기고가 모든 일을 너희에게 알게 하리라"

사도 바울은 지금 두기고를 '진실한 일꾼' 이라고 부르고 있습니다. '진실한 일꾼'이라는 뜻은 처음과 나중이 변함없는 자라는 뜻입니다. 두기고는 어떤 환경이나 문제가 닥쳐 와도 결코 변질되지 않고 흔들림 없이 자신의 위치를 지키고 자신에게 맡겨진 사명을 감당하는 믿을 만한 사람이었습니다. 한 마디로 심지가 굳은 사람입니다.

여기서 심지가 굳다는 말은 믿음의 심지가 굳다는 것입니다. 두기고는 바울이 투옥되었을 때, 바울 곁을 떠나지 않고 손과 발의 역할을 하면서 편지를 대신 전달하는 사명을 감당하였던 자입니다. 당시는 지금처럼 교통이 발달하지 않았기 때문에 다른 지방을 가는 길 곳곳에서 생명을 위협하는 일들이 도사리고 있었습니다. 편지를 전달하는 것은 생명을 걸어야 할 수 있었던 일이었습니다. 디도서에 보면, 바울은 위험천만한 오지인 그레데 섬에서 전도를 하고 있던 디도를 돕기 위해 두기고를 보냈습니다. 이때 두기고는 아무 말 없이 순종하여 오지로 들어가 디도를 도왔습니다. 두기고는 이처럼 복음을 위해 생명을 건 헌신을 했던 인물입니다. 이처럼 복음을 위해 자신의 실익을 따지지 않고 주의 종인 바울의 부탁대로 순종하여 사명을 감당했던 두기고는 심지가 굳은 진실한 사람이었습니다. 성경은 이것을 '헌신'이라 부릅니다.

지금부터 1년여 전에 한국의 축구스타 박지성 선수가 《더 큰 나를 위해 나를 버리다》라는 책을 출간한 적이 있습니다. 박지성 선수는 이 책에서 2002년 당시 히딩크 감독이 대표팀에게 해주었던 말을 하나 소개하고 있습니다. 히딩크는 한국 대표팀을 분석해 본 결과 정신력이 약하다고 평을 했다고 합니다. 그러나 당시 선수들은 그 평을 받아들이지 못했답니다. 한국 축구하면 근성과 투지로 똘똘 뭉쳐있는데, 정신력이 약하다는 것이 말이 되느냐고 반박했답니다.

그러나 박지성 선수는 히딩크가 말하는 정신력이란 바로 투지가 아니라 서로가 서로를 배려하고 상대를 위해 나를 희생하는 헌신이었다는 것을 나중에 깨닫게 됩니다. 그래서 자신은 헌신하는 선수가 되기로 결심을 했다는 것입니다. 월드컵 대표팀으로 뛰면서 그가 했던 것은, 따라서, 열심히 뛰어서 기회를 만들어 남에게 공을 전달해 주는 것이었습니다. 누구나 운동장에서 골을 넣기를 바라는 그 치열한 현장에서 박지성 선수만큼은 어렵게 만들어낸 기회를 남에게 돌리며 남들이 골을 넣는 일에 땀을 흘렸습니다. 이것 때문에 2002년 월드컵에서 히딩크 감독은 그의 역할을 매우 중요하게 여겼고 그를 끝까지 등용하였던 것입니다. 그러면서 그는 이런 말을 남겼습니다. "내가 다시 축구를 시작한다 해도 화려함보다는 헌신을 택하고 싶습니다."

저는 박지성 선수가 현재, 영국 프리미어리그에서 모든 동료들에게 가장 인기가 있고 칭찬 받는 선수로 활약할 수 있는 이유가 바로 여기에 있다고 생각합니다. 바로 헌신입니다. 모두가 화려한 골을 넣어 자신들의 실력과 업적을 증명해 보여야 하는 치열한 운동장 위에서, 유독 남을 위해 뛰어다녔던 박지성 선수는 그 팀의 승리를 위해 없어서는 안될 소중한 사람으로 자리매김을 할 수 있었던 것입니다.

헌신하는 사람들이 승리를 만들어 냅니다. 말없는 헌신, 지속적인 헌신이 공동체를 발전시킵니다. 교회도 마찬가지입니다. 묵묵히 헌신하는 사람들, 그들의 수고 때문에 교회는 든든하게 서 있습니다. 언제나 그 자리를 지키며 헌신의 수고를 하는 두기고와 같은 사람들이 많아질 때, 교회는 복음의 역사를 감당하는 하나님이 기뻐하시는 교회가 될 것입니다.

두기고의 사랑

다음으로, 교회에는 주님의 사랑을 경험한 자들이 세움을 받아야 합니다. 22절을 함께 보겠습니다.

"우리 사정을 알게 하고 또 너희 마음을 위로하게 하기 위하여 내가 특별히 저를 너희에게 보내었노라"

오늘 본문에서 두기고는 바울의 편지를 전하는 임무뿐만 아니라 교회 성도들의 마음을 위로하는 임무도 동시에 수행하기 위해 갔습니다. 이것은 두기고가 바울을 비롯한 주변 사람들과의 관계 속에서 이미 인정을 받으며 피스메이커(peacemaker)의 역할을 하고 있었음을 알게 하는 부분입니다. 두기고가 이런 역할을 할 수 있게 된 이유가 무엇이라고 생각하십니까? 바로 그가 이미 그리스도로부터 사랑을 받았기 때문입니다. 22절에서 바울은 두기고에 대하여 '주 안에서 진실한 일꾼'이라 말하기에 앞서 '사랑을 받은 형제'라고 하였습니다.

사랑을 경험해 본 자만이 진짜 사랑을 할 수 있습니다. 집에서도 부모의 사랑을 받지 못한 아이들은 커서도 사랑을 베풀지 못합니다. 사랑의 경험이 없기 때문입니다. 사랑을 받는다는 것은 그만큼 중요합니다. 교회에서 주님의 사랑을 경험한 자들이 세움을 받아야 하는 이유가 여기에 있습니다. 주님의 사랑을 경험한 자만이 주님의 교회를 사랑할 수 있습니다.

예수님의 제자 중 하나인 요한은 제자들 가운데 가장 오랫동안 초대교회의 지도자로 쓰임받았던 인물입니다. 90세까지 살면서 요한복음과 요한 1, 2, 3서를 비롯해 요한계시록을 기록하는 등 복음 사역에 가장 오래도록 쓰임을 받았습니다. 우레의 아들이라는 별칭까지 가질 정도로 성질이 불같았던 요한이 이처럼 긴 시간 동안 변치 않고 사역을 할 수 있었던 까닭이 무엇이었을까요? 자신이 예수님의 사랑을 받는 제자라는 믿음을 가지고 있었기 때문이었습니다. 요한복음 13:23에 보면 이런 말씀이 나옵니다.

"예수의 제자 중 하나 곧 그의 사랑하시는 자가 예수의 품에 의지하여 누웠는지라"

요한은 자신을 '예수님께서 사랑하시는 자'라고 표현하였습니다. 그는 자신이 예수님께 사랑받는 제자라는 확신을 가지고 있었던 것입니다. 주의 사랑을 경험한 자만이 교회를 끝까지 섬길 수 있습니다. 예수님께서 부활하신 후에 실의에 빠져 있던 베드로를 찾아가셔서 이렇게 물으셨습니다. "요한의 아들 시몬아 네가 나를 사랑하느냐?"

이것은 예수님의 베드로에 대한 책망이 아니셨습니다. '나 사랑한다 하면서 왜 배반하였느냐'는 질책이 아니셨습니다. 예수님이 베드로에게 "네가 나를 사랑하느냐"고 물으신 것은, "베드로야 내가 너를 사랑하는 것을 아느냐? 이것을 알면 됐다. 이제 가서 내 양을 먹이는 일을 위해 살아라"라고 말씀하신 것입니다. 이 주님의 사랑을 드디어 경험한 베드로는 주님이 세우신 교회를 위해 끝까지 충성하며 섬길 수 있었습니다. 주의 사랑을 경험한 자가 교회를 섬겨야 교회를 사랑할 수 있고, 일시적인 감정이나 개인적인 욕심에 치우치지 않고 끝까지 자신을 드릴 수 있습니다.

부시 대통령 시절에, 미국의 주 유엔 대사에 존 볼튼이라는 사람을 대통령의 고유 권한으로 전격적으로 임명한 적이 있었습니다. 처음에 부시 대통령이 그를 유엔 대사로 지명하자 그를 반대하는 소리와 그에 대한 좋지 않은 소문들이 끊이지 않았습니다. 민주당에서 그를 유엔 대사로 인준하는 일을 몇 주간을 끌며 애를 먹였는데 마침 의회가 휴무하는 틈을 타서 대통령의 고유권한으로 의회의 인준 없이 임명해 버린 것입니다.

우리는 부시 대통령 행정부가 어떤 정치적인 목적을 가지고 그의 임명을 그렇게 전격적으로 처리해 버렸는지 잘 모릅니다. 그러나 겉으로 드러난 사실만으로 생각해 본다면 부시 대통령은 존 볼톤을 주 유엔 대사에 그렇게 임명함으로써 야기될 수 있는 모든 위험부담을 무릅쓰고 그에 대한 철저한 신임을 표시했으며, 존 볼톤은 그런 부시대통령의 아주 특별한 신임을 받았다는 것을 알 수 있습니다. 부시의 이런 신임과 사랑 때문에 대통령 퇴임 이후에도 존 볼톤은 부시를 위해 충성하는 아주 특별한 동료요 부하직원으로서의 자리를 지켰습니다.

사랑하는 성도 여러분, 우리는 모두 하나님의 특별한 부르심을 받아 하나님의 일꾼된 사람들입니다. 하나님의 일은 영생의 문제를 감당해야 하는 중요한 일이요, 특별한 일입니다. 그런데 하나님께서 그 일을 맡기신 저와 여러분들은 하나님의 그 중대하고 특별한 일을 맡기엔 너무도 흠이 많은 자들이고 결격사유 또한 너무도 많은 자들입니다. 우리는 너무도 자주, 우리에게 일을 맡기신 그 분의 뜻보다 내 자신의 뜻을 먼저 내세워서 생명을 구원하는 사역의 일을 그르치는, 하나님의 나라를 위해 위험부담이 너무나 많은 인물들이라는 것입니다. 그런데 그런 우리를 믿어주시고 우리에게 구령(求靈) 사업의 일을 맡겨주셨습니다. 나를 통해서 야기될 수 있는 모든 문제에 대한 위험부담을 하나님께서 친히 책임져 주시겠다는 하나님의 결단적 의지를 우리에게 보여주신 것입니다. 이것이 하나님의 놀라운 은혜요, 사랑입니다. 나를 믿어주시고 나를 인정해주시며 끝까지 책임지시는 하나님이 지금 여러분을 사랑하신다는 사실을 믿으십니까? 이 믿음이 있을 때, 여러분은 진정으로 주님의 교회를 섬기며 헌신하실 수 있습니다.

두기고의 빚진 자로서의 마음

마지막으로, 교회에는 변함없이 주님을 사랑하는 사람들이 세움을 받아야 합니다. 24절을 함께 보겠습니다.

"우리 주 예수 그리스도를 변함없이 사랑하는 모든 자에게 은혜가 있을 찌어다"

여기서 '변함없이'라는 말의 헬라어 '아프타르시아(ἀφθαρσία)'는 '불멸의'라는 뜻을 가지고 있습니다. 즉, 예수 그리스도를 영원히 사랑하는 사람이 평화와 믿음과 더불어 사랑을 베풀어 주시는 은혜를 소유하게 된다는 말입니다. 주님을 변함없이 사랑하는 사람이 축복의 통로가 됩니다.

서울여대 기독교학의 장경철 교수님이 오래전에 《믿는다는 것의 행복》이란 책에서 다음과 같은 이야기를 한 적이 있습니다.

"예를 들어 빈병이 물 속에 깊이 잠겨 있고, 사방이 물로 가득 찼다고 해보자. 이 상태라면 병 속에 물이 자동적으로 가득 차게 될까? 아니다. 병 뚜껑이 열려 있느냐에 달려 있다. 병이 물 속에 잠겨 있어도 병 뚜껑이 열려 있지 않으면 한 방울의 물도 들어가지 않는다. 사방이 하나님이 축복으로 가득차 있어도 우리가 "아멘"하는 믿음을 행사하지 않으면 축복은 우리 속으로 들어오지 않는다"

참으로 공감이 되는 말씀입니다. 아무리 하나님께서 우리에게 평화와 믿음과 사랑의 은총을 내려 주시려고 해도 그것을 받아들이지 않는다면 그것은 전혀 우리에게 복이 되지 못합니다. 그러면 어떻게 해야 그것을 받아들일 수 있는 것일까요? 그것은 바로 내 마음에 주님의 사랑의 통로를 여는 것입니다. 이것은 인격적인 결단으로 이루어집니다. 이것을 믿음이라고 합니다.

이 믿음의 결단을 통해 주님이 우리에게 허락하신 사랑의 통로를 여는 순간, 그 사랑이 우리에게 전달됩니다. 그 사랑이 어떤 사랑입니까? 하나님께서는 우리를 말로 다 할 수 없이 사랑하셔서 하나님의 하나뿐인 아들 예수 그리스도를 이 땅에 보내시어 우리의 죄를 위해 십자가의 죽음을 감당하게 하신 사랑입니다. 이 사랑 때문에 우리가 죽음에서부터 생명으로 옮겨졌습니다. 이 사랑은 우리로 하여금 이 땅에서 하나님의 자녀답게 살 수 있도록 만드셨습니다. 그래서 그리스도인이라면 모두가 하나님의 사랑에 빚진 자들입니다. 그것을 알기에 변함없이 주님을 따르고, 의지하며 주님이 원하시는 일들을 하려고 하는 삶의 고백이 있게 됩니다. 강요가 아니라 빚진 자로서 자발적인 모습으로 드러나기 때문입니다.

두기고가 그런 사람이었습니다. 그는 누구보다도 자신이 하나님의 사랑에 빚진 자였음을 알고 있던 사람입니다. 그렇기 때문에 기쁨으로 그 힘든 조력자의 역할, 심부름꾼의 역할을 감당할 수 있었던 것입니다. 어떻게 보면 편지를 전달하고 바울의 소식을 전달한다는 것이 변변치 않은 일일 수 있습니다. 하지만 그가 그처럼 기쁨으로 그 사역을 할 수 있었던 것은 자신이 하나님의 사랑에 빚진 자임을 누구보다 잘 알고 있었기 때문입니다. 하나님의 사랑에 빚진 자인 우리에게 주님이 원하시는 것은 오직 하나뿐입니다. 그것은 변하지 않는 주님을 향한 마음, 즉 빚진 자의 마음으로 삶을 드리며 살아가는 것입니다.

어느 시골에 많이 배우지 못한 사람이 부흥회에 참석하여, 큰 은혜를 받고 예수를 믿기로 작정했습니다. 예수님을 믿은 뒤 주님께서 자신을 위해 베푸신 사랑과 은혜를 생각하니, 너무도 기쁘고 감사하지 않을 수 없었습니다. 그 주님을 위해 어떻게 살 것인가를 생각하던 중에 부흥회 마지막 날에 강사 목사님이 주님을 사랑하는 자들은 매일 집에서 가정 예배를 드려야 한다는 말씀 앞에 그 일을 실천하기로 결심을 했습니다. 그래서 그날 저녁, 아내와 아이들을 한 자리에 모아놓고 무릎을 꿇게 하였습니다. 영문을 몰라 어리둥절하는 가족에게 가장으로서 그분은 "지금부터 가정 예배를 드린다"고 개회를 선언했습니다. 그러나 본인도 가족들도 예수님의 은혜와 사랑에 대한 마음은 뜨거운데 어떻게 예배를 드려야 할 지를 알지 못했습니다. 골몰히 생각하던 가장은 갑자기 두 손을 번쩍 들더니 따라하라고 외쳤습니다. "예수님 만세!", "예수님 만세!" 가족들도 가장을 따라 큰 소리로 "예수님 만세!"를 외쳤습니다. 가장은 이렇게 세 번을 외치더니 흐뭇한 표정으로 "이젠 됐다. 예배를 마쳤으니 이제 모두 방으로 돌아가도 좋다"라고 했습니다.

이 이야기를 들으면서 이보다 더 멋진 주님에 대한 사랑이 있을까라는 생각을 해 보았습니다. 그 시골 교회 성도님의 상황에서 '예수님 만세!'는 그분이 할 수 있는 최고의 사랑의 표현이었습니다. 우리가 이분처럼 날마다 예수님 만세를 외치고 살 수 있다면 얼마나 좋을까요?

사랑하는 성도 여러분! 주님을 사랑하십니까? 그러면 이제부터 체면도, 남의 눈치도, 내가 가지고 있는 위치와 경력도 다 내려 놓으시기를 바랍니다. 그리고 그 시골 교회 성도님처럼, 우리 마음 속에서 예수님 사랑에 대한 가장 순수하고 가장 절실한 표현으로 '예수님 만세'를 부르듯이, 주님에 대한 우리의 사랑을 한 번 외쳐보지 않으시겠습니까? 주님 사랑합니다. '예수님 만세' 이 외침을 우리의 생이 끝나는 날까지 외치며 살아가시기를 간절히 축원합니다.

삶 속으로

• 두기고를 그려 봅시다. 그의 눈은 어디를 향해 있습니까? 비웃음이 들려올 때 그의 귀는 어디를 향해 있습니까? 그의 입술에서 나오는 말은 어떤 말들입니까? 그의 손은 부드럽습니까?

• 그의 두 발은 어떻게 생겼을까요? 산을 넘고 물을 건너고, 바위에 부딪힌 그의 발가락들은 어떤 모습일까요?

• 두기고, 그가 숨을 몰아쉬며 고개를 넘을때마다 그의 심장에서 울려퍼지는 박동 소리와 가슴에서 스며나오는 땀방울이 그가 가슴에 꼭 품고 있었던 바울의 편지에 배어들었을 것입니다. 우리도, 우리의 숨결과 땀방울과 눈물이 묻은 복음을 전하는, 이 시대의 신실한 두기고가 되어야 하지 않겠습니까? 그런 우리들이 모여 있을 때, 우리 교회가 하나님을 기쁘시게 하는 교회가 되지 않겠습니까?